映画の胎動

一九一〇年代の比較映画史

小川佐和子

人文書院

もくじ

Contents

第2章 映画と美術——スクリーンにおける空間の画家—— 89

第5章　日本映画の近代化――外国映画との対峙

凡　例

・映画作品は、原則として初出時に『邦題』原題（公開年、監督名）の順で表記し、以降は、特に重複を必要とする場合を除いて『邦題』のみを記す。日本未公開作品や邦題が定まっていない作品については、邦題を仮につけ、原題を表記する。日本映画に関して監督不詳の場合は製作会社を記す。

・絵画作品・音楽作品のタイトルは《　》、演劇作品・文学作品のタイトルは『　』で表記する。

・引用文中の〔……〕は略を示し、〔　〕内は引用者による補足である。

・【　】内はあらすじを示す。

・漢字表記は新字体とし、かなづかい表記は原文どおりとする。

映画の胎動——一九一〇年代の比較映画史

序章

二〇世紀初頭における「映画」と「芸術」の交流

本書の課題は、いまだ映画史上の位置づけが定かではない一九一〇年代の映画史を、一九世紀芸術との連続性の観点から捉え直すことである。「芸術」という既存のコンテンツが、「映画」という新たなメディアの容器を通してどのように提示されていったのかを比較映画史の方法論を用いて明らかにしていきたい。

1 「映画」とは何か

二一世紀初頭に生きる私たちは、映画を観に行くとき、事前にチケットを買い、決められた時間に映画館へ足を運ぶ。整理番号順に呼ばれて映画館に入り見やすい席を確保するか、すでに購入時に選んでおいた席に座る。暗闇のなかで数時間程度、前方のスクリーンに集中し、四方八方から聞こえるサウンドに耳を奪われる。館内が明るくなると（ときにエンド・クレジットがまだ流れている段階から）、私たちは映画館の外へ出され、現実世界の光と色に五感を慣れさせていく。入れ替えなしの数本立ての映画館もいくつか残ってはいるが、それらは絶滅危惧種と言ってよく、よほどの映画好きでなければ同じ日に映画館をはしごすることはない。一日に一作品、話題の新作映画を観に行くのが普通である。名画座で特集されるレトロスペクティヴ上映でない限り、たいていの新作は数ヶ月以内にスクリーンから姿を消す。その後ソフト化され、いつでもレンタル店から借りて見逃した映画を見直すことができる。今後はネットで配信される映画が当たり前となり、映画館やレンタル店はなくなるかもしれない。その場合「映画」が意味するものは画一化され、「映画」という言葉に内包される映画館という場や、フィルム、ビデオ、DVDといった種々のソフトは消滅していくだろう。観客が見る場としての空間を占有せず、「もの」として手で摑むことのできない映像だけが電子空間に充満する時代は、そう遠くない将来に到来する。これが現在私たちの思い浮かべる映画のあり方とその予想図である。

では、およそ一〇〇年前、映画が誕生して間もない時代はどうだったろうか。現在と状況は一変する。席順の整理番号はなく、そもそも出入りは自由で、決められた席などない。予告編もなく、特別な上映会でなければ料金は現在よりはるかに安い。人気の監督の新作は毎週のように公開され、その製作頻度からすると、監督というよりむしろ職人と呼んだほうがいい。それゆえセットは使い回され、週刊ドラマのような感覚で新作が次から次へと消費された。実際、一九一〇年代に流行した「連続映画」というジャンルは週ごとに公開され、そのつど善玉の主人公が危機に陥ったり、新たな悪玉が登場したりして、次のエピソードへの観客の期待を高めていた。レトロスペクティヴという発想が登場するのは一九二〇年代以降のことである。

一プログラム＝一本の映画でもない。プログラムの「トリ」となる目玉の映画はあるものの、その前後には実に多くの短編映画が付随していた。それも物語を楽しむ劇映画にとどまらず、大道芸や寸劇、マジック、ダンス、夢幻劇など多岐にわたる演目がスクリーン越しに提供される。当時大衆の間で人気だった芸人やダンサーが映画にも出演し、舞台の宣伝に映画を用いることもあったのだ。

現在との最も大きな違いは映画に音がついていないことである（正確に言えば、フィルムにサウンドトラックがない）。俳優の声も、効果音も、映画音楽も、フィルムは発することがない。その代わり映画には必ずピアノや小オーケストラ、さまざまな効果音を出す映画オルガン、レコードなどが音・音楽の代役をつとめた。[1] 俳優の声の代役には、状況や台詞をスクリーン脇で説明するナレーターたち（日本では活動弁士と呼ばれる）があてられた。このように音と映像の発生源が分離していることで、現在とは全く異なる映画の形式とパフォーマンスが繰り広げられることになる。

一枚の白い布の上で展開するこうした映画は、一八九五年にリュミエール兄弟が発明したわずか一分足らずのシネマトグラフの映像に始まり、その後またたく間に全世界へと普及した。「動く絵」の新奇性は、安価で気軽に楽しめる新たな大衆娯楽として人々に歓迎されたのである。いつしか映画が長尺化して、物語を語る方法を編み出すようになると、人々は高いお金を払って劇場やオペラ・ハウスへ行かずとも、胸躍るスペクタクルやドラマを映画館で楽しむことができるようになった。映画はいずれの既存の表象芸術も太刀打ちできないほどのイリュージョンの世界を人々に提供したのである。

一〇〇年前の映画プログラム

実際に当時の映画プログラムを見ながら一〇〇年前へとタイムスリップしてみたい。図序-1は一九一三年一〇月一七日から二三日の一週間、パリのティボリ＝シネマという映画館で上映されたプログラムである。三部構成で幕間が入る、風景から科学、コメディー、アクロバット、ニュース、歴史劇と多彩なジャンルの映画が盛り込まれる、それにオーケストラの演奏がつく、アメリカ・フランス・イタリアと各国の映画が同一プログラムに含まれる等々、これが草創期の「映画」のあり様である。

詳しく見ていくと、一日にマチネ（午後二時半開始）とソワレ（夜八時半開始）の二回上映がある。一四の演目があり、途中に二度の幕間が入っている。軍隊行進曲とマズルカのオーケストラ演奏から始まり、『古きパリ』

Le vieux Paris（詳細不明）という短編の風景映画、アクロバットの映画『エルネスト団』*Les Ernesto*（パテ社製作）、途中でワルツの演奏が入って、シリーズものの科学映画『海の主たち』*Les hôtes de la mer*（パテ社製作）がつづき、アメリカ製のコメディー映画『ロロットを回復させるには』*Pour guérir Lolotte* で第一部が終了する。

休憩を挟んで再びオーケストラ演奏で第二部の幕が開き、ルネ・プランス演じるコメディアン「リガダン」シリーズの一つ『リガダンのバルコニーで』*Sur le balcon de Rigadin*（ジョルジュ・モンカ監督、パテ社製作）という短編喜劇映画につづき、第二部の「トリ」となる『百万長者の死』*La mort du milliardaire*（ジャン・デュラン監督）が上映される。この映画には、「芸術映画シリーズ」(2)という副題がつけられ、シューベルトらの音楽が伴奏として演奏された。第二部のおまけのようにつけられた『ティボリ＝ジュルナル』*Tivoli-Journal* とはこの映画館の週間ニュース映画である。二度目の幕間が入り、オッフェンバックの《美しきエレーヌ》の演奏後、いよいよ本日の目玉作品であるイタリア史劇映画『ポンペイ最後の日』*Gli ultimi giorni di Pompei*（マリオ・カゼリーニ／エレウテリオ・ロドルフィ監督）が始まる。プログラムに記載されているように、この映画の伴奏にはAからSまで計一四曲がパッチワークのように盛り込まれ、内容を見るとシューマン、マスネ、サン＝サーンスといった作曲家らの音楽が並んでいる。プログラムの最後にはフィナーレのマーチが演奏されて幕が閉じる。

今日ではおよそ想像もつかない上映形態である。映画館というよりも、ヴォードヴィル・シアターやカフェ・シャンタン、ミュージック・ホール、日本で言うところの寄席に近い。初期の映画に出演しているダンサーや芸人、マジシャン、ピエロたちは大衆演劇の方ですでに人気を得ており、彼らは自然と映画界へ流れてきたのである。

他方、一時間半程度の長編映画『ポンペイ最後の日』にはフル・オーケストラが仰々しく伴奏を添えるのであるから、観客はまるでオペラを観劇しているかのような感覚に陥ったことだろう。この映画は、壮大な古代の舞台装置のなかで、ヴェルディの史劇オペラから出てきたかのような登場人物たちが入念な時代考証を施された衣

TIVOLI-CINEMA N° 148

Tous les jours : MATINÉE à 2 heures et demie – SOIRÉE à 8 heures et demie

Programme du Vendredi 17 au Jeudi 23 Octobre 1913

1. ORCH. — Tambour battant, marche militaire . . GILLET
2. ORCH. — Un ban pour les dames, mazurka. . . TURLET
3. Le vieux Paris
Curieux.
4. Les Ernesto
Acrobatie.
5. ORCH. — Santiago, célèbre valse espagnole. . . CORBIN
6. Les Hôtes de la Mer
Instructif.
7. Pour guérir Lolotte
Comédie Américaine.

Entr'acte

8. ORCH. — Les Cent Vierges, ouverture . . . . LECOCQ
9. Sur le balcon de Rigadin
Scène comique jouée par PRINCE.
10. La Mort du Milliardaire
Drame de la Série des Grands Films Artistiques.
Musique d'accompagnement :
A. Rosamonde, célèbre ouverture (SCHUBERT).
B. Don Quichotte (NICOSIAS).
C. Les Romanichels (GAUWIN).
D. Marche Bohémienne (FILIPPUCI).
11. Tivoli-Journal
Actualités.

Entr'acte

12. ORCH. — La Belle Hélène, brillante fantaisie sur le célèbre opéra-bouffe OFFENBACH
13. Les derniers Jours de Pompeï
Merveilleuse reconstitution du célèbre roman Sir Edward BULWER.
Musique d'accompagnement
A. Jules César, ouv. sur le drame de Shakespeare (SCHUMANN).
B. Les Erynnies, suite d'orchestre (MASSENET).
C. Phèdre, célèbre ouverture (MASSENET).
D. La Reine de Saba, marche triomphale (GOUNOD).
E. Philémon et Baucis, Danse des Bacchantes (GOUNOD).
F. Roma, ouverture (MASSENET).
Fragments sur :
G. Samson et Dalila (SAINT-SAENS).
H. Henri VIII (SAINT-SAENS).
I. Proserpine (SAINT-SAENS).
J. Hérodiade, suite d'orchestre (MASSENET).
K. La Jeunesse d'Hercule, suite symphonique (SAINT-SAENS).
L. Danse Persane (GUIRAUD).
M. Herculanum, suite symphonique (DAVID).
N. Mazeppa, entr'acte (GRANDVAL).
O. Hamlet, marche triomphale (JONCIÈRES).
P. Déidamie, Cortège antique (MARÉCHAL).
Q. Hélène, prélude (MESSAGER).
R. Le Roi d'Ys, ouverture (LALO).
S. Les Perses, tragédie antique (LEROUX).
14. ORCH. — Tivoli, marche finale . . . . . . Rob. FLORIUS

Grand Orchestre Symphonique composé de 1ers Prix du Conservatoire et de Solistes de la GARDE RÉPUBLICAINE sous la direction du Compositeur Th. HIRLEMANN

TOUS LES VENDREDIS, CHANGEMENT DE PROGRAMME. La Direction se réserve le droit de modifier le Programme

図序-1　ティボリ＝シネマ（パリ）の上映プログラム
Programme du Tivoli-Cinéma, 19 Faubourg du Temple, Paris, 17-23 Oct. 1913.

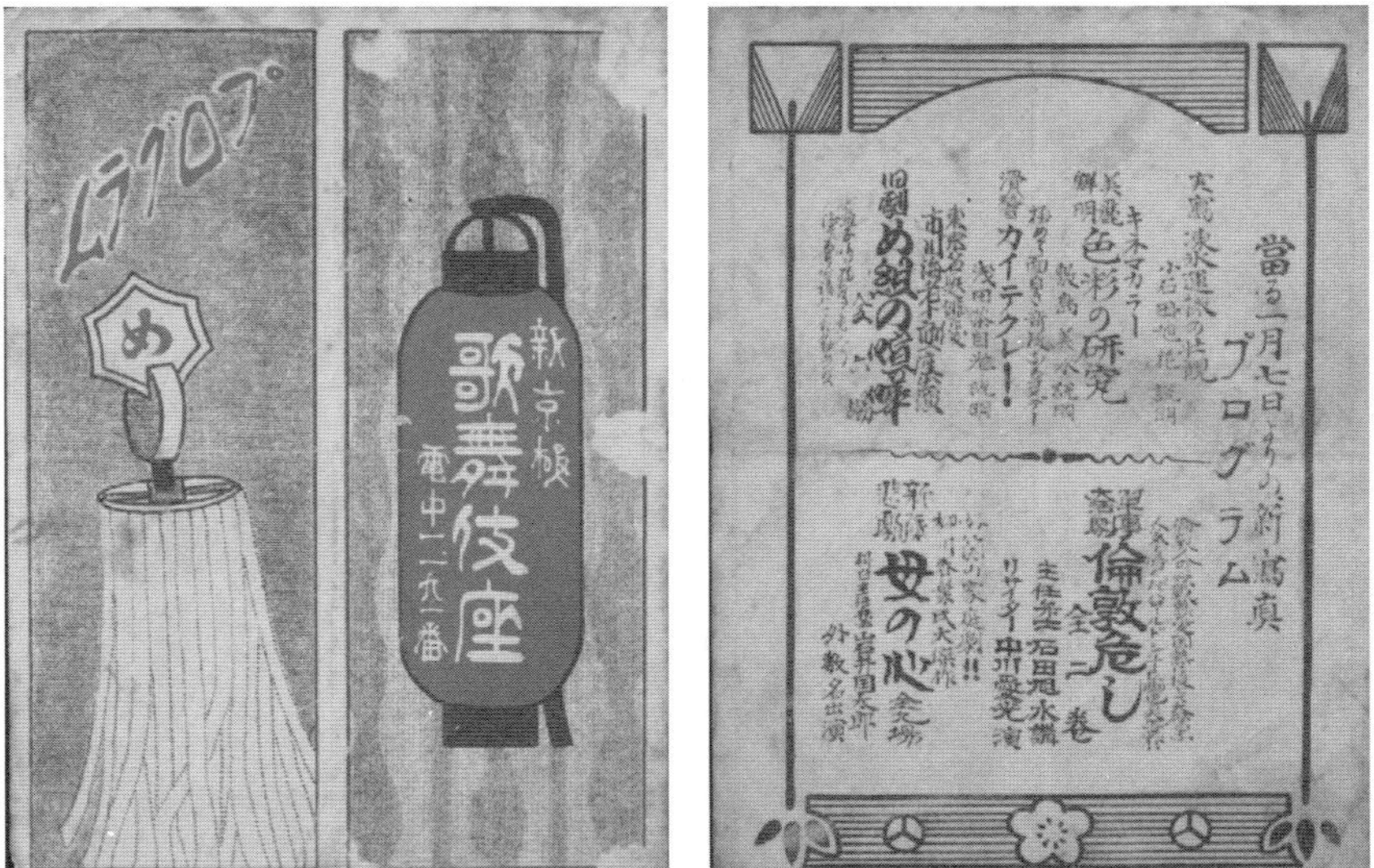

図序-2　歌舞伎座（新京極）の映画プログラム表裏（立命館大学国際平和ミュージアム所蔵）

装を身にまとい、古代風のメイクと大仰な演技を披露する一大スペクタクル映画である。オペラの舞台をそのままスクリーンに写し取ったかのような作品と言っても差し支えない。

当時は名もない大衆作曲家や演奏家が映画に音楽をつける一方で、サン＝サーンスやピエトロ・マスカーニが映画のオリジナル・スコアを作曲した。(3) サーカスやパントマイム、ピエロの芸人が映画でも人気を集めている隣で、サラ・ベルナールやアンナ・パヴロワといった名高い女優・バレリーナが映画に出演する。連載小説や大衆雑誌で売れっ子の作家が映画の脚本や原作を手がけたかと思えば、ダンテの古典が映画化されたり、ダンヌンツィオやシュニッツラーが映画の製作に協力したりする。寄席と劇場とオペラ・ハウスと映画館の間に明確な線が引かれず、大衆演芸と貴族文化の残滓がマーブリングのように混在しているこのような状態は、一世紀前の映画館ではごく当たり前のことだった。

日本の映画プログラム

これは西洋だけの特殊事情ではなく日本も同様である。図序－２は京都の盛り場・新京極の歌舞伎座という映画館で上映された、一九一五年一月七日の週プログラムである。合計六本の映画が上映され、タイトルの上にその映画のジャンル、右側には簡単な宣伝文句が記され、左側に上映時間や担当の活動弁士の名前が記載される。まず短編の時事映画「実写」の『凍氷運搬の壮観』と初期カラー映画の試み「キネマカラー」の『色彩の研究』、「滑稽」（コメディー）の『カイテクレー』が上映され、第一部の最後に、現在で言うところの時代劇である「旧劇」が上映される。このとき上映されたのは町火消しと相撲の力士たちの乱闘事件を主題にした『め組の喧嘩』であり、当時何度も映画化された人気のネタであった。全六場とあるため、一時間を超える長編映画だと推測される。監督は「日本映画の父」と呼ばれる牧野省三、主演は牧野が見出した最初期の日本映画スター尾上松之助である。

プログラムの第二部には、ひときわ大きい文字で『軍事大活劇　倫敦危し』とある。これは、原題がIf England were Invaded、もしくは、Britain Preparedで、イギリスが製作した第一次世界大戦の劇映画である。監督はフレッド・W・デュラント、原作はウィリアム・ル・キューの『英独戦争未来記』であり、全二巻とあるため三〇分程度の上映時間と考えられる。プログラム一番の目玉となる新派悲劇（後の現代劇）『母の心』（小口忠監督）は、二時間を超える大作の母物メロドラマである[4]。

日本においても当時の映画館では、実写、コメディー、活劇、旧劇、新派といったジャンル横断型のプログラムが主流であった。これに活動弁士のナレーションや声色、琵琶演奏、またオーケストラ演奏が付けられたことを見ると、日本でも映画そのものがジャンルを越える娯楽形態であったことが分かる。多数の映画館や芝居小屋で賑わっていた東京の浅草と京都の新京極、どちらも大衆演芸のメッカであったことに鑑みても、映画が寄席芸能や歌舞伎、大衆演劇の延長線上に捉えられていた様相が見えてくるだろう。

映画の色彩

一般的にあまり知られていないことだが、古い映画は全てが白黒フィルムであったわけではない。むしろ無声映画の時代は、ほとんどのフィルムに染色または調色が施され、色鮮やかな世界がスクリーンに広がっていたのだ。たとえば火事の場面は赤に、夜の場面は青に、室内で電気を点けたときはローズか黄色に染色される。染色と調色が組み合わされる場合やステンシルカラーという手彩色の技術も発展した（図序-3）。ステンシルカラーとは製作工場で女工たちが映画フィルムの一コマ一コマに色をつける技術である。色の技術が凝っていればいるほど、それに比例してフィルムの販売価格も高くなっていった。日本映画界も海外からフィルム着色技術を学

図序-3　（左）1910年代初頭の実写映画の一場面。フィルムの背景は赤の染色、黒味（銀）の部分には紫の調色が施され、染色と調色の境界がグラデーションしている。
（右）『羊の片足』*Le pied de mouton*（1907年、アルベール・カペラニ監督）のアポテオーシスの場面にステンシルカラーが使用されている。

び、独自の研究を進めていたのである。(5)

映画観客と映画館

映画館に群がる観客も多様であった。当時人気を博していたデンマーク出身の女優アスタ・ニールセン主演の映画ポスターには、なけなしのお小遣いで映画を見に来ている少年から律儀な雰囲気の大学教授、流行のファッションに身を包んだ上流階級のご婦人まで、いろいろな層の観客が描かれていた。映画は移民労働者が安月給のなか唯一楽しむことのできる娯楽であったが、知名度のある古典文芸の映画化が流行し、「シネマ・パレス」と呼ばれる豪華な映画館の建築ブームが沸き起こると、それまで映画館に寄りつくことがなかった知識階級や中産階級の人々も観客のターゲットにされるようになった。映画館という場は、宮殿のような外観とオーケストラ伴奏により、オペラの観劇かと見まがうようなものでもあり、他方で、左隣にはなたれ小僧、右隣に身なりのいい紳士といった多様な観客が集まる場となった。ときに移動遊園地のように映画館が各地を回り、戦場へ巡回することもある。演劇やオペラは敷居が高いが、映画館は昔も今も階級や所得、職業にかかわらず自由に足を運ぶことのできる空間だったのである。
映画の内容も、あるときは大衆的な喜劇芝居、あるときは豪華なオペラ、またあるときは古代をテーマにしたファッション雑誌などと、さまざまな顔を持っていた。まるで多重人格であるかのような映画は、後の時代のように定型化された形態ではなかったし、一言で定義されうるものでもなかった。色鮮やかな初期の映画は、神出鬼没で他の芸術ジャンルの境界をたゆたいつつ、あらゆる階層の人々の日常に根を張っていったのである。

「映画」という言葉の広がり

初期映画の時代は、そもそも「映画」を指し示す言葉がまだ定まっていなかった。たとえばドイツでは、作品としての"Film"や総称としての"Kino""Kinematograph""Kinema"といった呼び名のほかに、"Bewegungslichtbild（動く光の絵画）""Lichtfilm（光の映画）"のように、さながら日本における「活動写真」や「自動幻画」のような呼称が使用されていた。同時代の主要な映画雑誌のタイトルも、一九〇八年発行の週刊誌『Die Lichtbild-Bühne（光の絵画‐舞台）』や一九一二年発行の『Bild und Film（絵画と映画）』などと変化に富んでいる。映画を指し示す言葉がこれほど多彩なのはこの時代をおいて他にない。

「映画」の名称にとどまらず、その担い手である「監督」や「映画俳優」も同様である。後に映画監督の呼称となる"Regisseur"はこの時点ではまだ用いられず、「監督」は、「作家」を意味する"Schriftsteller"や"Autor"と表された。作品の創作上のイニシアティヴを担うことを意味する「監督」がドイツにおいて登場し始めたのは一九一〇年代半ば頃である。これには文豪や戯曲家を映画製作に引き入れる「作家映画」が盛んだったドイツの事情もあるだろうが（第3章第2節参照）、他のヨーロッパの映画先進国も事情は似ている。「映画俳優」に関しては、"Filmschauspieler"ではなく、舞台俳優と同じ"Darsteller"が使用されていた。この時期、映画の出演者の多くは舞台俳優が占めていたからである。上記の名称が示唆しているように、映画は、ときに絵画(Bild)であり、ときに舞台(Bühne)ともなり、既存の芸術領域からの借り物の言葉のなかで常に自らを定義し直す、未分化の表象媒体であった。

一世紀前と現在とで共通しているのは、映画は誰もが平等に娯楽として楽しむことのできる「お金で買える夢」であるという点だ。マキシム・ゴーリキーは映画館を「影の王国」と名付け、(6) フーゴー・フォン・ホフマンスタールは「夢の代理物」と題した映画のエッセイを書き残している。(7) さまざまな形象が視覚化される光と影の戯れは、現実であって現実でない束の間の世界、日常とは別の夢の世界をきわめて強力に現出させることを可能にした。そのような映画の最初の黄金期は、無声映画時代に到来する。いまだ映画それ自体が芸術/娯楽ジャンルとして成立しておらず、それゆえに多面性を帯びるのが、この時代の映画の特徴である。他のパフォーマンス芸術や視覚芸術、大衆演芸と隣り合わせにあった映画は、たえずそこから受ける影響を拒むことなく、また雑種のジャンルとなることを恐れず、境界も曖昧なままに揺れ動きつづけた。「映画」という言葉が包摂する意味の空間が現在よりもはるかに広かった無声映画期、どのような夢が人々の心を奪っていたのだろうか。

2　映画史のベル・エポック

貴族文化の終焉と文化の大衆化の結節点

文化史研究において、映画は二〇世紀を代表する大衆文化および娯楽産業として時代を闊歩し、一九世紀以前のヨーロッパ貴族文化の権威を脆弱にし、果ては終焉へ追いやった要因の一つと認識されている。たとえば、オルテガは大衆文化の侵略をペシミスティックに述べたて、(8) ジャーナリストのジークフリート・クラカウアーは、キャバレーのティラーガールズのダンスとテイラー方式のベルトコンベアが、ともに資本主義社会の経済システムにもとづく合理性の美の図像を生み出し、時代遅れの芸術よりもリアルな大衆社会のシンボルになったと主張した(9)。

美学的な見地からは、ヴァルター・ベンヤミンが述べるように、大量生産が可能となったことで芸術作品の展示的価値が失効し、代わりに複製技術による芸術作品という新たな価値基準が生まれた(10)。教会では、ある一定の距離から崇められるように絵画や彫刻作品が展示されていたのにたいし、それらは今やポストカードで大量にかつ手軽なものとして普及するようになった。人々は、オペラ劇場のような殿堂へ神々しいスター歌手や指揮者を拝みにいくまでもなく、自宅でのレコードやラジオの鑑賞で間に合うようになった。トーマス・エジソンが蓄音機を発明しようとした動機も、多くの人が自宅で気軽にオペラを聴けるようにしたかったからだ。その後まもなくエジソンが映画の原形であるキネトスコープを発明したことはよく知られている。映画フィルムも複製可能な媒体であるがゆえに、製作されるや否やたくさんのコピーが他国へ輸出され、映画はその誕生当初から世界的な娯楽商品となることができた。唯一無二の作品の真正性やそれから受ける恩恵は徐々に薄れていき、写真やポスター、絵葉書、映画で普及する複製される視覚的イメージが、人間の生活に浸透していくことになる。

こうした文化の大衆化は、一九世紀ヨーロッパ貴族文化にたいする二〇世紀アメリカ大衆文化の侵略とみなすこともできる。言うまでもなく、映画を大衆文化の王者とならしめた決定打は、第一次世界大戦後のハリウッドの確立であった。

現在でも、アメリカ映画の主流はシネコンでかけられるブロックバスターの娯楽超大作、かたやヨーロッパ映画はアート系映画作品として必ずしも一般受けはせず、映画に造詣の深いシネフィルたちが名画座へ観に行くというイメージがあるだろう。こうしたコントラストの認識はごく初期の頃から連綿と続いている。百年前を振り返ると、ヨーロッパでは貴族文化の伝統にのっとって「芸術」としての映画を志向したのにたいし、アメリカは、貴族文化の土台を持たないがゆえに、自らの文化的シンボルとなるものを探して真っ先に映画産業へ目をつけた。西欧中心の価値観からすればきわめて特異な条件のもと、アメリカ映画は、過去の文化遺産にとらわれることなく、全く新たな映画叙述の創出をめざす方向に乗ることができたのである。[11] ヨーロッパからの亡命者たちが築き上げた夢の工場ハリウッドは、既存芸術の基盤を揺るがす産業・娯楽文化として、すぐさま世界を席捲していった。この文化的土壌のヨーロッパからアメリカへの移行は、大戦以降、映画を筆頭に急速に進行していくことになる。

こうして二〇世紀以降はアメリカ映画が驚異的に発展したため、映画は一九世紀芸術とは切り離して考えられる傾向にあった。映画は高尚な「ハイ・アート」とは断絶しており、むしろ過去の芸術の影響から脱したからこそ、二〇世紀最大の娯楽たりえたという言説が定着している。映画がいかに自律した新たな表現メディアであるかという問いへの関心が非常に高い一方で、映画は既存の芸術からどのような影響を受けて自らを形作ってきたのかという問題意識は稀薄であると言わざるをえない。

だが、貴族文化／大衆文化、もしくは芸術／娯楽というように、単純に文化の地平を分割することは果たして可能だろうか。冒頭に挙げた複数のプログラムで確認したように、この図式は映画史の現実には必ずしもそぐわないものであり、むしろ両者は混在していた。映画は、「芸術」を時代遅れなものとして切り捨て、それと相反する新たな時代の大衆娯楽へと直線的に移行できたわけではなく、演劇や美術、文学といった過去の遺産をスクリーンの大海にとめどもなく飲み込んでいったのである。モダニズムの産物が、モダニズム以前のすでに過去の遺物と化した「芸術」を再び活用しようとする、逆行的な現象がいたるところに見られるのである。

一九一〇年代の映画

映画が既存芸術の引力に引き寄せられていく事例は一九一〇年代に集中していた(12)。一九一〇年代とは、初期映画と呼ばれる草創期のプリミティヴな映画形式の時代（一八九五年から一九〇八年）と、一九二〇年代以降のアヴァンギャルド映画が興隆するとともに古典的ハリウッド映画形式が確立した時代とに挟まれた時代である。初期映画期には、映画の説話機能を発見し、いかに物語ることができるかという問いを念頭に、明快なナラティヴを構築するための技法の発見や創作に多くのパイオニアたちが取り組んだ。それにたいして、一九二〇年代は、ドイツ表現主義やフランス印象主義、絶対映画や純粋映画など感覚の異化作用や映像の自律性に注目したさまざまな「イズム」の前衛映画、革命と映画を結びつけたソヴィエト・モンタージュ映画、そして日常レベルでのモダニズム（ヴァナキュラー・モダニズム）に彩られたハリウッド映画が陸続と生産された、絢爛豪華な時代である。

この二つの時代に挟まれた一九一〇年代は、映画の表現技法の可能性が広がっていく移行期にあたる。映画が依然としてプリミティヴでコスモポリタンな形式であった黎明期を経て、各国が独自のナショナルな形式を伴う映画を開花させる時代でもあるからだ。たとえば、フランスにおいては先のプログラムにあった「芸術映画」が各映画会社で製作され、著名な俳優・演出家・作曲家をとり込んで古典文学の翻案を基礎とする映画が興隆した。その影響を受けて、一九一三年から流行するドイツの作家映画は、作家や文学者の映画への関心を喚起し、映画と文学のコラボレーションを生み出した。イタリアでは、映画作品の担い手としてのスター・システムが確立し、演劇界の「聖なる怪物」と呼ばれたサラ・ベルナールやエレオノーラ・ドゥーゼと同じように、映画女優も「ディーヴァ（女神）」という呼び名で讃えられるようになる。絵画的な美学を映画にとり入れたロシアの監督エヴゲーニイ・バウエルやドイツの監督フランツ・ホーファー、映画における自然主義の潮流を作ったフランスの監督アルベール・カペラニ、同時代文学の翻案のなかで映画の固有性を追求したドイツの監督マックス・マック、オペラや演劇の伝統を映画へ活用したイタリアの監督ジョヴァンニ・パストローネなど、形式主義者と呼ばれる独自の美学を編み出す監督も続々と現れ、人気を博していく。同時期には、象徴主義や退廃主義など耽美的な世紀末芸術の潮流に根差した映画のジャンルも増加する。一九一〇年代末に世界の映画市場を支配しつつあったアメリカ映画の攻勢にたいしヨーロッパ映画は、すでに蓄積のあった過去の芸術遺産をモンタージュするかのように引き継ぎ、映画の表現へ換骨奪胎しようとしていた。ロー・カルチャーとして差別的な扱いを受けてきた映画の地位を向上させるべく、「芸術」の名を借りたさまざまな試みがヨーロッパの主要な映画産業国で始められていたのである。

一九二〇年代映画との対比

映画史における一九一〇年代は、一九世紀のハイ・アートの美学と二〇世紀のモダニズムのそれとが入り交じる過渡期としても位置づけられる。通常、映画史におけるモダニズム期とは、アヴァンギャルド映画が興隆する一九二〇年代以降を指し、一般的な芸術史において解釈されるモダニズム期とは一致せず、数十年ほど遅れている。[13] 二〇年代の前衛映画が興行収益をさして目論まず、受容する観客層を選別化していったのにたいし、一九一〇年代には観客層が分化していなかった。立地条件や設備など映画館のグレードによってその場を受容する観客層に違いはあるが、一部の特権的な階級もしくは特殊な芸術嗜好を持つ人だけを観客に想定していたわけではない。受容層を見ても映画における大衆娯楽と芸術の要素は未分化の状態であった。映画それ自体が未分化であるがゆえに、映画を大衆娯楽とモダニズム芸術のどちらに区分すべきか定まっていなかったのである。だが、一九二〇年代になると、区分は一気に明確化していく。一九二〇年代の映画が自身のメディアの独自性を自覚し、意識的に同時代のアヴァンギャルド芸術との連動をはかったとすれば、一九一〇年代には、他領域とのせめぎ合いの中で映画の固有性が模索されていたと言える。

3　一九一〇年代映画の形式——初期映画から古典的映画への移行期として

演劇の缶詰

初期映画の時代が終り、古典的ハリウッド映画が席巻していくまでの一〇年間の映画形式は、これまでの映画史において相対的に等閑視されてきた。初期映画とハリウッド映画の先行研究は膨大にあるが、その間のヨーロッパ映画の研究はいまだ散発的な状況にとどまっている。(14) その背景としては、映画メディアの固有性に即した技法の発明と、それにもとづく物語叙述の構築を過大評価しがちな進歩史観的映画史記述が指摘されるだろう。このアプローチでは、「映画的」な物語叙述、すなわちこれまでどの芸術も達し得なかった編集という時空間操作で物語を確立することが主として注目される。他方、一九一〇年代のヨーロッパ映画は、編集が映画表現の核となっておらず、同一画面内で物語叙述を処理しようとしていたために、未だ演劇的な要素に拘泥する「後退した形式」と否定的なレッテルを貼られがちであった。映画は演劇の缶詰であると坪内逍遥やアンドレ・バザンが述べたことからも窺えるように、単に舞台を丸撮りしただけで創意工夫もかけらもないと見られていた。映画でしか実現できない技法を駆使せず、過去の芸術表現から派生したものにすぎない、それは進歩ではなく、むしろ後退の現象だとみなされたのだ。

編集中心の映画技術の変遷

たしかに、各国で国内の映画産業が整備されてくると、輸入された他国の映画形式から影響を受けつつ、コンティニュイティ編集の技法は国際的に広がっていった。映画検閲が開始され、配給システムが整備されたのもこの時期である。

コンティニュイティ編集とは、登場人物の視線の一致を正しく示すアイライン・マッチ、被写体の位置の一致、動きまたは方向の一致に混乱を来さないための境界を設定するイマジナリー・ライン、複数の人物の会話や行動を正しい角度で同時並行に示すショット＝リヴァース・ショット、状況設定を提示するエスタブリッシング・ショット、明快な表情演技やスター・システムと切り離せないクロース・アップなど、ナラティヴの明快さを提示するための各種の編集技法である[15]。

初期映画の時代は一巻（一〇分から一五分程度）から二分の一巻（七、八分程度）であった映画の長さが、一九一〇年代に入ると二巻以上もしくは一時間を超える長編映画が定着し、映画のストーリーテリングのためには編集が不可欠となった。焦点となったのは、いかに経済的かつ効率的に物語を語るかである。今日では普通に使用されている上記の編集技法の多くは、習得のレベルに優劣はありつつも一九一二年頃には各国の映画製作者の間で広く使われるものとなっていた。初期映画形式にくくられる登場人物から距離を取ったフレーミング、固定されたカメラ、描かれた背景（書割）、ロング・テイクといった演劇的演出を基盤とした手法は、コンティニュイティ形式、すなわちカット＝バック、パラレル・エディティングといった豊富な編集技法、多様なショット・サイズ、カメラの可動性、より自然な舞台装置やロケーション撮影、スピード感のあるテンポとショット数の増加といった映画的手法へ移行する。これらの技法はとりわけアメリカの映画監督が活用し、一九一七年頃には古典的ハリウッド映画形式の基盤を構築することになる。世界制覇を果たした古典的ハリウッド映画の価値基準に則った編集技法が、その後の映画形式の国際的規範となっていく。

「進歩した形式」と評価されているこの古典的ハリウッド映画のシステムとは、因果関係の明確化や時空間配列の秩序化をはかることで、観客の物語世界への参入を速やかにしようとするものである。観客に物語を理解してもらうために、映画の画面はよりクリアに、よりシンプルに作られる。見ていて負担があってはならない、難解なものであってはならない、誰が見ても分かるように単純明快にする。コンティニュイティ編集にもとづく古典的ハリウッド映画とは、編集を駆使して映像の読解をより簡単にするシステムのことである。

こうした単線的で進化論的な見方のもとでは、古典的ハリウッド映画のイリュージョニズム、すなわちつなぎ目が見えない編集技法の発展が最重要視されてきた。シームレスな、分かりやすいショットが流れることでシーンができ、それらのシーンが順々に接続される。ショットの連なりを観客の目が追っていくと、物語は一方向の流れとして線的に展開していく。編集がなされていることを観客に気付かせず、イリュージョンを壊すものは全て排除する。こうして編集はより洗練された物語形式を生み出し、形式上の調和や滑らかな編集技法で観客をコントロールすることが目指された。それに貢献する技法こそが映画固有のものとみなされたのである。

画面内演出の映画技術の変遷

だが、このような初期映画のプリミティヴな形式から編集重視の形式へという従来の図式に則って、結果的に支配的となった古典的ハリウッド映画形式や、それを編み出した特定の監督に注目するのは、映画史に溝を生むことになった。古典形式に画一化される以前の、混沌とした映画形式の諸相を見過ごしてしまうからだ。本書でとりあげるヨーロッパおよび日本の映画は、むしろハリウッド的なイリュージョニズムを阻止するものである。

豊穣にもかかわらず未踏であり、その全体像が未だ不分明なそれらの映画形式には、各国で映画登場以前に育まれてきた芸術や芸能の文化という内的要因が、さまざまな形で共鳴し合って織り込まれていた。隣接する諸芸術/諸芸能と対峙していくなかで、映画メディアの特性が探求されたのであり、隣接分野の技法をいかに使用するかに応じて、映画形式にはナショナルな特徴が刻印される。これは古典的ハリウッド映画という圧倒的な国際規格の登場を前にして、その方向から逸脱し、逆行する、あるいは攪乱する動きである。このようなヨーロッパ各国および日本で模索された映画形式は、古典に収斂されえないものであり、従来の初期から古典へという一方向的な図式を崩す。

ヨーロッパ映画形式/アメリカ映画形式という図式は、現在から見た目的論的歴史観にもとづく区分ではなく、当時からすでに認識されていた。『ジゴマ』*Zigomar*(一九一一年)や『プロテア』*Protéa*(一九一三年)、同時期の『ニック・カーター』*Nick Carter* シリーズといった探偵活劇映画で知られる監督のヴィクトラン・ジャッセ(一八六二―一九一三)は、一九一一年の『シネ=ジュルナル』に「映画の演出をめぐる研究」と題した連載記事を執筆しているが[16]、その最後の記事(一九一一年一一月二五日)のなかで、フランスの映画市場におけるアメリカ映画の介入や両国の映画形式の差異について述べている。ジャッセの主張は以下の通りである。アメリカ映画(主にヴァイタグラフを指摘している)は当初は粗悪で平凡なものばかりだったが、一九〇九年から一九一〇年頃には傑作が現われ始める。アメリカ流派が新たに生まれ、観客や芸術家が熱狂的に歓迎するようになる。アメリカ流派は①カメラの被写界深度、②俳優の演技、③シナリオ構成という三つの点において、フランス映画をはじめとするヨーロッパ流派と異なる。アメリカ流派は、場面の調和や舞台装置を犠牲にして、クロース・アップにおける表情演技に重きを置き、さらに実生活におけるような自然な演技を目指している、と述べられる。

では、アメリカ映画形式と異なる一九一〇年代のヨーロッパ映画形式とはどのようなものであるのか。ヨーロッパではこれまでプリミティヴとみなされてきた手法が、従来の図式のように編集技法へ変換されていくのではなく、より表現豊かに強化された新しい技法として活用される。具体的には、演劇性にもとづく、対象から距離のあるフレーミング、固定カメラ、書割、ロング・テイクといった技法が、画面の深度を利用したステージング（画面内演出）、コンポジションの美学を追求したタブロー形式（複数の登場人物の身振りとポーズの調和が生み出す絵画的な構図）、画面内移動や鏡の使用を意図した舞台装置、身振り演技の提示、移動撮影といった機能を持つようになる。これらもまた映画的手法であり、アメリカ映画における編集技法のオルタナティヴとなる。この映画形式において編集やカメラの可動性は、あくまで新たな表現のレパートリーとして、画面内演出に従属する。過去の芸術遺産と断絶しているアメリカ映画とは対照的にヨーロッパ映画は前時代との連続性をショットの内部に織り込んでいったのである。

先行研究

こうした特徴を持つ一九一〇年代映画に関する先行研究を概観したうえで、本書の狙いと貢献について述べたい。技術的な変遷に重きを置いたのはバリー・ソルトである[17]。ソルトの研究は、各国の映画を横断的に取捨選択し、ショットの平均持続時間やショット・サイズなど各技術に応じてヨーロッパ映画の変遷の「見えにくさ」を数値として提示し、分析する。客観的実証には有益な研究であるが、数値を重視し内容を視野に入れていない点には注意を払う必要がある。同じロング・テイクであっても単に持続時間が長いだけのショットもあれば、画面内演出の巧妙なショットもあるからだ。統計データのみに軸を置き、数値の変化が低い一九一〇年代ヨーロッパ映画を進歩のないものとみなすソルトの研究は一面的であると言わざるをえない[18]。本書ではデータはあくまで参考にとどめ、客観的な数値と個々の映画形式の内容の双方を照らし合わせた検討を行う。

本書と方向性を同じくするものとして参考となった議論は以下の四点である。第一にクリスティン・トンプソンは、演劇を基盤とした芸術様式からより自律的な映画的芸術への移行に重点を置く見解は、伝統的な映画史家の典型的な進歩主義的歴史観であると批判する。(19) 一九一〇年代の映画においては、新たな技法の獲得だけでなく、従来の技術の表現可能性のもとで映画形式の多様化が見られたと主張し、コンティニュイティの仕掛けが国際的に広がったことを確認した上で、演技や鏡の使用、照明、舞台装置とステージング、深度、移動撮影、編集、ロング・テイクといった多方面の視点から、国の別なく映画作品をとり上げている。

第二にユーリー・ツィヴィアンは、一九一〇年代の映画は、パイオニア期の映画と一九二〇年代の映画というよく知られた時期と比較されて、関心が薄く、独創性がないとみなされてきたと指摘する。(20) 彼によれば「われわれはこの時期の映画を他の諸芸術の〝奴隷〟あるいは〝派生物〟として示そうとしがち」であり、「一九一〇年代の映画とその作り手たちを、スタイル上〝進んでいる〟か〝遅れている〟か、〝映画的〟か〝演劇的〟か、〝オリジナル〟か〝文学的〟か、メディアの性質に対して〝正しい〟か〝正しくない〟かと分類する傾向にある」。(21) さらに、テクノロジーとしての映画史を過大評価する、つまり編集やカメラの動きを偶像視し、フレームの構図やプロットの構造、演技といった既存芸術との関わりが深い領域は過小評価され、その新奇性は制限されて語られてきたとし、「借用よりも発明の方が優れている」とする映画史記述の傾向を批判している。

第三に小松弘は一九一〇年前後、とりわけ一九一四年から一九一八年までの第一次世界大戦期のヨーロッパ映画を、「後の時代との関係では、アメリカ映画の興隆によって必然的に形式が変化せざるを得なくなるヨーロッパ映画の、未だアメリカニズムに触れられていない最後の時期の作品であり、前の時代との関係では、フランス映画およびフランス映画の興隆による影響を受けて展開してきた他のヨーロッパ諸国の初期の映画が到達した形を見せる作品」と規定し、「映画における図像的なもの」を優先し、アメリカニズムが浸透する時代、つまり「語ることを優先させることを一義的な目的とする映画の時代」への過渡期と定義している。(22)

第四に演技形式に注目したものとしてベン・ブリュースターおよびリア・ジェイコブスの著作がある。(23) 彼らに依拠すれば、初期から一九一〇年代のスロー・カットのヨーロッパ映画／早いエディティングを伴うアメリカ映画において二つの演技形式が形成されてきた。ヨーロッパ映画は、個々の俳優やデュエット、トリオが形成する演技のアンサンブルにもとづいてドラマティックな物語展開を強調し、タブロー形式における身ぶりやポーズを洗練させていく。ヨーロッパ映画は舞台を一枚の絵画に見立てる演劇のピクトリアル形式を引き継ぎ、ロング・ショットで固定されたフレーミングを用いて、俳優たちの全身のパフォーマンスを提示する。深い空間で繰り広げられる複雑なアクションの演出とともに、注意深いブロッキング（特定の人物に観客の視線を導く手法）、集団における各俳優のアクションのタイミングなど、観客の注意を引く戦略も発展させた。他方、アメリカ映画においては、こうしたアンサンブル・アクティングの手法は空間の断片化であるショット＝リヴァース・ショットなどのカッティングにより解決される。表情の反復とヴァリエーションはカッティングのパターンによって成り立ち、集団の各メンバーの感情を伝える。一九一〇年代後半のヨーロッパ映画はカメラにより近い空間でアクションを展開し、全身によるアンサンブル・アクティングは保持した上でカット＝インと前景空間の使用により可能となる空間の深さを追求していく(24)。

以上の先行研究を踏まえた上で本書は、当時の主要なヨーロッパ映画産業国の事例を比較分析することで映画の多面性を明らかにすると同時に、映画がそれぞれの国・地域でどのような違った現れ方をするのか捉えることをめざす。ただし、ナショナル・ヒストリーに回収するような映画解釈を避け(25)、映画が各国固有の文化・芸術とどのように融合していくのかを明らかにしつつ、その様相を通じて映画の持っていた可能性を追求することを重視している。過小評価されがちな一九一〇年代の映画史的イベントを、網羅的かつ詳細に検討した研究はこれまでにない。

本書のもう一つの特徴は、日本における映画受容史を視野に収めていることである。西欧の映画文化がもたらした非欧米圏におけるインパクトの先行例として日本を参照点にするという意味で、将来の多地域比較もしくはアジア内比較研究が可能となる。本書における一九一〇年代映画の比較分析を通じて、比較文化史の新たな領域が明らかとなるであろう。

4　空間演出・空間認識の変遷

次に、本書の分析対象である一九一〇年代映画の空間演出技術の特徴を総論的に説明して本論への導入としたい。前述したコンティニュイティ編集の技法は一九一〇年代ヨーロッパ映画において使用されなかったわけではない。だが、それは必ずしも物語を分かりやすく語るためではなかった。ハリウッド映画形式に慣れてしまった現在の私たちから見れば、ヨーロッパの芸術映画形式は物語を引き延ばすものであり、むしろ読解しにくい。そこで重視されていたのは、語りの明快さではなく、フレーム内の美的構図によって観客の注意を喚起することであった。

空間の美学を深めることが、ステージングやロング・テイクに強力に支配されている一九一〇年代のヨーロッパ映画にとって重大なテーマとなった。編集よりもステージング、すなわちショットの連鎖よりも画面内の演出を重視するヨーロッパの映画監督たちは、空間をいかに捉えるかに苦心した。この空間表現は、ディープ・フォーカスと呼ばれる深い被写界深度の技術を前提としている。ディープ・フォーカスとは、カメラが捉える視野全体に焦点を合わせる撮影技術であり、深い被写界深度において全ての面を等しく鮮明な焦点に保つことができる。それゆえディープ・フォーカスは、観客が一つのショット内の数多くの異なった演出の地点にまなざしを向けることを可能にする。

ディープ・フォーカスの技術的展開の歴史を振り返るとき、撮影監督のグレッグ・トーランドが一九三〇年代に導入したパン・フォーカス、監督としては一九四〇年代のオーソン・ウェルズとウィリアム・ワイラーの試みに注目するのが一般的である。とりわけ一九四一年、オーソン・ウェルズ主演・監督の『市民ケーン』*Citizen Kane* はディープ・フォーカスの先駆的な使用例として有名だ。ウェルズ演じるケーンの反映が何重もの鏡に続いていることや、画面奥に登場するケーンの姿も鮮明に見える新聞社の一室などを思い起こせば分かるだろう。こうしてディープ・フォーカスは、主としてロング・テイクにおいて観客に数多くの可能性と選択肢を開いた、映画におけるリアリズム技法の一つとみなされるようになった。さらにこれらの映画をもとに、アンドレ・バザンはリアリズム映画理論を展開していく。

初期のディープ・フォーカス技法

だが実は一九一〇年代の映画においても、画面内編集の有効な手法としてこのディープ・フォーカスの技法が使われていた。ディープ・フォーカスを用いた深い空間の演出は、すでに映画の誕生時、リュミエール兄弟のシネマトグラフの頃から存在していたのである。エジソンの覗き式のキネトスコープやマックス・スクラダノフスキーが発明したドイツの投影型ビオスコープとは異なり、リュミエールのシネマトグラフは、手軽で携帯しやすく、屋外で容易に撮影することができた。キネトスコープの映像は、ブラック・マライアという背景が真っ黒の回転小屋で撮影され、浅い空間の屋内場面が多く、白と黒のコントラストや、平面的なグラフィック・イメージを提示した。他方シネマトグラフは、風に揺らぐ木の葉や、煙、水蒸気、破れた枕から飛び散る羽毛のリアリティーが持つポエジーなど、機械でしか捉えられない新しい時代の美で人々の目を潤しつつ、屋外の無限に開かれた深い空間を撮影することが可能であった。諸々の先行研究が明らかにしてきたように、リュミエール作品は偶然に撮られたアクチュアリティーではなく、事前に計画され、入念に構図が練られた「演出された光景」であったのである。[26] カメラが特定の撮影対象を取捨選択するキネトスコープとは異なり、シネマトグラフのディープ・フォーカスでは、野外の混沌も捉えることができる。したがって、観客がそうした種々雑多のイメージのカオスから特定のイメージを選び取るように、撮影者は一つのロング・テイクのなかで彼らの目を誘導する必要があった。そのために予め念入りに絵画的構図が考案されていたのである。

たとえば、奥行きを利用した画面構成（『ラ・シオタ駅への列車の到着』*L'arrivée d'un train en gare de la Ciotat* 一八九五年）、印象派の絵画から取った構図（セザンヌ《カード遊びをする人たち》と『カード遊び』*Partie d'écarté* 一八九五年）、絵画の伝統を意識した聖書映画の図像（主としてキリスト受難劇）など、リュミエール映画には印象派や伝統的なルネサンス絵画の構図が導入されている。『列車の到着』一つを例に見ても、手前から奥まで焦点の距離が深いディープ・フォーカスが用いられ、スクリーンの平面は造形的なものとなっていることが一目瞭然である。

書割の演出

その後、映画と演劇が歩み寄るにしたがってリュミエール作品に見られた屋外のディープ・フォーカスは、劇映画のジャンルではいったん影を潜める。リュミエール以後、ジョルジュ・メリエスからパテ・フレールの映画へと、ディープ・フォーカスの技術を発展させていくよりも、書割の役割が重視されるようになってくる。メリエスは、最初はリュミエールの模倣をしていたが、ふとしたきっかけでトリック撮影を発見し、『月世界旅行』*Le voyage dans la lune*（一九〇二年）のようなジュール・ヴェルヌの科学小説から着想を得たＳＦファンタジーや、『ドレフュス事件』*L'affaire Dreyfus*（一八九九年）といった現実に起きた事件の再現ドラマなどを数多く手がけた。メリエスの作品には、舞台の上演に似た諸制約が常につきまとう。カメラは客席から舞台を見る位置に固定され、決して動くことはなかった。メリエス映画は演劇と同じく場＝タブローで整理されており、視点の変化をいっさい含んでいない。そのため「一階前方の上等席の紳士の視点」（ジョルジュ・サドゥール）と形容されたわけである。一九〇〇年代後半には次第に飽きられるようになるが、メリエスは最後まで「映画撮影された演劇」にこだわっていた。

一九〇〇年前後にはキリスト受難劇を主とする聖書映画、歴史劇映画、民族的主題、文芸映画といったジャンルが枝分かれしていき、さらに一九〇八年、フィルム・ダール社が設立され、さまざまな演劇作品や文学作品の映画化が行われるようになった。初期の文芸映画は、原作の忠実な翻案というよりも、映像に先行する字幕がこれから展開される物語を伝える予期的叙述法にのっとった紙芝居のように機能する映画群であった。そこでは、書割の精密さや豪華さが、映画の美的基準の一つを成していた。映画の舞台装置の仕事には、演劇における舞台の美術担当や画家、装置家が呼ばれていた。映画の舞台装置制作に必要な職能として、一般的な芸術領域に関する知識と、舞台装置の知識を持ち合わせていることが不可欠であったからだ。一九世紀に活躍した舞台装置家チチェーリの工房出身の専門的な芸術家の弟子たちが初期映画における舞台装置を手がけることになり、舞台演出の手法が適用されていった。一九世紀末には数多くの専門的な工房が開かれ、ここでパテ社やゴーモン社、メリエスの映画の舞台装置が生み出されていく(27)。

奥行き演出の美学

映画が長編化し、ヨーロッパ映画において奥行きを使った演出が定着してくるにしたがい、劇映画における書割全盛時代も次第に終焉に近づいていった。ここで再びディープ・フォーカスが復権する。一九一〇年代に使用された映画カメラ用レンズは、焦点距離が三五ミリか五〇ミリが普通であり、必然的に前景から後景にいたる対象の奥行きの再現がなされた。この時期における空間の深さは、焦点距離の大きいレンズ、オーソクロマティック・フィルムによる光のニュアンス、可燃性ナイトレート・フィルムの立体的で鮮明な解像度という三点によって実現された。こうした技術が演出の求める技法と合致し、深い空間を利用した図像構成と画面内演出がヨーロッパ映画において主流となっていくのである。(28)

スタジオ内撮影のイリュージョンが映画製作の中心となる一九二〇年代に入ると、短焦点レンズやソフト・フォーカス・レンズの開発と連動し、空間演出の美学は急速に廃れていく。いわゆる縦の構図と呼ばれるグレッグ・トーランドが開発したパン・フォーカス技法は、このスタジオ内撮影のイリュージョンから発展していったものであり、無声映画時代のディープ・フォーカスとはその出自も機能も異なる。

一九一〇年代のディープ・フォーカス技法とパン・フォーカス技法の最も大きな差異は、それ以前に編集技法が確立されていたかどうかである。編集が主流となる以前の奥行き演出は、個々のショットがそれ自体として完結しており、ショット間の連続性や時間性に向ける意識は相対的に稀薄となっている。編集の劇的効果を部分的に抑えてパン・フォーカスで処理するという意識がそもそもないからである。一九一〇年代の監督は、単一の画面空間内で物語性とスペクタクル性を演出するために絵画や文学、演劇における構図・描写・叙述の手法に目を向けた。この点を看過して語る映画史は一面的と言わざるを得ない。

5　本書の構成

従来の映画史研究の瑕疵を埋めるべく、映画と他の芸術ジャンルとの密接な関連を明らかにすることが本書の課題である。一九一〇年代の映画が孤立した存在ではなく、同時代の美意識の中で発展しつつ独自の形式を獲得する過程を考察することで、今後の芸術史研究における領域横断的な視座の開拓を期す。映画ジャンル論とも言えるこの問題意識に答えるためには、一つの国の映画史をたどるだけでは十分ではない。冒頭に挙げたプログラムの中身を見れば分かる通り、当時の映画館では複数の国にまたがる作品が上映されるのが普通であった。当時の映画雑誌をめくれば、広告欄や批評記事は各国の新作で埋め尽くされている。ナショナルな映画が芽生えつつも未だ分化しきっておらず、国境を越えた映画形式が形成されていた事情を踏まえて、当時の主要な映画産業国であったフランス、ドイツ、ロシア、イタリア、デンマークそして日本の映画形式生成のプロセスを本書は分析する。

方法論に関しては、テクスト分析や形式比較といった映画作品に依拠した研究方法に加え、当時の映画雑誌や新聞など一次資料による実証的な映画史記述を行い、映像から語ることのみに特化せず、観客の反応や批評家の記事、広告による宣伝効果や、同時期にどのような外国映画が輸入されていたか、ということも視野に入れる。

それに加えて、映画はすでに一〇〇年を超える歴史を有するとはいえ、その歴史は常に更新可能なものである、という意識は常に念頭に置きたい。おそらくはこれは他領域と異なる映画史ならではの特徴であり、研究対象には「最新の」無声映画も含まれてくる。発見され、復元されたばかりの最新の無声映画は毎年数えきれないほど再上映され、復元を待っている映画フィルムは無限にある(29)。本書を執筆するにあたっては、発売されているソフトで容易に見られる作品のみに限定することなく、海外の復元映画祭や無声映画祭、各国の映画アーカイヴへ積極的に足を運び、分析対象を広げた。毎年の復元の成果を踏まえて無声映画史を常に書き換えていくことが映画史研究に従事する者の責務だからである。

こうした研究視角に立つ本書は、「映画と演劇」、「映画と美術」、「映画と文学」、「大衆芸能と映画」、「日本映画の近代化」の五つの章で構成される。

第一章「演劇と映画」では、言葉のないパフォーマンス芸術という共通点を持つ、無声映画、バレエ、パントマイムにおける演技の違いは何か、さらに、言葉のあるパフォーマンス芸術、すなわち演劇と映画の演技の違い、とりわけ舞台上とスクリーン上の女優のプレゼンスの違いとは何かという論点をとり上げて映画に固有の演技を考察していく。主として、著名な舞台女優やバレリーナの映画出演およびイタリアのスター女優の事例を扱う。

第二章「映画と美術」では、帝政期ロシアを代表する映画監督エヴゲーニイ・バウエルがいかに独自の空間の美学を達成し、意識的に「映画作家」となっていったのかを論じる。映画におけるバウエルの美学が、一九世紀以前の古典的な美学規範に基づいていることが明らかにされるであろう。

第三章「映画と文学」では、劇作家や小説家と映画のコラボレーションの変遷を追う。主としてとり上げるのは、フランスにおけるフィルム・ダール社の登場からスカグル社の映画、ドイツおよびデンマークの作家映画、イタリアにおける史劇映画の事例であり、映画が文学の政治性を利用してナショナルなものとなっていく過程も見ていく。

第四章「映画と大衆芸能」および第五章「日本映画の近代化」では、大正期の日本映画をとりあげる。ヨーロッパ映画史を概括すると、映画の登場を経て、移行期の映画の成熟（一九一〇年代）、そしてモダニズムとアヴァンギャルドの時代へ（一九二〇年代）という流れに整理できる。だが、日本映画の場合はヨーロッパのようにハイ・カルチャーを換骨奪胎した移行期はなく、もっぱら講談・落語・歌舞伎・文楽・新派といった大衆芸能を引き継いだという特異性が指摘できる。さらに、そうした日本映画がアメリカ映画やヨーロッパ映画の模倣により近代化していく過程についても議論していく。

＊

「芸術」としての映画を志向する時代は決して長続きすることはなかった。その代わりに、芸術ジャンルとしての「映画」の自律の時代が到来する。終章ではこの点を議論する。一九一四年以降、第一次世界大戦の戦場となったヨーロッパでは映画スタジオが武器庫として使用され、主力の映画人はことごとく戦場へ送られた。フィルム生産の余裕もなくなり、映画市場が閉鎖にまで追い込まれるなか、フランスを筆頭にヨーロッパの映画先進国は次々と衰退していった。そこで抬頭してきたのがアメリカである。ハリウッドが映画市場を支配したことで、映画界の世界地図がヨーロッパ主導型からアメリカ主導型へと塗り替えられる。各国の映画形式は徐々にアメリカ流の国際的なスタンダード形式へ統合されていった。大戦後のアメリカニズムの大量流入により、映画は一九世紀と二〇世紀の混血児から、二〇世紀の落とし子へ生まれ変わったのである。

そうした産業構造の変化と映画形式の規格化に加え、既述したように映画史を芸術史として捉えると、大戦後は、映画を自律した芸術とみなす意識が芽生え、主としてフランスおよびドイツで前衛映画の理論と実作が興隆していった時代でもある。一般の娯楽映画に見られる戦後の新たな傾向として、モダニズム——その光がハリウッド映画であり、闇に当たるのはヴァイマル期ドイツ映画——が生まれるというわけだ。そして、アヴァンギャルドとモダニズムと左翼思想が結合したのが革命後のソヴィエト映画となろう。こうして映画は、大戦前の「芸術」としての映画から、大戦後の「伝統を廃棄する芸術」としての映画へ、空間芸術から時間芸術へ、物語の否定とメロドラマの増殖の双方向へと急激に方向転換していくことになる。他の芸術と同様、映画においても旧世界ヨーロッパの美学から新世界アメリカの価値基準と形式への変化が明瞭に見て取れよう。

「芸術」としての映画が興隆した一九一〇年代は、いわば映画史のベル・エポック期であり、映画の胎動の時代でもあった。第一次大戦により終焉を迎えたこの束の間の時代を経て、「お金で買える夢」は、ハリウッドの登場とともに制度化されて世界各地に振り撒かれていく。一九四八年に公開された映画 “Dreams That Money Can Buy” で、監修のハンス・リヒターがハリウッドを戯画的に描いたように、ユダヤ系映画人が作り上げた夢の工場は、映画をシステム化された夢として整備していった。本書は夢が制度化される以前の、夢が夢のままスクリーンを流れていく時代の痕跡をたどる作業である。今日でも私たちを魅了し続けている美しい残骸のフィルムをひとつひとつ吟味し、現代のシステム化・制度化された予定調和的な「映画」そのものを揺るがす不協和音の響きを捉えていきたいと思う。

（1）初期にもサウンド映画の試みはあった。フランスの事例に関しては次の研究が詳しい。Musée Gaumont (ed.), *Alice Guy, Léon Gaumont et les débuts du film sonore* (London: John Libbey Publishing, 2012).

（2）「芸術映画」とは、これより少し前からフランスをはじめとするヨーロッパ各国で開始された試みであり、この例のように有名な作曲家の音源を使用するなど、映画の地位を大衆的な娯楽から「ハイ・アート」へと近づけるべく製作された映画群である。

（3）サン＝サーンスが作曲した映画は『ギーズ公の暗殺』*L'assassinat du duc de Guise*（一九〇八年、アンドレ・カルメット、シャルル・ル・バルジ監督）であり、ピエトロ・マスカーニ作曲の映画は『サタン狂想曲』*Rapsodia satanica*（一九一七年、ニーノ・オキシリア監督）である。

（4）ただし、日本の無声映画の現存率はきわめて低く、『め組の喧嘩』も『母の心』も現存しておらず、現在見ることはできない。

（5）映画の色彩については次の文献が詳しい。Joshua Yumibe, *Moving Color: Early Film, Mass Culture, Modernism* (New Brunswick, N.J.: Rutgers University Press, 2012). 日本映画の着色に関して、たとえば次の記事等で研究が紹介されている。編集局「映画上の調色と染色」『活動之世界』第二巻四月号、一九一七年四月、二〇―二三頁。

（6）Richard Taylor and Ian Christie (eds.), *The Film Factory: Russian and Soviet Cinema in Documents 1896-1939* (Cambridge: Harvard University Press, 1988), pp. 25-26.

（7）Hugo von Hofmannsthal, "The Substitute for Dreams (1921)," in Richard W. McCormick and Alison Guenther-Pal (eds.), *German Essays on Film* (New York: Continuum, 2004), pp. 52-56.

（8）オルテガ・イ・ガセット（神吉敬三訳）『大衆の反逆』ちくま学芸文庫、二〇一三年：オルテガ・イ・ガセット（神吉敬三訳）「芸術の非人間化」『オルテガ著作集三――芸術論』白水社、一九七〇年。

（9）ジークフリート・クラカウアー（船戸満之・野村美紀子訳）『大衆の装飾』法政大学出版局、一九九六年。

（10）多木浩二『ベンヤミン「複製技術時代の芸術作品」精読』岩波現代文庫、二〇〇〇年。

（11）アメリカ映画においてもロイス・ウェバー（一八七九―一九三九）やモーリス・トゥルヌール（一八七六―一九六一）など、進化論的観点から逸脱するような反古典的な作品を生み出す監督はいた。そうした映画はむしろヨーロッパ的に捉えられる。

（12）一九一〇年代という時期区分はあくまで便宜的なものである。本論で扱う一九一〇年代を狭義に限定するのであれば、ヨーロッパ映画形式が顕著になり始め、アメリカニズムが流入してくるまでの時代として、一九一一年頃から一九一七年頃となるが、アルベール・カペラニに関しては、監督としてデビューした一九〇五年から言及を始め、また、一九一三年から世に出たディーヴァ映画については、終焉を迎える一九二〇年代初頭までを範囲とする。さらに、エヴゲーニイ・バウエルやニーノ・オキシリアといった監督はともに一九一三年に監督デビューし、一九一七年に逝去するため、とり上げる期間は必然的にこの五年間となる。日本映画に関しては一九二三年の関東大震災までを視野に入れている。

（13）たとえば美術史における一九〇〇年代のドイツ表現主義は、映画史では一九二〇年公開の『カリガリ博士』*Das Cabinet des Dr. Caligari*（ローベルト・ヴィーネ監督）から始まる。

（14）アメリカ映画の一九一〇年代に関しては以下のものがある。Charlie Keil and Ben Singer（eds.）, *American Cinema of the 1910s: Themes and Variations*（New Brunswick, N.J.: Rutgers University Press, 2009）. また、初期映画研究の基本文献としては以下を参照。Thomas Elsaesser（ed.）, *Early Cinema Space Frame Narrative*（London: BFI, 1990）. 再版を重ねている本書は、大半の記事が初期アメリカ映画を理論的・歴史的に、もしくは観客論・興行論として扱っているのにたいし、一九一〇年代のヨーロッパ映画をとり上げたEuropean Cinema of the 1910s: Alternatives to the Classical Paradigmという節では、初期スウェーデン映画と『プラーグの大学生』*Der Student von Prag*（一九一三年、ステラン・リュエ監督）を論じたわずか二本の記事のみである（John Fullerton, "Spatial and Temporal Articulation in Pre-Classical Swedish Film," pp. 375-388; Leon Hunt, "The Student of Prague: Division and Condification of Space," pp. 389-402）。個別のケース・スタディとしては、ルイ・フイヤードの作品を分析したDavid Bordwell, "Feuillade, or storytelling," in *Figures Traced in Light: On Cinematic Staging*（Berkeley: University of California Press, 2005）, pp. 43-82や、フランツ・ホーファーとエヴゲーニイ・バウエルを比較したYuri Tsivian, "Two 'Stylists' of the Teens: Franz Hofer and Yevgenii Bauer," in Thomas Elsaesser（ed.）, *A Second Life: German Cinema's First Decades*（Amsterdam: Amsterdam University Press, 1996）, pp. 264-276等がある。

（15）コンティニュイティ編集と古典的ハリウッド映画については以下を参照。David Bordwell, Janet Staiger and Kristin Thompson, *The Classical Hollywood Cinema: Film Style & Mode of Production to 1960*（New York: Columbia University Press, 1985）. なお、本書では全般的な「編集」を意味する場合は「エディティング」、個々の編集技術に着目する場合は

「カッティング」と表記する。

（16）Victorin Jasset, "Etude sur la Mise en scène en Cinématographie," *Ciné=Journal*, no. 165, 21 October 1911, p. 51; no. 166, 28 October 1911, pp. 33, 35–37; no. 167, 4 November 1911, pp. 31, 33, 35; no. 168, 11 November 1911, pp. 38–39; no. 170, 25 November 1911, pp. 25–27.

（17）Barry Salt, *Film Style and Technology: History and Analysis*, 2nd expanded ed. (London: Starword, 1992).

（18）たとえば、バリー・ソルトはヴァイマル期以前のドイツ映画を下記の論考で不当に評価している。Barry Salt, "Early German Film: The Stylistics in Comparative Context," in Elsaesser (ed.), *A Second Life*, pp. 225–236.

（19）それにより、グリフィスがエディティング技法の革命家と認識されたことに加え、『カビリア』*Cabiria*（一九一四年、ジョヴァンニ・パストローネ監督）の移動撮影、スウェーデン映画におけるロケーション撮影が突出した映画史上の展開点として語られてきたと位置づける。Kristin Thompson, "The International Exploration of Cinematic Expressivity," in Karel Dibbets and Bert Hogenkamp (eds.), *Film and the First World War* (Amsterdam: Amsterdam University Press, 1995), pp. 65–85.

（20）Yuri Tsivian, "What Can We Do in Films that They Cannot on Stage? Film Style and Medium Specificity in the Cinema of the 1910s,"『演劇博物館グローバルCOE紀要　演劇映像学二〇〇七　報告集一』二〇〇九年、三—二八頁（ユーリ・ツィヴィアン（小川佐和子訳）「何が映画において出来、ステージにおいて出来ないか？　一九一〇年代の映画における映画様式とメディアの特性」同書、二九—五〇頁）。これは、二〇〇八年三月に早稲田大学演劇博物館グローバルCOEが拠点全体企画として開催した国際シンポジウム「Stage to Screen——演劇から映画へ」における、ツィヴィアン氏による講演の報告である。一九一〇年代を「めざましい発明という点では、比較的控えめな時期であるが、目には見えにくくはあるものの、真に革新的な時期」であると規定し、すでに知られた芸術の価値観（古いぶどう酒）を新しいメディア（新しい革袋）に適合させるという意味合いで聖書のたとえを引用している。本講演では、演劇という古いぶどう酒が、映画という新しい革袋に移しかえられるとき、映画メディア固有の効果と演劇の制約についての議論が鮮やかに展開されていく。

（21）ツィヴィアン「何が映画において出来、ステージにおいて出来ないか？」二九頁。

（22）小松弘「ヨーロッパ映画一九〇八年—一九一五年——ある歴史的視点」『FC』八九号、一九九一年、一九—二七頁。

（23）Ben Brewster and Lea Jacobs, *Theatre to Cinema: Stage Pictorialism and the Early Feature Film* (Oxford; New York: Oxford University Press, 1997).

（24）Brewster et al., *Theatre to Cinema*, pp. 111–138.

(25) 各国の映画文化の形成に際して「ネーション」の枠組みが適用できる場合とそうでない場合とがあり、むしろ映画産業・文化のグローバル化と同時にローカル化する様相を捉えるべきであろう。インターナショナル／ナショナルをめぐるこれまでの議論は興行面の議論が目立つ。Richard Abel, Giorgio Bertellini, Rob King (eds.), *Early Cinema and the "National"* (New Barnet, Herts: John Libbey Publishing Ltd, 2008); Kristin Thompson, *Exporting Entertainment: America in the World Film Market 1907-1934* (London: BFI, 1985).

(26) Marshall Deutelbaum, "Structural Patterning in the Lumière Films," *Wide Angle*, 3. 1 (1979), pp. 28-37.

(27) *Bulletin de l'association française des ingénieurs et techniciens du cinema*, No. 16, 11e annèe (1957). たとえば、早くも一九〇〇年に、パリ一一区のベルトランに位置するモワッソン工房では、約四×三メートルのセピア調で描かれた小ぶりの背景幕がシャルモイによって制作された。これらの背景幕は、日当りが良いベルヴィーユの小さな庭園の角に設置され、レンガの壁にかけられて一種のヴェランダのようになった。これはゴーモン社によって作成された「最初の平面画」であった。

(28) 青と緑には感光するが、赤には感光しない白黒フィルムのことである。明暗のはっきりしたコントラストおよびディープ・フォーカスが可能であり、無声映画期に使用された。

(29) Anthony Slide, *Nitrate Won't Wait: A History of Film Preservation in the United States* (Jefferson, N.C.: McFarland & Company, 2000).

第1章

映画と演劇
――沈黙の、雄弁なメロドラマ

無声映画は言葉を発しない。沈黙の画面では「身振り」がものを言うことになる。同じく言葉を欠いたバレエやパントマイムは、明確なキャラクターが前提にあり、状況や感情に即した演技の型が定められていた。すでに沈黙の身振りを習得していたバレリーナやパントマイム芸人たちは、映画に出演する際もその演技を見せ物にすることができたのだ。

それにたいして、その多くが舞台から流れてきた初期の映画俳優たちは、突然に言葉を奪われた。映画界には、台詞に重きが置かれた正統派俳優から旅回りの役者まで、さまざまな出自を持つ演技者が一同に会していたのである。会話字幕はいまだ少なく、場面を描写する説明字幕が主流であった初期には、圧倒的に言葉よりも身振りが物語叙述の核をなしていた。物言わぬ映画俳優は、新たなメディアの舞台空間で演技表現の失敗と葛藤を繰り返し、やがてきわめて「雄弁な」映画的身振りを獲得していくのである。

従来の研究には、有名な俳優の映画出演に関する個別の事例研究や映画女優の表層的なイメージにより彼女たちの演技は過去の芸術様式に従属しているという印象を与えかねないものが多い。さまざまな領域の演技者との比較分析をつうじて立ち現れる映画的身振りの固有性は十分に検討されてこなかった。本章では、舞台女優・俳優やバレリーナ、パントマイム芸人の映画出演の事例から、初期の映画スターの登場に注目し、演劇における演技と映画における演技の葛藤と融合の諸相を見ていきたい。

1 演劇から映画へ

演劇に隣接する映画俳優

一九一〇年代の映画俳優は、ステージとスクリーン双方の領域をまたがり、時代が求める「映画的な」演技とこれまでの舞台経験で培ってきた演技とをつねに対峙させていた。初期の映画における演技は、各状況に応じた身振りの型やポーズ、パターン化された過剰な表情が特徴であり、しばしば演劇的で不自然だと批判されてきた。ロング・テイクを多用する初期映画形式は、舞台引き写しと揶揄されることがあり、そこで繰り広げられる「お芝居がかった」演技はネガティヴなものとして見られたのである。映画の演技は、より自然なものであり、内面の真実に呼応する身振りと表情であり、日常生活の現実性にもとづくべきものとされた。

ロバータ・ピアソンは、前者の演劇的な演技を「芝居的コード histrionic code」、後者の映画的な演技を「真実的コード verisimilar code」と名づけている。[1] ピアソンの定義では、「芝居的コード」は、主としてデルサルト・システムを指し、[2] 舞台から一歩外に出た現実とは似ても似つかない人工的な構成のことである。他方、「真実的コード」は、アリストテレスの『詩学』におけるミメーシスに対立する概念であり、ここにおける「本当らしさ verisimilitude」とは、現実と同一視すべきではなく、むしろ「現実の芸術的な表象にたいする固有の文化のコード化された期待」であるとされる。[3] ヴァルダックの従来の研究では、映画における演技はこの「芝居的コード」から「真実的コード」へ移行していくと述べられてきた[4]。

これにたいしてデーヴィッド・メイヤーはこの単線的な変化あるいは進化の枠組みを批判し、リアリズム／ナチュラリズムの図式を導入した[5]。メイヤーは「真実的コード」をリアリズムとほぼ同義と見なし、その点で「芝居的コード」はリアリズムのアンチ・テーゼとなろう。メイヤーの定義に従えば、リアリズムとは、俳優が現実世界に生きる人間の行動を忠実に再現することを意味する。他方ナチュラリズムは、人間の行動と環境が密接に連結した、科学的、理性的、社会・政治的な包括的システムを指す。「真実的コード」、ナチュラリズム、リアリズムはいずれも現実にもとづいているが、とりわけリアリズムの基準は、他者による、つまり映画においては観客や批評家による判断や評価と相互に連関している。観客が俳優の演技にリアリズムを感じるかどうかが重要となってくるのだ。

映画におけるサラ・ベルナール

では具体的に、舞台上とスクリーン上の演技の違いを細考するために、演劇界でキャリアを積んできた女優たちの映画との際会にまずは注目してみたい。

「聖なる怪物」と呼ばれた大女優サラ・ベルナール（一八四四―一九二三）と彼女のライバルであったエレオノーラ・ドゥーゼ（一八五八―一九二四）のケースを見てみよう。ベルナールとドゥーゼは、世紀を代表するフランスとイタリアの大女優であり、ともに晩年には映画出演を果たしている。二人の演劇界における貢献と位置づけは本論の射程には含めず、ここでは映画主演作をとりあげて検討する[6]。

社交的で華やかな、ベル・エポックの花形であったサラ・ベルナールは、『ハムレットの決闘場面』*Le duel d'Hamlet*（一九〇〇年、クレマン・モーリス監督）や『椿姫』*La dame aux camélias*（一九一一年、アンドレ・カルメット／アンリ・プークタル監督）、『エリザベス女王』*Les amours de la reine Elisabeth*（一九一一年、ルイ・メルカントン監督）等の文芸映画で映画界に進出した。いずれも舞台におけるベルナール十八番のキャラクターであり、後者の二作はフィルム・ダール社製作である。映画の地位を向上させようと文芸映画の製作に乗りだしたフィルム・ダール社が、演劇界のビッグ・ネームをまず起用したのは妥当な狙いであったと言えよう。映画界が文学や演劇の利用に目をつけたとき、古典的で保守的なキャラクターから男装する革新的な配役まで、あらゆる観客層の需要に応えるベルナールの役柄は次々と映画化された。

なかでもベルナールの舞台『椿姫』は、アルフォンス・ミュシャのポスターでもよく知られている演目である。高級娼婦マルグリットは、貴族のパトロンの囲い者となって生活する当時の女優の生活スタイルを反映し、ベルナールの舞台上の分身のようなものだった。ベルナールはこの分身像を写真や絵葉書、カリカチュア、ポスターで流布させ、さらに彼女自身の派手な恋愛関係や豪奢な生活といった私生活のスキャンダルも織り交ぜてメディア戦略を展開した。すでに六〇代後半となっていたベルナールが、映画版『椿姫』に出演したのも、大衆全体を観客にして「社会全体をひとつの劇場に変えていく」イメージ戦略の一環であったと言えよう[7]。

映画におけるサラ・ベルナールの演技は、一九世紀のメロドラマの身振りをそのまま映画に移しかえたようなものだった。ベルナールの全身の演技を撮るためにいずれの映画もロング・ショットのみで構成され、物語は一場＝一ショットで展開される。登場人物は左右の画面外へ移動することはなく、常に画面の奥から登場・退場する。ベルナール以外の俳優たちもメロドラマ的身振りという「芝居的コード」を共有しており、一定の距離をとった舞台正面からの撮影は、ベルナールの貴重な舞台記録のようにも見えるのである。

たとえば、ベルナールの映画版『椿姫』と、それから二年後のリダ・ボレッリが演じた同場面とを比較すると違いは歴然である。ボレッリは後述するように最初の映画スターとして一世を風靡したイタリアの女優である。正確には『されどわが愛は死なず』*Ma l'amor mio non muore*（一九一三年、マリオ・カゼリーニ監督）のラスト・

シーンで、ボレッリ扮する主人公の女優エルザが演じる映画内舞台の『椿姫』である。ボックス席から見守る恋人のシルエットがエルザの舞台を額縁のように囲み、エルザは叶わぬ恋を嘆いて舞台上で自殺を遂げる。エルザの様子がおかしいことに気がついた恋人は客席から舞台へあがり（ここでショットが切り替わる）、瀕死のエルザを抱きかかえ、看取る。ボレッリ版『椿姫』では観客の視線を恋人の視線と同一化させる効果と、エルザがマルグリットと同じ運命をたどるという映画と映画内舞台の重合作用（言うなれば二重のフィクション化）、それに伴うメロドラマ性の強化が巧みに発現される。ベルナール版もボレッリ版も当該場面はロング・ショットのみで構成されているが、女優の演技が演出形式および物語世界と相乗効果を上げることで演劇的なものから映画的なものへと見違えるように変わるのである。

社交界の花のマルグリットのキャラクターは、一方で世紀末に流行した「宿命の女」、他方で純真な青年アルマンに一途な愛を捧げる聖女であり、[8] いずれもベルナールの得意な分野であった。だが、映画において晩年の彼女が演じたのは母親役である。ベルナールは、トリスタン・ベルナール原作の母物メロドラマである『ジャンヌ・ドレ』*Jeanne Doré*（一九一六年、ルイ・メルカントン／ルネ・エルヴィル監督）およびジャン・リシュパン原作の第一次世界大戦プロパガンダ映画『フランスの母たち』*Mères françaises*（一九一七年、ルネ・エルヴィル／ルイ・メルカントン監督）に主演し（いずれもエクリプス社製作）、前者では身持ちの悪い女性にたぶらかされた息子を想う母親、後者では戦地へ赴いた息子の活躍を願う母親を好演した。

『椿姫』から五年後の両作はロケーション撮影も豊富で、演劇の記録としての映画から映画的な表現へと移行しており、ベルナールの演技も以前よりは自然で映画に適したものへと変化している。『フランスの母たち』では、民衆の熱狂的な愛国心が描かれており、ベルナール演じる母親がジャンヌ・ダルク像に向かって「息子を守るように、そしてフランスに勝利がもたらされるように」と叫ぶ場面がある。舞台でもジャンヌ・ダルク役を得意としたベルナールがこの祈りを捧げることで、観客への精神的な動員が高められないはずはなかった。娼婦のイメージは影をひそめ、聖女の側面が良き妻・良き母という家庭的なイメージへと変遷し、ついにはフランス国家の母としてベルナールの女優像はプロパガンダに活用されていったのである。『フランスの母たち』を最後に、ベルナールは映画に出演しなくなるが、ベルナールの女優としての保守性と革新性という相反する傾向は、後の映画女優にも引き継がれることになる。

映画におけるエレオノーラ・ドゥーゼ

さて、同じ舞台女優でもサラ・ベルナールとは対照的な演技を見せたのはエレオノーラ・ドゥーゼである。(9) 彼女は、一本の映画に出演した。それは彼女の舞台での当たり役ではなく、ドゥーゼ自身が映画創作に介入したオリジナル作品である。ドゥーゼは類型的なキャラクターをこなすのではなく、内向的かつ個人主義的で精神的な演技を追求した。ベルナールはその美貌のみならず「黄金の声」の持ち主としても称賛を浴びていたが、ドゥーゼはほとんど化粧を施さず、自己を抑制し、内的な衝動や感情を簡潔に表現する媒体として自身の身体を用いた。ドゥーゼ唯一の映画出演作『灰』*Cenere*（一九一七年、フェボ・マリ監督）を見てみよう。これは一九二六年にノーベル賞を受賞したサルデーニャ出身の女性作家グラーツィア・デレッダ（一八七一―一九三六）の同名小説（一九〇四年）の映画化である。脚本はドゥーゼとフェボ・マリの共同で、(10) 当時の映画雑誌はドゥーゼの映画デビュー作として盛んに宣伝している（図1-1）。不義密通の子供を宿してしまったドゥーゼ演じる母親が、成長した息子と再会するも彼の婚約者の理解を得られず、孤独のうちに亡くなり灰と化す、悲しい母ものである。

映画におけるベルナールとドゥーゼの演技の違いは「腕」に表れる。晩年のベルナールは上演中の事故がもとで片足を切断し、上半身のみの演技を余儀なくされたため、時に両腕を振り上げて仰々しく感情を表現する。『ジャンヌ・ドレ』のラスト・シーンでは、刑務所に拘留されている息子のために母親は彼を捨てた恋人の振り

図 1-1　『灰』の広告
La vita cinematografica, 7-15 February 1917.

をするが、そのときのベルナールは上半身をヴェールで隠し、腕を大きく伸ばして恋人の声色を真似る（それは字幕から理解できる）。明日には処刑される息子との別れの見せ場で、ベルナールは字幕の助けを借りた「無声の声」に頼らざるを得なかった。

それにたいしてドゥーゼは動きを押し殺し、張りつめた感情を腕に込める。断腸の思いで幼い息子を捨てる場面では、息子の方へと向かって伸びていく腕の影のみで感情を表現する。その後成長した息子と再会する場面では、ドゥーゼは観客に背を向け、顔を隠し、ゆっくりと彼の方へ腕を伸ばす。寄りのショットで表情の演技を見せるのではなく、抑制された感情を全身の身振りで表現しようとしている。それは、ドゥーゼ自身の次の言葉からも分かる。

> 残念なことに、私はいまやたいへん年老いています！　十歳若かったら再びやり直して、この完全に新しい一芸術を実現するような何かに、そして巨大な成果に到るでしょうに。第一に私にとって必要なことは、演劇に関するすべての事柄、それにまだ映画には存在しない話し言葉で自分を表現することを完全に忘れることです。詩の説得力ある新しい形式、人間的な芸術の新しい表現が必要なのです。映画は演劇とはまったく別の身振りを展開させることができます。例えば、一つの運命を決する密かな握手を映し出すことのできる、はっきりした画面を想像してご覧なさい。こうした場面は、舞台上では気づかれずにすぎてしまうのです。[11]

実験的精神あふれるフェボ・マリの詩的な叙述と、観客の感情を煽るフランス製のメロドラマ／プロパガンダとを比べると、演出上の違いに加えて、そこで繰り広げられる二人の母の演技の違いは明らかである。ベルナールの場合、最大の武器となる声の演技は不可能であり、お芝居がかった大仰な身振りが見受けられるが、ドゥーゼは映画に適合する演技を意識的に目指していた。ドゥーゼの追求した自然主義的な映画演技は、舞台演技から映画の演技へという単線的な変化の発想を無効にしたのである。

ベルナールとドゥーゼ、演劇界のライバルとして張り合い、恋人の作家ガブリエーレ・ダンヌンツィオ(12)をめぐって女性としても確執のあった二人であるが、映画に独自の世界を切り開いたのはドゥーゼの方である。ベルナールはとりわけ彼女の初期の映画において舞台の演技がいかに映画とは違うものであるかということをはっきりと示した。ドゥーゼの試みは単発的に終わり、ベルナールの仰々しい演劇的身振りが映画と調和するには、新たな映画スターの到来を待たねばならない。

パントマイムと映画

パントマイムや人形劇など言葉を主としないパフォーマンス芸も無声映画との親和性が高い。それは一九世紀に人気を集めた演目と役者たちが次々と初期の映画に登場したことからも分かる。パントマイムには、求愛、裏切り、失望、希望など喜怒哀楽を形式化した演技の型と、お決まりのストーリーがある。演技の型を提示するパントマイムは無声映画の演技とは全く異なるものであったものの、言葉を必要としないパフォーマンスゆえにそのまま映画に流れ込むことが可能だった。

たとえば、アルルカン、コロンビーヌ、ピエロの三角関係はリュミエールの時代より頻繁に映画化されてきた。

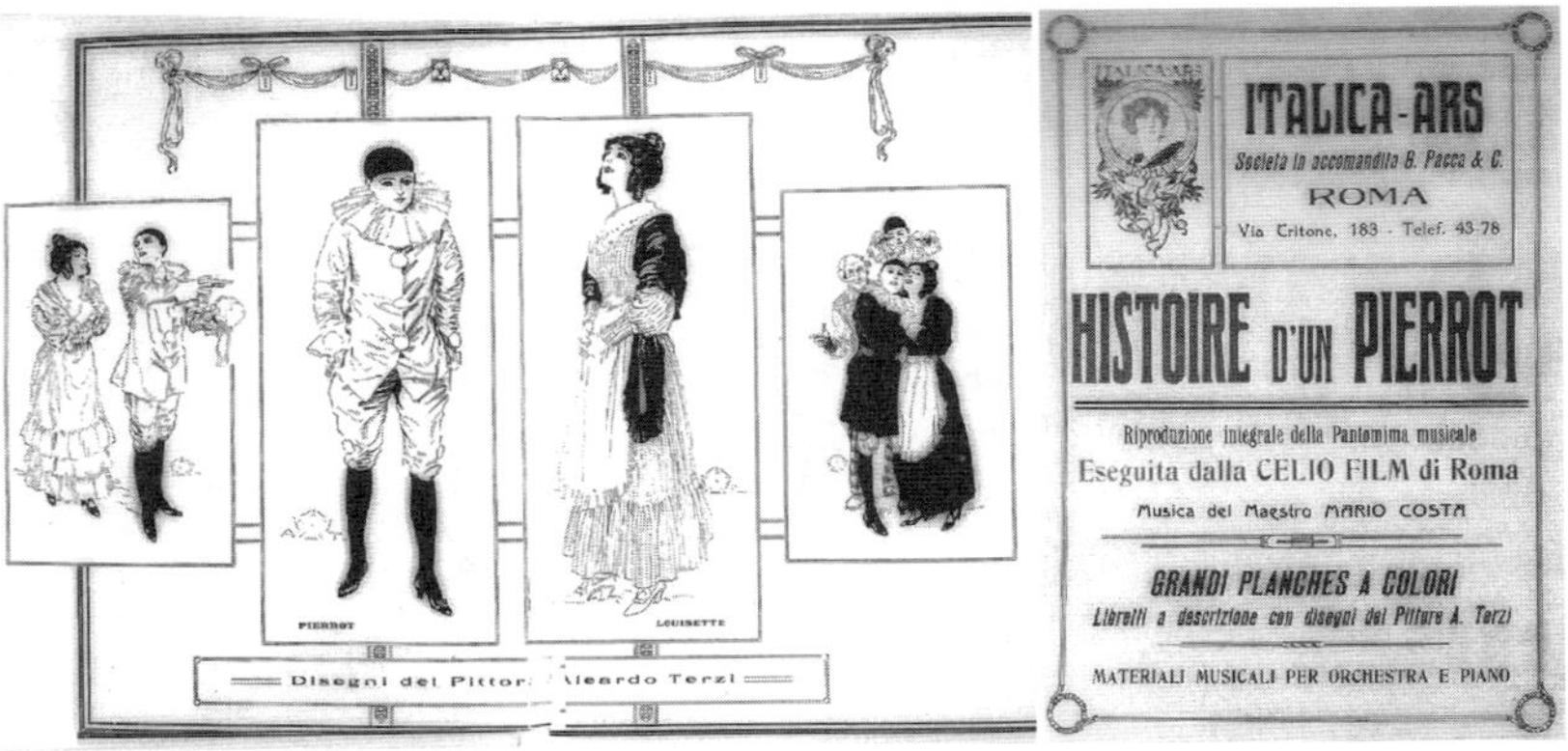

図1-2　『あるピエロの物語』の広告
La vita cinematografica, no. 5, 7 February 1914.（左）
La vita cinematografica, no. 5, 7 March 1914.（右）

フランスにおける最後の偉大なピエロ芸人とされるセヴラン・カッフェッラ（一八六三―一九三〇）は、『ピエロの悪夢』*Le cauchemar de pierrot*（一九一一年、ガストン・ヴェル監督）に出演し、嫉妬と自己憐憫と悪夢に苦しめられる世紀末的なピエロ像を演じた。その前年に同じく監督のガストン・ヴェルが、一八三八年にパリで初演された『黄金の薔薇』を映画化し、本作にはカッフェッラと並ぶマイム役者のジョルジュ・ワーグ（一八七四―一九六五）が起用されて大きな成功を収めた。これらの映画にはトリック撮影や凝った色彩技術も用いられたため、マジックや夢幻劇、ダンスと並び初期のスペクタクルとしての映画の一群を成していったのである。

この種の初期映画が観客に飽きられていった後も、ピエロの物語は頻繁に映画化された。イタリアの人気女優、フランチェスカ・ベルティーニ主演の『あるピエロの物語』*L'Histoire d'un pierrot*（一九一四年、バルダッサッレ・ネグローニ監督）は、一九世紀的ピエロの末期の映画と言えよう（図1-2）。後述するように映画女優として名を成したベルティーニの他の作品と比較してみれば、彼女が映画の演技とは区別してパントマイムの演技を取り入れていたことは瞭然である。感情の型を表現するだけであったピエロが、感傷的な性格を帯び始めたとき、初期映画に見られる一九世紀以来のピエロ像の伝統は揺らいでいった。一九二〇年代に入ると、ピエロはより感傷的なメロドラマのキャラクターとして組み込まれるようになるからだ[13]。

だが、ピエロ物は常に初期映画に根を持っていた。パントマイムを主題にした映画で最もよく知られているマルセル・カルネ監督の『天井桟敷の人々』*Les enfants du Paradis*（一九四五年）はきわめてセンチメンタルなメロドラマであるが、その由来は初期映画に通じている。カッフェッラは歴史に名を残したマイム役者デュビュローの孫弟子であり、本作でデュビュロー役を演じたジャン＝ルイ・バローの指導者はワーグであったからだ。

バレエと映画

さらにもう一つ、言葉を主としないパフォーマンスでありながら、映画演技との差異が現れるのはバレエである。スターシア・ナピエルコフスカ[14]やミスタンゲット[15]などミュージック・ホールの踊り子や歌手として大衆の間で人気を博していた役者たちは映画界でも大成功を収めていったが、ここでは世紀のバレリーナ、アンナ・パヴロワ（一八八一―一九三一）が映画に出演し、バレエとは異なる演技に取り組んだ例を見よう。パヴロワ唯一の映画主演作『ポルチシの唖娘』*The Dumb Girl of Portici*（一九一六年、ロイス・ウェバー監督）は、パヴロワ・バレエ団のアメリカ巡業の合間に撮影された。このときバレエ団は経済的な困難に陥っており、映画の出演料に頼るほかなかったのである。

本作でパヴロワはタイトル・ロールの聾唖の娘役を演じた（図1－3）。これは、ダニエル・オベール作曲のオペラを原作にした一大スペクタクル映画であり、映画版にはこのオペラにもとづくオリジナル・スコアが作曲された。世界に名だたるバレリーナの主演とオリジナル・スコアの作曲という、当時としては多額の予算を割かれたこの大作は、同時期のD・W・グリフィスの『国民の創生』*The Birth of a Nation*（一九一五年）やセシル・

B・デミルの『カルメン』*Carmen*（一九一五年）と比肩する作品となり、製作国のアメリカにとどまらず日本でも人気を博した(16)。製作会社のユニヴァーサルは、パヴロワを招待した豪華なパーティーまで主催するほどの大きな成功にあやかった。

たしかにオペラ《ポルチシの唖娘》は映画と親和性の高い作品であると言える。オベールの原作オペラは、「グランド・オペラ」と呼ばれる長大な上演時間と豪華な舞台装置を呼び物とした歴史劇オペラの先駆となった作品である。そのセット、壮大な歴史叙事詩、運命に引き裂かれる男女、メロドラマに欠かせないロマンティックな音楽、それらがグランド・オペラの精髄であった。その意味でグランド・オペラはハリウッドの歴史スペクタクルの原型であり、映画版『ポルチシの唖娘』は、グランド・オペラ形式を映画に引き継いだ最初の本格的な叙事的作品とも言える。さらに言うなら、一九世紀に栄華をきわめたグランド・オペラが二〇世紀に映画の登場によってその座を譲る象徴的な作品でもあった。

図 1-3　『ポルチシの唖娘』におけるアンナ・パヴロワ

だが公開当時の批評は賛否両論で、比類なき歴史スペクタクルだと褒め讃える一方、物語が複雑で追いにくい、パヴロワの演技が過剰にすぎるという意見も目立った。物語構成への批判に関しては、原作オペラがアメリカの観客にそれほど馴染みのある内容ではなかったことが大きいだろう。四つの物語から成る『イントレランス』*Intolerance*（一九一六年）において、グリフィスは外国の歴史劇ではアメリカ人観客の共感を得にくいだろうと考え、一六世紀フランスの聖バーソロミューのエピソードを他の三篇と比べて大幅に減じたように、一七世紀イタリアにおけるスペイン軍侵略に対する決起を軸にしたナポリ娘とスペイン貴族との悲恋物語は、国内の観客には馴染みの薄いものであった。

さらに、オペラと同じく親和性が高いように思えるバレエと無声映画が、演技に関しては実際は水と油であることが露わとなった。口の利けない少女の感情を無言芸術のバレリーナが無声映画で演じるというのは一見適合するかのように思えるが、パヴロワの演技は明らかに周囲から浮いている。舞踊場面だけではなく全編にわたって一つ一つの身のこなしが舞踊的であり、身体の隅々まで行き届いた彼女の表現性は、「唖」であること示す以上に、表現重視のロマンティック・バレエが映画の写実性とは相容れないものであることを雄弁に語っているからだ。井手鉄処《いでてつしょ》が本作を見て「舞踊としては写真に過ぎ、写実劇としては、時と場所を不徹底に終らしめ、劇的価値をも、オペラの権威をも空虚にして除けて終った」[17]と評しているように、パヴロワは映画女優としてではなくあくまでバレリーナとして演技を貫いたため、バレエと映画の不調和が生じたのである。パヴロワ自身、完成した映画を見て自分の演技に失望を示した[18]。身体芸術で美を表現してきたパヴロワにとって、クロース・アップで暴露される容姿の衰えは堪えられないものがあったのであり、ここにもバレエ演技の身体性と映画の写実的演技の肉体性との対峙が明示されている。

とはいえパヴロワのロマンティック・バレエとオベールのオペラ、それに映画、これら三つの視覚的パフォーマンスがせめぎあい、一九世紀と二〇世紀の衝突がさまざまな形でスクリーンに現れ出る野心的な試みであったことは異論の余地はないだろう。

演劇と映画の対立の激化——言葉と身振り

これまで見てきたフランス、イタリア、アメリカの事例では、演劇やパフォーマンス芸と映画が相互の差異を認めつつも歩み寄っているように見える。だが他方で、映画は演劇界からの根強い抵抗と辛辣な批判を受け、演劇と同等の表現芸術と認められなかった側面もある。演劇人が映画界に敵対心を抱くのは、他国においても多かれ少なかれ見られる現象だが、それが最も顕著だったのがドイツである。ドイツ映画は自らの価値を主張するために、演劇と対峙し、演劇を利用し、その克服に専念するほかはなかった。

ドイツにおいて演劇界が映画を排斥する具体的な行動に出たのは、一九一二年五月、作家から成るドイツ舞台脚本家連盟、演出家から成るドイツ演劇連合、舞台役者から成るドイツ舞台構成員協同組合の三つの団体が、オフ・シーズンに生計を立てるために舞台俳優が映画に出演をするのを妨げる協定に参加したのが始まりである。演劇界は"Kintop"といった映画の蔑称を造り、この新興芸術メディアを徹底してロー・カルチャーとみなした。彼らは映画を「演劇の孫」と呼び、あくまで演劇の二流品もしくは粗悪品にすぎないと考え、映画に新たな表現の可能性があることを認めなかった。しかしながら、映画の発展が阻止されることはなく、演劇界は増殖する映画の勢力を無視することができず、自分たちの威信を保つ必要からますます映画批判を強めていった。

ドイツにおいて映画が既存芸術の演劇ならびに文学と対峙した様相を、当時の記者は的確に表現している。「芸術において古いワインで新しい革袋を満たすことはできない。神の芸術の葡萄畑から新鮮なワインを圧搾機で搾るべきである。演劇における言葉は映画における身振りとなる[19]」。演劇と映画における身振り言語の問題と、演劇界が映画という新参者を軽蔑しつつも、受け入れざるを得なかった状況が描かれている。さらにこの記者は続けて、「この新しい芸術に欠けているのは、いくつもの技術を習得した芸術家である。彼はわれわれが知らないだけでもうすでにいるのかもしれないし、ようやく生まれたばかりかもしれない[20]」と述べる。たしかに指摘のとおり、ドイツにおいて作家／芸術家としての映画監督が現れたのは一九一三年前後であり、これはドイツに限らず他国でもこの時期に共通していた。

一九一三年に公開された作家映画第一作『他者』*Der Andere*（マックス・マック監督）には、当時屈指の舞台俳優であったアルベルト・バッサーマン[21]（一八六七―一九五二）が主演し、著名な戯曲家のパウル・リンダウ（一八三九―一九一九）が映画脚本を書いたことで、映画界や演劇界にも大きな波紋を生んだ（作家映画に関しては第3章第2節参照）。演劇界からは「演劇的な観点から見ればリンダウは彼自身の芝居を傷つけた[22]」と批判され「〔リンダウのような〕全く芸術的才能も批判力もない人物だけが、映画で一つの戯曲を舞台と同じ長さにまで伸ばすことができる[23]」などと映画に協力した演劇人を弾劾する記事が見られた。

ところが、演劇界からの辛辣な批判は、映画界とは何ら脈絡のなかった文化人サークルが映画に関心を示すきっかけにもなった。文化担当の批評家が試写会に派遣され、新聞の文化欄に映画記事が掲載されるようになったのは、バッサーマン主演とリンダウ脚本という事実が功を奏したからである。マックス・マックの作品でいうと、『他者』の直前に製作された『二度生きて』*Zweimal gelebt*（一九一二年）は、『リヒトビルト＝ビューネ』や『エーアステ・インテルナチオナーレ・フィルム＝ツァイトゥング』といった当時の代表的な映画雑誌でしかと り上げられておらず、地方新聞やオーストリア、スイスなどの隣国の映画雑誌をも含む一〇を超える新聞雑誌に記事が掲載されたのは『他者』が初めてである[24]。その後、初の喜劇の作家映画と宣伝された『コレッティはどこに？』*Wo ist Colletti?*（一九一三年、マックス・マック監督）も『他者』と同じく数多くの新聞の文化欄にとり上げられた（図1-4）。

これらの広告や記事を読むと、バッサーマンやリンダウの名前は大きく宣伝文句に使われているが、監督の名前はせいぜい小さく記載されるだけで、まったく見られないことも珍しくない。これはドイツだけの特徴ではなく、例えばフランスの映画雑誌では『エリザベス女王』の広告にサラ・ベルナールの名前のみが映画タイトルと同じくらい大きく掲載されている。著名な舞台俳優の出演はその名前だけで宣伝力があり、監督の存在感はまだ稀薄であった。実際、最初に登場人物を紹介するエンブレマティック・ショットで、まず示されるのはバッサーマンの名前である（図1-5）。

二重人格を描いた『他者』は、『プラーグの大学生』*Der Student von Prag*（一九一三年）との類似性により、影や分身といったファンタスティックな主題が強調される。従来の研究では、ドイツ・ロマン主義との連続性で捉えられるか、あるいはロッテ・アイスナーが述べているように、ヴィルヘルム期全体をヴァイマル期の表現主義的な映画の予兆として意義づけるというやや恣意的な記述がなされてきた。[25]有名な舞台俳優や脚本家、作家を映画に起用したことで、ドイツ映画が芸術の道を進むことになったと単純に記述されることも多く、当時の批評だけでなくこれまでの映画史研究においても、監督マックス・マックは相対的に低く見られている。[26]

図 1-4　『コレッティはどこに？』の広告
Die Lichtbild-Bühne, no. 11, 15 March 1913.

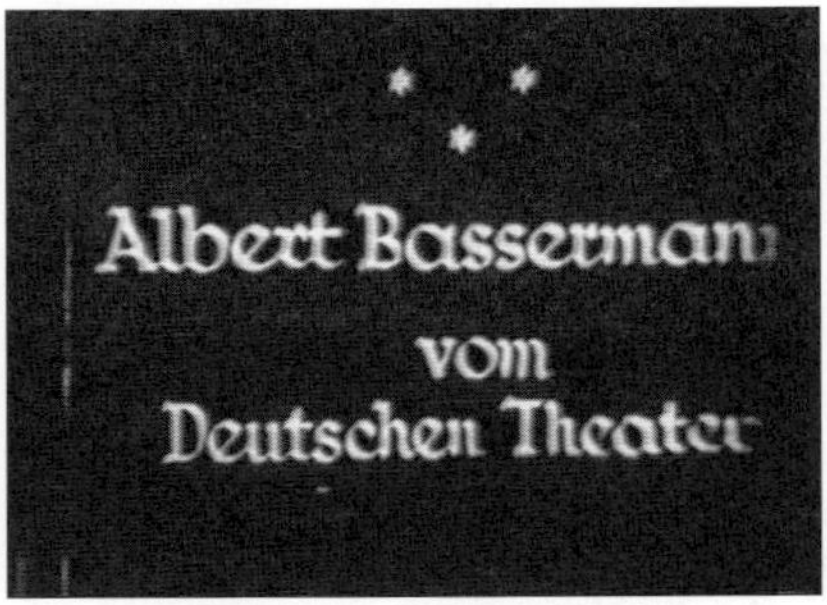

図 1-5　『他者』冒頭のショット

マックス・マック（一八八四―一九七三）は、マックス・ラインハルトのドイツ座で俳優としてキャリアを積み、演劇界の事情に通じ、豊富な人脈を持っていた。リンダウのもとへ映画の企画を持ちこみ、大御所俳優であったバッサーマンを起用し、映画の演技に不慣れな彼に入念な演技指導をつけたのもマックであった。[27]リンダウやバッサーマンが前面に出ているものの、この映画は監督の統率力なしには実現しなかった。彼は演劇と対峙する映画固有の表現を追求する革新者でもあったのである。

　バッサーマンの演技を見る前に、『他者』の物語を要約しよう。【弁護士のハラースはある日、落馬をきっかけに夜になると犯罪者に変貌する二重人格者となる。友人の警官が張り込みをしていたいかがわしい居酒屋でハラースは悪漢と落ち合う。その居酒屋では、以前盗みの濡れ衣を着せられて辞めさせられたハラース家の女中アマーリエが働いていた。彼女はハラースの異変に気づき、証拠として自分の写真を彼に渡す。二人を尾行した警官は、彼らがハラースの家へ侵入するのを目撃し、現行犯として逮捕する。ハラースは精神に異常をきたしているとみなされて釈放され、サナトリウムで静養し、回復へ向かう。】

監督は、犯罪者役に変身したバッサーマンに、強ばった身体・痙攣した手足の動き・硬直した肩と首といった身振りの型を求めた。バッサーマン自身、映画の演技は「身振りにより理解される聾唖者的性質」ではなく、「実生活における人間の表現」と「様式化されたグロテスクな人物像」であるべきだと述べている[28]。前者は健康なときのハラース博士、後者は犯罪者に変身したハラース博士ということになる（図1-6）。

当時の批評家はバッサーマンの演技に注目した。日刊紙は「完全に様式化された新しいパントマイム。そして、時間や場所をわれわれの前で素早く展開させる映像の、高度な現実描写をする能力[29]」と称賛し、J・ボンディーは「この力強い身振り役者は、響き渡る言葉なしに記号という言語のみを用いて複雑な精神の事象を目に見えるようにはっきり感じ取れるようにすることができる。また、新たな芸術的意図にふさわしい表情と身振りを高め、様式化することができる[30]」と評価した。映画における身振り言語の様式化がバッサーマンによって実現されたと批評家たちは認めたのである。

サラ・ベルナールと同じく、バッサーマン最大の武器はやはり声だった。たしかに無声という表現技法の制限は、視覚表現によって代替の解決策を追求する契機にもなる。だが、失敗すれば映画は演劇や美術といった既存芸術の水準に達することが不可能であることを証明しかねない。映画が演劇と対峙しつつもそれを克服して独自の表現媒体となるためには、声との対決が不可欠であった。

映画の演技に疎かったバッサーマンはこうも言っている。「私は今までのところ現実には全く存在しない映画の法則というものに自分を順応させようとはしなかった。映画の方が私に順応すべきなのだ。さもなければ私がここに出演した意味はなくなってしまうだろう」[31]。声の代替となり、俳優に順応する強力な演出としてマックが考えたのは、クロース・アップである。これは、映画における演技の様式化や演劇では不可能な映画ならではの表現であった。

ドイツにおける最初のクロース・アップとされるのは、このバッサーマンの変身場面である[32]（図1-6）。昼間はまじめな弁護士が落馬の後遺症で夜になると犯罪者の分身へと変貌してしまう場面は、当時の観客や批評家に強い印象を与えた。オリジナルの戯曲では、ハラースが全ての従業員を帰した後、事務机に座り、精神分裂に関する本を読むというくだりから変身が始まる。以下、原作を引用する。

図1-6　変身前（弁護士）（左）、変身後（犯罪者）（右）

［彼はゆっくりと本を読む］

（上の階からアグネスが弾く『月光ソナタ』が聴こえる。ハラースは落ち着いた表情となる。視線は上方へ向けられる。）

「ああ！　私の音楽……音楽には言葉がある……愛しいアグネス……君は静寂を促す……」

（彼は微笑みを浮かべたまま眠りに落ちる。まもなく彼の表情は深刻で不吉なものとなり、まるで苦痛に耐えているかのように歪む。彼は目を閉じたまま、椅子の上であちこちと向きを変えた。彼は落ち着きがなくなった。上方でピアノ演奏は続く。ハラースはますます不機嫌な動きをする。そのとき彼は本を落とす。落ちた本の物音で彼はぴくっと動き、両目を勢いよく開け、少しの間無表情のまま空を凝視した後、まなざしは苛立ったものとなり、上方に向けて腹を立てる。彼はやっとの思いで立ち上がり、ランプを消し、燃え続けていた最後の一本を残して燭台のろうそくも消した。今や舞台は暗くなる。）

［彼は最後に法律事務所の召使いの上着を着る。それから忍び足で家を出る。］(33)

同じ場面が映画では、次のように演出されている（LS：ロング・ショット、CU：クロース・アップ）。

（LS）事務所が示される。ハラースは事務机に座り、本を読み、煙草を吸い、時々うっとりと天井に目を向ける（この間、映画館内でのピアノ伴奏は『月光ソナタ』を奏でている）。眠りに落ち、突然頭痛に襲われる弁護士は、しかめ面となり、体が痙攣する。／（字幕）「意識が朦朧とした状態。落馬事故の副作用。」／（LS）ハラースは立ち上がり、背後で身をねじり、燭台をつかむ。／（CU）最後の一本を残してろうそくを吹き消す。その間、ろうそくは近写で示されたハラースの歪んだ顔を照らす。ゆっくりと振り返るハラースの表情はさきほどの温和な弁護士ではなく、皺が寄り、目を見開き、固く強ばった恐ろしい犯罪者の形相となっている。LSからCUへのショットの交替は、身振りによる変身を明確にする。／（LS）最初と同じく、ハラースはもう一度事務机の前に来て、ジャケットからお金を取り出し、背景の棚へ戻る。／（LS→CU）そこで彼は法律事務所の召使いのジャケットに着がえ、布をくるりと巻き、帽子をかぶる。ここで再度ショットが転換し、接写によって変身が明らかとなる。今回の接写では、変装による変身が加わる。／（LS）再び事務所全体。暗い背景にいるハラースは認識しがたい。棚から彼は小さなものを取る。ハラースは窓の方へ向く。／（LS）外へ出る。

原作で表情や視線の描写に多くが割かれているこの場面は、場面転換やショット・サイズの変化が可能な映画メディアの特性を活かすことができる。声のトーンの変化で犯罪者への変身を描けない無声映画では、クロース・アップがバッサーマンの表情を示し、とりわけ正常から狂気へと変わる目の力が中心的な役割を果たした。ドイツではクロース・アップの使用がまだ一般的ではなかったために、「映像には巨大なむき出しの頭だけが現われ、その最も不思議な人生を告白する。気を散らす周囲のものは全て沈んだ」[34]、「バッサーマンの非常に個性的な特徴、重みのある歩き方、豊かな身振り、興味深い表情演技、それらを人は今や拡大鏡のもとで見る」[35]などと映画以外では不可能な手法として肯定的な見解が出された。

アルフレート・クラーはクロース・アップが演劇よりも強力な表現技法だと主張し、次のように『他者』を評価している。「第二の人生へ移行する際の顔と体の変化において、ぐったりとした体、硬くこわばる顔の皺、広げられた口、前に突き出された堅固な顎、白目が誇示された目が犯罪者の人相と道楽者へと変わる手法、最後の瞬間には主人公を脅し、彼と戦うことになる同じような変身において、人は演劇よりも遥かに強烈に形式的に刻み込む技術を学ぶことができた」[36]。マック自身も自伝において、「顔だけを示す映画のクロース・アップでは、非常に入念な表情の創出と徹底的に確実な筋肉の収縮が求められる。それは偶然に任せることはできない」[37]として、即興的に精神の外面化を行う舞台の演技とは異なると述べている[38]。

『他者』の様式化された演技および二重人格のモティーフは、その後一九二〇年代の表現主義映画の雛形となった。バッサーマンの身体表現は、『カリガリ博士』*Das Cabinet des Dr. Caligari*（一九二〇年、ローベルト・ヴィーネ監督）のコンラート・ファイト演じる夢遊病患者、『朝から夜中まで』*Von morgens bis mitternachts*（一九二〇年、カール・ハインツ・マルティン監督）のエルンスト・ドイチュ扮する出納係、『裏階段』*Hintertreppe*（一九二一年、パウル・レニ監督）のフリッツ・コルトナーの郵便係といった表現主義映画の歪んだ身体演技にまで連なっている。導入と結末で健康な身体が描かれ、二重人格の病的な生活部分を囲う構成も、『カリガリ博士』の枠物語形式と類縁性がある。『他者』では映画を演劇から自律した固有のものとする役割を、一九二〇年代では表現主義の潮流に沿う役割を、様式化された演技は担った。昼と夜とで二つの顔を持つ分身や二重人格の主題は、映画と演劇という表裏の関係性を、ふとしたときに演劇に取り込まれかねない映画自体の分裂した性格を反映しているようにも見える。

このように、それまで演劇・舞踊畑に身を置いていた俳優たちが新しい領域で悪戦苦闘を重ねるなかで、映画固有の演技・演出形式が育まれていった。多くの場合、映画の演技形式は、演劇的要素と映画メディアの軋轢と調和の狭間で形成されていったのである。

2　映画女優の演技

アスタ・ニールセンとイタリア・ディーヴァ女優の演技

一九世紀の身振りを映画に昇華させるのに最も成功したのはイタリアの女優たちである。初期の二〇年間の映画演技をめぐって確認できる構造上の要因として、男性の喜劇俳優の第一波の後にスター女優が登場することが挙げられる。フランスではマックス・ランデー（一八八三―一九二五）が、イタリアではアンドレ・デード（通称クレティネッティ、一八七九―一九四〇）がまず先に人気を得た。クレティネッティら喜劇俳優が、トリック撮影によるカタストロフや、演技者自身と映画それ自体をパロディ化した不条理なプロット、奇怪なキャラクターと不死身の身体の表出など、外面的な自己言及性と過度な身体表現を提示したとすれば、その後に現われた女優は内面の表出の方向へ向かった。ここでの女優とは、サラ・ベルナールのような輝かしいキャリアを持つ著名人ではなく、映画スターとして名を刻んでいった女優たちである。

図1-7　『バレエの踊り子』におけるアスタ・ニールセン

図1-8　『サタン狂想曲』におけるリダ・ボレッリ

最も初期のスター女優は「スカンディナビアのサラ・ベルナール」と呼ばれた、ドイツ映画界で活躍したデンマーク出身のアスタ・ニールセン（一八八一―一九七二）である。彼女は、自然主義演劇で培った演技を映画に融け込ませたことで、演劇という障壁あるいは起爆剤に直面することなく、いち早く映画における新しい演技を産み出した（図1-7）。ニールセンは「私はいかなる場合にも定まったタイプに凝り固まることはなかった[39]」と述べているように、常に自分の演技の幅を広げていくことに尽力していた。

他方、ニールセンとは異なり、それと真っ向から対立する映画演技を示したのは、ディーヴァ女優と呼ばれるイタリアのスターたちであった。リアリスティックなニールセンの演技にたいしてディーヴァ女優は、演劇というヴェールをまといながら、誇張し、歪曲し、痙攣する身体表現と、愉悦し、恍惚とした官能に浸る表情演技を披露した（図1-8）。女性の身体性という観点からは、初期のロイ・フラー（一八六二―一九二八）のダンスが非身体的な視覚的具象であったとすれば、ディーヴァ女優は肉感的な身体をスクリーンに投影したと言えるだろう。

本節では、二つの段階に分けてディーヴァ女優の演技を考えていきたい。一つは、ディーヴァ女優のイメージ形成の基盤となる属性とその演技の形式的分類、いま一つは、その分類を超越するディーヴァ女優の身振り独唱の共作用について、それが一九一〇年代ヨーロッパ映画形式の文脈ゆえに可能であったことを見ていく。

「異教の神」という意味を持つ「ディーヴァ diva」とは、一九一三年から一九二〇年頃にかけてイタリア現代劇のジャンルで全盛をきわめた妖艶なスター女優である。「ディーヴァ」という語は、一九世紀末から二〇世紀にかけて活躍したサラ・ベルナールら大女優を形容する「神のような devine」から派生し、イタリアではオペラの花形歌手を指し示した(40)。ディーヴァのタイプはアメリカではヴァンプ、フランスではファム・ファタールと呼ばれるものに相当し、イタリアのディーヴァ女優の特徴は、とりわけ耽美的・象徴主義的な映画形式のなかで明示される。ディーヴァ女優の登場とともに、イタリアではヒロインを演じる彼女らを中心にシステマティックな映画製作を行うスター・システムが確立されていった。

物語内容としては、ブルジョワ社会を背景に据えた豪華絢爛なサロン・ドラマが多い。全てのディーヴァ映画が現存しているわけではないが、代表的なタイトルを列挙するだけで、どのような内容であったか想像できる。『愛の木枯』、『毒蜂』、『真心の女性』、『憎しみと愛よりも強く』、『女乗客』、『軽率な女』、『捨てられた女』、『恋愛遊戯する夫人』、『歓楽の園』、『さらば青春』、『愛を求めて』、『スフィンクス』、『愛の法律』、『狂える処女』、『平和なき女』等とどれもこれも似たようなメロドラマ展開が繰り返し映画化された(41)。男女の恋愛の悲劇的な運命から逃れられずに自滅する「ドンナ・ムータ（沈黙の女性）」、反対に男性を破滅させる「ファム・ファタール（宿命の女性）」、愛する我が子と引き離されて苦しむ「マーテル・ドロローサ（悲しみの聖母）」といった、ディーヴァ女優特有のキャラクターが形成されていく。

ディーヴァ女優の装飾過多な定義は当時の広告記事に集約されている。「彼女にとって愛は生きがいであり、高潔さであり、尊厳であり、存在理由である。それは情欲の女であり、熱愛する女である。それ以外の何者でもない。／本能のあまりの強烈さ、非常に神秘的で堪えがたい強烈さのおかげで、彼女の奇妙さそのもの、彼女の行動のとんでもなさが、測り知れないものになっている。／彼女は知らぬ間に悪いことを行い、悪いという感覚を持っていない。彼女は、盲目的に自分の本能に従って行動し、自分の背後にあるものを引きずっているようだ。

しかし、引きずられているのは他ならぬ彼女である。そして彼女の魂を蝕んだこの同じ本能が、彼女を崇高に向かわせる日がやってくる」[42]。ディーヴァ女優は、実生活でも貴族と結婚して映画界を引退したり、パトロンたちに映画製作に投資させたりし、このような映画のキャラクターと女優としてのペルソナを融合させるような生き様も世間の関心をかき立てていた。

ただし、ディーヴァ女優は上流階級ものに限らず、社会の現実を反映したヴェリズモ映画や、コメディー映画にも主演している。たとえヴェリズモ映画における労働者の階級だろうが、史劇映画の古代ローマが舞台だろうが、コメディア・デラルテの喜劇世界だろうが、ディーヴァ女優を中心に全ての要素が渦のように巻き込まれていくその演技の特性は共通しているのである。

では実際に、過去の芸術遺産を引き継いだディーヴァ女優のイメージが具体的にどのような要素によって形成されていったのか、ディーヴァたちの多様な演技形式を見ていこう。

ディーヴァ映画の主題――イメージの形成と演技の形式的分類

プッチーニやヴェルディらのイタリア・オペラの伝統を継承した女優の誇張された身体言語と感情表現、象徴主義文学を代表する耽美派の作家ガブリエーレ・ダンヌンツィオやオスカー・ワイルドら同時代文学の傾向、ラファエル前派やベルギー象徴派、ウィーン分離派といった世紀末美術の視覚的イメージ、アール・デコ調のモダンなファッションと装飾的な舞台演出。こうした音楽、文学、美術の遺産を最も多分にかつ直接的にディーヴァ女優はスクリーンに投影していった。プレモダンとモダンのはざまにあった映画に共鳴するかのように、ディーヴァ女優も「古典性と前衛性を行き交う存在」となっていった[43]。

内面表現の視覚化に際してディーヴァ女優に共通する要素は、その多くが演劇界から映画界に進出しているこ

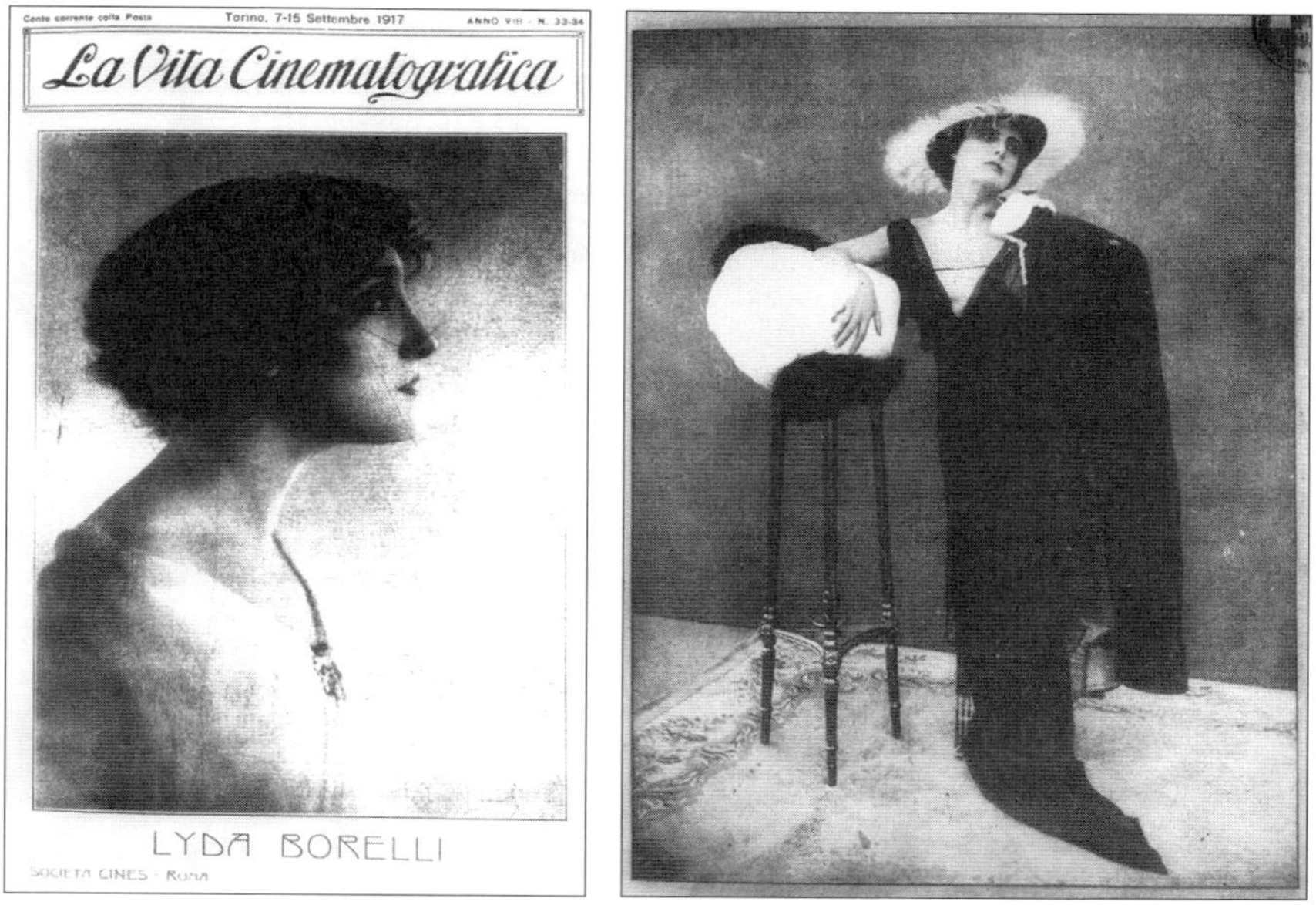

図1-9　リダ・ボレッリ　*La vita cinematografica*, no. 33-34, 7-15 September 1917.（左）
フランチェスカ・ベルティーニ　*La vita cinematografica*, no. 38-39, 22-30 October 1915.（右）

とである。そして、誘惑する女性／ヴァンプ、自立した女性／近代的な女性など限定された範囲で、女性のタイプを描写することが可能であり、そのタイプをめぐっては、ある女優は幅広いタイプをこなす多芸で知られ、他の女優は繰り返し特徴的なタイプを演じることである。さらにそのタイプは、肖像画、絵葉書、商業雑誌やファン雑誌に掲載されたスター女優のポートレートや似顔絵により、二次的に増幅されていく（図1-9）。

ディーヴァ女優は、これまで受けてきた演劇や舞踊の訓練を背景に、映画における演技形式の可能性を模索した。三大ディーヴァ女優とされるのは、フランチェスカ・ベルティーニ、ピナ・メニケッリ、リダ・ボレッリであるが、ディーヴァ映画が流行した当時、Bertineggiare（ベルティーニのような動きをする）、Menichellere（メニケッリ風に動いたり見つめたりする）、Borellegiare（ボレッリのようにふるまう）といった新語が登場する。(44) これは各々の女優の演技スタイルが存在し、模倣可能であり、当時の人々に認識されていたということである。女優の数だけ演技形式が存在するといっても過言ではなく、ベルティーニやメニケッリ、ボレッリだけでなく、マリア・ヤコビーニ、マリー・クレオ・タルラリーニ、イタリア・アルミランテ・マンツィーニ、タイス・ガリツキー、ソアヴァ・ガローネ、ヘスペリア、レダ・ジスなど代表的なディーヴァ女優を詳細に分析すれば、各々の演技形式が明らかとなるだろう。その多様性を比較するために、ここでは三人の女優をとり上げて分析する。

フランチェスカ・ベルティーニ——ヴェリズモの演技

フランチェスカ・ベルティーニ（一八八八—一九八五）[45]は、幅広いジャンルと役柄をこなすタイプの女優であり、ニールセンの演技とディーヴァ女優の演技を融和する形式を提案した。代表作の一つである『青い血』*Sangue bleu*（一九一四年、ニーノ・オキシリア監督）では、同一作品のなかで伯爵夫人・娼婦・舞台役者の三つの役柄をこなしており、彼女の多岐に及ぶキャラクター性を見出せる。【夫のエゴンに愛人ができたために捨てられたミーラ伯爵夫人は、悪名高い喜劇役者に騙されて不倫の現場を捏造され、法律上の立場が悪くなり、唯一の希望であった子供を奪われる。高級娼婦となり、果ては身持ちの悪い舞台役者にまで落ちぶれ、追いつめられた彼女は舞台上で自分の胸をナイフで突き刺す。一命をとりとめた彼女のもとへ、子供の将来と外聞を気にしたエゴンが戻り、二人はもとの鞘に戻る。】この物語のエンディングは保守的・貴族的なものであり、ここにはタイトルの「青い血」、すなわち貴族の純血主義を貫く姿勢が表れている。舞台上でタンゴを踊るシーンや伯爵夫人から場末の踊り子へと主人公が落ちぶれていく物語展開は明らかにアスタ・ニールセンの『奈落』*Afgrunden*（一九一〇年、ウアバン・ギャズ監督）の影響を受けている。同じタイプを演じ続けるボレッリやメニケッリとは違い、ベルティーニはニールセン同様に、サロン・メロドラマから男装映画やコメディー映画、上流婦人から庶民まで得意とする女優であった。

彼女の演技形式が頂点へと達したのは、ベルティーニ自身が監督・主演を果たした『アッスンタ・スピーナ』*Assunta Spina*（一九一五年、グスターヴォ・セレーナ／フランチェスカ・ベルティーニ監督）である。共同監督のグスターヴォ・セレーナが「アッスンタ役に刺激されたベルティーニは、次から次へとアイデアを思いつき、自分が受けた霊感を口にした。完璧なナポリ弁でね、エキストラに指示を飛ばしたり、演技をつけたり、カメラ位置を決めたりしたんだ。それからカメラ・アングルにまでこだわったよ。気に入らないと、納得するまで撮り直しを要求したほどだ」[46]と述べているように、ベルティーニは女優としてのみならず、演出にもかなり関わっていた。

物語はナポリを舞台に展開される。[47]【一九〇〇年代、ナポリ近郊。アッスンタはミケーレと婚約するが、彼の留守中にラファエーレから誘惑される。ラファエーレとの仲を疑ったミケーレは嫉妬のあまりアッスンタの顔に傷をつけた。ミケーレは逮捕され、有罪判決を受ける。彼を救うためアッスンタは副書記官のフェデリーゴ伯爵の愛人となる。クリスマスの日、出所したミケーレがアッスンタの家を訪れると、アッスンタと伯爵のただならぬ関係を知る。ミケーレはフェデリーゴを殺害、憲兵の前でアッスンタは自分を責めつづける。】

地方色豊かな舞台設定で庶民の生活を描きつつ、心情変化の説明描写もなく登場人物たちが次々と激情にかられていくこの展開は、ジョヴァンニ・ヴェルガ（一八四〇―一九二二）の『カヴァレリア・ルスティカーナ』（一八八〇年）を彷彿とさせる。ヴェルガは一九世紀イタリアのヴェリズモ文学を代表する作家であり、その流派の美学と方向性を同じくすることから、これらの映画は「ヴェリズモ映画」と呼ばれるようになった。ヴェリズモとは、一九世紀後半のイタリア統一後、国家統一の理念を固持する代わりに犠牲となった、南イタリアの社会的基盤や習慣、秩序の崩れ行くさまを悲痛な諦念をもって描き出す文学の一派である。[48]先のドゥーゼ主演の『灰』もサルデーニャ島の自然のなかで繰り広げられる貧しい人々のドラマを淡々と描く点でヴェリズモ映画と言える。

実際、ナポリの町で後のネオ・レアリスモを予兆させるようなロケーション撮影が行われ、ディーヴァ映画の

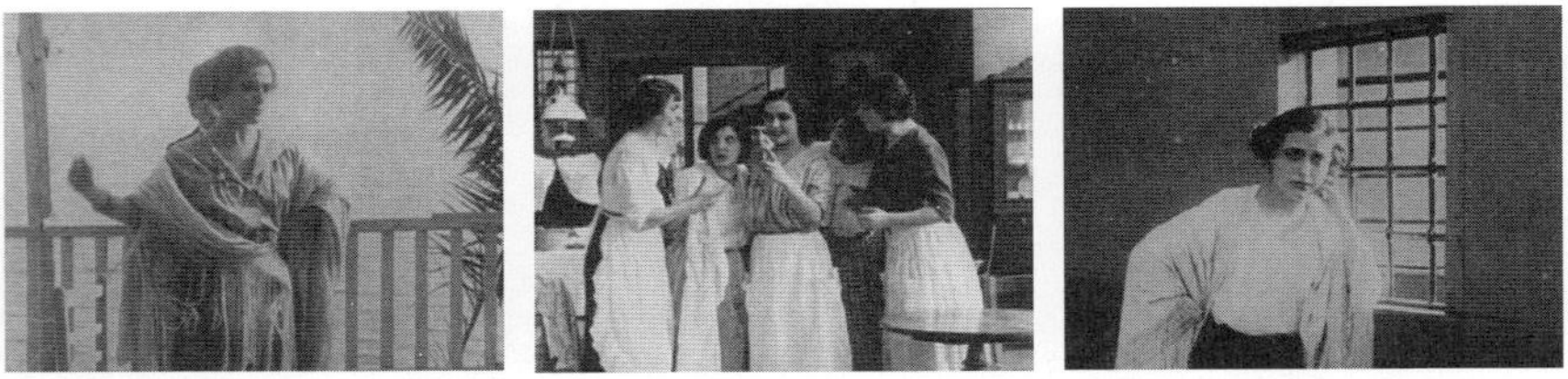

図 1-10　『アッスンタ・スピーナ』より、ヴェールでラファエーレを挑発するアッスンタ（左）、洗濯女たちに囲まれるアッスンタ（中央）、獄中のミケーレを訪問するアッスンタ（右）

なかでは例外的にローカル色を帯びている。ベルティーニは洗濯女を演じ、労働者たちの庶民的な食事の食べ方や質素な結婚式といったイタリア南部の慣習や風俗を多く取り入れた（図１－10）。さらに、ナポリ女性が日常使用しているヴェールを小道具にして、ディーヴァ特有の身体を蛇行させる装飾的な演技形式を見せている。現実社会を反映するニールセンのリアリスティックな演技と、虚構の世界で理想美を担うディーヴァの演技という対極にある両者の演技形式をベルティーニはヴェリズモの手法を通して合体させた。

ピナ・メニケッリ――野性的な演技

ヴェリズモ文学に耽美主義・神秘主義の小説を対置した人物の一人が文豪ガブリエーレ・ダンヌンツィオであるが、彼の世界を如実に体現したのがピナ・メニケッリ（一八九〇―一九八四）[49]である。彼女は、男性を破滅させる危険なファム・ファタールのキャラクターを得意とし、野性的な毒々しい演技で観客を魅了した。ダンヌンツィオの小説では、自殺や死が、主人公の懊悩を救済する唯一の手段として重要な主題となっており、愛や欲望、宗教や神秘主義、音楽で対抗しようとするが、最終的には死が勝利する。[50]こうしたダンヌンツィオの退廃的で耽美的な主題は、ディーヴァ映画の根幹をなすことになる。

メニケッリの代表作『火』*Il Fuoco*（一九一六年、ジョヴァンニ・パストローネ監督）は、フェボ・マリ演じる画家が美しい謎の女流詩人に魅せられて破滅する物語である。

図 1-11　『火』これに実物の梟のショットがつづく

図 1-12　『王家の虎』

〈閃光〉・〈炎〉・〈灰〉の三つのパートに分かれ、閃光が走ったかのように詩人に一目惚れした画家は、彼女と愛欲の日々を送るが、最後には裏切られ廃人になってしまう。ダンヌンツィオ当人はメニケッリのことを「称賛すべき野性動物」と述べているが、まさしくメニケッリは『火』のなかで夜行性動物の梟に比喩され（図1-11）、まるで梟が獲物を捕らえるかのように、虜にさせた男性の身も心も破壊していく。監督のパストローネは「映画の象徴論と文体論の問題」をこの作品で試みたとされ、ダンヌンツィオの表現に応じるかのように女と梟、愛と炎を対応させるなどいくつかのメタファーを散りばめている。

当時の批評ではメニケッリに関して次のように書かれている。「しなやかで妙なる官能的ピナ・メニケッリは、人気スターの中ではおそらくもっとも官能を刺激する者であろう。彼女には扇情的かつ不安気な美がある。彼女はすらりとして、背が高く、豪華な衣装を身にまとい、おごそかに振舞い、身振りはゆっくりとしている。このような彼女は、癒されることのない痛ましい愛の映画のために生まれたのだ。彼女は自らの快楽以外のものは愛することなく、熱愛されるために生まれた。彼女は情婦の残忍さのすべてを演ずるために生まれた。そして、彼女の姿は永久に癒されない愛のあらゆる歓喜に満ちた恐ろしさ、あらゆる欲望、あらゆる熱狂を呼び起こす[51]」。

同じくジョヴァンニ・パストローネ監督の『王家の虎』*Tigre reale*（一

図 1-13　『王家の虎』

九一六年）では、馬車のなかで恋人に想いを馳せながら薔薇を食らい尽くす強烈な演技を見せる（図1-12）。薔薇はダンヌンツィオにとって人間情欲の象徴であると言われ、とりわけ薔薇小説のシリーズで描かれるのは、卑劣で、官能的で、自己中心主義の男で、倫理観の欠如を自覚しながらもどうすることもできず、情欲の前には理性を失い、常に嫉妬に掻き乱される人物である。[52] この女性版とも言えるのがメニケッリ演じる悪女である。美しい薔薇を食らう行為は、快楽に溺れることを意味するだけでなく、後にモルヒネ中毒で命を縮めることになる主人公の若く美しい肉体が蝕まれていくさまを暗示していると言えよう。麻薬が切れて苦しみに喘ぐ歪んだメニケッリの身体は、腕から足下にかけて流れるレースの衣装により蝶のような形象となる（図1-13）。ダンヌンツィオの退廃的で耽美的な主題は、メニケッリ演じる悪女の動物的な本能と、梟や蝶へと変身するその身体言語において極致に達した。

リダ・ボレッリ——動く彫刻

三大ディーヴァの最後、リダ・ボレッリ（一八八七—一九五九）[53] について検討する。彼女の特徴は、世紀末美術の視覚イメージを濃厚に引き継いだ彫塑的な演技にある。ディーヴァ映画第一作とされる『されどわが愛は死なず』に主演したリダ・ボレッリは瞬く間に人気を博した。[54] 緩やかなウェーブのかかった量の多い長い髪を持ち、丸みのある女性の身体を目立たせるコスチュームをまとうボレッリは、クリムトやロセッティ、ボルディーニの描く絵画から出てきたようである（図1-14）。彼女はポール・ポワレやジョルジュ・バルビエといったデザイナーによるアール・デコ調の衣装に次々と着替えるため、婦人観客にとってボレッリ主演の映画は動くファッション雑誌ともなった。これらの動くイメージは、同時代の映画雑誌の広告のなかでは静止イメージとして普及していく（図1-15）。

図1-14　『されどわが愛は死なず』より、サロメの衣装を着た主人公（左）
《レディ・リリス》（ロセッティ、1867年）（右）

ボレッリの代表作『サタン狂想曲』*Rapsodia satanica*（一九一七年、[55] ニーノ・オキシリア[56]監督）を見てみよう。ピエトロ・マスカーニが作曲を担当し、自身のオリジナル曲とともにワーグナーやR・シュトラウス、ショパンの音楽を随所に配した。ポワレの衣装やレオン・バクストの舞台装置からの影響がうかがえる本作は、音楽・ファッション・デザインの観点からも注目することができよう。女性版ファウストとも言える粗筋は以下の通りである。【かつて絶世の美女だった老婆のアルバは若さを切望し、やがて訪れる死を恐れ、悪魔と契約を交わす。アルバは恋愛をしないという条件と引き換えに、永遠の若さと美を手に入れる。日々を謳歌するアルバは、二人の兄弟から愛を捧げられるが、そのうちの一人は嫉妬のあまり自殺に追いこまれる。アルバは城に閉じこもるが、孤独に耐えられず愛に身を委ね、その瞬間に老婆に戻ってしまう。】

ここでボレッリの魅せる特有のポーズが、静止芸術の視覚的イメージを想起させる。森へ行く場面は、ボレッリの立姿がシンメトリカルな石

図 1-15　リダ・ボレッリの広告
La vita cinematografica, no. 19, 15 October 1913.（左）
La vita cinematografica, 22-31 March 1916.（右）

造建築と調和し、足下まで被うロング・ドレスと半透明のヴェールが身体の動きと表情を隠すため、彫刻作品が動いているかのようになる（図1-16）。『されどわが愛は死なず』のロング・テイクでは、彼女の身体が右奥の彫刻とアンサンブルを和し、ポーズと緩慢な動きの連続はメロディアスな演技形式を産み出す（図1-17）。ポージングによって映画観客を惹きつけるという点では、ディーヴァ映画と新派映画は共通しており、[57] 女形俳優が「動く挿絵」であるなら、ディーヴァ女優は「動く彫刻」と言えるだろう。世紀末芸術の女性像を継承しながらも、当時最先端のファッションで流行を牽引していたボレッリは、視覚的に旧きものと新しきものを提示し、優雅で理想的な女性美を体現した。それはこの時代の映画の複層性、すなわち高尚な「芸術」の一面を見せたかと思えば大衆的なファッション雑誌へと早変わりする映画の多重人格性を象徴しているとも言える。

　ここまでは、ディーヴァ映画を定義する上で必要な属性（アトリビュート）と形式上の分類を確

図1-16　『サタン狂想曲』

認してきた。議論はしばしこの段階にとどまってしまいがちである。これらはあくまでディーヴァ女優のイメージの表層であり、イタリア映画は隣接芸術に従属しているという結論になりかねない。以上のディーヴァ女優の演技形式の多様性を踏まえて、ここからは、属性と分類を越え、ときとしてそれらを無効にしてしまうような演技の映画性とはなにか、身振り独唱の共作用という観点から考えてみたい。

ディーヴァ女優の身振り独唱の共作用

ディーヴァ映画に特徴的なのは、女優の演技を提示するロング・テイクである。ベン・ブリュースターは、ディーヴァ女優が単独で演技を続けるロング・テイクを「身振り独白」という言葉を用いて説明している。[58] たとえば『されどわが愛は死なず』のリダ・ボレッリによるある独白シーンは、①封筒を見る身振りの反復、②恋人のもとを去る決断をしている考えるポーズ、③悲しみの身振りを伴う退出という、三つのシチュエーションが三分ものロング・テイクで展開される（図1-17）。通常、この時代に一ショット三分とは例外的な長さである。ボレッリはこの場面で舞台装置の深さを活用し、即興的なポーズをゆっくりとしたリズムで連結させた。とどまることのない優雅なポーズの連続は、悲しみや愛の高まり、官能の極みといった感情を具象化する。それは舞台におけるモノローグというよりも、台詞で伝えられる内容を旋律に乗せて極端に引

① ② ③

図 1-17　『されどわが愛は死なず』

き延ばし、抑揚をつけて歌うオペラのアリアと同じ機能である。歌声を身体化させたものと考えれば、「身振り独白」よりも「身振り独唱」という表現の方がより的確ではないだろうか。音声を振動させるビブラートがディーヴァの身体の悶えや痙攣を表すとすれば、音程の高低は身体が歪曲し弓なりになる動きであり、ディーヴァは具象化された楽譜ともなっていく。これが沈黙でありながら、雄弁なメロドラマの演技である。

さらにブリュースターの議論を引用すると、「身振り独白における反復とヴァリエーションの複雑さ、表現豊かなポーズとステージ・ビジネスの統合は、ボレッリが自身のパフォーマンスをコントロールするのに十分な時間があるゆえに可能なことである。それはロング・テイクによって、より正確にいえばヨーロッパの映画製作の慣習に受け継がれている空間の分断化の欠如によって実現されている」[59]。ディーヴァの演技形式は、「空間の分断化の欠如」すなわちショット=リヴァース・ショットも、クロス=カッティングもないベル・エポック期のヨーロッパ映画の文脈上にこそ成り立つのである。

『されどわが愛は死なず』からクライマックス場面のロング・テイクをとり上げて、ヨーロッパ映画形式とディーヴァ女優の身振り独唱の組み合わせを見てみよう。この演出では、カメラは固定されているためショット転換はなされず、人物の遮断と鏡の演出によってナラティヴの情報を伝える。鏡は、ナラティヴの明快さを犠牲にしてまでも、観客の注意を引きつけようとする手法である（鏡の演出については第2章も参照）。恋人がリダ・ボレッリ扮する女優エルザの楽屋を訪れる場面で、まずドアが開

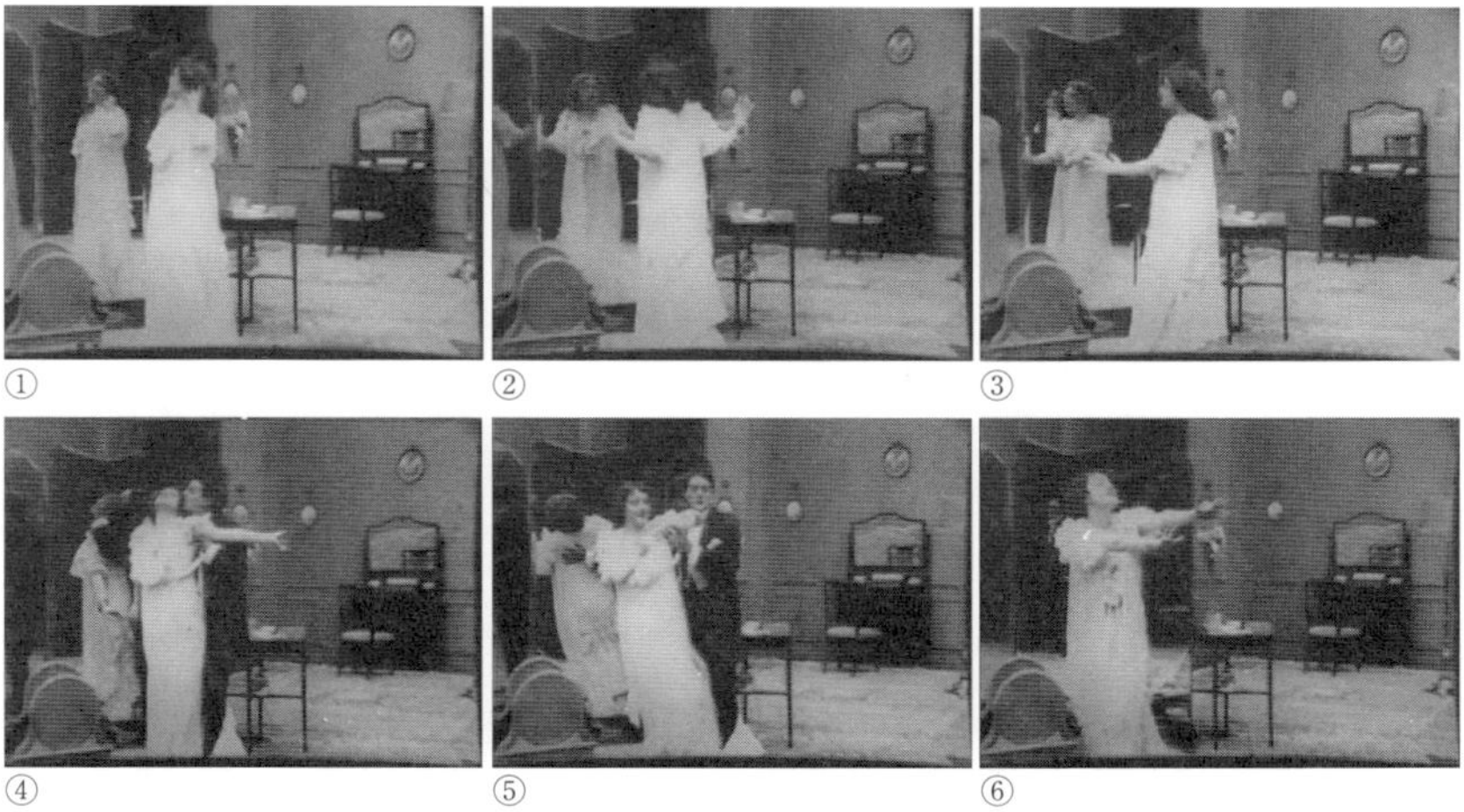

図1-18　『されどわが愛は死なず』

いた様子が鏡に映り、誰かが訪ねてきたことが分かる。リダ・ボレッリの鏡像に覆われているためそれが誰であるかはまだ分からない（図1－18①）。つづいて、ボレッリの驚く様子が描かれる（図1－18②）。このときも、ボレッリの反応を示すためにまだ恋人の姿は映らない。次にボレッリは右へ少し移動し、鏡に恋人の姿を映すスペースを作る（図1－18③）。観客の注意を恋人の登場に向けるためボレッリは顔を覆う。二人の抱擁の様子は現実の空間と鏡の空間の両方に映し出されることで、再会の喜びが強調される（図1－18④）。二人の二重になった身体を重なることなく示すために、俳優達は綿密に動きの位置を把握している。そこへ、ボレッリを呼ぶ従者が現われるが、この人物はただ彼女に出番を告げる脇役であるため、従者自体は現われずドアの開閉だけが示される。ボレッリは鏡に映るはずの従者を遮断して主役の自分に注意を向けさせるために、左へ動く（図1－18⑤）。その後、恋人は現実空間から消え去り、再び鏡の空間に入り、ボレッリの立ち姿の端にかろうじて出て行くところが示される（図1－18⑥）。

恋人が去った後、物語は停滞する。長々と、そして緩慢に女優が画面内で何らかのポーズをし続けるという身振りの提示の場面である（図1－19）。等身大の三面鏡が装置として機能す

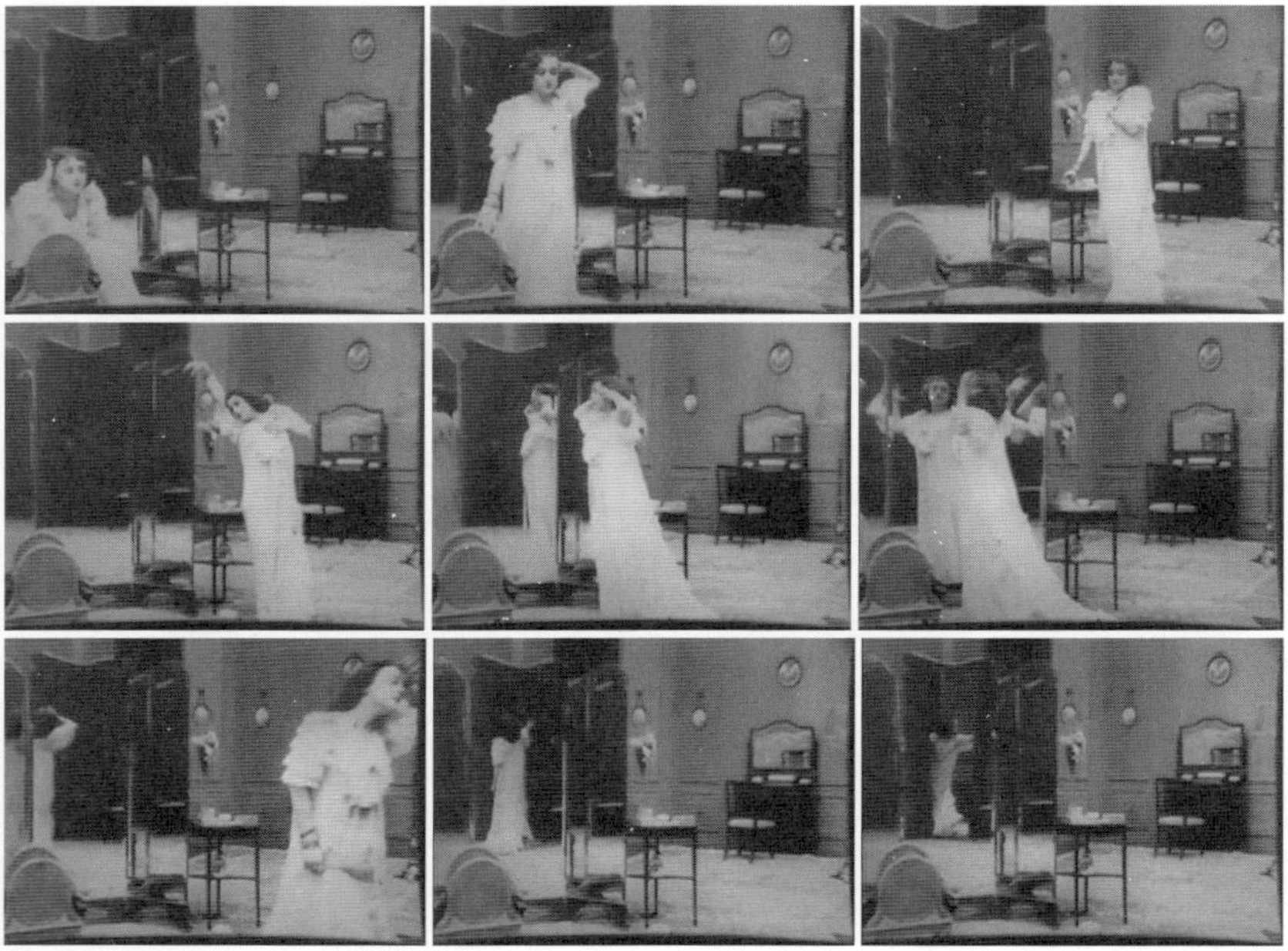

図 1-19　『されどわが愛は死なず』

ることで、女優の姿は三重にも四重に強調される。ナラティヴの新しい情報は最小限に抑えられ、映画の物語は中断されたままとなる。代わりにこの停滞は、身振りによる独唱として女優の演技を披露する見せ場となっていく。ここでは、女優のポーズ、表情、ジェスチャー、毒を飲むというナラティヴの唯一の要素、それらすべての身体言語が感情の高まりを表現する。観客は、この後彼女が先に述べた『椿姫』の舞台に立ち、悲劇的な結末を迎えるであろうという不安な予想とともに、このロング・テイクで女優の高揚感を共有するのである。

ブリュースターをはじめ多くの研究者は、ディーヴァ女優をピクトリアリズム、アスタ・ニールセンをリアリズムと定義し、両者の演技を対照的なものとして解釈する。そもそも、ピクトリアリズムとリアリズムとを分けて考えるのは、彼女らが演じる役柄に由来している。上流階級の女性やプリマドンナなどの優雅なキャラクターでディーヴァの演技形式が動機づけられるのにたいし、女中やジプシー、貧しい母子家庭の母親、落ちぶれた場末の役者などを演じることが多いニールセンは「低級な」身振りを導入し、リアリスティックな演技となっている。上流階級の女性と異なり、労働者階級やアウトローのキャラクターは自然で、身体的にも抑制されていない。だが、いったんその二項対立を保留し、ニールセンとディーヴァの演技形式の明白な差異を見るのではなく、演技が映画固有の瞬間を形成するという観点から両者の演技を見直してみたい。

演技と映画形式を切り離すことができないのは、ディーヴァ女優の演技にステージングとロング・テイクが奉仕しているからだ。ジョヴァンニ・パストローネやニーノ・オキシリアらイタリアの形式重視の監督のロング・テイクは、ロシアのエヴゲーニイ・バウエルやドイツのフランツ・ホーファーのそれとは全く異なる。次章で詳しく見るように、バウエルの映画で映画俳優は他の小道具と同列の道具に過ぎず、監督自らのめざす美学に奉仕する「もの」とされている（図1-20）。俳優たちは結果的に与えられたロング・テイクのなかで演技を提供する駒にすぎない。他方、ディーヴァ映画では逆である。まずディーヴァの存在を示すことが何よりも優先され、その上で舞台装置、小道具、ショットの持続時間が決められる。プレ・フィルミックな要素は全てディーヴァ女優の演技に貢献するのである。ベルティーニの場合、彼女自身が監督もつとめたように、映画作品の作家性は監督よりもディーヴァ女優にあると言っても過言ではない。ハイデ・シュリュプマンの言葉を借りれば、「演技が固有の芸術としての映画的瞬間を形成する」というべきものだろう[60]。これは、監督などカメラと編集を司る者ではなく、被写体である演技者自身がカメラに向かって映画作品を生み出すことである。映画はカメラを通して見られ、演出する側から作り上げられるだけではなく、カメラの向こう側から、つまり被写

図 1-20　『白日夢』

図 1-21　『ある女の物語』

体の側から照射されて形成されるものでもある、という理解をディーヴァ女優の演技は与えてくれる。帝政ロシア映画におけるナラティヴの停滞や遅延は、視覚的に美的な映画形式の構図をめざしてカメラの側から要求するものであるが、ディーヴァ映画における停滞のショットはディーヴァ女優が求めるものである。このとき、作品としての映画のイニシアティヴは監督ではなく女優の方に移る。そして彼女たちの演技は「作品」という枠も打ち破り、演技のプレゼンスだけが膨張していく。これこそ演技による固有の映画的瞬間である。そうしたディーヴァ的瞬間は、演技が映画カメラから遊離し、ナラティヴの遅延というよりも逸脱を引き起こす。ディーヴァ女優の演技は、プロットを宙づりにし、作品世界との間に断絶をもたらす。その際、カメラは指示を出すものではなくもっぱら演技と映画作品を仲介するものになる。

演出の中軸をなすディーヴァ女優は、彼女以外の登場人物たちが自然な身振りをするなかで、一人目だって呼吸が荒く、ヒステリックに背中をのけぞらせ、腕を振り上げ、髪をかき乱し、妙な視線を送る、きわめて特殊な演技形式を示している。ディーヴァ女優以外の物は沈み込み、彼女だけがショットの中で浮き立ってくるのである。構図としても、たとえば『ある女の物語』*La storia di una donna*（一九二〇年、エウジェニオ・ペレーゴ監督）では恋人役の男優がディーヴァ女優より上には位置せず、メニケッリが相手を見下ろしている（図1-21）。ディーヴァ女優のために埋没するのは他の演技者だけとは限らない。小道具も含めあらゆる舞台装置も彼女のために犠牲となる。ここでは、アスタ・ニールセンと「もの」についてシュルプマンが述べていることと同じ現象が起きているのだ。「彼女〔アスタ・ニールセン〕は階段、扉の柱と共に、家具、花々、動物と共に、鞄、本と共に、四肢、頭、胴、そしてスーツと共に、ドレス、布、髪型、化粧と共に、全てと共に、端的に言えば、彼女の目、手、指に触れるもの全て、彼女にはっきりと見えるもの全てと共に演じる」[61]。

誇張された演技によって、ディーヴァ女優は他の演技者や画面を占める事物、調度品や薔薇、森の木々、波立つコスチューム、髪の毛など、彼女を取り巻くすべてのものに君臨していく。ニールセンと違うのは、彼女たちの演技がショット空間に膨張していくことである。再びシュリュプマンの言葉を借りれば[62]、彼女らの演技は、映画の知覚に依拠する観客の想像力（Einbildungskraft）を引き起こし、観客との共作用（Mitspielen）を促す。共作用とは、「女優の行動・身振りとわれわれの空想上の演技のディゾルヴ」であり、それによって映画内の巫女たちは、観客の身体をも憑依可能なものとしてしまうのである。

演技のマニエリスム

最後に、ディーヴァ女優の身体の末路をたどろう。ディーヴァの身体演技はたしかに優雅だ。だが、実際にスクリーンに映っているのは生々しい肉体であるニールセンの角張った体、脂肪の少ない薄い肌の皮からあらわに見える骨であり、ディーヴァ女優の肉付きの良い体、高潮した乳房、瞳孔の開いた強烈な視線であり、どちらとも自身の肉体をあからさまにスクリーンに投げつける。

メニケッリについて見たように、ディーヴァの存在はしばしば薔薇の花に喩えられてきた。『サタン狂想曲』において、ありたけの美しい薔薇で部屋を満たすボレッリ演じる老婆は、悪魔と契約して得た若さを束の間の幸福として享受するが、すぐに枯れてしまう花のようにボレッリの肉体も老いさらばえていく。生きた薔薇の花々は、この映画全体の主題とディーヴァの肉体そのものを象徴している。『クラウディオの妻』*La moglie di Claudio*（一九一八年、ジェーロ・ザンブート監督）のなかで、メニケッリ演じる妻が夫に向かって「私は女でなけ

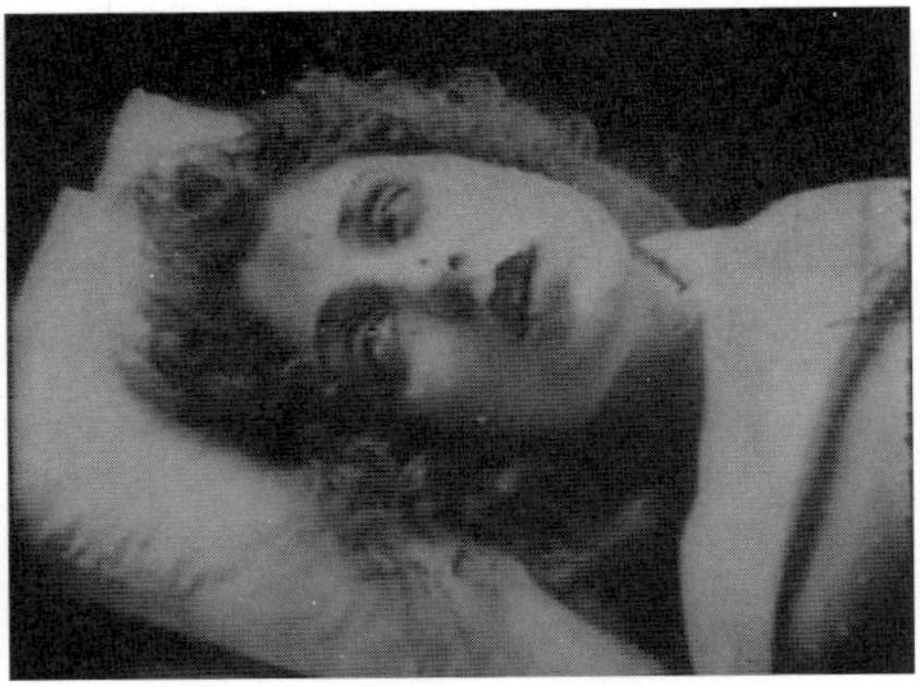

図1-22 『ある女の物語』

れば妻でもない、息をするもの、そういう生き物なの」と叫んだように、ディーヴァの身体は女性という属性も超えて、一塊の生の肉体へと変化していく。いずれ衰えていく生身のイメージを前面に出すディーヴァ映画は、優雅ではあるが一瞬の美の象徴である花のモティーフを頻繁に用いるだけでなく、光と影の戯れと瞬間の持続にすぎず、自律した芸術ジャンルとしてはまだきわめて脆弱な映画そのものの本性をも暗示している。事実、ディーヴァ映画というジャンルは長続きせず、一九二〇年代にはマニエリスムな形式と化していく。二〇年代のスクリーンに映る時代遅れのディーヴァ女優の演技と美貌の衰えは明らかであり、腐臭が漂っているかのようである。

一九一〇年代末から一九二〇年代に入ると、他国と同様にイタリア映画形式は、ショット・サイズのヴァリエーションやエディティングの豊富な古典的ハリウッド映画形式の影響を受けて、ロング・テイクの多い緩慢なヨーロッパ映画形式から徐々に脱していった。エディティングの導入により身体の表出が分断化されると、ショット支配力・占有力はディーヴァ本位のものからカメラ本位のものへと移行し、かつての共作用をもたらすロング・テイクは見られなくなっていく。さらに、顔のクロース・アップや寄りのショットの増加は、全身による身体演技から分割された部位による演技を促し、ディーヴァの生身のリアリティはさらに増強されていく。顔の皺や目の下のくぼみ、不揃いの歯並び、新鮮味の薄れた胸元など具体的なディテールが映し出され、スクリーンに映るディーヴァ女優の容色の衰えは如実となった（図1-22）。ここでは、理想的な身体美の凋落と肉体のリアリティが共存することになる。ディーヴァ女優の身体演技の骨頂は、過去の芸術遺産を引き継いだ女性美という表層をまといつつ、そのヴェールに見え隠れする肉体の暴露である。そしてそれはベル・エポック期のヨーロッパ映画形式においてのみ表出可能なものであった。二〇年代の形式はそのヴェールを完全に取り払うものだったのであり、ディーヴァの身体は肉体へ、つまり統制の取れた腐らないものから、規範を外れた腐乱するものへと物質化されていく。

*

最後に、アルトゥーロ・アンブロージオの言葉（一九一九年）を引用しよう。「イタリア映画は酔ってしまった。それは非常に美しい娘が、つねに自分の成功に陶酔しているのと同じことである。本能的に得た栄光に頼ってしまったのである。たった一つの魅惑で作られた造形の時代は過ぎ去ってしまった。これからは秩序だって計算された動きの感覚を持つ必要がある」[63]。「秩序だって計算された動きの感覚」とはリズムと編集であり、それらをとり込んでイタリア映画を改革しなければならないということである。イタリア映画はこの新しい波に乗れずに失墜し、再び息を吹き返すにはファシズムによる動員を待たねばならなかった。一九一〇年代のディーヴァ映画は、未だイタリア映画がその栄光に酔いしれていたときの頂点を示す作品群であり、壮麗な廃墟として今日でも我々を魅了し続けている。

（1） Roberta Pearson, *Eloquent Gestures: The Transformation of Performance Style in the Griffith Biograph Films* (Berkeley; Los Angeles: University of California Press, 1992), pp. 21-51.
（2） フランソワ・デルサルトがキリスト教の三位一体の思考を背景に体系化した、身体の三分割と精神の表現をめぐる理論で、アメリカの理論家やダンサーに支持された。
（3） Ibid., p. 28.「ここでの現実とは、文化的な構造、テクスト外に何かしら客観的なものが存在するであろうというよりむしろ、一般的な評価のことである」。

（4）俳優の研究をめぐって、スター研究は盛んであるが、初期映画の演技の研究はこれまであまりなされていない。演技研究あるいは演劇と映画をめぐる研究の基礎文献としては、A.N. Vardac, *Stage to Screen: Theatrical Method from Garrick to Griffith* (Cambridge, Mass.: Harvard University Press, 1949) や、すでに紹介した Brewster et al., *Theatre to Cinema*（序注23参照）といった主としてアメリカ映画における演技研究の研究書が挙げられる。

（5）David Mayer, "Acting in Silent Film: Which Legacy of the Theatre?," in Alan Lovell and Peter Krämer (eds.), *Screen Acting* (London; New York: Routledge, 1999). 同時代の諸影響を考慮したより複雑な演技の状況をゾラの小説『居酒屋』のアメリカ映画における翻案を例に説明している。

（6）サラ・ベルナールに関しては David W. Menefee, *Sarah Bernhardt in the Theatre of Films and Sound Recordings* (North Carolina: McFarland & Company, 2003)、エレオノーラ・ドゥーゼに関しては Helen Sheehy, *Eleonora Duse: A Biography* (New York: Alfred A. Knopf, 2003) を参照した。

（7）サラ・ベルナールのメディア戦略に関しては、白田由樹『サラ・ベルナール――メディアと虚構のミューズ』大阪公立大学共同出版会、二〇〇九年を参照した。また、ベルナールの記録映像としては、『著名な女優サラ・ベルナールの島での実生活』*Das Leben der weit berühmten Schauspielerin Sarah Bernhardt auf der Insel Belle-Isle*（ヘクラ・フィルム社）があり、豪奢な生活を見せている。

（8）白田（同右）によると、ベルナールの『椿姫』は従来の男性中心主義的イデオロギーにもとづく聖女と娼婦の二面性を持つ女性表象のステレオタイプを強化した。

（9）エレオノーラ・ドゥーゼは、舞台俳優の家系に生まれ、幼少時から一座に加わる。サラ・ベルナールのヒット作をイタリア語で演じて有名になり、その後、ガブリエーレ・ダンヌンツィオの戯曲をしばしば演じる。ドゥーゼはヨーロッパのみならず南アメリカをツアーし、帰国した翌年には自身の劇団を設立。数多くの俳優やジャーナリストと浮き名を流し、女性の恋人も多かったドゥーゼだが、とりわけダンヌンツィオとは公私ともに蜜月期を過ごした。ダンヌンツィオはドゥーゼのために四本の戯曲を執筆した。しかし、ダンヌンツィオが『死都』の主役をサラ・ベルナールに与えたため、ドゥーゼは彼に見切りをつけ、二人の関係は破局する。

（10）フェボ・マリ（一八八一―一九三九）は、舞台経験を経てイタリア無声映画を代表する俳優および監督となった。

（11）E・A・レーナルト『エレオノーラ・ドゥーゼの生涯』、ジョルジュ・サドゥール（丸尾定ほか訳）『世界映画全史』第八巻、国書刊行会、一九九七年、八三頁。

（12）ガブリエーレ・ダンヌンツィオ（一八六三―一九三八）は、イタリアの耽美派詩人・小説家・劇作家。官能性とモラルとの葛藤を英雄主義により克服しようとした。第一次大戦後、国家主義運動に参加。代表作は、詩集『アルチヨーネ』、小説『快楽』、『罪なき者』、『死の勝利』、戯曲『聖セバスチャンの殉教』など。ダンヌンツィオと映画については第3章第4節参照のこと。

(13) 『殴られる彼奴』*He Who Gets Slapped*(ヴィクトル・シェーストレーム監督、一九二四年)、『ヴァリエテ』*Varieté*(E・A・デュポン監督、一九二五年)、『嘆きの天使』*Der blaue Engel*(ジョセフ・フォン・スタンバーグ監督、一九三〇年)などがその代表である。

(14) スターシア・ナピエルコフスカ(一八八六—一九四五)は、ミュージック・ホールのダンサーとして活動していたが、自由劇場の演出家アンドレ・アントワーヌにマタ・ハリとともに引き抜かれる。オリエンタリズムの舞台で大成功を収め、彼女の演技を見たミスタンゲットがフィルム・ダール社の映画に起用する。ダンサー役を中心に映画界でも成功を収めていく。

(15) ミスタンゲット(一八七二—一九五六)は、ダンサーおよび歌手としてミュージック・ホールで名を馳せ、スカグル社とパテ社に入り、コメディーからドラマまでさまざまな役を演じる。モーリシュ・シュヴァリエの相方としても知られる。

(16) 日本では一九一六年一〇月一五日に帝国ホテルで試写が行われ、小山内薫が活動弁士を担当し、バレエの場面は山田耕筰がピアノを伴奏した(「パブロワ会 一五日夜帝国」『朝日新聞』一九一六年一〇月一七日)。その後、小林商会によって一〇月二一日から浅草の帝国館にて一般公開された。粗筋は「米国ユニヴアサル社(ブリユーバード特製品)唖娘全八巻」(『活動写真雑誌』第二巻第一二号、一九一六年一二月、五六—五九頁)に紹介され、それにつづき吉山旭光の批評「アウベ氏傑作の歌劇「マツサニロ」を活動写真化せる名女優の俤——帝国館の『唖娘』を見る」(同右、五九—六〇頁)が掲載され、アメリカ映画がイタリア映画のような重みと奥行きのあるものに近づいたと評されている。

(17) 井出鉄処「写真名「唖娘」を評す」『活動之世界』第一巻第一二号、一九一六年一二月、五一頁。

(18) V. Dandré, *Anna Pavlova in Art and Life* (London: Cassel and Company Limited, 1932), pp. 242-243.

(19) Peter v. Baer, "Der Film und wir Dichter!," *Die Lichtbild-Bühne*, no. 23, 7 June 1913, p. 154.

(20) Ibid., p. 156.

(21) アルベルト・バッサーマンは、生まれ故郷のマンハイムで演劇人としてのキャリアを開始したのち、ベルリンへ移り、オットー・バームやマックス・ラインハルトのもとで研鑽を積む。一九一三年までにはドイツ演劇界における最も著名な俳優となっていた。『他者』に主演後も、一九四八年まで映画俳優を続ける。

(22) Fritz Engel, *Berliner Tageblatt*, 22 January 1913.

(23) Siegfried Jakobson, *Schaubühne*, 30 January 1913.

(24) 『他者』が掲載されたメディア一覧は以下である。ドイツの全国紙では、*Vossischen Zeitung*, *Berliner Lokalanzeiger*,

Tägliche Rundschau, Berliner Volkszeitung, Nationalzeitung, Berliner Börsen-Courier, Berliner Neuesten Nachrichten, Berliner Börsen-Zeitung, Vorwärts, Deutsche Warte, Königsberger Anzerigers, Der Tag, ドイツの地方紙では、*Breslauer Zeitung, Badischen Presse, Bonner Zeitung, Frankfurter Generalanzeigers, Leipziger, Tageblatt,* オーストリアの新聞では、*Neuen Wiener Tagblatts, Neue Freie Presse,* スイスの映画雑誌では *Kinema* である。

(25) Lotte H. Eisner, *L'Écran démoniaque: Influence de Max Reinhardt et de L'expressionnisme* (Paris: éditions André Bonne, 1952).

(26) マックス・マックに関する唯一の先行研究は下記である。Michael Wedel (Hg.), *Max Mack: Showman im Glashaus,* Kinemathek 88 (Berlin: Freund der deutschen Kinemathek, 1996).

(27) バッサーマンへの演技指導の様子は、マックス・マックの自伝に詳細に記されている。Max Mack, *Wie komme ich zum Film?: Film und Bühne* (Berlin: Verlag Reinhold Kühn, 1919); Max Mack, *Die zappelnde Leinwand* (Berlin: Verlag Max Eysler & Co, 1916); Max Mack, *With a Sigh and a Smile: A Shawman Looks Back* (London: Allianee Press Limited, 1943).

(28) Albert Bassermann, "Wie ich mich im Film sehe," *Die Lichtbild-Bühne*, no. 5, 1 February 1913, p. 23.

(29) *Tägliche Rundschau*, 1 February 1913, as quoted in "Die Uraufführung des Lindau-Bassermann-Films," *Erste Internationale Film-Zeitung*, no. 4, 25 January 1913, pp. 25-26.

(30) J. A. Bondy, *Nationalzeitung*, 1 February 1913, as quoted in Ibid, pp. 26-27.

(31) Bassermann, "Wie ich mich im Film sehe," p. 23.

(32) Sylvia von Harden, "Er "erfand„ die Großaufnahme: Plauderei mit dem Filmpionier Max Mack," *Berliner Telegraf*, no. 100/10, 5 April 1958, p. 20. バッサーマン本人も「顔はあらゆる大きな身振りよりも興味深い」(Bassermann, "Wie ich mich im Film sehe," p. 23) と述べ、一九一一年に初めてクロース・アップを用い、「私はクロース・アップを使用した最初の人間の一人である」(Albert Bassermann, "Berlin für den Film entdeckt. Ein Leinwandpionier erzählt," *Düsseldorfer Allgemeine*, no. XXII/51, 15 March 1968, p. 20) と述べている。仮にクロース・アップの使用自体はドイツにおいて前例があったとしても、この技法の効果的な導入に成功したのはマックだと言えよう。

(33) Paul Lindau, *Der Andere, Schauspiel in vier Aufzügen* (Dresden: B. G. Teubner, 1893), pp. 33-35.

(34) Franz Servaes, "Das Kino und der Schauspieler," *Der Tag*, no. 47, 25 February 1913.

(35) *Neue Freie Presse*, 20 February 1913, as quoted in Ena Bajons, *Film und Tagespresse* (Dissertation, Wien, 1951), p. 240.

(36) Alfred Klaar, *Vossischen Zeitung*, 1 February 1913, as quoted in "Die Uraufführung des Lindau-Bassermann-Films,"

Erste Internationale Film-Zeitung, no. 4, 25 January 1913, p. 24.

（37）Mack, *Wie komme ich zum Film?*, p. 31.

（38）クロース・アップはその後も、同年に製作されたマックの『母の眼』*Der Mutter Augen* においても効果的に使用されている。母親とシスターをハンニ・ヴァイセが一人二役演じ、双方が同じ母性的な慈愛に満ちた眼を持っていることをクロース・アップで示すことで、物語が展開する。このクロース・アップは当時の広告においても宣伝されていた。『母の眼』は先行研究では失われた作品とされてきたが、日本で公開されていたことから東京のナショナル・フィルムセンターに断片が保存されている。

（39）*B. Z. am Mittag*, 29 September 1928, as quoted in Renate Seydel, Allan Hagedorff and Bernd Meier, *Asta Nielsen: eine Bildbiographie: Ihr Leben in Fotodokumenten, Selbstzeugnissen und zeitgenössischen Betrachtungen* (Berlin: Henschelverlag, Universitas Verlag München, 1981), p. 102.

（40）イタリア語では女性名詞である映画（チネマトグラフ）は、女神＝ディーヴァとして具象化されている（表紙参照）。

（41）ディーヴァは第一次世界大戦プロパガンダ映画にも大きく貢献した。フランチェスカ・ベルティーニ主演『愛の勇壮』（一九一五年）をはじめ、レダ・ジス主演『いつも心に祖国を』（一九一五年）、マリー・クレオ・タルラリーニ主演『赤十字の志願者』（一九一五年）、リディア・クァランタ主演『戦場に死す』（一九一五年）、ジャンナ・テルリビリ＝ゴンザレス主演『祖国のために死す』（一九一五年）など、イタリアが参戦した一九一五年には大量に大戦プロパガンダ映画が製作されていた。

（42）『アッスンタ・スピーナ』*Assunta Spina*（一九一五年、グスターヴォ・セレーナ／フランチェスカ・ベルティーニ監督）の広告、サドゥール『世界映画全史』第八巻、七九―八〇頁。

（43）Angela Dalle Vacche and Gian Luca Farinelli, *Passion and Defiance Silent Divas of Italian Cinema* (Milano: Olivares, 2000); Angela Dalle Vacche, *Diva: Defiance and Passion in Early Italian Cinema* (Austin: University of Texas Press, 2008).

（44）いずれも名詞が動詞化されており、直訳すると、「女優／する」、すなわちその女優のようにふるまう、ということを意味する。イタリアにおいて一九世紀は「辞書の世紀」と呼ばれ、世紀末にようやく古典語・現代語を網羅したイタリア語辞典が整ったとされる。それも客観的記述というよりは、執筆者の主観が反映した記述が多く、日常生活において使用されていた「低次の」語彙も系統的に集められた。ヴァレリア・デッラ・ヴァッレ、ジュゼッペ・パトータ（草皆伸子訳）『イタリア語の歴史――俗ラテン語から現代まで』白水社、二〇〇八年、二〇二―二〇五頁。

（45）イタリア屈指のディーヴァ女優。舞台女優の娘で一〇代の頃から舞台に立ち、『海の女神』*La dea del mare*（一九〇七年、監督不詳）で映画デビュー。『サロメ』*Salome*（一九一〇年、ウーゴ・ファレーナ監督）の奴隷役および『イル・トロヴァトーレ』*Il Trovatore*（一九一〇年、ルイ・ガスニエ監督）で最初の成功を収め、一九一五年のヴェリズモ映画、『アッスンタ・スピーナ』で国際的なスターの地位にのぼりつめる。監督のグスターヴォ・セレーナはこのとき私生活上のパートナーでもあった。ほかにも、フランチェスカ・ダ・リミニ、ベアトリーチェ・デステ、ルクレツィア・ボルジア、マノン・レスコー、イゾルデ、椿姫、トスカなど、古典的・歴史的ヒロインやオペラの映画化作品の主役を数多く演じる。一九二〇年にはフォックスと契約を交わし渡米。翌年、ポール・カルティエ伯爵と結婚し、スクリーンからの引退を表明する。ベルティーニについてのドキュメンタリー映画『最後のディーヴァ』*L'ultima diva: Francesca Bertini*（ジャンカロ・ミニョッツィ監督）が一九八三年に公開されている。引退後、散発的に出演した映画として、ベルナルド・ベルトルッチ監督『一九〇〇年』*Novecento*（一九七六年）がある。本作では、アルフレード祖父の姉デゾラータ尼を好演した。

（46）『イタリア映画大回顧――日本におけるイタリア年』朝日新聞社、二〇〇一年、三四頁。

（47）この物語の原案はナポリの庶民文学を確立したサルヴァトーレ・ディ・ジャコモ（一八六〇―一九三四）の一九〇九年の戯曲をもとにしている。

（48）ヴェリズモの作家たちは「真実派」という名称の通り、フランス自然主義文学における没個性的な客観描写を目指した。岩倉具忠・清水純一・西本晃二・米川良夫『イタリア文学史』東京大学出版会、一九八五年、二六六―二六七頁。

（49）両親共に役者であり、ピナ・メニケッリも若い頃半年ほど舞台経験を持つが、映画の道を選ぶ。このシチリアから来た金髪の美女にチネス社は門戸を開いた。一九一三年一月から翌年まで休むことなく約四〇本の映画に主演・準主演した。ニーノ・オキシリア、バルダッサッレ・ネグローニ、ニーノ・マルトリオといった監督のもとで演じ、戦争を主題とした叙事詩的映画から上流階級ものまでこなした。エンリコ・グァッツォーニ監督のナポレオン映画『英雄たちの学校』*Scuola d'eroi*（一九一四年）では、祖国のために我が身を捧げる主人公を演じている。ちょうどこのとき、メニケッリはジョヴァンニ・パストローネの映画世界に没入していく。すでにパストローネは後のハリウッドにおけるスター・システムの規範を予期していた。

（50）ガブリエーレ・ダヌンツィオ（野上素一訳）『死の勝利』岩波文庫、一九九一年。

（51）『ル・フィルム』誌（一九一七年）、サドゥール『世界映画全史』第八巻、七三―七四頁。

（52）薔薇小説については邦訳『死の勝利』に付された解説を参照した。

（53）リダ・ボレッリは一五歳のときアルフレード・カプスの『霊感』で舞台デビューした。つづけてダンヌンツィオ原作の『イオリオの娘』に出演する。一八歳のときにはエレオノーラ・ドゥーゼと並ぶ第一級の若手女優となり、二〇歳にしてルッジェロ・ルッジェリと比肩するプリマドンナと呼ばれた。彼女のレパートリーは、オスカー・ワイルドの『サロメ』

のような洗練された作品から、ダンヌンツィオの『鉄』といったデカダン作品、フランシス・ドゥ・クロワッセの『明暗』といったブールヴァール劇、さらにはモーリス・エンヌカンとピエール・ヴェベールの『女性大統領』というヴォードヴィルにまで及ぶ。トリノのフィルム・アルティスティカ・グローリア（通称グローリア社）から『されどわが愛は死なず』の出演依頼を受けた時は、すでに確固たる女優であった。その後まもなく、マリオ・ボンナルドと共に『他の男の記憶』*La memoria dell'altro*（一九一四年、アルベルト・デリ・アッバーティ監督）に主演し、二人の男の愛に挟まれた大胆不敵な女飛行士に扮した。これらの作品で成功を収めた後、さらなる前進をめざしてローマのチネス社へ移籍する。ボレッリはアンリ・バタイユの三作品の映画化という夢のような企画に出演契約を交わしたのだった。『裸の女』*La donna nuda*（一九一四年、カルミネ・ガローネ監督）、『結婚行進曲』*La marcia nuziale*（一九一五年、カルミネ・ガローネ監督）、『売春婦』*La falena*（一九一六年、カルミネ・ガローネ監督）が順番に製作され、フランスの劇作家が生み出した三人のヒロインがスクリーン上に生命を得ることになった。厳しい批評家は「緩慢さ、精密さ、誇張がジグザグに推移していく輪郭線を横切っていく」と述べ立て、アントニオ・グラムシもまた、「ボレッリの芸術は存在しない。一人の女優がつねに演じ、ただとどまっているだけだ」と批判した。不実であると同時に純真で、魅惑的かつ無垢な性質はボレッリ独特のものであり、ヒロインに生き血をもたらし強烈な魅力を発散した。『マダム・タリアン』*Madame Tallien*（一九一六年、マリオ・カゼリーニ／エンリコ・グァッツォーニ監督）では勇ましい女性、『マロンブラ』*Malombra*（一九一七年、カルミネ・ガローネ監督）では不運な女性、『一三の物語』*La storia dei tredici*（一九一七年、カルミネ・ガローネ監督）では放蕩の公爵夫人、『カーニバル』*Carnevalesca*（一九一八年、アムレト・パレルミ監督）では謎の王女を演じた。

(54) 粗筋は下記である。【ボレッリ演じる主人公のエルザは、将校の父親を失脚に追いやったスパイと道ならぬ恋に落ちる。亡命したエルザはオペラ歌手として成功するが、恋人の正体を知った後、舞台上で服毒自殺を遂げる。】

(55) 撮影自体は一九一四年に終わっていたが、封切りは二年後となった。撮影完了後、マスカーニがオリジナル・スコアを付けることになり、実際の映画作品より音楽の方が長くなったため、音楽に合わせてエンディングを変える必要があったためである。

(56) ニーノ・オキシリア（一八八九―一九一七）は、劇作家としてキャリアを開始するが、すぐにもアルトゥーロ・アンブロージオに引き抜かれ、映画界に入る。アンブロージオ社やサヴォイア社などトリノの映画会社で基盤を築いた後、一九一三年にローマのチネス社と契約を交わす。以後、フランチェスカ・ベルティーニ、リダ・ボレッリらとディーヴァ映画の傑作を世に出していく。オキシリア自身もマリア・ヤコビーニというディーヴァ女優と結婚した。一九一七年、戦争のニュースリールを撮影するため現場に向かい、惜しくも爆弾を受けて死去。一九一三年から一九一七年、監督作二四本という短い映画人生であったが、イタリア映画史の一角を飾る人物である。

(57) 新派映画における女形俳優の演技の型に関しては本書第4章第3節を参照されたい。

(58) Brewster et al., *Theater to Cinema*, (序注23参照) pp. 111–138.

(59) Ibid.

(60) Heide Schlüpmann, "Geschichte Spielen," in Heide Schlüpmann, Eric de Kuyper, Karola Gramann, Sabine Nessel and Michael Wedel (eds.), *Asta Nielsen vol. 1: Unmögliche Liebe: Asta Nielsen, ihr Kino* (Vienna: Filmarchiv Austria, 2009), pp. 29–51; Heide Schlüpmann and Karola Gramann (eds.), *Asta Nielsen vol. 2: Nachtfalter: Asta Nielsen, ihre Filme* (Vienna: Filmarchiv Austria, 2010), p. 30.

(61) Schlüpmann, et al., *Asta Nielsen vol. 2*, p. 34.

(62) Ibid.

(63) サドゥール『世界映画全史』第八巻、九七頁。

第2章 映画と美術

――スクリーンにおける空間の画家

一九一〇年代の「ドラマ」ジャンルに区分される映画を見ていると、どれもこれも似たようなストーリーであることに気がつく。あらすじの種別は数える程度かもしれない。たしかに、言葉の代用として演技で状況を伝え、説明字幕にも限りがあるため自ずとストーリーは単純化せざるを得ないだろう。大半の映画ドラマは古典文芸の映画化や映画による壮大な叙事詩ではなく、どこにでもある新聞の三面記事のような陳腐なメロドラマである。それらがなぜ、観る者を戦慄させるような、かくも高貴な瞬間をスクリーンの光と影の戯れから発することがあるのだろうか。

一つには前章で見てきたように圧倒的な存在感を持つ神がかった女優である。演技の巧拙でもなければ、舞台上の経験値でもない、スクリーンの上で光り輝くイタリアの女神たちは、映画という二〇世紀の新たなメディアに適応し、一時の黄金時代を築いた。もう一つは、監督の演出である。ドラマの陳腐さを避けるには、いかに物語を語るのか、その語り口が重要であり、作品としての完成度はひとえに語り手である監督の叙述形式にかかっている。

そのような形式を磨き上げた人物の一人が、帝政期ロシア映画の代名詞とも言える監督、エヴゲーニイ・バウエルである。彼の手法は執拗なまでにマニエリスティックであり、病的なほどに完璧主義的だ。美的な映画形式を死にいたるまで追求し続けた彼の世界には、映画に携わる者であれば誰しも目を奪われることだろう。前章で検討した爛熟のイタリア映画から、本章では陰惨極まるロシア映画へと視線を移していきたい。

1　革命前のロシア映画

エヴゲーニイ・バウエル

「聖女」と「悪女」の双方の役柄を求められた帝政ロシアの女優たちは、イタリアのディーヴァ女優とはまた異なるヒステリックで青ざめた演技を披露する。目の回りを濃い隈のメイクで覆われ、その視線の先は空を見つめ、今にも倒れ込みそうな貧血気味の、しかし威厳ある彼女たちは「スクリーンの女王」(男優の場合は「スクリーンの王」)と呼ばれて国内外の映画館に君臨していた。他国と同様、ロシアにおいても舞台で経験を積んだ役者陣が映画界へ移行することが多い。映画の出演料は演劇よりも数倍高く、舞台俳優たちを即座に惹きつけたのだ。

なかでもバレリーナのヴェラ・カラーリ(一八八九―一九七二)は怪盗ラスプーチンの暗殺にも利用されたほどの魅力の持ち主で、(1) 映画界においてもバレリーナ役の主演作が際立っている。『瀕死の白鳥』*Умирающий лебедь*(一九一七年、エヴゲーニイ・バウエル監督)では聾唖のバレリーナを演じ、「口が利けない」・「身振り言語を表現する舞踊」という二つの点から、「無声」映画と親和性の高い演技を見せた。その内容は、主人公の画家が、自身の芸術を追い求めるあまりモデルのバレリーナを絞め殺す物語であり、そこには当時のロシア映画を特徴づける世紀末芸術の主題「芸術と人生の葛藤」を見いだすことができる。監督はこの画家と同様、自身のめざす演出を実現させるためならば俳優の存在をも犠牲にする徹底した唯美的形式主義者だった。

　エヴゲーニイ・フランツェヴィチ・バウエル（一八六七―一九一七、図2-1）は、革命前のロシア映画界で名を馳せた監督である。彼がはじめて監督をつとめたのは一九一三年、人生も半ばの四五歳のときである。ほどなくしてバウエルは一躍人気監督へとのぼりつめ、次々と作品を世に出していった。亡き妻の幻覚にとらわれ瓜二つの別の女性を妻の遺髪で絞殺する孤独な中年男、嫉妬に狂う男に蜘蛛の巣のように絡みつかれる清純な娘、悪魔に身を売り賭け事で破滅する侯爵、男をはしごして次々と彼らを死へ追いやる悪女など、いまだ一九世紀のブルジョワ文化が亡霊のように跋扈する帝政ロシアのスクリーンを、バウエルはこうした退廃的なドラマで満たした。アスタ・ニールセンやマックス・ランデー、ワルデマー・シランダーら外国の映画スターが人気を博すなか[2]、バウエルはイヴァン・モジューヒン（一八八九―一九三九）やヴェラ・ホロードナヤ（一八九三―一九一九）といったスターたちを発掘し、国内の映画俳優の育成にも貢献した。そして一九一七年の六月、バウエルが映画界に入って五年目を迎えたとき、すなわち二月革命勃発からわずか数カ月後のこと、彼はヤルタでのロケーション撮影にて黒海沿岸で足を滑らせるという事故に遭い、長期療養中に結核にかかって亡くなる。この短期間にバウエルは八五作品もの映画を量産し[3]（現存しているのは二四本）、ロシア映画史の最初の黄金期を築き上げた。

図2-1　エヴゲーニイ・バウエル

　バウエルは革命の息吹とともにこの世を去った。それはエイゼンシテインやジガ・ヴェルトフらが活躍した輝かしい二〇年代ソヴィエト映画の影に身を潜めることを意味した。映画史において、ブルジョワ社会を舞台に繰り広げられる病的なメロドラマが流行した帝政期と、映画の革命／革命の映画をめざした初期ソヴィエト映画との間には大きな断絶がある。帝政期の映画は長らく触れてはいけない過去、開けてはいけないパンドラの箱だった。(4) 映画史の溝に陥った帝政期ロシア映画の位置づけを刻み込むには、バウエルの足跡と彼の美学をたどることが欠かせない。

本章では、バウエルがどのようにして意識的な「映画作家」となっていったのか検証する。まず他国と異なるロシア映画固有の形式とバウエルの映画形式を踏まえた上で、監督以前の舞台装置家としてのバウエルの半生を追う。つづいてその監督前史が後の映画製作にどのような影響をもたらしたのかを明らかにすべく、映画におけるセノグラフィーの観点から作品分析を行う。バウエル映画の過剰な視覚的特性を通して、一九世紀以前の「芸術」と二〇世紀の映画メディアの和合の様相が捉えられるであろう。

サロン・メロドラマとロシアン・エンディング

ロシアにおける映画産業は、一八九六年にリュミエール兄弟のシネマトグラフがサンクトペテルブルクとモスクワで公開されたことに端を発する。リュミエール社の撮影技師らがロシアを拠点に映画製作を開始し、それにつづきフランスの大手映画会社パテやゴーモンがモスクワに支社を設立したことで、一九〇八年頃までには映画大国フランスがロシアの映画市場を支配下に置くこととなった。同時期にロシア国産の映画製作は始まるものの、第一次世界大戦開戦までは、依然としてフランス映画(5)をはじめ、イタリアの古代史劇映画や心理主義的なデンマーク映画、ドイツ映画が映画館の呼び物となっていた。草創期のロシア映画はそれらの粗悪な模造品にすぎなかったのだ。

ところが第一次大戦開戦に伴い、外国映画の輸入が減少すると、自国の映画製作が急増していった。プロデューサーのヨシフ・エルモリエフが言うように、戦争はロシアにおける映画経済全体の上昇をもたらしただけでなく、新しいリアリズムを生みだし、映画を芸術形式へと発展させる一助となったのである。(6) 一九一〇年代半ば以降、犯罪・冒険物、喜劇といった新たなジャンルがロシア映画に加わった。フランス的もしくはコスモポリタン的で、いまだプリミティヴな形式にロシア製のタグをつけたにすぎなかった映画群が、洗練されたロシア固有の形式を獲得していったのもこの時期である。

内容の面でもロシア固有のものが登場してくる。主たる原案は同時代の通俗的なロシア文学、外国文学、ならびにオリジナルの映画脚本であった。ロシアでは脚本家や原作家はスタッフのなかで最も重視され、デカダン派のレオニード・アンドレーエフ（一八七一―一九一九）、アレクサンドル・クプリーン（一八七〇―一九三八）、ゾーヤ・バランツェヴィチ（一八九六―一九五二）といったセンセーショナルな作家や大衆作家による同時代的な主題、さらには自殺や傷害、殺人といった日常の三面記事を反映したシナリオが、古典文芸よりも幅広い観客を惹きつけていた。都市の映画館は、下層階級やプチ・ブルジョワ、学生、知識人層と、あらゆる階層の観客が足を運ぶ場となっていった。(7)

なかでも、第一次大戦中のロシア映画界で大流行を見せたのは「サロン・メロドラマ」というジャンルである。これは架空の社交界を舞台にブルジョワ階級の登場人物が悲劇的な運命に巻き込まれていく退廃的なメロドラマを指す。同時期のイタリア映画やデンマーク映画の影響を色濃く受けているが、そのオカルト性や病的な主題、執拗なまでに緩慢な演出と内面を表出する心理的な演技という点で、ロシアに固有のジャンルである。アメリカの快活な連続活劇映画が広範な観客を獲得する一方、この種のきわめて不健全ともいうべきメロドラマも数年のうちに一気に開花し、観客の心を捉えていったのである。ロシア映画は扇情的なものとなり、センセーショナルな映画の広告が巷にあふれかえることになった（図2-2）。

悲劇的メロドラマの観客への感染力は相当なもので、ロシアでは映画の登場人物に同一化するあまり感情の高ぶった観客の自殺が多発するほどであった。映画館で横行する自殺は否定的な宣伝となってしまい、映画館主は

図2-2　ミハイル・カルマンソンによる『奈落』（1917年）のポスター

大いに頭を悩ませたのである。世紀末のヨーロッパでは自殺が流行り、ロシアでも一九〇六年から一九一四年にかけて伝染病のように自殺が流行していた。雑誌は自殺の記事で埋め尽くされ、特に若者の自殺が目立ち、その背景としては西欧化した商業文化の台頭や有害なモラルの影響があった[8]。

映画館での自殺や上映後の自殺は、必ず結末は悲劇（死か発狂）で終わるという帝政ロシア映画特有の「アンハッピー・エンディング」が引き金となっている。アメリカの映画批評家から「終わり悪《あ》しければ全て良し」と揶揄されるほどにロシア人観客は悲劇的な結末を好むと思われ、ハッピー・エンドにたいして「ロシアン・エンディング」バージョンの映画が国内外で多数製作された。

「ロシアン・エンディング」には二つの定義がある。一つは、ハッピー・エンドで終わる外国映画が、悲劇を好むロシア人観客向けにアンハッピー・エンディングに改変されてから輸出されるというものであり、もう一つは、ロシアの製作会社が、ハッピー・エンドとなっている海外向けのバージョンとは別に、国内流通用として悲劇的結末のバージョンを製作したものである。

たとえば、デンマークのノーディスク社は、『ある牧師の一生』*Evangeliemandens liv*（一九一五年、ホルガー・マッセン監督）に関して、国内版・スウェーデン輸出版・ロシア輸出版という三つのバージョンを製作しており、国内版では、絶望した少女が自殺を試みようとしているところへ牧師と改心した青年が助けに行き、ぎりぎりで自殺を食い止めることができるのだが、ロシア輸出版では二人がやってきたときはすでに遅く、少女の死体がぶら下がっている。ロシア国内で製作された「ロシアン・エンディング」の例を挙げると、ヤーコヴ・プロタザーノフ（一八八一—一九四五）の『電話でのドラマ』*Драма у телефона*（一九一四年）が分かりやすい。これはD・W・グリフィスの『淋しき別荘』*The Lonely Villa*（一九〇九年）を模した映画で、輸出版では強盗に襲われた家族は無事夫の応援により救出されるのだが、ロシア国内版では夫は現場に間に合わず、家族は皆殺しとなる。グリフィス特有のラスト・ミニッツ・レスキューとはまさにネガの関係にある救出失敗劇が繰り広げられる。

バウエルの現存作品には、輸出版と国内版の二つの結末のある映画は確認されていないが、彼が最も多く手がけたジャンルであるサロン・メロドラマのほとんどは登場人物の死や、死に値するほどの悲劇でエンディングを迎えることになる。

こうしたロシア映画の主題と形式が開花していく時期に、バウエルは彗星のごとく映画界に登場した。モスクワでオペレッタの舞台装置家および俳優として生計を立てていた一九一三年、バウエルはドランコフ&タルドゥイキン社の記念史劇映画『ロマノフ王朝統治三百年記念祭』*Трехсотлетие царствования Дома Романовых*（一九一三年、アレクサンドル・ウラリスキー／ニコライ・ラリン監督）の舞台装置を担当してみないかと声をかけられる。これをきっかけにして映画界と関わるようになったバウエルは、ロシア最大手の映画会社を営むアレクサンドル・ハンジョンコフ（一八七七—一九四五）により、年収四万ルーブルで監督に抜擢された。この額は当時のロシアの映画監督としては国内の最高収入である[9]。芸術的な質の高い作品で知られるハンジョンコフ社は、バウエルに一点集中化した製作方針をとった。バウエルはほぼ全作品をハンジョンコフ社で製作し、多くの映画スターも輩出して同社に多大な利益をもたらした。バウエルの最も得意とするジャンルがサロン・メロドラマであり、このジャンルを流行させたのは彼であったと言っても過言ではない[10]。いずれも結末はピストル自殺、投身自殺、決闘、殺人、発狂とロシア映画ならではの悲劇のエンディングで占められ、これこそロシアの観客が望むものであった。

帝政ロシア映画形式

各国で異なる映画形式が存在するという前提に立てば、バウエルの演出はロシア映画の流派に属する。それどころか、バウエルがロシア映画形式を確立した人物とも言える。フョードル・オツェップの区分に従うと、アメリカ映画が「運動の流派」、ヨーロッパ映画が「形式の流派」であり、ロシア映画は「心理学的流派」となる[11]。このロシア流派についてアドリアン・ピオトロフスキイとアンドレイ・ルヴァンソンは次のように述べている。

革命前のロシア映画はヨーロッパやアメリカがめざしているものとはまったく異なる形式を生み出した。だが我が国〔フランス〕の観客はこの形式を熱烈に支持している。脚本は静的で詩的な雰囲気に満ちている。外的なアクションは全くない。長く引き伸ばされた数々の静止へとつながる運動で足りるのである。〔……〕ロシア映画は、動きのない人物に囲まれた雰囲気の情感や振動に占有されている。黒と白の織りなす継ぎの関係、つまりキアロスクーロの構想は、登場人物による偶発的な身振りよりも表現力に富んでいる[12]。

〝詰まった〟シーンでは、通常見られる映画の加速するリズムは完全に否定される。そうしたシーンは、急速に変化するイメージの万華鏡よりも、観客の注意をたった一つのイメージに引きつけようとする。〔……〕映画がまさに運動の芸術であることを考えれば、これは逆説的に響くかもしれない。〔……〕彼ら〔モジューヒン、グゾフスカヤ、マクシーモフ、ポロンスキーといったロシア映画のスターたち〕の演技のプロセスは、ゆったりと生じては消えゆくリズムに支配されている。(13)

やがて世界を席捲し、スタンダードの映画形式を伝播させたハリウッド映画は、「運動の芸術」すなわちクロス＝カッティング、ショット＝リヴァース・ショットなどの編集技法といった、アクションの映画的ダイナミズムや物語のドラマティックな展開を示す外的な記号により、映画の時間芸術としての側面を特徴づけた。他方、ここで「外的なアクションは全くない」と指摘されているように、そうした記号の不在こそロシア映画の特徴であった。ショットとショットの目まぐるしい連続によるリズムや運動性はロシア映画には一切ない。編集により物語を伝えていくという手法は、現在の映画でも当前のものとして用いられているが、帝政期のロシア映画においては必ずしも有効な叙述法とは考えられていなかった。一九一〇年代のロシアでは、ロング・テイク（「長く引き延ばされた静止」）が多用され、光と影のコントラスト、正面を意識した配置、人物の配置による水平線や対角線の構図、人物の中心化、人物の視線などといった内的な記号のレパートリーを巧みに用いる空間演出の手法を用いて、画面内のアクションを統御し、一つの画面に情報量を濃縮する（「詰まったシーン」）。それ自体として完結し、閉じられたシーン（これは後の時代に指摘されるワンシーン＝ワンショットの概念の原型である）が、観る者の注意をナラティヴの重要な情報へ引きつける。この点は同時代のヨーロッパ映画全般にも指摘できる特徴だが、さらにロシア映画に固有なのは、ナラティヴが遅延し、停滞し、ときには静止状態にまで陥ることである。

空間分割と鏡の演出

こうした遅延、停滞、静止について具体例をもとに分析してみよう。エディティングでは少なくとも二つ以上のショット＝リヴァース・ショットを要するのが通例だが、バウエルは一つの画面を道具によって分割し、ロング・テイクで提示することにより、ナラティヴの経済性をはかる。[14] ショットの連鎖から意味を生産するエディティングではなく、単体としての静止したショット内部に人物や小道具を分割して配置し、観る者に画面を「読解」させるのだ。したがって、ショットの数という点では経済的だが、必然的にＡＳＬ（Average Shot Length　ショットの平均持続時間）は長くなる。たとえば、『沈黙の目撃者たち』*Немые свидетели*（一九一四年）のＡＳＬは五〇秒であり、同時期のヨーロッパで最もＡＳＬが長い映画の約三倍の長さである。[15]

図2–3　『レオン・ドレイ』

バウエルは反復して特定の小道具を用い、それによって空間を分割し、一つのフレーム内にスクリーンを多重化していった。バウエルが空間分割の小道具として頻繁に使用するのは植物である。『レオン・ドレイ』*Леон Дрей*（一九一五年）では、ドン・ファンである主人公が複数の女性に言い寄る様子とそれを気に病む婚約者とが、観葉植物の手前と奥とで分割されている（図2－3）。レフ・クレショフが美術監督を務め、画家の役として出演もしている『幸福のために』*За счастьем*（一九一七年）では、娘の告白を見守る母親とその恋人を、植物と柱とでできた小さな空間にはめ込む。バウエルは晩年の作品に至るまで植物による空間分割を用いて、二つの対立する人間関係を表現している。ガラス戸による空間分割には、半透明のガラス戸と透明のガラス戸の二パターン

図2-4　『ユーリー・ナゴルニー』

がある。『ユーリー・ナゴルニー』*Юрий Нагорный*（一九一六年）では、復讐に燃える女性が男性の部屋に火をつけにいくシーンで、まずガラス戸の手前でシルエットを映し、ドアを開き、半分ドアを閉めることで、部屋の奥へ進んでいく姿を引き立たせている(16)（図2－4）。『時代の子供たち』*Дети века*（一九一五年）では、妻に言い寄る上司を手前に、夫を奥に提示する。『白日夢』*Грезы*（一九一五年）では、階段による空間分割がなされ、ティルト撮影を組み合わせて、亡き妻への悲しみに沈んでいく主人公の心理を効果的に描写する。『大都会の子供』*Дитя большого города*（一九一四年）の高級レストランのシーンでは、カーテンによる分割が新たな空間（ここでは余興のステージ）を提示し、カーテンの手前と奥とでアクションを分け、特定の人物に注意を喚起している。この手法も晩年の作品で用いられている。このように複数の道具を組み合わせ、より複雑な空間分割を施すのはバウエル映画の特質である。

ロシア映画においてしばしば用いられる鏡の演出もバウエル作品に見出される。ショット＝リヴァース・ショットを使わず、一つの固定されたロング・テイクのなかで凝ったミザンセーヌを施す手法として鏡は有効であり、同時代のヨーロッパ映画にもよく見られる。鏡の演出には大別して二つの機能があり(17)、一つはナラティヴの経済性、もう一つは前章で分析したスター女優の提示である。前者に関して見ていくと、鏡は空間を複層化し、観客による空間の把握を困難に陥らせ、場面の理解を阻害して、ナラティヴの明快さと引き換えに複雑に計算された画面内構成を実現する。鏡に映る人物や小道具は、実際の位置とは反対にあり、さらに鏡の空間と実際の空間とを複数の人物が移動したり、鏡が二重に用いられたりする。各空間における人物や小道具の位置関係と視線の動きを

①

②

③
図2-5　『パリの王様』

たどるために注意深く画面を観察することが求められる。観客は、鏡と現実という二つの空間を常に同時に把握し続けねばならない。

最も極端な鏡の使用は、バウエルの遺作『パリの王様』*Король парижа*（一九一七年）である。ここでは壁一面を鏡にするという大掛かりな舞台装置を設置することで、観客の空間把握を混乱させる視覚的遊戯と美的効果を狙っている。物語は典型的な悲劇的メロドラマである。【主人公のロジャーは賭博で大金を稼ぎ、パリ随一の億万長者となるが、ロジャーの愛人ドルンシュタイン公爵夫人をめぐって、夫人の息子の彫刻家ジャンといさかいを起こす。ジャンはロジャーに決闘を申し込み、ロジャーは急所を打たれて死ぬ。】鏡はこの物語の中盤で使用され、中央の円柱を境に、画面左の鏡の前でドルンシュタイン公爵夫人が身繕いをし、画面右は階段が奥へ続いているような印象を与える（図2-5①）。つづいてロジャーが登場し、鏡の空間と現実空間を交互に往来することで、現実の空間だと信じ込まされていた画面右の階段は、実は鏡に映された画面外の空間であることが判明する（図2-5②③）。すると、中央の円柱そのものも鏡の反映であり、画面全体を覆う鏡を背景に、その前景で人物たちが会話をする場面であると分かってくる。さらにそこへ、ロジャーと公爵夫人の様子をうかがう黒幕の男が、奥の空間の階段の端に鏡像として現れる。これほど手間のかかる演出を施してまで映画の美的な構図が追求されるのは異例である[18]。だが、金銭と快楽だけを求めて享楽的な生活に溺れ、自分自身を見失った主人公たちの虚像を美的な構図で暴露するには、巨大な壁一面の鏡という大掛かりな舞台装置が必要とされたのである。

2　演劇人時代のバウエル

「絵画を蘇らせる」映画

このようなロシア映画形式を体現したバウエルは、ロング・ショット、ロング・テイクの多用による「精密なステージング（画面内演出）」を実現する監督とみなされてきた。ユーリー・ツィヴィアンは、「高度に精密な演出」をバウエルの特徴とし、代表作『人生には人生を』*Жизнь за жизнь*（一九一六年）に見られる人物対角線の構築と空間の拡大とシンメトリカルな配置を指摘している[19]。他方、デーヴィッド・ボードウェルは、登場人物による妨害（blocage）と暴露（revelation）の二項対立を軸に、ステージングはカッティングの代替手法としてナラティヴの情報を与えると主張する[20]。この特徴的な形式は、他の監督（たとえばピョートル・チャルディーニン）に模倣されるに至り、「バウエレスク」という形容詞も生み出された。

ここでさらに追求していきたいのは、バウエル映画に見られる「絵画性」であり、それにもとづく空間操作である。それは奥行きの深度を利用して、調度品を配置し、人物の逆移動を導くディープ・ステージングと呼ばれる演出である。映画史における奥行きの経緯を少し振り返ってみると、一九一〇年代における画面内の奥行き表

図 2-6　『行商人』

図 2-7　『義理と愛』

現は、初期映画の時代と比べると、より立体的かつ深いものをめざすようになっていく。国や作家によって奥行き演出の変遷は異なるが、ここではロシア映画を例に挙げる。初期映画の室内シーンは、『行商人』*Коробейники*（一九一〇年、ワシーリ・ゴンチャロフ監督）のように（図2-6）、スクリーンと並行する部屋の壁、もしくは角度を少し加えた壁が、インテリアなどを描いた背景幕で表現されていた。

一九一〇年代初頭には、そのような初期映画の背景幕をいまだに用いているものもあった。だが、『義理と愛』*Л' Хаим*（一九一一年、カイ・ハンセン／アンドレ・メートル監督）のように（図2-7）、画面の左あるいは右の空間にスクリーンと並行する奥の壁にたいして九〇度以上の角度に位置するもう一つの壁（しばしばドアや窓が付される）が加わり、背景幕ではなく、実際の調度品を用いることで、徐々に画面にリアルな立体感を伴う深度が生み出される。このスタイルを当時の標準と見なすならば、バウエルの空間は標準レベルよりもはるかに深い奥行きと複雑な空間構成を追求していた。先に述べた小道具による空間分割に加えて、構図による空間分割により、バウエルは美的な画面内演出とナラティヴを結合させる独自の空間パターンを多く持っていた。構図による空間分割には、対角線を用いるものが多い。垂直線を利用するものでは、複数の部屋をミザン・カードルとして提示するか、舞台袖と舞台とを同軸線上に示すものがある。より複雑な空間分割には、植物などの小道具と対角線の構図を組み合わせたり、照明を利用する三層の空間分割

図2-8　『女の魂のたそがれ』

がある。

バウエルは、映画が表象する三次元空間に絵画的な奥行きの構図をとり入れてサロン・メロドラマを展開していくという独自の美学形式を確立していった。現存している最初の監督作『女の魂のたそがれ』[21] *Сумерки женской души*（一九一三年）からすでに、バウエルの絵画的な視覚言語は完成の域に達している（図2-8）。ここでバウエルは植物やイスを額縁に見立てて画面手前に配置し、半透明のカーテンで覆われた寝室で休む主人公の女性をフレーミングする。そこへ侵入した泥棒と無防備な女性とを色彩のコントラストで示し、カーテンや花瓶で隠れてしまった泥棒を寝台の右に位置する三面鏡に映すことで、観る者は複数のアクションを同一画面の三つに分割された空間から読み取れるようになる。この洗練された無駄のないショットは、同時期の他のロシア映画はおろか他国の映画にも見られないものである。

バウエルを語る映画史家や当時の批評家は、こうした特徴的な映画形式に「絵画的」という形容詞を頻繁にあてがってきた。「美しく装飾された舞台装置、絵画のような構図」[22]、「ロシア映画の持つ絵画的傾向の創始者」[23]などさまざまに記述されてきたのである。だがそれらはいずれもレトリックにとどまっており、バウエルの映画がなぜ「絵画的」たりえているのか考察されたことはほとんどない[24]。帝政ロシア映画に関する研究書を最初に世に出したセミョーン・ギンズブルグが言うように、「バウエルにとって、映画はもはや「生きた写真」でも、演劇の複製でもなく、絵画を甦らせるものであった[25]」。

では、バウエルはどのようにして「絵画を甦らせる」ことができたのであろうか。映画製作にたずさわる以前、舞台装置家として半生を過ごしていたバウエルは[26]、演劇史研究においても一九世紀末の主要人物の一人と認識されていた[27]。バウエルが初期の映画作品から突出した完成度を見せ、短い製作期間で数多くの作品を送り出したにもかかわらず、その質の高さを常に維持することができたのは、監督以前のキャリアに依拠するところが大きいと考えられる。帝国運輸省の官僚から映画監督になったワシーリ・ゴンチャロフ、モスクワの商業学校で学んだヤーコヴ・プロタザーノフなど、映画界と縁のない出自を持つ監督とは異なり、舞台人として積み上げたバウエルの経験は、彼の映画創作に少なからぬ影響を及ぼしたであろう。演劇界におけるバウエルの足跡をたどることは、彼の映画作品の独自性を分析する際に大きな手がかりとなる。そこで次項では、監督以前のバウエルの活動を検討し、映画にたいする彼の美意識がどのように作られていったのか見ていきたい。

モスクワ絵画・彫刻・建築学校時代

バウエルは、モスクワ絵画・彫刻・建築学校で学んだ後、美術・舞台装置家や俳優として舞台業に関わり始める。一八八二年から五年間在籍していたモスクワ絵画・彫刻・建築学校では、В・Е・マコフスキイ（一八四六―一九二〇）やВ・Д・ポレーノフ（一八四四―一九二七）に師事している。ポレーノフは簡素な日常描写のなかに太陽光と美とを見出すよう彼に教示した。ここでバウエルは素朴なリアリズムを維持しながら輝く太陽による豊かな色彩を学んだ。この光への意識は、平坦なスクリーンを照明によって彫塑的に仕立て上げる演出やロケーション撮影に応用されていくことになる。ポレーノフが遂行したとされる「真実と美の有機的融合」は、同時代の移動展派の画家イリヤ・レーピン（一八四四―一九三〇）の美学とバウエルの創作態度の中間にあった。レーピンにとっては真実性や現実性が第一義であり、美は趣味の問題であった。現実をありのままに描き出すことを上位に置くレーピンの主義は、バウエルの耽美主義的傾向とは対極にある。

たしかに、バウエルの映画はときに強烈なリアリズムを呈することもある。たとえば、『永遠の夜の幸福』*Счастье вечной ночи*（一九一五年）で盲目の少女が目の手術を受ける場面や『大都会の子供』のラスト・シーンで、主人公の女性への愛に絶望して玄関口でピストル自殺を遂げた男性の死体の上を、彼女がドレスを引きずりながらまたぐところにリアリズムが突如として充満する。だがこのリアリズムは、農民の日常生活や皇帝の肖像画を描いたレーピンのそれとは性質を異にするものであり、むしろ耽美性を強調するために機能している。美術畑から映画界へ入ったバウエルは、絵画におけるリアリズムと映画におけるリアリズムの分岐を自らの製作のなかで実践していったのである。

同時代のロシア美術とバウエル映画の類似点も指摘できる。コンスタンティン・ソーモフ[28]の絵画と『白日夢』および『パリの王様』を見てみよう。『白日夢』はジョルジュ・ローデンバックの『死都ブルージュ』を原作としている。【中年の紳士ネデーリンは亡き妻エレーナの幻影を追って日々街をさまよい歩く。ある日エレーナと瓜二つの女優ティナと遭遇し、妻の面影を求めて彼女に求愛する。だが、ネデーリンが命よりも大事にしていたエレーナの遺髪をティナは弄び、我を忘れたネデーリンはその髪でティナを絞殺する。】亡き妻の髪を聖遺物のようにクリスタル・ガラスのなかに保管している場面や、黒地を背景にして妻の死体から髪を切り取るショットには、バウエルのネクロフィリアの主題も見ることができる。

『白日夢』のある場面で、ネデーリンは亡き妻との幸せな日々を回想している（図2-9）。二人は切り株に座り、夫は後ろから妻の髪を愛撫する。この身振りと構図は、ソーモフの《森で》*В лесу*（一九一四年）から抜粋してきたように見える。ソーモフの絵画のように人物は画面後方に位置していないものの、背後から男性が恋人の髪を撫でるポーズは酷似しており、絵画の構図と同様に二人は林立する木々に囲まれている。《森で》が描かれた翌年に『白日夢』は公開されており、バウエルがこの作品を目にしていたとしても不思議ではなかろう。もう一つの例として、『パリの王様』と《秘密》*Конфиденции*（一八九七年）がある[29]（図2-10）。両者とも俯瞰の

図 2-9　『白日夢』　《森で》

図 2-10　『パリの王様』　《秘密》

構図が取られ、画面右にまっすぐそびえ立つ一本の木、画面手前から上方へと延びていく森の小道、そこを奥から手前に歩いてくる人物の空間表現が類似している。バウエル映画では、室内場面の演出だけでなく野外場面においても周到な構図が練られ、同時代美術との直接的な類似が見受けられるのである。(30)

オペレッタの舞台装置

モスクワ絵画・彫刻・建築学校卒業後、バウエルはミハイル・ヴァレンチノヴィチ・レントフスキー（一八四三―一九〇六）の劇団シカゴで働き始める。だが、シカゴの経営は長くもたず、創設から三年後にはゲイテン座という別の劇団に変わった。経営者はボリショイ劇場のプリマ・バレリーナであるリディヤ・ニコラエヴナ・ゲイテン（一八五七―一九二〇）である。バウエルは舞台美術を引き受け、ゲイテン座の一年目のシーズン（一八九五年夏）で大成功をおさめ、同シーズンに一〇演目の舞台装置を手がけた。この成功をきっかけに、モスクワの演劇界はバウエルに注目し出す。担当した演目の多くはオペレッタであり、ツィターの演奏家であったウィーン出身の父親の血を引くバウエルにもなじみのある分野であった。好評を博したオペレッタの上演からいくつかとり上げて舞台装置家バウエルの活躍をたどってみたい。

ゲイテン座は一八九五年五月二日、ヨハン・シュトラウス二世のオペレッタ《ジプシー男爵》*Цыганский барон* の幕を開け、バウエルの「念入りな仕上がり」(31)の舞台装置が評価された。それから三日後の五月五日に《海軍幼年学校生》*Морской кадет* が開幕し、五月二三日にはジャック・オッフェンバックの《美しきエレーヌ》*Прекрасная Елена* が上演される。両作品とも「全てのモスクワ人をとりこに」(32)し、バウエルの貢献度は高かったとみなされている。シーズン半ばの七月二三日にはカール・ツェラーの新作オペレッタ《坑夫頭》*Мартин-рудокоп* が披露された。この舞台装置も注目を浴び、七月二八日には三回目の興行が行われる。シーズンの終わり頃に、ロベール・プランケットのオペレッタ《リップ・ファン・ヴィンクル》*Рип-рип* が慈善興行として上演される。以下、とりわけ記事の多かったこれら四作品に関して当時の批評を見てみよう。

《海軍幼年学校生》の批評

「バウエル氏の舞台装置（特に第一幕のホール）は、電光照明が非常に美しく、スペクタクルの最後の舞台装置や光の効果によって、実に華美なものとなっている(33)」。

「《海軍幼年学校生》は見事に上演され、舞台装置は華麗で美しい(34)」。

《美しきエレーヌ》の批評

「舞台装置の美麗さには疑念の余地がない。Ｅ・Φ・バウエル氏はアンコールされるべきだ(35)」。

「バウエル氏による調度と舞台装置は、毎回申し分なく、なかでもガラスのベランダ付きの精巧な花園を提示している第一幕の舞台装置と、第二幕の舞台装置のパースペクティヴ（ダンス・ホールの深度）は、大きな感動をもたらした(36)」。

《坑夫頭》の批評

「明らかに法外な製作費と美術・舞台装置家のE・Φ・バウエルの才能のおかげで、《坑夫頭》は観客の前に実現された。その外観はきわめて華麗で目にも彩なものだったので、劇場内の者は皆、歓喜と驚嘆のあまり一瞬動けなくなった。長いこと静まることのない騒々しい拍手喝采が、Л・H・ゲイテンとバウエル氏に捧げられた。一つには彼女が女性の演出家として制作にお金をかけたこと、さらにバレリーナとして第二幕目に挿入されたバレエを魅惑的に踊ったことが挙げられる。もう一つには、舞台装置が非常に驚嘆すべき仕上がりであったために、豪華な舞台装置に見慣れているモスクワの観客でさえ、驚きを禁じ得ず魅了されたのだった(37)」。

「この上演は、壮麗な舞台装置を実現し、期待以上の腕前を見せたバウエル氏の成功に負っている(38)」。

「《坑夫頭》は素晴らしく華麗な舞台装置を伴って上演された。これでバウエル氏は名声を得た。この若い芸術家は、最近めきめきと頭角を現している。もっとも重要なのは、彼が単に才能があるというだけではなく、斬新であるということだ(39)」。

「その舞台装置が与える感銘は並大抵のものではなく、あらゆる「光輝」の塊が関心を呼び、芸術的に徹底していた。とくに第二幕の舞台装置に関してである。それは大胆な発想の舞台装置であり、高価な宝石と鉱石でつくられた丸天井のある洞窟を出現させた。〔……〕同様に第三幕の舞台装置も素晴らしく、イルミネーションを施した庭園が演出されている(40)」。

《リップ・ファン・ヴィンクル》の批評
「第二幕第二場の舞台装置、それはまさしく華麗で、Ｅ・Φ・バウエル氏はアンコールを受けた[41]」。
「〝絶えず移動する炎〟の第二幕の舞台装置は美麗だ。すなわち、断崖、そして偉大な手腕を持つバウエル氏によって削り上げられた腐った墓のような石群。バウエル氏は二度アンコールされた[42]」。

図2-11　『白日夢』より《悪魔ロベール》の場面

オペレッタにおけるバウエルの舞台装置は、ことごとく「華麗」と批評されている。バウエルの映画作品についても同じ評価を下すことができ、ときに登場人物が埋もれてしまうほどの過剰で華美な装飾は、観客を「歓喜と驚嘆のあまり一瞬動けなく」させる。映画で使用されるモティーフもすでに見られる。「ホール」、「ダンス・ホール」、「調度」、「ガラスのベランダ付きの精巧な花園」、「イルミネーションを施した庭園」、「腐った墓のような石群」、いずれもバウエルの映画に頻出する舞台装置である。ダンス・ホールは画面の奥行きを提示するために、庭園や森はロケーション撮影用に、調度品は人物のアクションを操作する際に欠かせない。墓石群といえば、マイアーベーアのオペラ《悪魔ロベール》の映画内舞台（『白日夢』）にて、死者が蘇る場面を想起させる（図2－11）。バウエルは、舞台装置家時代に手がけたセットのモティーフを映画の演出でも反復して用いていたのだ。

さらにこれらの批評には、バウエルの映画形式における唯美主義が示されている。まず華美な舞台装飾、次に「光輝の塊」と評されている照明の効果、そして舞台装置のパースペクティヴ、つまり空間の深度の演出である。バウエルの映画を特徴づけているのも、光と影のコントラストであり、奥行き表現である。極端な明暗のコントラストは、画面に美的な印象をもたらすだけでなく、自殺や殺人、幽霊に取り憑かれるといった劇的な場面を盛り上げるためにも効果がある。こうした画面のコントラストの演出は、バウエルの弟子であるレフ・クレショフの初期作品にも影響を及ぼすことになった(43)。

深度の機能は舞台と映画で異なってくる。舞台上では実際の奥行きに限度があるため、背景幕に工夫を凝らし、深いパースペクティヴを実現させていた。他方、さまざまな方向から見られる舞台とは異なり、一つの決定的な構図を観客に提示するスクリーンは、画面の奥行きを利用して、登場人物の関係性や心理描写、複数のアクションを示すことができる(44)。そうしてバウエルは編集の代わりに、深いパースペクティヴを活用して物語を叙述していく(45)。

このように「麗しい舞台装置」、「光の効果」、「パースペクティヴの深度」というバウエルの映画を特徴づける三つの要素は、監督になる以前の演劇人時代にすでに彼の舞台装置を評する言説として定着していた。以上の言説はバウエルの晩年まで変わることなく持続する。バウエルの弟子であったレフ・クレショフの回想を引用しよう。

　私がスケッチを撮影所に持っていくと、バウエルはそのスケッチをことごとく批判した。映画における舞台装置は、箱を組み立てるように「平坦に」細部に応じて作られるのではないと彼は私に説明してくれた。映画が要求するのは遠近感と深さであり、それが平面であるスクリーンをより造形的・立体映像的に生き生きと見せてくれる。一点からのみ撮影するのではなく、視点の方向転換によって撮影することができる。舞台装置はそれ自身の性格、それ自身の意味を持っている、とバウエルは言うのである(46)。

バウエルの映画では、カメラが現実の空間を操作するだけではなく、舞台装置もカメラの視点を操作する。クレショフが指摘している「遠近感と深さ」、すなわち「パースペクティヴの深度」は、舞台と映画をつうじてバウエルの美的基準となり続けていた。では、「パースペクティヴの深度」は、彼の映画においてどのように機能しているのだろうか。

3　映画における空間の美学

パースペクティヴのスペクタクル性

バウエルの映画が「絵画的」と言われる根拠の一つには、固定カメラによる極端なロング・テイクがある。ショットの持続時間が長くなれば、フレーム内の構図が意識され、観る者の視線はショットとショットの連続性よりも単一ショットの画面内へと集中する。[47] 一枚の絵を眺めるように、観客は一つのショットに視線を注ぐことになるからである。むしろ、長く画面が静止することで観客の目は自然と画面を絵画的な構図として見ざるをえなくなると言うべきかもしれない。

そこでは、調度品や円柱などもろもろの道具が、画面手前から奥行きの深い画面最奥にまで置かれ、画面に絵画的なパースペクティヴ（二次元画面における三次元性）を生み出す。さらにその空間内を人物が移動することで、パースペクティヴは強調されていく。こうした複数の道具や人物のアクションで満たされる深い空間それ自体が、スペクタクルなものとなっていくのである。バウエル映画の「パースペクティヴのスペクタクル性」は、彼を映画監督よりも画家の領域に踏み込ませることとなり、当時の批評家からはこう指摘されることもあった。「ところどころ、芸術家＝監督ではなく、シーンの画家＝監督がこの映画を作ったのだという印象を受ける」[48]。

そもそもスペクタキュラーなパースペクティヴは、ルネサンス期に確立された遠近法に由来する。「物体が空間内にあるという解釈をもたない芸術的表現形式はあり得ない[49]」とゴンブリッチが述べているように、人間の空間意識は絵画表現に何らかの秩序を見出すことで生じる。「物体が空間内にある」ことを示す秩序は遠近法により最も明快な形で具現化された[50]。当然のことながら映画観客は幾何学的に空間を捉える能力を備えており、彼らにとってスクリーンに絵画的な秩序を見出すことは容易だ。絵画という「世界に開かれた窓」は、映画という「現実から切りとられた窓」の形を借りて、また新たに世界へ開かれていくことになった。

映画におけるセノグラフィー

映画の絵画性、映画固有の運動性とそこから派生する時間とナラティヴは、バウエルの映画では「セノグラフィー（舞台装置の演出）」と深く絡んでいる。セノグラフィー（scenography）の原義は、文字通り「舞台を描く技術」であり、「もろもろの道具を遠近法のもとに位置づける技術、つまり、舞台のさまざまな要素を統一された光景のなかに秩序立てる技術[51]」である。

セノグラフィーの歴史を振り返ると、この言葉はウィトルウィウスの『建築論』が出版された一四八六年に生まれた。『建築論』は、古代ブームに乗って建築家たちの聖書となり、セバスティアーノ・セルリオ（一四七五―一五五四）やバルダッサッレ・ペルッツィ（一四八一―一五三六）といった当時の代表的建築家たちに大きなインパクトを与え、古代ローマ建築の思想が広まった[52]。セルリオの三つの舞台装置（喜劇、悲劇、戯画）は、現実を暗示するのではなく、あたかも現実のように見せかける、別のドラマの世界を現出するようになった。深い奥行きを表現するパースペクティヴの空間は、支柱、列柱、格天井、丸天井、窓や出入り口の軒縁といった建築物が生み出す反復するリズムのなかで強調され、新たな空間が舞台に現れる[53]（図2-12）。この点についてウィトルウィウスは次のように解説している。

図2-12　舞台装置を描いた木製パネル（1520年）（左）
バルダッサッレ・ペルッツィによる舞台（1514年）（右）

中央の空間が視覚の束の収斂と逸脱に定められるには、諸々の線が自然の原則に呼応しなければならない。そうすることで、（非）現実の道具の現実のイメージが、舞台絵画に建築物の外見を再現し、平面もしくは垂直の板に形象化されたものが後退したり前進したりするように見える。[54]

ここでいう「自然の原則」とは線遠近法のことであり、ウィトルウィウスは三次元の形象を表現する二次元のイリュージョンを定義づけた。その後、セノグラフィーはイタリア・ルネサンス絵画の影響でさらに発展することになる。絵画と演劇の両芸術が、パースペクティヴ、背景、舞台装置といった空間に関わる諸問題に関心を向けたとき、一六世紀の絵画は演劇的になっていった（図2－13）。こうしたウィトルウィウスの空間[55]は、長い間イタリア絵画のパースペクティヴを支配したのち、すぐにフランス美術へ広まり、やがてマニエリスム期にはコレッジョらのイリュージョニズムにその残滓をとどめる。バロック期にはもはや演劇的な舞台空間ではなく、装飾的でダイナミックな空間がめざされるようになった。

ウィトルウィウスの建築空間の系譜は、舞台と絵画を経て、映画へとつながっていく。なかでもフィルム・ダール社やフィルム・ダ

図 2-13　《聖マルコの遺体の発見》（ティントレット、1562-66年）（左）
　　　　《聖マルコの遺体の運搬》（ティントレット、1562-66年）（右）

ルテ・イタリアーナ社が製作する初期の史劇・文芸映画は、映画界に古代ブームを巻き起こし、その緻密で豪華な書割はこの系譜を明確に引き継いだと言えるだろう。さらに一九一〇年代に入り書割が現実のセットにとって代わられていくと、イタリアの超大作の史劇映画や、バウエルのような形式主義の映画監督によって、映画という二〇世紀の新たな造形芸術メディアのなかにウィトルウィウスの表象システムが再びとり入れられるようになった。

円柱の演出

円柱を用いるとき、バウエルの映画は最も巧みにパースペクティヴにもとづく舞台空間を実現する。バウエルは「列柱のあるホールの建築家」[56]と呼ばれ、「円柱を使うことに過剰な愛」[57]があることを自他ともに認めていた。それは、「円柱、円柱、さらに多くの円柱……客間にも円柱、オフィスの暖炉のそばにも円柱、ここにもあそこにも至るところに円柱がある。『人生には人生を』のありあまる円柱を見て、われわれが苦笑したとしても、この映画の監督バウエル氏は許してくれるだろう。この映画の製作には巨額の費用がかかっていた」[58]と揶揄されたほどである。バウエルは支柱や列柱、それをつなぐアーチなどの建築物をセノグラフィーのパースペクティヴを生み出す契機として多用することで、意識的にウィトルウィウスの舞台空間をスクリーンに展開したのである。

バウエルが平坦なスクリーンに空間的な奥行きを強調し、造形的な画面構成を作りだしたことは、これまでも指摘されてきた(59)。ただし、フーゴー・ミュンスターバーグの述べる「知覚の葛藤」を伴う平面／立体メディアである映画において、ウィトルウィウスのセノグラフィーは、絵画や演劇以上に入り組んだ構造となっている。スクリーンは平面であるゆえに、映画の画面は演劇的演出をとり入れた絵画におけるセノグラフィーを踏襲する。同時に、画面内空間は絵画のセノグラフィーによる「イリュージョン」の空間ではなく、あくまで「現実」を表象する空間でもあり続ける。バウエルは映画という不可避の「現実」空間を、ときに絵画のセノグラフィーとして、ときに演劇におけるセノグラフィーとして、さらには両者のレベルを複合させたものとして、加工していった。こうしたバウエル映画のセノグラフィーをいくつかのパターンに分類して、見ていくことにしたい。

バウエル映画における空間演出

まずは、絵画的セノグラフィーの演出から見ていこう。『引き裂かれた鎖』*Разорванные цепи*（一九一六年）は現存していない映画だが、作曲家を主人公に展開される典型的なサロン・メロドラマである。残されたスティル画像を見ると、ルネサンス絵画に頻出するアーチとそれを支える柱の連鎖が舞台装置に用いられている。観る者の視線は最初に画面中央の男女に注がれ、やがて画面手前右の女性に流れていく（図2-14）。画面の消失点は、最奥の入り口に定められ、そこからこちらに向かっていると思われる中央の男女は、二人を迎える人々の列が織りなす三角形の頂点に位置する。パースペクティヴをもたらすアーチにより、画面には二次元の絵画的パースペクティヴが作用する。それはペルジーノの絵画と比較するとさらに明確になるだろう。

次に、演劇におけるセノグラフィーとして、バウエルの代表作『人生には人生を』の演出へ目を向けよう。物

図2-14　『引き裂かれた鎖』（左）
《聖ベルナルドゥスの幻視》（ペルジーノ、1490／94年）（右）

語は以下のとおりである。【ナータとムジヤはバルチンスキー公爵に恋をする。公爵は美しいナータと恋人になるが、遺産を引き継ぐムジヤと結婚する。ナータも裕福な商人と結婚するが、公爵との関係は切れていない。ある日、公爵は詐欺を働き、ムジヤの母親は彼に自殺するよう迫る。拒否した公爵を母親はピストルで殺害し、彼の手にピストルを握らせて、自殺に見せかける。】

可能な限り深い奥行きを得るため、本作でバウエルはモスクワで最も大きなスタジオをさらに拡張するようハンジョンコフに頼んだ。図2-15は、背景でダンスが繰り広げられ、二組の夫婦が遭遇する場面である。類似した場面で手前がアクションの空間となっている『罪の影』*Тени греха*（一九一五年、ピョートル・チャルディーニン監督）と比べても、その奥行きの深さが実感される（図2-16）。ここには、二つのレベルの空間が存在する。奥のダンス・ホールと、アクションが行われる手前の待ち合い場である。奥の空間は、「現実」の空間であると同時に三次元のイリュージョンをもたらす舞台のセノグラフィーとなり、「描かれた立体像」として後退していく。他方、手前の空間は、舞台のプロセニウムの機能を保持し、ダンス・ホールを背景に俳優によるアクションを際立たせる。さきほどの『引き裂かれた鎖』とは異なり、空間が等級づけられ、奥の空間と手前の空間が不均等であり、手前の空間はナラティヴが進行するアクションのための空間となっている。セノグラフィーの理論を展開したジャン・ルイ・シェフェールの言葉を借りるなら、「空間であると同時にナラティヴのシークェンスでもある」(60)。

図 2-15　『人生には人生を』

図 2-16　『罪の影』

この点をより詳細に分析するため、一五四五年にパリで出版された『建築書』第二書においてセルリオが基礎を打ち立てた「セノグラフィー的パースペクティヴ」という概念で補助線を引いてみよう[61]。セルリオの建築には二つの原則があり、一つは、本当の距離があるように見える空間から、上演される場所を区別し切り離すこと、二つ目は、観客のいる環境とは完全に断絶した、上演に固有な環境を創ることである。前者の原則においては、俳優の演技に割り当てられた前舞台もしくはプロセニウムの奥行きはわずかである。他方、後方舞台では、遠のくにつれて床が上昇する。パースペクティヴにもとづく舞台装置が構築されるのはこの床の上であり、ここに奥行きの印象を与えることで、舞

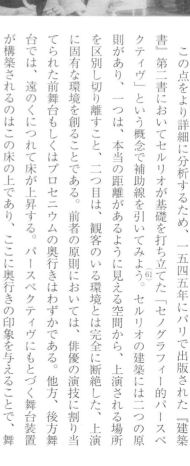

図 2-17　『遭遇』

台上に見せかけの距離が創りだされるのである。舞台の高さは、観客から遠ざかるにつれて次第に短縮し、床は水平線まで上昇して行くように見える。『人生には人生を』では、アクションのためのプロセニウムは、舞台よりもはるかに広く、背景に後退した空間とは分離されている。舞台のセノグラフィーとして後退した奥のダンス・ホールの空間の床は、まさしく奥へ進むほど上昇していく。

演劇の場合、舞台の奥へと進み、大道具・照明装置などを支える支柱群に接近する全ての俳優は、パースペクティヴの効果を破壊してしまう。彼らのシルエットは不意に、建築されたあるいは描かれた舞台装置や大道具の実際の高さを意識化させるからである。この点は、初期映画のセノグラフィーについても同様だ。演劇におけるセノグラフィー、あるいはその延長線上にある初期映画のセノグラフィーの限界は、現実の空間を描かれた舞台装置に見立てるバウエルのセノグラフィーにおいて巧みに解消されている。さらにバウエルは、彼のマニエラとなった円柱によって、劇場に備え付けられるトロンプ・ルイユや舞台装置の可能性を発展させ、壮大な映画的セノグラフィーのスペクタクル効果を実現させることができたのである。

絵画のセノグラフィーと演劇のセノグラフィーが共に使われるケースもある。『遭遇』*Попалась*（一九一五年）は、現存していないバウエルの笑劇である（図2−17）。ここで画面内のセノグラフィーは、演劇のセノグラフィーと絵画のセノグラフィーがアクションによって「排他的な結合」をしている。画面手前のテーブルに位置する二人の男性のアクションがナラティヴの重要な情報を与えているため、観客はこの二人に目を遣る。つづいて、二人の男性から画面左の円柱に沿って、画面内の舞台へと視線は流れていく。このとき、「現実の」円柱のセノグラフィーが舞台上の演劇のセノグラフィーを侵食する。だが、観客の視線は舞台のダンスから手前のアクションを交互に行きかうため、二つの異なるレベルのセノグラフィーが同時に機能することになる。ダンサー（バウエルの妻リナ・バウエルだと推測される）が踊っている画面右上の舞台には、背景幕に列柱とアーチが描かれ、演劇のセノグラフィーが成立している。他方客席では、舞台の背景幕と同じ方向線上にある人工のパースペクティヴの軌道にしたがって、まるでステージから続いているように実際の円柱が配されている。前者は、描かれた舞台背景による演劇におけるセノグラフィー、つまり非現実の円柱による視覚的イリュージョン、後者は、実在する円柱による絵画のセノグラフィーという二つの異なるパースペクティヴのレベルが存在する。舞台の背景幕の円柱が生み出すパースペクティヴと客席空間の円柱にもとづくパースペクティヴとを比べると、消失点は異なるもののトロンプ・ルイユの戯れは無限に続くように見える。映画がこの二つのレベルをフレーミングすることで、人物の可動性、すなわちアクションが双方の排他的な関係を結合させ、異なる位相を同一画面に示すというセノグラフィーの新たな作用が機能する。

最後に、演劇／絵画の対立ではなく、自然／人工の二項対立から、パースペクティヴについて考察してみたい。バウエルをはじめ帝政ロシア映画の一つの傾向として、「自然のパースペクティヴの人工化」が見られる。要するに、木々や小道など自然の要素を操作して、計算された幾何学的なパースペクティヴをフレームに収めるものだ。その極端な例として、『アンドレイ・タバリツェフ』*Андрей Тобольцев*（一九一五年、アンドレイ・アンドレーエフ監督）の森の小道の深いパースペクティヴが挙げられる（図2-18）。バウエルの映画には、このような人工のパースペクティヴに吸収・統合された自然の構図に加えて、人工的な世界と自然の世界の対立をナラティヴに組み込む演出も見られる。

たとえば『瀕死の白鳥』にこうした演出が見出される。この物語は下記である。【口の利けない天才バレリーナ、ジゼラは、とある親切な青年と恋に落ち、これまでの閉ざされた世界から抜け出して、幸せな日々を送り始める。だが、その恋人が他の女性と浮気をしている現場を見てしまい、ジゼラは彼の前から姿を消す。バレエの世界に没頭した彼女の「瀕死の白鳥」は話題を呼び、死の表現を追い求めていた画家の目に止まる。画家のモデルとしてアトリエに通っていたジゼラは、毎晩の悪夢に苦しむようになる。ある日、ジゼラは元の恋人と偶然再会する。彼の謝罪を受け入れ、再び二人で幸せな人生を歩みだすと、ジゼラから死の影が消えたことに画家は気づく。芸術至上主義の画家は、ジゼラの首を絞め、死を描き続ける。】

この映画では、画面の四分の三は手すりやベンチ、階段など人工のパースペクティヴが支配しているが、四分の一は自然の空間である（図2－19）。ここで人工／自然の排他的関係を連結させているのは人物である。ジゼラは自然の空間から、人工の空間にいる恋人のもとへやってくる。だが、男性との間は手すりによって隔たれ、ジゼラが人工の空間へ足を踏み入れることはない。あるとき、ジゼラは恋人の不実を図らずも知ってしまうが、

図2-18　『アンドレイ・タバリツェフ』

図2-19　『瀕死の白鳥』

その時も自然から人工への空間移動が見られる。その後、ジゼラはひたすら舞台の上で生きていくことになるが、再び生を取り戻すと、画家に絞殺され、人間の規範的な世界から排除される。人間を超越した天才バレリーナとしてのジゼラは、人間の秩序のなかでは生きていくことができないのである。人工／自然の対立はこのようにナラティヴにも影を落としている。

4　移動するパースペクティヴ

移動撮影による空間演出と心理的パースペクティヴ

以上で分析してきたように、バウエルはセノグラフィーを利用した画面内の視覚的構図を精練した。さらなる特徴はその大胆な移動撮影にあった。最もバウエル的な瞬間は、奥の深い華麗な舞台装置のなかをカメラが緩慢に移動するときである。静止した画面内の読解を要する一方で、バウエルの移動撮影は、映画固有の運動性とそこから派生するナラティヴ、そして演出された空間の関連性を考えさせる。

初期の移動撮影といえば、ジョヴァンニ・パストローネ監督の『カビリア』が注目される。パストローネは、移動撮影を用いて広く深い画面空間にそびえる豪華絢爛な歴史的建造物のセットを提示し、史劇映画の雄大さを表現した(62)（第3章第4節参照）。移動撮影にはこうした歴史劇スペクタクルの提示のみならず、観客の注意を特定の人物やその関係性に向ける機能もある。これは同じくパストローネによる現代劇に見られる。ディーヴァ女優のピナ・メニケッリが主演した『王家の虎』における劇場の場面で、舞台を見つめる主人公の女性をボックス席の背後からカメラが捉えている。最初、観客はこの女性に同一化し、舞台へと視線を向けるが、男性の登場で観客の注意は舞台から二人の男女に移る。注意の移動はカメラの移動に連動し、カメラはゆっくりと舞台から外れて二人の男女を焦点化し、今やそのボックス席が物語の舞台となる。ヨーロッパにおける一九一〇年代の移動撮影は、雄大なセットやピクチャレスクな構図を提示することと、人物を焦点化してナラティヴの情報を与えることに貢献した。

『カビリア』と同年の一九一四年、バウエルは『大都会の子供』で早くも移動撮影を用いて、この技法の先導者となった。バウエルの移動撮影は、次の四つの機能に分類される。

(1) リフレーミングあるいは中心化のためのカメラ移動
(2) 心理的描写としての移動撮影
(3) 夢・幻想への移行や時間軸に関わる移動撮影
(4) 動的な空間分割としての移動撮影

リフレーミング（焦点を合わせる人物を画面の中心部分へ位置づけるために人物の動きに沿ってカメラが再度フレーミングすること）のためのカメラ移動は、『レオン・ドレイ』や『沈黙の目撃者たち』に目立って使用されている。心理的描写としての移動撮影はさらに区分されて、半ばスタティックな場合（『警鐘』*Набат* 一九一七年）と人物の動きに合わせる場合（『白昼夢』）とがある。『白日夢』では、ネデーリンが、ティナと出会う場面でカメラは移動する。やや俯瞰で捉えられた街路での二人の遭遇、主人公が彼女に気づいたときに絶妙なタイミングで挿入される〝エレーナ！〟という一つの簡潔な会話字幕、それに続き今度は男性が亡霊のように彼女をストーキングし、その男性をストーキングするようにゆっくりとカメラは移動する。主人公につきまとう妻の分身との不運なめぐり逢いメロドラマにおいて、カメラは彼の心境に没入するように連動する。夢・幻想への移行や時間軸に関わる移動撮影は、たとえば『瀕死の白鳥』や『人生には人生を』に見られる。

空間が関わる四つ目の移動撮影（動的な空間分割）の例を見てみよう。『死後』*После смерти*（一九一五年）の三分間のトラッキング・シークェンスをとり上げる。移動撮影は、主人公が社交場に登場する際に使われる。前節まで分析してきたのは、一個の静止したショット内でのスタティックな空間演出である。この作品ではカメラが移動することで、新たな空間を提示し、空間の拡大をはかり、動的な空間分割によってナラティヴが形成されていく。『死後』ではまずカメラが左右水平に移動し、場面全体を把握するためパノラマのような情景が繰り広げられる。その後、トラック・アウトとパンとを組み合わせて、空間を拡張し、新たな空間を出現させる。トラック・アウトは空間を増大し、パンを伴って、画面左あるいは右に観客が注意を向けるべき人物を提示する。さらに、ここで空間が拡張されたため人物のサイズは縮小し、それに続く逆移動（カメラではなく登場人物が手前または奥へ移動すること）が促され、ショット・サイズを変化させることなく描写が可能となる。左右と前後にカメラが移動することで新たな空間が提示され、動的な空間分割が達成されるのである。

このようにバウエルは独自の空間分割や、舞台装置の配置、移動撮影などを通して、持続時間のきわめて長いショットを、濃密なステージングによって構成し、観る者が時間をかけてナラティヴを読解する要素を豊富に盛り込んでいった。こうした空間のパースペクティヴの演出に、登場人物の心理描写を融合させた点にも特徴があった。

俳優と舞台装置の等価

このような空間演出において、バウエルは俳優と舞台装置とを等価に置こうとする。その際、バウエルが頻繁に用いる手法は、椅子や机の配置から生じる人物の逆移動である。画面の前景空間や室内空間全体を肘掛椅子やソファ、机、暖炉、棚、壺、植物などで埋め尽くし、登場人物のアクションをそれらの配置によって操作・制御する。登場人物は、あらかじめ決められた導線に沿って後景から前景へと移動せざるを得ない。ショット・サイズで言えば、ロング・ショット内の人物たちは、逆移動を経て、ミディアム・ショットで捉えられる。

登場人物のアクションの誘導は、観客の視線を誘導することにもなる。編集ではショット・サイズを変えて人物の反応を示すところを、バウエル映画においては、逆移動によってサイズを変化させ、特定の人物への焦点化に伴う心理描写がなされる。後景における人物の登場は、エスタブリッシング・ショットとして機能する。さらに彼らが前景へと移動し表情を提示することで、クロース・アップによる心境の描写と同様の効果が生じる。こうして一連のアクションを同一時空間内で提示することが可能となるのだ。その最も極端な例は、『死後』におけるヴェラ・カラーリのビッグ・クロース・アップであろう。

このような俳優と舞台装置の等価な配置は、登場人物を無機物にする。映画は静止画像の連続から成るにもかかわらず、そうした映画の性質に逆行するかのように、生き生きと動く人物たちは、突然に生気をそがれて再び静止へと向かい始める。こうした演出では、俳優は小道具の一つにすぎない。バウエル映画の出演者たちは、誇張した演技を禁止されていた。彼ら自身も、自分たちが舞台装置の一つとして扱われていると知っており、この点に関して、ユーリー・ツィヴィアンは演技の欠如がバウエル作品の特徴だと見ている(63)。バウエル監督、ヴァレリー・ブリューソフ脚本の『死者の生命』*Жизнь в смерти*（一九一四年）で映画界にデビューしたイヴァン・モジューヒンは、次のように回想している。モジューヒン演じる芸術家が愛人を殺し、その美貌を保存するために、彼女の遺体をミイラにするという物語で、恋人の死体の傍らで絶望を表現する長いシーンについて語ったものである。

完全な停止がその伝統と共にすでに私たちのスタジオでは確立していた。全く動きを排したポジションで、こ

図 2-20　『大都会の子供』

図 2-21　『永遠の夜の幸福』

のシーンを演じることに私は満足した。(64)

演技の欠如はひいては動きの欠如となり、俳優は静物のように画面空間にとどまる。俳優は、動く生命体から画面内の過剰な装飾物の一つとして溶け込んでいくのである。たとえば『大都会の子供』では、画面の最奥に位置づけられた俳優は、三体の白い彫刻と同じレベルで配され（図2‐20）、『永遠の夜の幸福』では、女性の身体は切り取られている（図2‐21）。人物の無機物化を伴うこうした演出は、三次元の空間構成と二次元の絵画的構図の結合をめざしている。三次元の空間構成は立体的な空間分割と特定の小道具の配置によって、二次元の絵画的構図は俳優のアクションを決定づけ、人物を舞台装置の一部と化すことによって実現されていく。

バウエルの演技の演出においては、俳優がスタティックな存在のときは二次元の絵画的構図が支配し、大きなアクションをする場合は三次元の空間が復活する。一つのシーンのなかで静と動が交互に現れるため、そのつど画面内を制御する規律は立体的空間分割から絵画的構図へと、もしくはその反対の規律へと変化していく。(65) 静物としての俳優の図像は、色彩の濃淡のコントラスト効果と相乗し、一枚の装飾画か版画のようにシンボリックな瞬間として、観る者に刻み込まれていくのである。

＊

これまで考察してきたように、バウエルは映画界に入る以前、美術や建築の知識を貯え、その後二〇年以上にわたって舞台装置家としてのキャリアを積んでいた。その間に培った舞台装置の構成力、とくにパースペクティヴへの深い造詣は映画監督として身を立てていった後にも活かされていった。バウエルによるパースペクティヴの実現は、二次元性と三次元性が同居する特有の造形芸術メディアである映画において、絵画や舞台には見られない複雑なセノグラフィーをつくり上げたのである。舞台人時代に確立されたバウエルの美学は、一九世紀以前の古典的な美学規範にもとづいているが、演劇の舞台装置や美術を映画に適用するという、それ自体新奇でアヴァンギャルドな試みでもあった。その上でバウエルは、映画が演劇や美術とは全く異なる新たな表現の可能性を秘めていることを徹底的に追求していった。

「何よりも美をめざすこと、真実は二の次だ」、俳優イヴァン・ペレスチアニの回想によると、これがバウエルの創作上の信条であった。物語ることを第一義とする古典的映画への過渡期に、バウエルの作品は、映画における図像的なものを重視し、美的な形式の実現をめざしたのである。監督のイニシアティヴが発揮され、映画の「作家」という概念が定着した一九一〇年代にバウエルがロシア映画史における最初の映画作家となりえた要因は、こうした彼独自の美学と信条にあった。

もちろん、バウエルがアメリカ映画の文法に全く無知であったわけではない。バウエルの後期の作品『人生には人生を』では、「静止状態」が意識されるロシア・スタイルにカッティングが多く含まれるようになっている。「これは、最良の外国映画と並びうる。しかし、まさしくこの〝外国的である〟ための努力にこそ、この映画の弱点がある。西洋映画の特徴である、できる限り最大の技術的な完璧さと外へ向かう美を達成しようとする欲望が、ロシア映画芸術の典型である、内面の美、心理的な真実と精神的な感情の美という要素を弱めてしまった」(66)と当時の批評が記しているように、ロング・テイク、ロング・ショットによる登場人物の心理的な描写を意味する「内面の美」と、エディティングによる急速なテンポを意味する「技術的な完璧さと外へ向かう美」とが、この作品では拮抗している。

遺作となった『パリの王様』も、緩慢なロシア・スタイルからテンポの速いカッティングへと移行している様子が当時の批評に明記されている。「観客の注意は分裂してしまう。というのも、プロットがきわめて複雑で、非常にたくさんの登場人物が絡んでいるうえ、各シーンがあまりに短すぎるからだ。〔……〕主人公の苦しみを感じる時間がないし、彼に起こる悲劇的な出来事についていく時間がない(67)」。ただし、バウエルは遺作に至るまで、ステージングを放棄することはなく、カッティングをステージングに統合させていった。バウエルは革命前夜の一九一七年六月にこの世を去ったため、アメリカナイゼーションの影響に直撃されることはなかったのである。

バウエルの死後、ロシア映画は画面内空間の演出を優先するものから、モンタージュを核とする映画叙述へと急激に変化を遂げる。バウエルの弟子レフ・クレショフの『プライト技師の計画』*Проект инженера Прайта*（一九一八年）におけるアメリカ映画的な効率化や、『ボリシェヴィキの国におけるウェスト氏の異常な冒険』*Необычайные приключения мистера Веста в стране Большевиков*（一九二四年）におけるアメリカ人の戯画的な表象に見られるように、何らかの形でアメリカ的要素がプロット内に導入されたほか、急速なモンタージュによるテンポやアクション、アクティング、クロース・アップの多用など、スタイルは急激に変化した。空間芸術から時間芸術へ、映画のセノグラフィーによる空間の充満化からモンタージュによる空間の分断化へと変化したのである。さらに分断された空間は時間によって新たに統合される。ルネサンス期に始まるパースペクティヴの規範にもとづく空間表現は、一九二〇年代にソヴィエト・モンタージュ派による分断／統合へとパラダイム転換を遂げていった。

（1）Edvard Radzinsky, *The Rasputin File* (New York: Doubleday, 2000), pp. 476–477.

（2）アスタ・ニールセンと同様、ワルデマー・シランダー（一八八四―一九一七）はデンマーク出身のスターである。ロシアの観客はニールセンとシランダーを熱烈に支持し、その絶大な人気は国内のスターをはるかに凌駕するものであった。したがって、彼らが出演した映画のスタイルは、バウエルら映画の作り手のみならず、広く一般にも知られていた。ニールセンとシランダーの人気については、Denise J. Youngblood, *The Magic Mirror: Moviemaking in Russia 1908–1918* (Madison, Wis.: The University of Wisconsin Press, 1999) に詳しい。

（3）ヴェニアミン・エヴゲネーヴィチ・ヴィシュネフスキイが作成した革命前ロシア映画の総目録（Veniamin Vishnevskii, *Khudozhestvennye fil'my dorevoliutsionnoi Rossii* (Moscow: Goskinoizdat, 1945)）に依拠する。

（4）ソヴィエト映画と異なり、帝政時代の映画は、イデオロギー上の偏見や政治的圧力なども加わり、ロシア国内では前註の詳細なカタログを発表したヴィシュネフスキイやニコライ・レーベデフ、ジェイ・ライダ、六〇年代のセミョーン・ギンズブルクらの代表的な研究を除いては、長い間注目されなかった。だが、一九七八年にジョヴァンニ・ブッタファーヴァによってイタリアの都市ラパッロで開かれたレトロスペクティヴがきっかけとなり、帝政ロシア映画の詳細が知られるようになった。一九八〇年代にはユーリー・ツィヴィアンを筆頭として、モスクワ映画博物館、ゴスフィルモフォンドにて大々的な復元プロジェクトが開始され、帝政期に製作された二〇〇〇本ほどの映画のうち、少なくとも二八六本が現存していると分かった。映画祭での特集上映やＤＶＤの刊行も進み、いまやバウエルは同時代の主要な映画作家の一人と目されるだけでなく、帝政ロシアはおろか、ソヴィエト／ロシア映画史および世界映画史の展開に与する重要な人物として一気に浮上した。映画祭後にはバウエルに関する論考も相次いで世に出た。

（5）主としてフィルム・ダール社製映画、パテ社の人気俳優マックス・ランデーのコメディー、ルイ・フイヤード監督の『ファントマ』*Fantômas*（一九一三年）といった連続活劇映画である。

（6）一九一四年の段階で、ロシアで公開された映画の実に九割は外国映画だったが、翌年にはわずか一割にまで落ちる。Youngblood, *The Magic Mirror*, p. 30. 当時の映画雑誌においてもパテ社やゴーモン社の広告記事は激減し、一九一五年にはとうとうパテ社がロシア市場から撤退する。

（7）バクの映画館は五つのカテゴリーに分かれていた。上流階級とインテリゲンツィヤはオデオンに、中流階級とインテリゲンツィヤはフェノメンに行った。フランス電気バイオグラフとエクスプレスは中流階級に対応し、モデルンは無学で身分の低い人々を顧客とした。Youngblood, *The Magic Mirror*, p. 41.

（8）Youngblood, *The Magic Mirror*, pp. 38–40.

（9）David Robinson, "Evgenii Bauer and the Cinema of Nikolai II," *Sight and Sound* (Winter 1989/90).

（10）バウエルのメロドラマにおける女性像については下記の論考に詳しい。Michele Leigh Torre, *Dangerous Beauty: Representation and Reception of Women in the Films of Evgenii Bauer, 1913-1917*, (Dissertation, University of Southern California, 2008).

（11）Yuri Tsivian, "Le style russe," in *Le cinéma russe avant la révolution* (Paris: éditions de la Réunion des musées nationaux, éditions Ramsay, 1989).

（12）As quoted in Yuri Tsivian, "Early Russian Cinema: Some Observation," in Richard Taylor and Ian Christie (eds.), *Inside the Film Factory: New Approaches to Russian and Soviet Cinema* (London; New York: Routledge, 1991).

（13）*Proektor*, no. 20, 1916, as quoted in Yuri Tsivian, "Some Preparatory Remarks on Russian Cinema," in Yuri Tsivian and Paolo Cherchi Usai (eds.), *Silent Witnesses: Russian Films, 1908-1919* (London: BFI, 1989).「詰まった」シーンとは、セミョーン・ギンズブルクによると、心理学的流派の監督が切望したシーンで、各々のモンタージュが四〇メートルに達するほど長いシーンのこと。Semen Ginzburg, *Kinematografiia dorevoliutsionnoi Rossii* (Moscow: Iskusstvo, 2007), p. 380.

（14）ユーリー・ツィヴィアンはバウエル映画の経済性を分析するにあたり、ASD（Average Shot Dense　一つのショットに平均何人の登場人物がいるかの数値）という新たな視点を提出しているが、作品分析としては二つの欠点がある。まず、ダンス・ホールの場面など大多数の登場人物が画面を埋め尽くす場面がバウエル映画には頻出するが、そのショット内の人数をすべて数える必要があるのか、主要登場人物だけを数えてエキストラは除外するのか不明瞭である。より重要なのは、カッティングを導入した後期のバウエル作品でもASDの値に変化が見られるとは考えにくいことである。たとえば、本格的にショット＝リヴァース・ショットを導入しているのであればASDの値は減少し、カッティングへの挑戦を実証できるのだが、バウエルのカッティングはショット＝リヴァース・ショットといったナラティヴに直接関与するものがきわめて少なく、単に観客の注意を引くためのショット・サイズの変化（ロングからミディアム、ミディアムからクロース・アップなど）の多用や、カメラによる空間分割といった類のものなので、画面内の人数はさして重要ではない。むしろ、わずかながらもとり入れている切り返しの重要性が見えにくくなる恐れがある。Yuri Tsivian, "Cutting and Framing in Bauer's and Kuleshov's Films," *Kintop* no. 1 (1992), pp. 103-113.

（15）Ibid.

（16）粗筋は下記である。【主人公はかつて自分の妹を自殺に追いやった色男ユーリー・ナゴルニーに復讐するため、彼の部屋に放火する。ユーリーは顔に大火傷を負うものの、命は助かる。だが、片目はつぶれ、頭もはげ上がった変わり果てた自分の姿を鏡に見たユーリーは発狂する。】

（17）カーテンや鏡の演出はデンマーク映画やイタリア映画からの影響が顕著である。たとえば、アスタ・ニールセン出演の諸作品やアウグスト・ブロム監督の『牢獄の門にて』*Ved fængslets port*（一九一一年）、ホルガー・マッセン監督の『ある牧師の一生』などである。これらのドラマティックな劇映画以外にも、ドイツ製の子供向け映画『カスパール・ロッテ』*Kasperl-Lotte*（一九一三年、エミール・アルベス監督）やアメリカのサスペンス映画でも用いられている。鏡によるスター女優の提示の機能については第1章第2節を参照されたい。

（18）鏡にとどまらず、スクリーンの多重化、すなわち映像の分身を生む肖像画や写真、二重露光による幽霊は、初期映画が他のメディアと対峙しながら見出していった固有の特徴である。

（19）Yuri Tsivian, "Two 'Stylists' of the Teens: Franz Hofer and Yevgenii Bauer,"（序注14参照）.

（20）David Bordwell, *Figures Traced in Light: On Cinematic Staging*（序注14参照）.

（21）バウエルが監督をつとめた第四作目であるが、同年の初監督作品『インサーロフ教授の肖像画の秘密』***Тайна портрета профессора Инсарова*** からちょうど半年後に公開された映画であるため、バウエルのスタイルが提示された最初期の一作とみなせる。

（22）Youngblood, *The Magic Mirror*, p. 83.

（23）ア・グロシェフ、ヴェ・ジダン（高田爾郎訳）『ソヴェト映画史——一九一七年—一九六七年』三一書房、一九七一年、五一頁。

（24）ただし、小松弘「エフゲーニ・バウエル、帝政ロシア映画のマニエリスト」（前篇・後篇）（『イメージフォーラム』一九八五年一〇月号・一一月号）、同「マニエリスムは映画に存在したか——帝政ロシアの状況を中心として」（『ユリイカ』一九九五年二月号）は、バウエルの絵画性やその他の独自なスタイルを、イタリア映画やデンマーク映画との比較を通じて考察している。

（25）Ginzburg, *Kinematografiia dorevoliutsionnoi Rossii*, p. 379.

（26）加えてバウエルは雑誌に戯画を載せたほか、新聞に風刺的な記事を書いたり、芸術写真を撮影したりしていた。

（27）A. Alekseev et al. (red.), *Russkaia khudozhestvennaia kul'tura kontsa XIX: nachala XX veka (1908-1917)* (Moscow: Nauka, 1977), p. 181.

（28）コンスタンティン・アンドレエヴィチ・ソーモフ（一八六九—一九三九）は一八八八年から一八九七年まで帝国美術アカデミーに所属し、イリヤ・レーピンのもとで学んだ。アカデミー在学時代にアレクサンドル・ブノワと出会い、彼をつうじてセルゲイ・ディアギレフやレオン・バクストら「芸術世界」の創立メンバーと知り合う。モダニズムを代表する「芸術世界」は、社会的束縛から解放され、現実逃避と過去を夢見て、空想と虚構の世界を描いた。芝居がかった構図や色彩の誇大な装飾性が特徴とされている。そうした「芸術世界」の精神やスタイルのアヴァンギャルド性は、バウエルの映画にも共通しているだろう。「芸術世界」はブルジョワ社会を軽蔑しているが、それはバウエルがブルジョワジーのサロン・メロドラマを得意としていたことと矛盾しない。観客にとってはバウエルの描くブルジョワ世界は嫌悪すべき社会ではなく、現実逃避の場であり、バウエルにとってブルジョワ社会というのは、スクリーンの造型性を高めるための格好なモティーフであり、豪華な調度品をふんだんに活用できる題材だったのである。バウエルは同時代芸術の流行に敏感で、『パリの王様』にはモダニズムから構成主義への移行、豪華さから簡素さへの解放が見られるとネーヤ・ゾールカヤは述べているが（ネーヤ・ゾールカヤ著（扇千恵訳）『ソヴェート映画史——七つの時代』ロシア映画社、二〇〇一年）、過剰な装飾から幾何学的な舞台装置への移行はすでに『ユーリー・ナゴルニー』から見られる。

(29) この屋外での決闘シークエンスの構図は、ホルガー・マッセンとアウグスト・ブロムの共同作品『恋愛三昧』*Elskovleg*（一九一四年）とも類似している。

(30) その一方で、『幸福のために』*За счастьем*（一九一七年）のクリミアでのロケ撮影のように、波打つ岩場に白いワンピースをまとった金髪の少女が横たわる場面は、フランスのアカデミック絵画を描くポンピエの画家に着想を得ているように思われる。

(31) *Novosti dnia*, no. 4271, 1895, p.3, as quoted in Viktor Korotkii, "A. E. Bliumental': Tamarin i E. F. Bauer: Materialy k istorii russkogo svetotvorchestva," *Kinovedcheskie zapiski*, no. 56, 2002.

(32) *Novosti dnia*, no. 4294, 1895, p. 3, as quoted in Ibid.

(33) *Novosti dnia*, no. 4274, 1895, p. 2, as quoted in Ibid.

(34) *Moskovskie devomosti*, no. 124, 7 May 1895, p. 4, as quoted in Ibid.

(35) *Novosti dnia*, no. 4292, 1895, p. 3, as quoted in Ibid.

(36) *Novosti dnia*, no. 4314, 15 June 1895, p. 3, as quoted in Ibid.

(37) *Russkii listok*, no. 205, 25 July 1895, p. 3, as quoted in Ibid.

(38) *Novosti dnia*, no. 4354, 25 July 1895, p. 3, as quoted in Ibid.

(39) *Novosti dnia*, no. 4352, 1895, p. 3, as quoted in Ibid.

(40) *Novosti dnia*, no. 4357, 28 June 1895, p. 3, as quoted in Ibid.

(41) *Russkii listok*, no. 229, 19 August 1895, p. 3, as quoted in Ibid.

(42) *Novosti dnia*, no. 4379, 18 August 1895, p. 3, as quoted in Ibid.

(43) たとえば『殺人光線』*Луч смерти*（一九二五年）、『陽気なカナリア』*Веселая канарейка*（一九二九年）など。カッティングとフレーミングの比較に関しては Tsivian, "Cutting and Framing in Bauer's and Kuleshov's Films," （前注14参照）に

詳しい。

(44) Brewster et al., *Theatre to Cinema*（序注23参照）.

(45) パースペクティヴを用いたバウエルのステージングに関しては、小川佐和子「エヴゲーニイ・バウエルのスタイルの変遷——現存作品（一九一三年—一九一七年）を中心に」（『演劇映像』第五〇号、二〇〇九年、一—二〇頁）を参照されたい。

(46) Lew Kuleschow, "Die Jahre des Schöpferischen Suchens," in *Lew Kuleschow: filmwissenschaftliche Materialien* (Berlin: Hochschule für Film und Fernsehen, 1978), p. 12.

(47) アンドレ・バザンは小論「絵画と映画」のなかで「額縁は、求心的でありスクリーンは遠心的」であると述べているが、初期映画に関してはスクリーンの「フレーム」は「額縁」として機能し求心的になる。したがって、「額縁が空間を内へと収斂させていくのとは反対に、スクリーンが私たちに見せる一切のものは、すべてが外の世界に際限なく延び広がっていくはずである」のではなく、映画の画面も内へと収斂していくのである。アンドレ・バザン（野崎歓・大原宣久・谷本道昭訳）『映画とは何か』（上）岩波文庫、二〇一五年、三二一頁。

(48) *Kine-zhurnal*, no. 8, 1914, p. 56, as quoted in *Silent Witnesses*,（前注13参照）pp. 218–219.『大都会の子供』の批評記事である。

(49) エルンスト・ゴンブリッチ（八重樫春樹訳）『西洋美術——その空間表現の流れ』国立西洋美術館、一九八七年。

(50) 小山清男『遠近法——絵画の奥行きを読む』朝日選書、一九九八年。

(51) Daniel Couty and Alain Rey (eds.), *Le Théâtre* (Paris: Bordas, 1980), p. 40.「セノグラフィー　scénographie」の名称は多様で、"décor" "dispositif sénique" "mise en espace" "architecte d'intérieur" などと区別なく用いられる。本来は舞台用語ではなく、イリュージョンの世紀であるルネサンスやバロックでは、パースペクティヴと混同されている。また、ウィトルウィウスの定義では、「背景図（scaenographia）は、正面と遠ざかって行く側面の略図であって、コムパスの中心に向かって全ての線が集中しているものである」とされている。ウィトルーウィウス（森田慶一訳註）『ウィトルーウィウス建築書』東海大学出版会、一九六九年、二四—二五頁。

(52) 諸川春樹（解説）『ティントレット画集——ピナコテーカ・トレヴィル・シリーズ五』トレヴィル、一九九六年、九二頁。

(53) 屋外の空間でも、たとえば木々や葉が画面奥まで延びていくことで、想像上の丸天井や列柱の連鎖となる。

(54) ウィトルーウィウス『ウィトルーウィウス建築書』、三一六—三一七頁参照。ただしこの部分は、シェフェールに引用されたフランス語訳にもとづいて訳した。

(55) シェフェールの解説によると、ウィトルウィウス的舞台とは、パースペクティヴによる舞台であり、孔のある列柱の前面、三つの面でプロセニウムを取り囲む角度の再現が、痕跡のフォルムに存続している。Jean Louis Schefer, *Scénographie d'un tableau* (Paris: Éditions du Seuil, 1969), p. 85.

(56) *Kine-zhurnal*, no. 9-10, 1916, p. 52, as quoted in *Silent Witnesses*,（前注13参照）p. 195.

(57) Ibid.

(58) Ibid., pp. 326-329.

(59) グロシェフほか『ソヴェト映画史』（前注23参照）五〇―五一頁。

(60) Schefer, *Scénographie d'un tableau*, p. 87.

(61) Couty et al., *Le Théâtre*, p. 41.

(62) イタリア史劇映画はロシア国内でも評判が高く、なかでも『クオ・ヴァディス』、『カビリア』はロシアで大ヒットを飛ばした。『クオ・ヴァディス』は、サンクトペテルブルク、モスクワ、主要な地方都市で熱狂的な成功をおさめ、『ネロ』、『アントニイとクレオパトラ』、『スパルタコ』、『ジュリアス・シーザー』といったイタリア映画がその人気に続いた。『カビリア』はそれ以上に大きな反響を及ぼし、映画雑誌だけでなく、一般の雑誌でもとり上げられた。質の高い映画を除いて、映画のレヴューを全く掲載しない大衆文化雑誌『ロシアの太陽』でも、『カビリア』の高度な芸術性は、政府高官やインテリゲンツィヤといったエリート層の観客をも引き付けたと評された。Youngblood, *The Magic Mirror*, p. 62. バウエルの移動撮影とは異なり、「カビリア・ムーブメント」でパストローネが意図したことは、スクリーンに「三次元」の効果を生み出し、広大で堅固なセットを引き立たせることであった（第3章第4節参照）。そのため、フレーム内の人物の動きに動機づけられることはなく、セットにたいして対角線上に奥へゆっくりと向かう動きとなる。Salt, *Film Style and Technology*,（序注17参照）p. 126; Yuri Tsivian, *Early Cinema in Russia and Its Cultural Reception*,（Chicago: University of Chicago, 1998）, pp. 205-207.

(63) Yuri Tsivian, "The Invisible Novelty: Film Adaptations in the 1910s," in Robert Stam and Alessandra Raengo（eds.）, *A Companion to Literature and Film*（Malden: Blackwell, 2004）, pp. 92-111.

(64) "Ivan Mosjoukine, le dernier romantique de l'écran," *Pour vous*, no. 532, 25 January 1939.

(65) バウエル映画の絵画性については、たとえばS・ギンズブルグは次のように指摘している。「〔一九一四年から一九一五年前半のバウエル作品で〕監督は演劇的な演出を決定的に拒み、そのかわりに絵画的コンポジションをとり入れた」。Ginzburg, *Kinematografiia dorevoliutsionnoi Rossii*, p. 380.

(66) *Proektor*, no. 11-13, 1916, as quoted in *Silent Withesses*（前注13参照）.

(67) *Proektor*, no. 1, 1918, as quoted in Ibid.

第3章

映画と文学
——ナショナル・シネマの生成

どさ回りの役者や芸人が出演し、都市の移民や労働者階級が硬貨一枚で楽しめるたわいもない娯楽であった初期の映画は、しばしば中・上流層や知識人から見下され、およそ「芸術」とはほど遠いものと見られてきた。差別的な偏見を受けるなか、自らの地位を高めて上流階級や知識人らを映画館に引き寄せるべく、映画がより「高尚な」主題として求めたのは、戯曲、そして文学作品であった。短編ばかりだった初期の映画が徐々に長編化してくると、映画ポスターや雑誌記事にはスター女優や監督のほかにも原作者や脚本家の名前が目立ってくる。サラ・ベルナールやエヴゲーニイ・バウエルだけではなく、ヴィクトル・ユゴーやマックス・ラインハルト、レフ・トルストイらの名前が映画の広告塔として大きく掲載されていくのだ。生まれて初めてユゴーに触れる人と、ユゴーの映画化だから観に行く人という二つの層を映画はつなげることになる。

文学作品を利用することで映画は下層階級の人々を教化するとともに知識人層をも吸引した。そうした文学と映画の接近は、各国独自のナショナルな映画作品の生成とも切り離せないものであった。映画は国内で封切られた後すぐにも他国へ輸出されるほどインターナショナルな産業であり、特定のスターや監督に加えて自国の物語を売り広めていく必要があったからである。産業としての映画の確立と、文学作品の映画化は時期を同じくしており、そこには美学的関心のみならず文学を利用する政治性もはらまれていた。

本章では、フランス、ドイツ、とくにイタリアの事例を中心にロー・カルチャーから「芸術」としての地位の確立をめざす過渡期にあった映画と、文学というジャンルの関わりについて述べていきたい。先行研究でなされてきた文芸映画というジャンル論や、映画と原作を比較するテクスト分析のみを扱うのではなく、映画の地位向上のための改革やその戦略としての文学作品の活用、それに伴う映画の長編化、作家や戯曲家と映画界の人的交流、自国の文芸作品の翻案を支軸にした映画産業の国際化といった点に注目して分析する。

1 フランスにおける文学作品の映画化

映画の地位向上をめざして文学作品を利用することにいち早く目をつけたのはフランスだった。フランスでは一九〇八年二月に、芸術映画社《フィルム・ダール》がパリに設立され、著名な役者と経験豊富なスタッフによる古典文学作品や戯曲の翻案が推し進められた。フィルム・ダール社の最初の作品として名高い『ギーズ公の暗殺』*L'assassinat du duc de Guise*（一九〇八年）は、アンドレ・カルメット監督、アンリ・ラヴダン脚本、サン＝サーンス音楽、シャルル・ル・バルジらコメディー・フランセーズの人気俳優達の出演で、識者の間では大評判となる。だが、「歴史画」と題されたこのシリーズは、庶民の求めるものとはほど遠く、興行的には不調に終わった。その後もフィルム・ダール社のヒット作は続かず、経営危機を迎えて一年足らずで失敗するが、「芸術映画 Film d'Art」という看板を掲げたその理念の余波は大きく、パテ社、ゴーモン社、エクレール社といった国内の製作会社、さらにフィルム・ダール社を模したイタリアにおけるフィルム・ダルテ・イタリアーナ社（Film d'Arte Italiana）など内外の多数の映画会社へと引き継がれていった。

フィルム・ダール社の方針を継いで成功を収めた会社の一つがパテ社である。パテ社とは、パリ万博以後リュミエール兄弟から全ての機材を譲り受け、巧みな海外戦略とともに、製作・配給・興行と三つの分業体制を築き、フランスを世界最大の映画産業国に導いた一大企業である。一九〇六年以降、パテ社は早くも文学と演劇の古典的作品の映画化で利益を上げようと目論んでいた。この頃から一本のフィルムの尺数は三〇〇メートルを越え、物語は複雑になり、脚本は以前にもまして重視されるようになっていたからである。

フィルム・ダール社に触発され、パテ社の支援を受けて一九〇八年三月に文学者著作家映画協会（Société Cinématographique des Auteurs et Gens de Letteres）、通称スカグル社が設立される。フィルム・ダール社設立のわずか一ヶ月後のことである。パテ社のこの系列会社は、オリジナルの脚本にこだわっていたフィルム・ダール社とは異なり、フランスの古典作品の大半の映画化権を確保する戦略に出た。その最初の作品がアルベール・カペラニ監督の『アルルの女』*L'Arlésienne*（ドーデ原作、一九〇八年）、それに続いたのが『居酒屋』*L'Assommoir*（ゾラ原作、一九〇八年）である。その後も同じくカペラニ演出の『レ・ミゼラブル』*Les Misérables*（ユゴー原作、一九一二年）や『ジェルミナール』*Germinal*（ゾラ原作、一九一三年）など、超大作の文芸映画が次々と製作されていった。

先行研究においてはフィルム・ダール社の業績に隠れて、スカグル社の知名度はそれほど高くない。だがスカグル社は、フィルム・ダール社がめざしていたような映画をエリートの芸術に仕立て上げるというのではなく、それとは反対に社会のあらゆる階層に「芸術映画」を普及させることを目的とした点で、はるかに波及力のあるものであった。そのために、初期のプリミティヴな「缶詰の演劇」ではなく、映画の美学的な形式を追求した点も、他の会社とは異なる方向性である。

アルベール・カペラニ

スカグル社の中心人物アルベール・カペラニ（一八七四―一九三一）に注目して、フランス映画界における文学作品の浸透を追っていこう。アルベール・カペラニは、一九〇五年にパテ社に入り、主にアンドレ・ウーゼ[1]の脚本をもとに映画製作を開始し、その後、第一次世界大戦前までスカグル社の看板監督を務めた[2]。一九世紀後半のパリに生まれ、開戦直後の一九一四年に渡米したカペラニは、まさに映画史のベル・エポック期を生きた人物である。映画監督になる以前のカペラニは、自然主義演劇を確立したアンドレ・アントワーヌ（一八五八―一九四三）の自由劇場で俳優としてキャリアを積み、アルハンブラ劇場の監督を引き受けていた[3]。ミスタンゲットやスターシア・ナピエルコフスカ、ガブリエル・ロバンヌ、アンリ・クロース[4]、シャルル・プランスといった大衆に人気のあった舞台役者がカペラニの映画に多く出演しているのは、彼がこの当時の人脈を活用できたからだ。カペラニがアメリカへ拠点を移すと、彼の代わりに今度はアントワーヌがスカグルの主力メンバーとなった。カペラニより遅れること一〇年、一九一五年のことである。演劇では果たせなかった自然主義の野望をアントワーヌが映画において実現しようとするはるか以前から、カペラニはアントワーヌの演劇をつうじて、映画における自然主義をいち早く模索していたのである[5]。

映画と文学、もしくは正統派の演劇を映画に接近させようとする当時の潮流のなかで、カペラニはデビュー作から晩年にいたるまで一貫して文芸映画を製作し続けた。なかでもエミール・ゾラやヴィクトル・ユゴーらフランス自然主義文学の巨匠達の長編小説を映画に翻案する役目をカペラニは担っていた。フランスの古典や同時代文学の映画化に果敢に取り組んでいったカペラニは、映画と文学という二つの芸術ジャンルの邂逅を最初に見た人物といって間違いないだろう。

無声映画史およびフランス映画史で必ず引き合いに出される監督でありながら、カペラニ作品の復元が進んでおらず上映される機会もきわめて少なかったため、その全体像はこれまでほとんど把握されてこなかった。[6] さらにカペラニは、その作品の多くが文学・演劇作品の翻案であったため、演劇的な映画を後退した形式と即断する映画史の慣例により等閑視されてきた。その結果、ミシェル・マリーが述べるように、「一九一〇年代においてもっとも過小評価された監督」と位置づけられることになる。[7] 事実一九二〇年代に、映画理論家ルイ・ドゥリュックは、映画は文学ではないと主張し、彼につづくフランスの前衛映画作家らは、アメリカ映画を真に映画的な表現として礼賛し、カペラニら先行するフランス映画を蔑視した。その後も映画史家ジョルジュ・サドゥールにより、カペラニの映画は「文学に多くを負っている」ために「ジョルジュ・メリエスに見られた撮影された演劇という表現形式に囚われたままだった」[8] と批判された。固定カメラや書割の背景を用い、舞台をそのまま撮影したかのような、否定的な意味での「演劇的な」映画を生産する初期の職人監督の一人にすぎないとみなされたのである。サドゥールのみならず、ルネ・ジャンヌやシャルル・フォール、ジャン・ミトリといった、網羅的に映画史を記述してきた映画史家らがカペラニ作品をほとんど見ることができていない事態にもこうした評価は由来しているだろう。[9]

たしかにカペラニは、初期の芸術映画を特徴づける作品を多々製作していた（図3-1）。主として古代劇映画（『奴隷の愛』*Amour d'esclave* 一九〇七年、『エセリア女皇』*Athalie* 一九〇八年）や、夢幻劇映画（『羊の片足』*Le pied de mouton* 一九〇七年、『ポリシネルの伝説』*La legend de Polichinelle* 一九〇七年）を得意とした。だが、これらのカペラニ作品における書割は同時代の他の芸術映画シリーズと比べてきわめて精緻な仕上がりとなっており、目にも綾なステンシルカラーが使用され、正確な時代考証もなされている。野外場面に関しても、たとえば『アルルの女』では、純然に写真的美が撮られ、ルイ・ドゥリュックらに先駆けて映画のフォトジェニックな性質を見出すことができる。基礎的な歴史研究を踏まえた上での時代考証や、ハイ・カルチャーの色合いをとり入れよ

『羊の片足』

『居酒屋』

『アルルの女』

『アンジアン公爵の死』

図 3-1　カペラニ作品

うとする意図は、カペラニに限らず、ゴーモン社やエクレール社など他の映画会社にも共通していた。そのなかでも、カペラニの描く登場人物がリアリスティックに見えるのは、彼が一八七〇年代の生まれであり、小説『レ・ミゼラブル』（一八六二年）の時代を新鮮な記憶としてとどめ、それを映画に刻み込もうとしているからである。カペラニによる文学作品の鮮やかな翻案は、たとえば明治時代を直接知る人が新派芝居を撮るようなもので、時代考証だけでなく、身振り言語もその時代特有のものを生の感覚として彼は捉えていた。草創期のカペラニは、黄金期のパテ美学の体現者となりえたのであり、その細部にまで行き届いたステージングは同時代に各国で高く評価された。したがって初期の職人監督とひとまとめにするのは、不当な評価であると言わざるを得ない。

　また一方でカペラニは、現代劇や喜劇、道徳劇も数多く製作している。『白手袋の男』

L'homme aux gants blancs（一九〇八年）や『恐怖』*L'épouvante*（一九一一年）などのサスペンス・ドラマ、アンドレ・デード主演のコメディー『ボワローの見習い』*Les apprentissages de Boireau*（一九〇七年）、不遇な女性の末路とアルコール中毒者の悲劇『哀れな母』*Pauvre mère*（一九〇六年）、階級間の葛藤を描いた『二人の姉妹』*Les deux sœurs*（一九〇七年）といった現代の諸相を描く幅広いジャンルにも取り組んでいた。書割の使用や舞台演技的なコードが相対的に多く用いられる文芸映画だけではなく、現代劇における演出においてもカペラニはパイオニア的存在として浮上してくる。カペラニは、カッティングとロング・テイクの組み合わせによるサスペンスを生み出し、複数の登場人物への感情移入、被害者／加害者といった対峙するキャラクター双方へ観客を同時に引き込む手法を編み出した。カペラニによるサスペンスの手法と道徳的な感情移入の提示は、アメリカの先駆者らと一線を画している。[10]

文学作品の紙芝居から映画固有の話法へ

一九〇〇年代末から一九一〇年代前半にかけて映画が物語叙述の形式を獲得していく時期に、フランスにおいて初期映画からの移行を先導した一人がカペラニであった。カペラニは、文芸映画を手がけるなかで一九一〇年代のヨーロッパ映画の特徴とされるアンサンブル・アクティング、すなわちタブロー形式における複数の登場人物が織りなす身振りとポーズの調和を徹底した。

カペラニの演出方法を監督デビュー当時の初期作品から探っていこう。ヴィクトラン・ジャッセの記事によると、一九〇六年は感傷的な映画が最初に現われ、大きな成功を収めた年である。[11] ジャッセが例として挙げているのはカペラニの『許しの法』*La loi du pardon*（一九〇六年）と『鐘つき男の娘』*La fille du sonneur*（一九〇六年）の二作であり、両作とも興行的に成功を収め、映画の進むべき道が示されたという。カペラニは映画を撮り始めてからわずか一年以内に新たなジャンルを切り開き、それに見合う形式を習得して人気監督になったのである。

ジャッセがとり上げた最初期のカペラニ作品のうち『許しの法』を分析してみる。初期映画に頻出する物語として、子供の親権をめぐる両親の対立がある。多くの場合、母親に何らかの非があり、父親が母子を引き離して子供を養育するが、最終的には子供が双方を和解させるという物語である。『許しの法』はそうした類型の一つであり、一九〇九年にはルイ・フイヤードも全く同じ題材で映画を撮っている。フイヤード版『子供の親権』*Possession de l'enfant*（一九〇九年）とカペラニ版を比較すると、後者の演出の完成度の高さが分かる。たしかに、『許しの法』は八分で八ショット、『子供の親権』は一一分で一三ショットあり、ショットの持続時間はほぼ同じである。ただし、字幕ショットを考慮すると、カペラニ版は裁判に敗れた母親が父子と別れる際の「別離Séparation」という字幕のみで、フイヤード版には必要以上に長い説明字幕が七つ挿入されている。カペラニ版の方は物語が単純化され、登場人物の関係性も明快であるが、フイヤード版は説明字幕を要する程度にやや複雑になっている。限りなく文字による説明を省略し、最低限の字幕だけを使用して、映像による物語叙述を濃縮するカペラニの手法は特筆に価する(12)。

カペラニ版では、母親の浮気や裁判、父子の二人生活、子供の病気、母親のシスターへの変装、そして和解という流れが凝縮されている。それにたいして、フイヤード版は、裁判、父親との退屈な生活、母親と仲の良い祖母宅への訪問、母親による子供誘拐、警察の検挙、和解と、分離から和解に至るまでアクションが多く加わっている。カペラニは父親、母親、娘というトリオに焦点を合わせることで、特定の集団による構図の調和を形成し、効果的に視線を誘導する。

最初の居間のショットでは、画面右に遊ぶ子供、中央では母親が愛人からの手紙をもらって嬉々としており、画面左の机へ移動し返事を書く。画面中央の空間は観客が注意を向けるべき人物のアクションの空間として機能

①

②

図3-2　『許しの法』

するため、母親は続く父親の登場のために、中央の空間を空けたのである。画面中央の扉から父親が登場し、母親から手紙を取り上げ、不実を知りショックを受ける。家族三人の分裂では、画面両側に座っている母と子、中央に立っている父親のトリオが父親の頭を頂点に三角形を描き、ポーズが形成される（図３－２①）。この三角形の構図は、最後の和解のショットに呼応している。最後のタブロー＝ショットである病気の子供と母親の再会の場面で、画面右の床に臥せっている母親は、画面左から登場する父親により子供と引き離されるが、子供が二人の手をつなぐことで、二人は和解する。和解成立の際、最初のショットと同じく父親を頂点にして三角形が描かれ、分裂から和解へと至る物語の円環構造が視覚的構図により完成する（図３－２②）。

集団による演技のアンサンブルと円環状の物語により、カペラニ作品では視覚的構図と物語構成の調和が追求されている。他方フイヤード版は、そもそも裁判の場面から始まるため、分裂の場面はない。最後の和解のショットでは、警察に囲まれるなか三者が抱き合い、調和のとれたポーズを形成することはなく、計画性のないアクションが展開される。カペラニ版では、裁判所の場面で画面手前に母親を示し、画面右奥の小さな扉の空間に父子を配置するなど、心理的な距離を視覚的に提示するかなり進んだ演出も施されている。

『許しの法』に見られたような、対立／分離から統合への回帰という主題は悲劇ドラマと並んで初期のカペラニ作品に頻出する。『小鳥たちのパン』

Le pain des petits oiseaux（一九一一年）では、裕福な男性に拾われた、浮浪者の少女がダンサーとしての才能を見出され、プリマとして活躍する。年老いて病に悩まされるようになった男性は、昔いつも傍らにいた少女のことを懐かしみ、彼女と最初に出会った公園で小鳥たちにパンを投げている。最後のショットは、最初のショットと同じく、この公園で二人が再会する。『二人の姉妹』*Les deux sœurs*（一九〇七年）は、貧しい姉妹と母親の住まいから始まるが、姉は裕福な男性に騙されて家を出て行く。花売りをしていた妹と偶然に再会したとき、姉の連れの男性は妹も誘惑しようとする。男性の本性に気づいた姉妹はもとの貧しい住処に戻るが、母親はすでに亡くなっている。

物語の円環構造の視覚化は、ジャッセが挙げたもう一つの例『鐘つき男の娘』においても確認できる。ノートルダム寺院の鐘つき係の娘が恋人のために家出するが、お金の工面がつかず、子供とともに家から追い出される。経済的に子供を育てあげられない娘は、父親に引き取ってもらうためノートルダム寺院の階段に赤子を置き去る。成長した子供と偶然再会した母親は、自分の父親に許しを乞い、子供の助けもあって和解する。分離から和解への円環構造に加え、娘と恋人の逢瀬をカメラが弧を描いて追う移動撮影や、車や船の弧を描く動き、娘を心配してノートルダム寺院からパリを一望する父親の視線ショットのパノラマなど、視覚的な円環が何度も現れる。

一九一〇年代に入り映画が長編化してくると、カペラニはこのアンサンブル・アクティングを巧妙に操る。ブリュースターはカペラニの『レ・ミゼラブル』に関して、「俳優たちのポーズは印象的な視覚的構図を作り出すために変化し、特定の身振りやフレーム内の領域に注意を向けさせることによってアクションのシークェンスの構造を補助し、ドラマティックなシチュエーションを生み出す[13]」と述べている。これに加え、画面分割、特に左右に分割してナラティヴを展開させる空間の複数化や、パノラマによる画面捕捉も特徴であり、カペラニはそれらにアンサンブル・アクティングを組み合わせていく。

カペラニはその初期からパノラマ撮影を活用している。映画デビュー作である一九〇五年の『浮浪者』は、

『レ・ミゼラブル』の初の映画化であるが、尺数はわずか一〇七メートル（約五分程度）の短編である。主人公がカメラに向かってロング・ショットからクロース・アップへと画面内移動するショットから始まり、物乞いとして教会を訪ねた後に、神父の家にたどり着き、右へ移動撮影して寝室に案内される。一九一二年の長編映画版『レ・ミゼラブル』においても、ジャン・ヴァルジャンが神父の家を初めて訪れる場面で、背景が書割ではない点を除いて、まったく同じパノラマの移動撮影が採られている。神父とマグロワールとジャンが織りなす三角形の構図は、神父が背中を向け、マグロワールを遮断することで崩れ、手前に立ち上がったジャンへと視線は向けられる。神父がジャンを自分の部屋に通してから次の部屋へ移動すると同時に、画面左からマグロワールが登場する。画面右に姿を消した神父からジャンの視線をたどって、マグロワールが銀食器を戸棚にしまう様子に注意が向けられ、後の窃盗を予期させる。遮断、集団による視覚的構図、個人のポーズとアクションへの注意喚起が、物語を連鎖させていく。こうした右へのパノラマ移動はエポニーヌがお金を恵んでもらいにマリウスの部屋へ行く場面でも使用されている。このようなカペラニの水平移動の形式は、アメリカ時代になると、手前から奥、もしくはその逆で奥から手前へと立体的なものとなっていく(14)。

このようにカペラニは、デビュー当時から画面内演出や特定の人物に注意を引くために他の人物を隠すブロッキングを巧みに操り、観客の視線を誘導する手法を使い続けた。カペラニの固定カメラとロング・テイクから成るタブロー形式を基盤とした物語叙述は、初期の演劇的な演出を色濃く引き継いだというよりも、経済的かつ抑制された字幕とカッティングを交えることで徐々に確立されていったのである。映画は文学作品のダイジェスト版としてではなく、映画固有の話法で物語を語ることができるようになっていったのだ。

『レ・ミゼラブル』と映画の長編化

カペラニの代表作『レ・ミゼラブル』に注目して文学作品の映画化と映画産業の発展の関係を明らかにしていこう。カペラニ版『レ・ミゼラブル』は第一部「ジャン・ヴァルジャン」(八〇五メートル)、第二部「ファンティーヌ」(八〇〇メートル)、第三部「コゼット」(七三〇メートル)、第四部「コゼットとマリウス」(一一一〇メートル)という四部構成で、各部が一時間を越える長編であり、全体では四時間超というスカグル社のブロックバスター作品であった。本作は製作国フランスにおける公開後の成功もさることながら、公開前に繰り広げられた宣伝効果は多大なものであった。なかでも雑誌『パテ=ジュルナル』の付録として配られた六頁におよぶ新聞型の巨大広告は、他に類を見ないほどのものである。この付録には、主として詳細な粗筋がパートごとに記され、俳優の紹介や豊富なスティル写真が散りばめられている。表紙には、原作者ヴィクトル・ユゴーの肖像写真が大きく掲げられた。『シネ=ジュルナル』誌では、一九一二年一二月五日から広告が出始め、フィルム・ダール社製のヴィクトリアン・サルドゥー原作『テオドラ』*Théodora*(一九一二年、アンリ・プークタル監督)や、サラ・ベルナール主演の『エリザベス女王』、イタリア・チネス社製のシェンキェーヴィチ原作の三時間近い長編『クオ・ヴァディス』*Quo vadis?*(一九一三年、エンリコ・グァッツォーニ監督)などと並んで注目され、まさに長編映画の群雄割拠ともいうべき様相を呈していた。一九一三年一月三日のプレミア上映[15]は、ジョルジュ・メリエスの作品やアンドレ・デードのコメディーを含む一三本から成る上映プログラムで、その目玉作品として『レ・ミゼラブル』が大々的に宣伝されている(図3-3)。『シネ=ジュルナル』の評では、この作品は例外的な長編映画とされ、その大成功は長編映画の勝利だと述べられていた[16]。

『レ・ミゼラブル』がカペラニの代表作とされ、映画史に大きく名を刻んでいるのは、それがまさしく映画の長編化を促し、新たな映画表現を切り開いたからでもある。初期映画期とされる一九〇〇年代には一巻の短編映画（一〇分から一五分程度）が主に製作されていた。それが一九一〇年代に入ると二巻以上の映画が製作されるようになる。通常、長編映画とはこの二巻以上の映画、もしくは一時間を超える映画のことを指す。カペラニの『居酒屋』は最初の長編映画を試みたものであり、一九一一年のユゴー原作『ノートルダム・ド・パリ』*Notre-Dame de Paris*も長編であった。カペラニ映画の長編化はさらに加速度を増し、一九一二年には上映時間一時間半強の一五四〇メートルもの映画『パリの秘密』*Les mystères de Paris*（ウージェーヌ・シュー原作）を製作する。ただし、これらの長編はいまだ散発的な現象であり、毎週長編を上映するようになるのは、尺数が三千メートル超の『レ・ミゼラブル』以降であった[17]。事実、『レ・ミゼラブル』の成功を受けて、カペラニは同年に同じく特大長編の次回作『ジェルミナール』を製作することになる。ユゴー原作の権利を獲得するために一八万フランという莫大な資金が投入されたこと、サラ・ベルナール劇場出身のアンリ・クロースやテアトル・ドゥ・ラ・ポルト・サン・マルタン出身のアンリ・エティヴァンといった格式高い俳優らがそれぞれジャン・ヴァルジャンとジャヴェールを演じたこと、自然主義という芸術潮流を映画において応用しようとしたことから、『レ・ミゼラブル』はフランス製長編映画の象徴となった。

原作小説を忠実に翻案しているのは、前世紀の文豪の名声に依拠しているからではない。むしろ映画が長尺化するなかで、長編小説の映画化にあたってどのように映画の物語叙述を展開すべきか模索していったのである。カペラニの長編映画は、

図3-3　『レ・ミゼラブル』上映プログラム
Ciné=Journal, no. 227, 28 December 1912.

字幕を多用せず映像のみで複雑な登場人物関係や物語の展開を示し、流れるようなリズムと強弱を生み出している。長編映画の定着は、鑑賞形態としては演劇の代替となる可能性をも示し、映画を小金で見られる安易な娯楽から、オペラや正統派演劇のように長時間観客を引きつける、より次元の高い表現媒体へと変えていったのだ。

2　ドイツ作家映画

作家映画登場まで——モノポール・システムと長編映画

同時期のドイツでも映画と文学の関係性が深まっていた。一九一二年以降、国内の映画産業の活性化に伴い、製作本数が増加したヴィルヘルム期ドイツ映画は、ドイツ固有のナショナルな形式を整えようとしていた。この時期に大きな転回点を刻んだのは作家映画（Autorenfilm）と呼ばれる映画群である。作家映画とは、一九一三年から一四年にかけて盛んに製作された、著名な作家や脚本家と映画界との共同製作作品を意味する。ゲルハルト・ハウプトマン（一八六二―一九四六）やアルトゥール・シュニッツラー（一八六二―一九三一）、マックス・ラインハルト（一八七三―一九四三）といったドイツの文学界と演劇界の要人が映画製作に協力し、強力な文化的コノテーションを持つ映画が多数製作された[18]。ドイツ映画産業の興隆とともに一九〇八年に開始された映画改革運動（Kinoreform）[19]に連なる作家映画の流行は、ドイツ映画を発展させる促進力となり、映画の質と地位を向上させていった。

ドイツでは、一九一〇年に確立した映画の独占賃貸制度（モノポール・システム）[20]により、確実に利益を見込める映画製作が可能となった。モノポール・システムは、映画館プログラムの標準化や新たな配給システム、宮殿のような豪華な映画館の建設（図3－4）、地方への映画館の普及、[21]ジャンルの生成、さらにアスタ・ニールセンやヘンニー・ポルテンといった映画スターの誕生に寄与した。さらに、二巻以上の長編映画製作も定着し、膨大な製作費に伴うリスクが減った。それまでの短編映画では利益の面でも表現の面でも文学作品や戯曲の映画化には限度があったが、長編というフォーマットで比較的安定した製作がドイツにおいても可能となったからである。作家映画の発想を実現した背景の一つには、ドイツ映画産業の大きな構造的変化があったのだ。

図3-4　収容客数が多い豪華な映画館の建設
Die Lichtbild-Bühne, no. 51, 21 December 1912.

ノーディスク社による作家映画導入

内外のさまざまな刺激により作家映画誕生の機運が大いに高まっていたなか、実際に作家映画の表明を行ったのは、実はドイツの映画会社ではなく、デンマークのノーディスク社のベルリン支社であった（図3－5）。ドイツ国内の製作会社に先駆けて、巧みな手腕をノーディスク社は発揮した。作家映画誕生の発起となった声明は、一九一二年一一月六日に発表され、その内容は以下のとおりである。

われわれはすでにG・ハウプトマン、M・ハルベ、H・オイレンベルク、B・ヴォルツォーゲン、A・シュニッツラー、C・レスラーなど多くの最高級の要人の同意を得ている。さらに、H・V・ホフマンスタール、F・フィリッピ、F・ツォーベルティッツ、F・ザールテン、J・バッサーマンらとの共同製作を契約によって確保している。世界中の市場に

図 3-6　マックス・ラインハルトの映画製作をめぐる宣伝
Die Lichtbild-Bühne, no. 20, 17 May 1913.

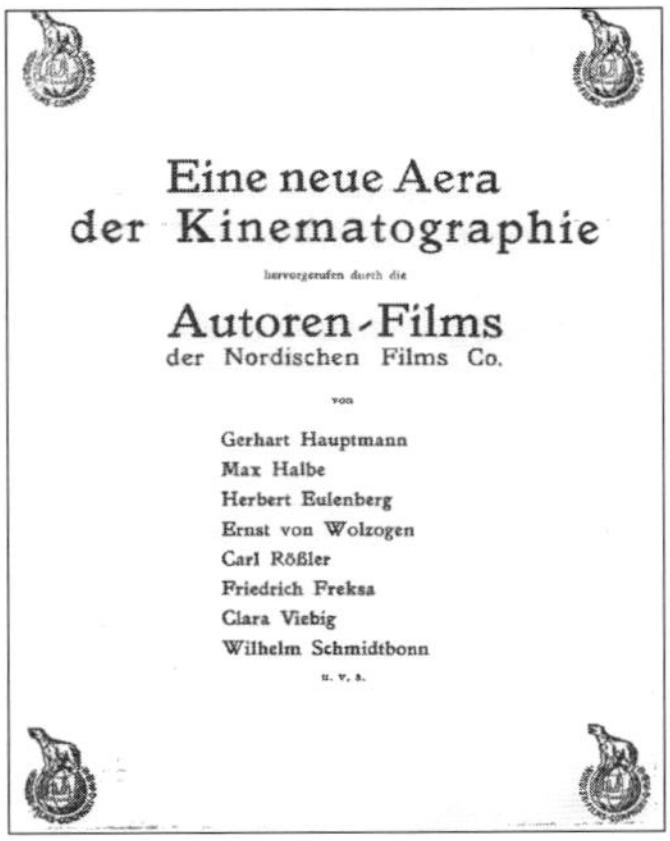

図 3-5　ノーディスク社による作家映画の表明
Erste Internationale Film-Zeitung, no. 47, 23 November 1912.

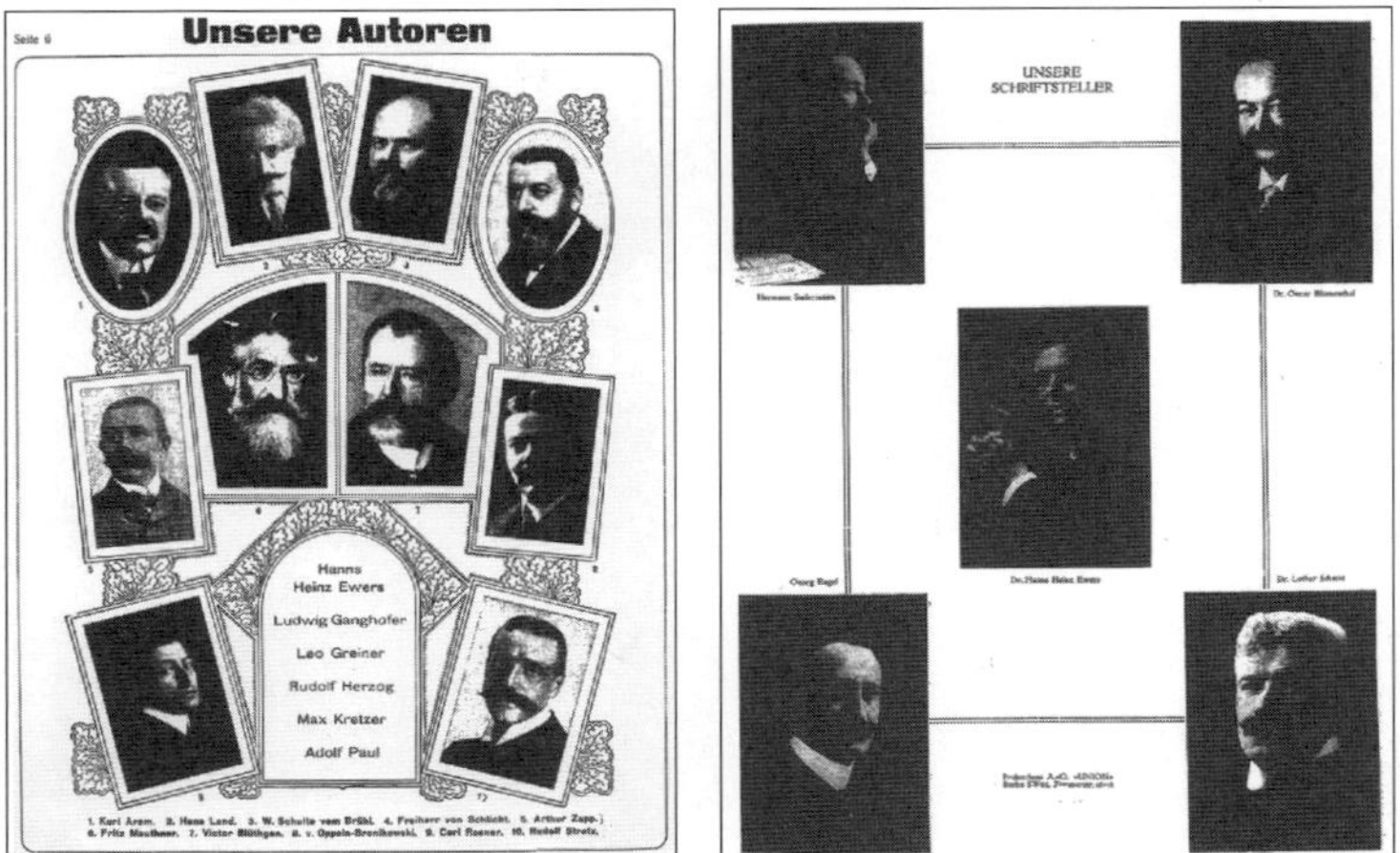

図 3-7　映画雑誌では製作に協力した作家たちが広告塔となる
Die Lichtbild-Bühne, no. 23, 7 June 1913.

おいてきわめて手堅いことで知られているわれわれの会社は、ドイツの作家たちに、彼らの作品が最も高い芸術的基準に応じて忠実に映画化されるという可能性と保証を与えた。われわれは完璧な映画技術、技術的にも財政的にも大きな投資をした舞台装置、多年の経験を積んで映画演技の技術を身につけたドイツとデンマークの俳優を自由に起用する。(22)

この発表にはドイツ国内の多くの映画会社から反応があり、ノーディスク社に負けてはならじと作家映画製作に向けて一気に拍車がかかり、競争が激化していった（図3-6、7）。声明発表の直後にドイツのウニオン社やメスター社はドイツ舞台脚本家連盟（Verband Deutscher Bühnenschriftsteller）と協定を結んだ。翌一九一三年初頭、ドイッチェ・ビオスコープ社は『プラーグの大学生』の脚本家ハンス・ハインツ・エーヴェルスを含む多数の作家の作品の映画化権を獲得し、文学映画会社（Literarischer Lichtspiel-Verlag）を新設した。先述したフランスのパテ社もドイツ市場向けに映画を製作する文学映画会社（Literaria-Film-Gesellschaft）を設立した。そのなかで最初に世に出た作家映画が、ヴィータスコーペ製作、パウル・リンダウ脚本、アルバート・バッサーマン主演、マックス・マック監督の『他者』だった。本作は一九一二年末から撮影が開始され、翌一九一三年一月三一日（試写会は一九一三年一月二四日）にベルリンのモーツァルトザールにて封切された。(23)

外国映画の影響

長編文芸映画の確実な成功が保証されたのは、ドイツ国内の映画界事情だけでなく、フランスやイタリアからの影響も大きい。一九一二年から一三年にかけて、フランスからはカペラニの『レ・ミゼラブル』、イタリアからは『クオ・ヴァディス』(24)などの長編文芸大作が輸入され、ドイツで成功を収めたのである。先に述べたように、

表3-1　ドイツにおけるフランス映画の輸入本数

年	総製作本数	パテ	ゴーモン	エクレール	エクリプス
1905	827	120	20		
1906	578	170	80		2
1907	1117	190	100		60
1908	1986	30	170	20	60
1909	3052	350	320	10	210
1910	3376	470	180	1	160
1911	4605	280	130	30	30
1912	5417	650	330	130	170
1913	5869	380	360	190	120
1914	3373	190	190	110	70
1915	1498	20	10	1	5

表3-2　1912年8月15日から10月15日までにドイツで上映された映画

国名	映画の数	メートル総数	各主題の平均尺数		
			ドラマ	コメディ	野外もの
フランス	236	69000	450	200	130
アメリカ	242	65000	320	200	180
イタリア	186	49000	300	180	100
デンマーク	25	12250	900	220	100
ドイツ	56	30000	610	365	220
イギリス	28	7000	200	120	
総数：773本　232000メートル（2ヶ月間にベルリンで上映された映画）					

すでにフランスにおいては、文学・演劇界と映画界の共同製作を目論むフィルム・ダール社が一九〇八年に設立されていた。設立直後のフィルム・ダール社は同じ試みをドイツに導入しようとしていたが、このときは親会社パテの撤退により実現しなかった。しかしながら、フランス映画の勢力は依然として大きく、長編映画への期待が高まるなか、スカグル社の大作映画『レ・ミゼラブル』がドイツで多大な反響をもたらす。本作をめぐって各種新聞や映画雑誌は相次いで記事を掲載した。ドイツにおけるフィルム・ダール移植の試みから五年後の一九一三年、成熟したフランス製文芸大作はドイツ映画の長編化を促すことになったのである。ドイツにおけるフランス映画の輸入本数の推移を見ると、一九〇九年以降に大幅に増加している[25]（表3－1）。一九一二年の時点での国別輸入映画の本数

を比較してみても、フランスとアメリカが群を抜いていることが分かる[26]（表3－2）。

『レ・ミゼラブル』が生んだ波紋を具体的に見ていこう。本作はアメリカやイギリス、日本でも高く評価されたが[27]、なかでもドイツへの直接的な影響は突出していた。ドイツでは "Menschen unter Menschen" 直訳すれば「人間以下の人間」というタイトルで、一九一二年一一月二三日に第一部、一二月七日に第二部、一二月一四日に第三部、一二月二一日に第四部と、四週続けて公開された。オペラ座での上映では、標題や挿入字幕、手紙など映画で表示される文字資料全てが掲載されたリブレットが配られた。映画雑誌の新作映画情報の一覧では毎号筆頭に挙げられており、毎週各部の詳細な粗筋とスティル写真に紙幅が割かれ（図3－8、9）、広告でも同じく文学作品の翻案を趣旨とするフィルム・ダルテ・イタリアーナ社やスウェーデンのスヴェンスカ社、アメリカのユニヴァーサル社の作品を凌いで宣伝されている。

一般公開に先駆けて、一一月一二日にはノレンドルフプラッツの映画館モーツァルトザールにて雑誌『エルステ・インテルナチオナーレ・フィルム＝ツァイトゥング』主催のプライベート上映が行われた。この試写には、各映画会社の重役や批評家、警察部長、市長までもが列席し、オーケストラによる伴奏音楽も付き、高い評価を得た。この試写の反響は、同日もしくは翌日のさまざまな新聞にみてとれる。ベルリンの『ナチオナーレ＝ツァイトゥング』では、当日のうちに「映画のマチネ」という記事が掲載され、翌日の『ベルリナー・ベルゼン＝クリアー』には「映画作家としてのヴィクトル・ユゴー」、『ベー・ツェット・アム・ミッタ

Menschen unter Menschen

(I. Epoche)

Jean Valjean (1820)

Jean Valjean, die einzige Stütze seiner alten, gebrechlichen Mutter, ist beschäftigungsl
z größter Bemühungen gelingt es ihm nicht, Arbeit zu finden. Den Gedanken, seine Mu
sich selbst durch Wildern vor dem Hunger zu schützen, weist er stolz zurück. Wie er
erzweiflung durch die Straßen wankt, kommt er an einem Bäckerladen vorüber. Der Anb
frischen Backware überwältigt ihn; er ergreift ein Brot und entflieht. Aber er ist beme
den. Er wird verfolgt und in der Wohnung seiner Mutter gefunden. Nach heftigem Sträub
Jean Valjean festgenommen und vor Gericht gestellt. Das Urteil lautet, da er auch sei
haftung Widerstand entgegengesetzt hat, den Gesetzen der damaligen Zeit gemäß auf e
amtstrafe von fünf Jahren Zwangsarbeit. Sein Freiheitsdrang ist jedoch zu groß, als

図3-8　ドイツにおける『レ・ミゼラブル』
Erste Internationale Film-Zeitung, no. 16, 16 November 1912, pp. 28–33.

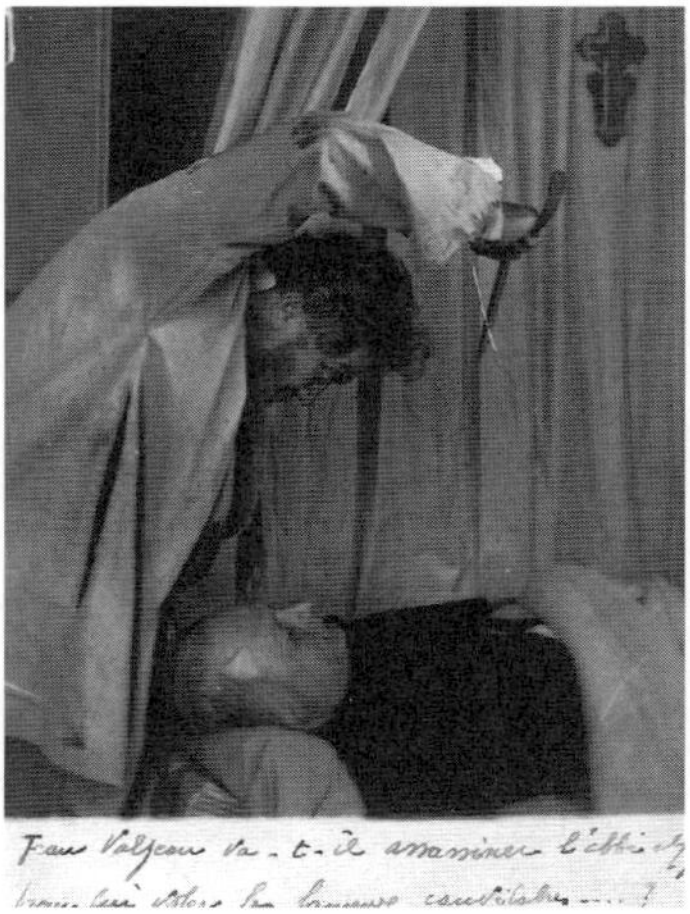

図 3-9　『レ・ミゼラブル』

ーク』には「映画におけるヴィクトル・ユゴー」、『ベルリナー・アルゲマイネ・ツァイトゥング』には「文学的映画」と、ベルリンを代表する新聞が相次いで記事を載せた。完全な長編映画、俳優の卓越さ、追跡場面などの映画技術の成功などが指摘され、「列席者は今回の上映を我々現代のドイツ作家達の映画化企画にとって興味深い試みであるとみなした[28]」というように、『レ・ミゼラブル』の成功に与かってドイツ本国でも類似した映画を製作しようと盛り上がった。

　映画館での反響も大きく、州都マクデブルクのローラント＝リヒトシュピーレ、ベルリンのドイッチェ・キネマカラー＝リヒトシュピーレやアドミラルスパラスト、ブレスラウのカイザー＝ヴィルヘルム＝テアーターといった多くの映画館が賛辞を寄せ、一週間で得られる収入がこれまでで最も高かったと述べる映画館経営者もいた。

　批評家のアルブレヒト・ハインは、『レ・ミゼラブル』の試写後に次のように述べている。「当然のことながら、この芸術的な映画の完成は大きな社会的事件となった。ヘルマン・ズーダーマンは彼のはらはらする長編小説が映画化されるのを待っているように見える[29]」。この記事に登場する劇作家ズーダーマン（一八五七―一九二八）は、『レ・ミゼラブル』の試写会の直後にパテ社のドイツ支社である文学映画会社と協定を結び、アスタ・ニールセン主演の作家映画を製作していく。

　『リヒトビルト＝ビューネ』においてヴィリー・ランクナーは、「過去および現在の偉大な文芸作品を、あらゆる知識と真実を我々に与える映画、すなわちあの流れゆく平面によって、民衆によく知らしめる、そういう夢と願望を実現させる可能性にこの映画は近づいた」（一九一二年一二月七日）と述べ、長編映画を生み出したことと、小説を大衆に広めたことが、この映画の収穫だとしている。さらに、「伝記や歴史上の出来事、あるいはまさしく文学作品の映画化を行った劇映画はそれ自身必ず大きな価値を持っているということ、またそれゆえにより強い関心を呼び起こすということを我々に示した」と述べ、著名な文学作品の翻案を評価している。これにたいして文学作品の映画化は原作の価値を低減させ、神聖さを冒瀆するのに等しいとする意見もあるとランクナーは述べ、そうした指摘をする文化的エリートの凝り固まった価値観と知識の奢りを批判した。映画への敵意を批判することで『レ・ミゼラブル』を擁護しようとする見解は、他国には見られないドイツならではのものである。否定的見解の背景には、映画の価値を認めない演劇界の反発があったと言えよう。

このようにドイツでは演劇界が映画に強く反発し始めていた一方、一九一二年一一月から一二月にかけては文学・演劇と映画の相互作用の追求も頂点に達していた。その最中にカペラニの『レ・ミゼラブル』は公開されたのである。ドイツにおいて『レ・ミゼラブル』は、映画の長編化を一層推し進めるとともに、一九一三年に開始されたドイツ作家映画の流れを促進した。フランス映画のドイツ市場占有率が高かった当時、文学・演劇界と映画界の共同作業を行っていたスカグル社の発想は、ドイツ作家映画を正当化し、その模範を示すこととなった。それゆえにアメリカや日本、フランス本国よりも、初期ドイツ映画史上最良の時機に『レ・ミゼラブル』が公開され、その波紋が大きなものとなったのである。結果的に文学作品や戯曲を利用してドイツ映画は躍進し、独自の映画形式を確立していくことになる。当初は著名な小説家や脚本家、演出家の協力を示すのみであった"Autorenfilm（作家映画）"が、まもなく"Filmautor（映画作家）"の誕生を告げることになったのは、まさしくこうした劇的とも言える変動を象徴していた。著名な作家の協力を得てドイツ映画が芸術的な次元に入ることを作家映画の潮流が促したとだけ捉えるのは一面的である。映画に敵対する文学・演劇界の要人を取り込む一方で、既存芸術の表象形態からいかに脱却して映画固有の表現を生み出すか、という課題を映画作家に課したとも言えるのである。

3 イタリア文芸・歴史劇映画の国際性

映画史におけるインターナショナル

フランスでは国民的作家の原作を翻案した文芸大作が流行し、他方ドイツでは作家が直接映画製作に関わるジャンルが注目を集めていた時期に、イタリアは文芸作品のダイジェスト版の役割を果たしていた初期映画の時代から歴史劇映画の流行期へと変化しつつあった。文芸作品のダイジェスト版とはつまり、一本のフォーマットがまだ一巻程度の短いものであり、映画がこの限られた長さのなかで文学作品や古代の神話、聖書の物語を凝縮して語っていたことを意味する。まるで紙芝居のように各シーンの前に簡潔な字幕を出すという手法で映画の物語は展開された。

この時期のヨーロッパ各国の映画界は、これまで見てきたように自国の文芸を映画に翻案することで映画産業の国際化に奔走し始め、それと並行して、映画作品にはナショナルな要素が強まっていくこととなった。その点に関してトム・ガニングは一九一三年における映画形式を次のように定義している。「映画形式と物語叙述のモデルは、国境を越え、インターナショナルなものとなるか、あるいは各国のナショナルなモデルから多様なナショナル形式を生み出していくかのどちらかである。一九一三年はインターナショナルなモデルかじ、異なるナショナル形式へと変化する最初の大きな波、あるいは少なくともアメリカ的モデルとヨーロッパ的モデルの強力な差異化を目撃した一年である」(30)。この時期、フレーミングの種類、エディティングのパターン、ナラティヴの形態といった映画形式のキー・パラダイムはすでにインターナショナルなものとなりつつあり、これまで論じてきたようにアメリカ映画がシーンの解体とカッティングを偏愛していくのにたいして、ヨーロッパ映画は空間の深さの美学を追求していった[31]。ガニングの分類に従えば、一九一三年は次の四つの点で映画形式の分岐点を指し示すことになる。

(1) 新たな標準の長さとして長編映画の製作が定着した。
(2) 知識階級や伝統的な諸芸術の作家らが映画へ関心を寄せた。
(3) スターや監督、脚本家、作家といった個人の名前に映画を結びつける新たな欲望が生まれた。
(4) ナショナル・アイデンティティを伴う製品としての映画、もしくは特定の芸術潮流に関連付けられた映画が増加した。

(1)(2)(3)はすでに述べてきたことであるので、ここからは(4)のナショナル・アイデンティティと映画の問題に注目して議論を進めていく。ナショナル／インターナショナルの問題は一九一三年に限ったものではなく、もっと以前から、あるいはその誕生時から映画につきまとっていたと考えられる。

映画史における「インターナショナル」には二面性があった。そもそもリュミエール兄弟がお抱えの撮影技師たちを世界各国へ派遣し、シネマトグラフで撮影・上映させ、動く映像によって世界をアーカイヴ化しようとしたように、映画は誕生と同時にすでにインターナショナルなメディアであった[32]。だが映画の国際性が浮き彫りになっていくのは、映画におけるナショナルな要素が自覚されるようになってからである。映画の国際化には、インターナショナル・モデルとナショナル・シネマの二項対立を引き起こし、両者の衝突や融合によって映画を発展させていくという側面がある一方で、すべてを一元化・中立化し、異なるものの対立と融和によって生じる表現的余剰の芸術的効果を減じるという側面もあった。

国際性のそうした負の要素を最も強く意識していたのは、皮肉にも映画の国際化をどの国よりも先に推し進めたフランスであった。一九〇九年の『シネ＝ジュルナル』に掲載された「ナショナル・シネマ」に関する記事からこの点を確認してみよう。

我が国の映画会社は映画作品を外国に、とりわけアメリカに輸出することで生き栄える定めである。したがって、彼らは中立的で、インターナショナルな意図にもとづく映画を生産せねばならない。さもないと、映画は真価を認められないか、少なくとも評価されない恐れがある。ところが、こうした非人格化（dépersonnalisation）、脱ナショナル化（dénationalisation）の仕事では、作品の芸術的特質は感じ取れないほど目立たなくなる。みなに好かれたいと思う者は、誰にも好かれなくなる。このことは、あらゆる年代、あらゆる国、あらゆる人種、あらゆる階級に向けたもので、オリジナリティーも精神ももはや持ち合わせていない多くの映画に当てはまる。他方で、現在は、真にインターナショナルでドラマティックな作品は存在しない。フランス的思考、イタリア的思考、イギリス的思考、ドイツ的思考、ロシア的思考、アメリカ的思考それぞれすべてから解放された優れた映画など存在し得ない。特質はナショナルな精神と結びついている。〔……〕その土地特有の熟練した技術を持つ人々によって描かれた背景幕のなかで、あるいは嗜好の変わりやすい価値観に従わせることができない冷静な自然のフレームのなかで、言葉のないささいな場面を解釈するのは、ナショナルな伝統をもった芸術家である。(33)

「インターナショナル」であることは、必ずしも自国の映画産業を国境を越えて拡大させ、他国のモデルとの融和や摩擦を繰り返し、映画形式の洗練化をはかるというプラスの側面だけではなく、映画作品を「非人格化」へと向かわせるネガティヴな面もはらんでいると捉えられているのである。もちろんナショナル・シネマは存在するが、インターナショナル・モデルなるものは実際は存在し得ず、映画の輸出入に際して便宜を図り、興行および産業を活発にするのに必要な世界共通のモデルとして想像されているにすぎないのである。

ミラノ世界映画コンクール

インターナショナル・モデルが機能するのは、複数のナショナル・シネマが同じとき同じ場に共存する場合であり、その具体例として国際的な映画イベントが挙げられる。そこでは各国の映画が一堂に会し、製品または芸術作品として各製作会社の代表作が評価される。その種の「国際性」を位置づける重要なイベントの嚆矢となったのは、一九〇九年のミラノ世界映画コンクールであった。

一九〇九年は、初期映画期に通常括られる一九〇八年と、映画が新たな様相を呈する一九一〇年代の間に挟まれた一年であり、映画がプリミティヴな時期を脱した段階へと進む転換点にあたる。換言すれば一九〇九年とは、初期映画の残滓と一九一〇年代映画の可能性を同時に含み、「終わりと始まりが重なる」ターニングポイントであった。(34)

注目すべきことに一九〇九年には映画産業や新たな映画技術の可能性などをテーマにして、国際的な会議や展示会、上映会が数多く開催された。たとえば一九〇九年二月二日から四日にかけては映画製作者国際会議がパリで（脚注68参照）、七月には写真の科学と芸術への適用に関する国際会議がドレスデンで開かれた。さらにベルヌ大会やベルリン会議(35)、一〇月二八日にパリで催されたヴォルテール映画劇場での労働組合の上映会(36)、翌一九一〇年一月一日から始まったイギリスでの映画展覧会(37)など枚挙にいとまがない。

そのなかでも最も大がかりなイベントとして注目されたのが、第一回ミラノ世界映画コンクールである。(38)このコンクールが他の映画イベントと異なっていたのは規模だけではない。約二週間という長い期間にわたって、フランスとイタリアを中心に内外の映画が大量に上映された上に、「コンクール」と銘打たれているように、目的は単なる上映会ではなく、各国が自国映画の芸術性を競ったのである。フランスでは「これは最初の大きな映画サロンであろう」(39)と絶賛され、本国イタリアでも「これ以上に壮大で見事に成功することなどできない新たな芸術の大祭典」(40)、「このコンクールはとても重要なもので、映画芸術の最も素晴らしい日付の一つを刻むことができるだろう」(41)と報道された。

この国際映画コンクールの準備がミラノで進められていると映画雑誌『チネ・フォノ』の副編集長によって発表されたのは一九〇八年八月四日のことであった(42)。参加が見込まれる海外およびイタリア国内の映画会社に向けて、ドイツ語やフランス語、イタリア語で概要が報じられ(43)、とりわけフランス映画界はこのイベントの実現に期待をかけていたようである(44)。

コンクール開催にあたっては、ミラノの文化的名士や政界の重鎮らを集めた特別委員会が結成され、委員長には著名な実業家で騎士の称号を持っていたエドアルド・バンフィが選出された(45)。バンフィは数々の経済的困難を乗り越え、ミラノという都市が持っていた大きなイニシアティヴに乗り、途中で計画を断念することはなかった。コンクールは地方都市で開催されるべきであるというのが当初の委員会の意図であったが、収容力や快適な設備、立地条件がそろっている点を重視して結局ミラノ中心部にあるサンタ・ラデゴンダ映画劇場に会場を定めた。事実、ラデゴンダ映画劇場はミラノで最も豪華な劇場の一つであり、その広いホールに多くの観客を収容することができた。ラデゴンダ映画劇場の所有者G・トレヴィザン株式会社も協力を惜しまず、劇場を貸し出すことに加えて、印刷物や労働力、税金、電気代、操作員、賃貸料などの出費は全てトレヴィザンが受け持つことになったのだ。こうして、ミラノ全体で映画コンクール実現への機運が高まった。

長い準備期間を経て一年後の一九〇九年一〇月一七日にようやくコンクールが開幕し、一一月二日まで映画館は午前一〇時から真夜中の二四時まで開館していた。高額なチケットにもかかわらず連日観客が押し寄せ、収入は毎日千リラ以上もあがったという。コンクールが終了したのちも観客の熱は醒めず、一一月三日から五日まで「コーダ」期間として特に人気のあった映画が再上映された[46]。結果は、七つの金メダルと銀メダルが授与された[47]。『チネ・フォノ』の編集長ルイジ・マローネによると、イタリア国外から一五の映画会社、国内から一二の映画会社がコンクールに参加し、総計七〇本、長さにして二万メートルものフィルムが上映された[48]。外国からは、ヴァイタグラフ社（ニューヨーク、ロンドン）、ドランコフ社（ペテルブルク）、グローブ社（ストックホルム）、ビオスコープ社（ベルリン）、アーバン社（ロンドン）、ウォーリック社（ロンドン）、パリに拠点を置くリュクス社、ラレイ&ロベール社、シミア社、テオフィル・パテ社、メリエス社、リヨン社、エクリプス社、ラディオス社、エクレール社といった数多くの会社が名を連ね、フランスからの参加が最も多い[49]。フランスが映画界の先導を切っていたこの時期にイタリアがコンクールを主催したという点でこれは意義深い国際的なイベントであり、イタリアが世界の映画を牽引するリーダー国の仲間入りを果たしたことを象徴づけた瞬間でもあった。

審査委員会も発足し、あらゆるジャンルの映画に対応するために各分野から審査員が集められた。構成メンバーは、イタリア映画担当と外国映画担当とに分かれ、前者にはカヴァリエーレ勲章の佩勲者コリオ・ルドヴィコ教授、ガンツィーニ・マリオ、画家のマッツァ・アルド、後者にはロドルフォ・ムーラーと、ミラノにあるフランス商業会議所の秘書アルマン・ユゴンが当たった[50]。彼らは映画を審査した上で、個人や機関から提供されたさまざまな賞を授与する役目を担った。審査委員会向けの試写会は一八日夜までに全て終了し、厳正な審査により選抜された映画は表3－3のとおりである[51]。審査委員会は製作会社とは関わらず、厳正な審査会たることを堅持する一方、一般大衆にも歓迎されたこのイベントは大成功を収めたと言える[52]。

ではこのコンクールはどのような意図のもとで実現に至ったのだろうか。フランスの『シネ＝ジュルナル』は、娯楽商品として大量に流通している映画が、風紀を改善して大衆を教化することには力を入れていないと否定的に捉えた上で[53]、このコンクールの意義を次のように位置づけている。

表 3-3　コンクール受賞作品

映画タイトル	製作会社	製作国
『パトリツィアと奴隷』*Patrizia e schiava*	チネス	イタリア
『ネロ』*Nerone*	アンブロージオ	イタリア
『カドーレの材木産業』*Industria del legno nel Cadore*	アンブロージオ	イタリア
『エリトリアでの豹狩り』*Caccia al leopardo in Eritrea*	アンブロージオ	イタリア
『十字架への道』*La via della Croce*	ヴァイタグラフ	アメリカ
『パリジーナ』*Parisina*	コメリオ	イタリア
『ダンテの詩の賢者』*Saggi del poema Dantesco*	コメリオ	イタリア
『夜明けから夕暮れまで』*Dall' alba al tramonto*	コメリオ	イタリア
『大変な義務』*Terribile dovere*	リュクス	フランス
『老人の災難』*Gli infortuni di un invalido*	リュクス	フランス
『地中海からトゥーロンまでの艦隊』*La squadra del Mediterraneo a Tolone*	リュクス	フランス
『スパルタコ』*Spartaco*	ラティウム	イタリア
『真鍮の十字架』*Il Crocefisso di ottone*	ラティウム	イタリア
『レンツォは足が不自由になる』*Renzo lo sciancato*	ラティウム	イタリア
『チュニジアでの一週間』*Una settimana a Tunisi*	テオフィル・パテ	フランス
『アラブの町と墓地』*Citta e cimiteri Arabi*	テオフィル・パテ	フランス
『奇人の絶望』*La disperazione di un pazzo*	テオフィル・パテ	フランス
『スース』*Sousse*	テオフィル・パテ	フランス
『夜』*Notte*	テオフィル・パテ	フランス
『ナポレオンとハッツフェルトの王女』*Napoleone e la principessa di Hatzfeld*	イタラ	イタリア
『クレティネッティの婚約者』*La fidanzata di Cretinetti*	イタラ	イタリア
『コンゴからの贈呈品』*Un regalo dal Congo*	イタラ	イタリア

世界映画コンクールは、市民教育の手段としての映画産業の促進、知識や道徳の普及、猥雑さのない陽気な逸話によるユーモアの育成、日常生活の真実の提示によって、最終的には映画が、全ての人にとって近づきやすい大きな文化となっていくことを目的とする。(54)

教育的な映画に加えて、洗練された芸術映画を製作するよう製作会社に促すこともコンクールの目的と明言されているのである。(55)

当時の批評家たちの見解をまとめると、コンクールの主眼は教育と娯楽、時事、そして芸術の四点にしぼられる。これらを基点に「楽しく凡庸ではないエピソード映画、史実映画、英雄的で人々の心に愛国心と寛容さと敬虔さを喚起できる映画、フィルム・ダール社作品、カラー映画、風景映画、習慣や国の風習の映画、科学発明の映画、産業映画、商業映画、スポーツ映画[56]や「良質の笑い、繊細な感情、愛と祖国と寛容さを教え込むことのできる史実、崇敬と美を学ぶに相応しい芸術的なエピソード、旅の思い出」[57]がプログラムに組み込まれた。

さらに重要なのは、当時の雑誌やイタリア政府が「娯楽と教育」をモットーに掲げ、一九世紀中葉のリソルジメント（イタリア統一運動）で活躍した英雄の映画化を推奨した点である。二〇世紀初頭にはいまだ弱く不確かなものだったナショナル・アイデンティティの感情を観客に芽生えさせようとしたのである[58]。当時エリトリアがイタリアの、チュニジアがフランスの植民地であったことから、選出された映画には植民地に関わる時事・教育映画が必ず含まれていた。メダルを授与した団体には、各国・各都市の商工会議所や個人に加えて教育省や産業省、上院議員も加入していたためであろう。コンクールで愛国心を呼び起こす映画や祖国の歴史を教える史劇映画が重視された背景には、他の列強に遅れをとっていたイタリア帝国主義の焦燥があったのである。その一方で、「洗練された芸術映画」も受賞の評価基準として重きを置かれている。ここでいう映画の芸術性には映画技術の高さも含まれ、立体的で十分な光源による映写がなされているかどうかや、フィルムの質感、サウンド映画の出来映えに応じて受賞メダルの色が決められた[59]。愛国心の主題とそれを明確に伝える高度な技術を持った芸術性がコンクールで高く評価されており、それは政府の意図とも合致していたのである。

こうした狙いをもって開催されたコンクールでは、記録映画やコメディー、トリック、時事、ダンス、ドラマ、夢幻劇、サウンドディスクを伴う映画、産業映画など、あらゆるジャンルの映画が上映された。観客と批評家の間で好評だった映画は、『ネロ』、『パトリツィアと奴隷』、『十字架への道』といった古代を舞台とする史劇映画である。文学作品の翻案に加え、多くの時事映画（『豹狩り』*Caccia al leopardo*、『狙撃隊』*I Bersaglieri*）、記録映画やエキゾティックな映画（『アラブの町と墓地』）、ファンタジー映画（『プリンセス・ニコティン』）、そしてアンドレ・デードのコメディーも人気を博した。

文芸映画や史劇映画の人気はフランス映画の影響を反映している。一九〇八年一一月にパリで封切られた『ギーズ公の暗殺』を皮切りに一連のフィルム・ダール社作品がイタリアに入ってくると、一般観客、批評家、製作者の間で映画と芸術の結合を望む動きが活発になってくる。翌一九〇九年にはパテ社の子会社であるフィルム・ダルテ・イタリアーナ社がローマに設立され、史実にもとづく映画や、著名な文学作品・戯曲の翻案映画を製作し始める。芸術熱が瞬く間にイタリア映画界全体に広まると、シラー、デュマ、デフォー、ゴーティエ、バルザック、シェイクスピア、ダンヌンツィオ、マンゾーニ、ダンテらの翻案が続出し、ギリシャ・ローマ神話やフランス革命、ナポレオンの一生といった史実を脚色した主題も文芸映画と並んで多数製作された。コンクール上映作品のうち、史劇映画の『パリジーナ』は「真に迫る雰囲気のなかの正確な場面」と評され、ダンテの地獄編『ダンテの詩の賢者』は、「ぞくぞくするような強烈な効果を以て再現され」、「〝ルシファーの街〟の場面は拍手喝采[60]」であった。

コンクールで金メダルの一つを受賞したのも、チネス社製作の古代ローマを舞台とした史劇映画『パトリツィアと奴隷』であった。「入念な演出」が施され、「ローマを舞台にしたドラマティックなこの物語では、正確なプロットとコスチューム、シーンの実に並外れた努力の傍らで、きわめて独創的な照明と明快な写真、明暗、出来映えのいいオーバーラップがある[61]」と評されている。『パトリツィアと奴隷』は、後のイタリア映画の特徴を先取りして巨大な舞台装置を用いている。「この映画を観る者は、あれほどの強烈な感情と真に迫る雰囲気の多様性にうっとりする。マルチェッラのヴィジョンのショット、海のショット、ナジャディのショットは比類なく美しい。正確なシーンを再現するために、チネスは特別に二隻のガレー船と、海上に当時の船着き場を建てさせた[62]」。

コンクールでは上映されなかったアンブロージオ社の「黄金シリーズ」第一作『偽証者』*Spergiura* の批評を見ても、イタリア映画の芸術熱を知ることができる。「黄金シリーズ」とは、アンブロージオ社がフランスに対抗して打ち出した文芸・史劇映画の傑作集を指す。「アンブロージオにはイタリア映画に最も大きな成功をもたらしたという偉大な功績があり、目下、注目すべきは『偽証者』である。物語を芸術と溶け合わせており、一方を壊すこともなく、また他方を犠牲にすることもない[63]」。アンブロージオ社は、当時のイタリアで最大手の映画会社であり、設立者のアルトゥーロ・アンブロージオは、イタリア映画界を牽引する人物であった。

実写映画もイタリア映画産業を支えた。一九〇九年にイタリアで製作されたフィクション映画本数は三三五本であり、その半分以上の一八〇本が実写映画であった。コメディーや文芸・史劇映画と並び、安定した利益を生む実写映画は、製作・配給の面からも、また創造性の面からも、イタリア映画市場においてたしかに地歩を固めたのである[64]。

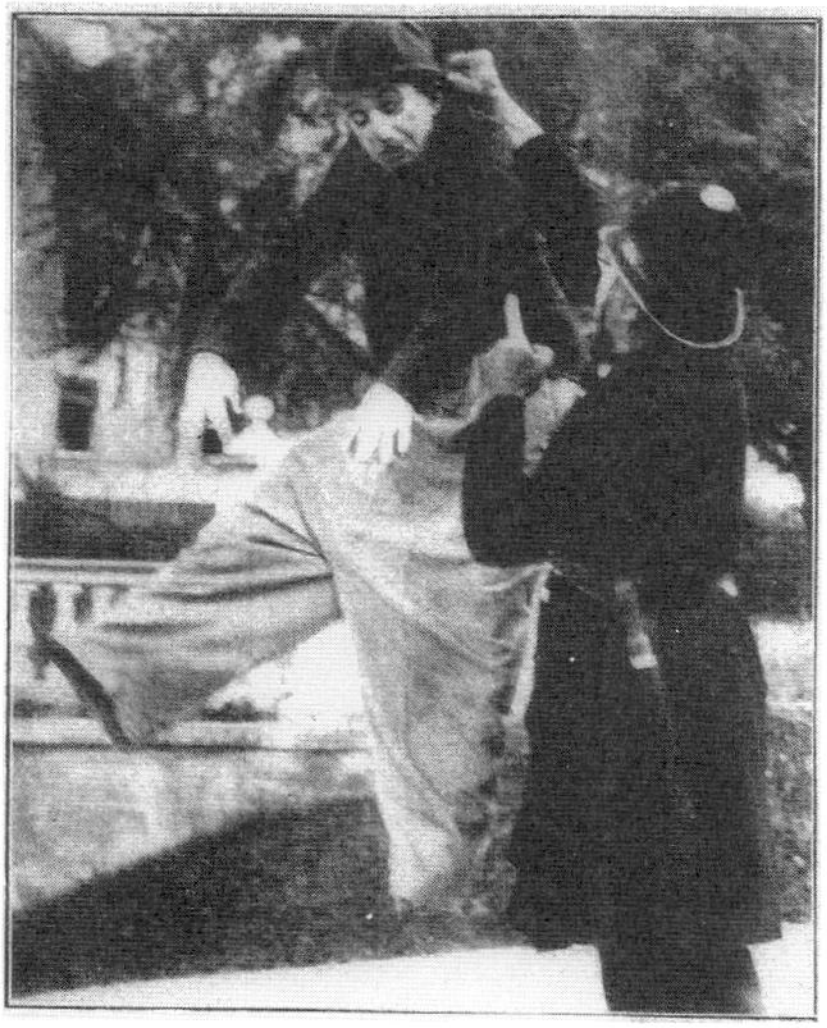

図3-10　アンドレ・デード
La vita cinematografica, numero specialt, December 1915.

最初の国際的な喜劇映画スター、アンドレ・デードも人気を博した（図３－10）。コンクールで上映された「クレティネッティ（アンドレ・デード演じるキャラクター）」の二本のコメディーは、相変わらず上出来で、機知に富んでいるので、みな大笑いしていた[65]」。彼は一九〇一年からジョルジュ・メリエスのもとで映画界に入り、一九〇六年にパテ社へ移る。一九〇八年末にフランスを去り、一九〇九年にイタラ社で二八本の「クレティネッティ」映画を作る。スターシア・ナピエルコフスカやマックス・ランデーなど他のスターもすでにこの時期には活躍していたが、彼らが売れるようになるのは後のことであり、デードのような定番の服装スタイルや特殊な演技形式はまだ確立されていなかった。

デードの人気は興行面にも影響を及ぼし、彼の成功のおかげでジョヴァンニ・パストローネは製作の幅を広げて史劇映画にも投資することができた。『トロイ陥落』*La caduta di Troia*（一九一一年）などの大作を実現できたのはその一例である。

国際的映画スターとしてデードの名声が高かったことは、彼が各国でさまざまなキャラクター名を持っていた点からも確認できる。フランスでは「ボワロー」あるいは「グリブイユ」、イタリアでは「クレティネッティ」、スペインとアルゼンチンでは「トリビオ」、ドイツでは「ミュラー」、イギリスでは「フールズヘッド」、日本では「新馬鹿大将」と呼ばれていた。スターは外国では異なる人種の個性と魅力を認識されると同時に、受容者側の親近感を得るため観客と同化する必要もあり、国ごとの愛称は功を奏した。

デードは、コメディーとトリック映画のジャンルを結合させるのにも一役買った。イタラ社の『クレティネッティはどうやって借りを返すか』*Come Cretinetti paga i debiti*（一九〇九年）では、デードの特徴である小柄で敏捷な動きを、旅行鞄に収まったり飛び跳ねたりすることで強調し、その旅行鞄が勝手に動く様子がトリックで表現されている。さらに二重露光を駆使して身体が透明になり、ドアをすり抜けたり、柱に隠れたりして最終的には追いかけコメディーとなる。こうしたジャンルの複合にデードはいち早く目をつけていた。

以上見てきたように、このコンクールのプログラムは劇映画から実写映画まで幅広く、当時の全ジャンルの映画が組み込まれていたと言っても過言ではない。ミラノ世界映画コンクールのプログラムは、いわば一九〇九年のイタリアおよび世界映画のプログラムの縮図とも言える。これをきっかけに、イタリア映画は地方的な製作の限界を抜け出し、国内にとどまっていた映画産業が「国際性」を獲得していくこととなる。こうした国際的イベントにおいて、とりわけ「ナショナルなもの」をいっそう際立たせたのが文芸・史劇映画であった。

イタリア映画界の危機

ここまでコンクールのプログラムと選考結果およびその批評にもとづき、一九〇九年のイタリア映画の縮図を見てきたが、そこで上映された映画のなかでこのコンクールにとどまらずヨーロッパ、アメリカ、さらに日本まで人気の波が押しよせた作品は、アンブロージオ社製作、ルイジ・マッジ監督の『ネロ』であった。本作は『偽証者』に続く「黄金シリーズ」の第二作である。コンクールでは開会式とリクエスト期間のコーダ、その後の一般公開時にも繰り返し上映されて喝采を受けた。

『ネロ』が公開される直前の一九〇八年から一九〇九年にかけて、世界規模の経済危機や、映画産業の急速な拡張とそれに伴う過剰生産が原因で、イタリア映画産業は危機を迎えていた(66)。この時期、イタリア映画はその技術と叙述形式を根本的に改革しつつあり、新たな観客を獲得しようとも努めていた(67)。先述したように、パリで映画製作者国際会議が開かれ、ヨーロッパの主要な製作会社が集結したのも、同様の危機を乗り越え、市場を再び活性化することが目的であった(68)。イタラはこの機会にパテ社のフィルム賃貸方式をとり入れたほか、ＭＰＣ（アメリカの大手映画会社が組織したトラスト）の保護貿易論も参考にしたりした。

この時期からアンブロージオ社やイタラ社など巨大化しつつあった製作会社は、さらなる発展を求めてアメリカをはじめとする海外市場に目を向けるようになった。イタラ社はまもなくアメリカに外国映画を専門に取り扱う会社を設立するが、アメリカ市場進出に先手を打ったのはアンブロージオ社であった。それはミラノ世界映画コンクールで一等賞を取った『ネロ』によって可能となったのである。『ネロ』はアメリカにヨーロッパ映画の価値を認識させると同時に、一本の映画が興行面と芸術面の双方において国際的な波及力を持つことを知らしめる重要な一作であった。

『ネロ』国内での評判

大作の史劇映画『ネロ』を含む「黄金シリーズ」の試写会に招かれた記者たちは驚きをあらわにし、次のように述べた。「あまりに完璧で、心に訴えるものなので、映画がここまで達成できたとは信じられなかった。飽くことがないアンブロージオ氏は、彼の傑作が上映されるのを見て、喜びでご満悦の様子であった」(69)。なかでも話題となったのは、ローマ炎上の場面である(70)。

シーン1　ネロ、宮殿の招待客の一人の若い女性に魅了される。
シーン2　ネロの友人が彼女の名前はポッペアだと知り、ネロとの逢瀬を計画する。
シーン3　ネロ、ポッペアと会う。
シーン4　自分の支配力を知ったポッペアは、女帝オクタヴィアの座を穫ろうと計画する。
シーン5　ポッペア、ネロに公衆の面前でオクタヴィアを侮辱するよう誘う。
シーン6　ポッペア、ネロにオクタヴィアを殺すよう求める。
シーン7　オクタヴィア殺される。
シーン8　大衆は彼女の死の知らせを聞いて暴動を起こす。
シーン9　ネロ、暴動を鎮めるためにローマに火を放つ。
シーン10　ネロの激しい後悔のヴィジョン。
シーン11　ネロ、人々の憤激から逃れるため、自ら命を絶つ。

これらの場面は、「登場人物と情景の正確な再現に感嘆した。〔……〕ポッペアの勝利の場面とローマ火災の場面は、見惚れるほどの美しさであった。この上映の最後まで拍手は鳴り止まなかった[71]」と評された。ローマ炎上の場面は日本でも好評で、批評家の吉山旭光も同様に褒め称えた。「ネロ帝が愛妾と共に高楼に登り羅馬市中に放たしめた、天を焦す火の手を眺めながら、竪琴を弾じてホーマーのトロイ大火の詩を吟じて居る処は、光線の工合が巧く、それから幻に十字架に釘付けにされて焼かれた基督教徒の姿が目に遮る所は悽愴でなかった[72]」。この火事の場面は、後のイタリア史劇映画の頂点を飾る『カビリア』の有名なエトナ山噴火シーンを予告しているだろう。

さらに『ネロ』の形式上の特徴に、描かれた円柱による深いパースペクティヴがある。立体的な手前の空間から斜線を描いて配置された神殿の階段により、奥行きの効果が強化されている。そうした「奥にある神殿の壮麗な階段」に「各階級の市民、貴族も平民も、自由人も奴隷も群れ集まり[73]」、絵画に見立てた演出が実現された。ラファエロの《アテネの学堂》を想起させるようなカーテンの演出や画面右側にネロの幻覚が二重露光により映し出される点なども内外から高く評価された。このようなカーテンによる画面構成の演出は初期のイタリア映画に頻繁に見られる。

ミラノ世界映画コンクールの総評でも『ネロ』は絶賛され、アンブロージオ社の代名詞ともなった。「『ネロ』は今や世界中から熱狂的に受け入れられた。〔……〕長い間『ネロ』〔のフィルム〕は市販され、非常に多くのコピーが売られ、その大きな成功は異論の余地のないものとなった。その上、学術的に壮大な主題にも完全に応える映画である。何点かの史実の誤りは、真に素晴らしい演出を前にして、気づかれることはなかった。ポッペアの凱旋のショットでは、膨大な群衆が拍手喝采するなかで、芸術的な演出がなされたので、本当にローマ皇帝の通過に立ち会っているかのようであった。それに続くローマ炎上の場面も魅力的であり、光、炎、火災によってきわめて効果的に再現され、強く印象づけられた[74]」。

『ネロ』は、『チネ・フォノ』や『チネマトグラフィア・イタリアーナ』など当時の代表的な映画雑誌の表紙を飾った。広告量も他に例を見ないほどであり、盛んに宣伝された。一九〇九年を通してイタリア映画を代弁する作品の一つが『ネロ』であった。

『ネロ』をめぐるアメリカとイタリアの差異

コンクールが終了した時点で、すでに『ネロ』の名声はアメリカにも広まっていた。「満場一致で、かつて作られたもののなかで最も注目すべき映画[75]」だと評され、公開時の広告には「世界で最も素晴らしい映画、映画芸術の傑作」とあり、特別記念ブックレットが映画館で配られるほどであった[76]。アメリカの批評では、ローマ炎上の場面だけでなくナラティヴの巧妙さや色彩の使用についても次のように指摘されている。

主題は明晰な判断によって選ばれていたので、スクリーン上で物語をきわめて明快に追うことができる。この作品の舞台装置は筆舌しがたいほど見事で、演技は今後の進歩のレベルを引き上げている。実際、演出、群衆の処理、照明、行進といった全ての製作が、名人の域を語っている。撮影は完璧で、ローマ崩壊を示したシーンは色彩のリアリズムの勝利である[77]。

先日、この作品を初めて見たとき、見事な手法で演出が施され、芸術的に衣装があてがわれ、照明され、撮影されており、われわれは驚くばかりであった。〔……〕字義通り完璧に古代ローマの全ての壮麗な効果が示されることが求められている。行進の豪華さ、衣装と演技の輝き、さらにはローマの有名な大火、それほどの驚くべきリアリズムの効果があったので、本作の色彩場面を見ていたとき、まるで犠牲者の叫び声が聞こえてくるかのようであった[78]。

ここで「色彩のリアリズム」と述べられているように、映画は初期の頃から色が付けられていた(序章第一節参照)。青色は夜の場面や水の光景、雪景色に、赤色は火事の場面に使用されることが多かった。黄色やローズ色は室内照明の色彩に使われる。『ネロ』の場合、火事だけでなく悲鳴をあげて逃げ惑う人々や血と汗も赤色によって表現されている。色彩によるアトラクションの効果は、場面ごとの色の変化によりナラティヴの動機づけも可能にした。アンブロージオは「われわれの目的は、人間の創意と天分の範囲内で、最も印象的で、最もリアリスティックでかつ技術的に完璧な映画を製作することである[79]」と述べているが、まさしく彼の意図通りに作品が仕上がったと分かる。

それまでアメリカにおいては外国映画の質は劣っていると見られていたが、『ネロ』の登場はその先入観を改める契機となる。『ネロ』が見せたヨーロッパ映画の製作方針は、アメリカ映画業界に新鮮な印象を与えることになった。その驚きはたとえば次の記事からも分かる。「ヨーロッパの独立製作者は、最良の演技とプロデュースの才能を雇う。最良のカメラマンの才能も雇う。彼らの仕事の結果は、今では『ネロ、あるいはローマ炎上』といった素晴らしい主題の形をなしてこの国で見られる[80]」。

『ネロ』の成功によりアメリカ市場へ乗り出す基盤を整えたアンブロージオは、直接交渉のため渡米する。アンブロージオがアメリカに到着した日、『ムーヴィング・ピクチャー・ワールド』誌は彼にインタビューを行った。映画は芸術であると主張するアンブロージオにたいし、インタビュー前半では主にこの点について質問が集中した。後半では双方の産業形態や演出が対比され、それによりアメリカとイタリア、さらにアメリカとヨーロッパの映画製作の差異が浮き彫りとなった。同誌の一一月六日の第一九号にインタビューが掲載されているので一部を抜粋してみよう[81]。Aがアンブロージオ、Qが記者である。

Ａ　〔……〕あなた方のアメリカ映画は私たちの国に入ってきます。私たちはそれらを楽しんでいます。アメリカ映画は愉快で新鮮で、なかには芸術的になりつつあるものもあります。いや、何も私は製作者の仕事ぶりや彼らの芸術性、あるいは芸術の欠乏を批判したいのではありません。ただ、作品の多くは明らかに表面的だと言いたいのです。努力や集中、もしくは野心が足りないせいなのか？　それとも彼らがやりすぎるせいなのか？　いずれにしても、アメリカの製作者はめったに一定のレベルを超えようとしないようです。分かっていただきたいのですが、私は比較をしているのではありません。それができるほどあなた方の作品を十分見ていないのです。

Ｑ　アンブロージオさん、この国の製作者はスケジュール通りに働くよう言われていると思います。彼らは決まった期日に公開するために一定の生産量を供給しなければならないし、状況によってある特定のジャンルの映画製作が遅れると、製作者は順序を守るために簡単なものでも急いで製作しなければなりません。スケジュール通りの仕事は芸術にとっては良くない。しかし、秩序を正すというアメリカのシステムは、製作者たちのビジネスの基本であり、そのシステムは向上しつつある映画作品の質を妨げることはこれまではなかったのです。あなたの方には一定の生産量と決められた公開日がありますか？

Ａ　いいえ、決まった生産量はありません。ヨーロッパでは生産量は需要に左右されていて、その需要は質によって左右されます。私たちは一週間に一本ないしは三本の映画を作るでしょう。あるいは一本の映画に数週間か数ヶ月費やすこともあります。私たちはどんな需要にも応えられるよう、仕上がったネガティヴ・プリントを十分手元に確保しています。例えば、あなた方が見た『ネロ』をとり上げてみましょう。この映画は数ヶ月前に製作されましたが、ヨーロッパでの公開は一〇月二八日です。これは、私たちが「黄金シリーズ」と呼ぶ超大作シリーズの一つです。このシリーズの他の作品も準備中で、私の見込みではそのうちの何本かは『ネロ』をはるかに超えるものになりそうです。たしかに、私たちはできるだけさまざまな国で同一の公開日を固守します。ヨーロッパでは商品見本によってフィルムは売られ、今までのところ私たちは『ネロ』のコピーの注文を三四二本受けています。

Q　アンブロージオさん、あなたは『ネロ』に触れましたね。この映画にはさぞかしお金と労力がかかったことでしょう。

A　お金ですか！　ほらごらんなさい！　アメリカ人＝お金、お金＝アメリカ人ですね。私たちは映画を作るときに製作費のことなど考えません。望んだ結果に到達しようとし、その結果を得るのです。それ以上のものはできないと私が納得するまで何度もリハーサルをし、撮り直します。それと労力ですか？　それはもう働きましたよ。『ネロ』の製作中は寝食をほとんど削り、仮に寝たとしても夢にまで『ネロ』を見ました。そう私たちは汗をかくまで働いて、ローマ炎上のシーンを撮影した後はほとんど倒れそうでした。

Q　ヨーロッパでの売上高はあなたが作品に注ぎ込む製作費と努力を保証しますか？　言い方を変えれば、アメリカの市場が閉じたら、そこまで苦心する余裕はありますか？

A　いいえ、ヨーロッパでの商売だけでは無理です。それが私がここに来た理由の一つです。最良の映画を世に出すために世界中からの支援が必要なのです。〔……〕より多くのアンブロージオ映画がアメリカで売れることを信じています。いっそう良い映画を作るために私たちはお金が必要なのです。

このアンブロージオの発言には多少の誇張や矛盾はあるものの、『ネロ』が製作された様子が伝わってくる。アメリカが映画の質よりも量や公開期日を守ることに重きを置いているのにたいして、イタリアは何よりも映画の芸術性を高めることに全力を注ぐ。アンブロージオの言葉には、相手国の製作方式を否定することなく、ビジネスとして映画をとらえるアメリカと、芸術作品として捉えるイタリアの、それぞれの姿勢の違いを強調することで、イタリア映画を売り込もうとする意図も感じられる。アンブロージオは『ネロ』の質の高さとアメリカでの人気を熟知した上で、映画事業の国際化をはかろうともしている。実際、アンブロージオは一九〇八年にMPPCのメンバーであるジョージ・クラインと人脈を作るが、まもなくそれを断ち切り、一九一二年にはアンブロージオ・アメリカン・カンパニーという支社をニューヨークに設立し、第一次大戦開戦までそこを拠点とすることになる。(82) こうしたアメリカ市場への拡大は、一九一〇年代以降に続出する長編映画の製作にとっても必要不可欠な興行基盤となっていた。

以上、一九〇九年に開催された世界初の国際的なイベントと、その反響の一例であるイタリア映画『ネロ』の意義を見てきた。第一回ミラノ世界映画コンクールは、参加国がイタリアとフランスに集中している点に偏りはあるものの、劇映画と同数の記録映画がプログラムに組まれ、一九〇九年に存在した全ジャンルの映画を網羅していた。アルトゥーロ・アンブロージオは、『ネロ』の人気でアンブロージオ社の名前を印象づけ、イタリア映画の存在感を知らしめると同時に、アメリカとイタリアの映画製作方針の差異を明確にした。彼の戦略により、『ネロ』はヨーロッパ映画の重要性をアメリカ映画界に大きく印象づける一作となった。

他国から影響を受けた映画の国際的な場での発表、一国のスターによる越境的なペルソナの開示、国際映画コンクール受賞作の各国への配給、ヨーロッパ国内の映画産業の整備とそのアメリカ映画市場への進出、こういったさまざまな事象が同時に起こった一九〇九年という一年は、映画が国際化していく起点であった。とりわけ個々の作品の技術的な完成度を競うコンクールを実施すること自体は、映画が他芸術と同じように芸術性の獲得を強く意識し始めたことを意味する。このような映画の国際化という目的のもと、その産業的拡張および芸術性の獲得によってナショナル・シネマを強化する上で最も有効な素材として活用されたのは、自国の物語、主として自国の文学作品であった。

4　イタリア歴史劇映画の流行

ダンヌンツィオと映画

イタリアにおいて文学作品を映画に活用していく傾向がさらに顕著となるのは一九一〇年代以降である。この傾向は、イタリア独立五〇周年や第一次大戦開戦といった同時代背景にも大きく左右されている。同時期にドイツやデンマークにおける作家映画と同様に、イタリアにおいても作家自身が映画製作に協力する事例が見られ始めた。作家が映画界に関わった最初期の事例として最も知られる人物はガブリエーレ・ダンヌンツィオである。

ダンヌンツィオの映画と聞いて、多くの人は『罪なき者』を映画化したルキノ・ヴィスコンティ作品の遺作『イノセント』*L'innocente*（一九七六年）を思い浮かべるだろう。ヴィスコンティ映画の退廃的な傾向とダンヌンツィオの美学が混じり合い、その流麗なカメラワークが織りなす色彩の絨毯のような画面の連続は、原作から八〇年以上を経てもなお、ダンヌンツィオの世界を鮮やかに描き尽くしている。だが、ダンヌンツィオ原作の映画が真の流行を見せたのは、今から百年前のことであった。

無声映画の時代、新奇なものへの関心が高かったダンヌンツィオは、現役の作家として活躍するかたわらで、映画界にも積極的に乗り出していった。ダンヌンツィオが本格的に映画に関わるきっかけを作ったのは、またしてもアルトゥーロ・アンブロージオである。アンブロージオはダンヌンツィオの諸作品の映画化権を買い取り、「耽美主義的な映画」という新たなジャンルを作り出そうと目論んだ。

アンブロージオの狙いは功を奏し、ダンヌンツィオ原作の映画が次々と製作されていった。一九一一年から一九一八年にかけて、『船』*La nave*、『秋の夕暮れの夢』*Il sogno di un tramonto d'autunno*、『イオリオの娘』*La figlia di Jorio*、『ジョコンダ』*La Gioconda*、『フランチェスカ・ダ・リミニ』*Francesca da Rimini*、『快楽』*Il piacere*、『そうでもあり、そうでもなく』*Forse che sì forse che no*、『ジョヴァンニ・エピスコポ』*Giovanni Episcopo* といったダンヌンツィオの代表作が繰り返し映画化され、さらに一九二〇年には、ダンヌンツィオの息子ガブリエッリーノ・ダンヌンツィオ監督、イダ・ルビンシュタイン主演の『船』*La nave* が公開された。このように同時代文学が映画化の対象になったということは、文学の芸術的傾向を映画が共有するようになったことを意味している。(83)

そのなかでも、大戦勃発と同年に公開された歴史劇映画の超大作『カビリア』*Cabiria*(一九一四年、ジョヴァンニ・パストローネ監督)は、ダンヌンツィオ本人が字幕製作を手がけ、本国のみならず世界映画史にも刻まれる一本となった。イタリア無声映画の絶頂期を象徴するこの大作は海を越え、ハリウッド映画形式の確立に貢献したD・W・グリフィスにも多大な影響を及ぼすほどであった。

本節では、ダンヌンツィオが生きていた時代の映画に焦点を合わせ、彼とイタリア無声映画の関わりについて検討していきたい。

ナショナリズムの高揚と古代復興ブーム

前節で確認したように、イタリア映画界では、一九〇八年頃から歴史的な主題が観客の興味を惹き、海外でも高い人気を得て国際的に影響を及ぼし始める。壮大な古代ローマの世界とデカダンスの描写が観客の心をとらえ、「イタリア映画＝エピック・ドラマ」という認識が徐々に広まっていった。古代に題材を求めた結果、大掛かりな歴史的建造物や巨大なスタジオが必要となり、巨額の投資、長時間の超大作、特別に作曲された伴奏音楽を特徴とする一大スペクタクル映画が製作されていく。こうした歴史劇映画は、イタリアにおいても従来の観客層である大衆だけでなく、エリートを映画館に引き寄せることとなった。

『ネロ』以後の代表的な歴史劇映画としては、シェンキェーヴィチ原作の『クオ・ヴァディス』、『アントニイとクレオパトラ』*Marc'antonio e Cleopatra*（一九一三年、エンリコ・グァッツォーニ監督）、『スパルタコ』*Spartaco*（一九一三年、エンリコ・ヴィダリ監督）に加え、ブルワー＝リットン原作の一九一三年の競作『ポンペイ最後の日』*Gli ultimi giorni di Pompei*（アンブロージオ社製作、マリオ・カゼリーニ監督／パスクアリ社製作、エンリコ・ヴィダリ監督）などが挙げられる。製作規模は年を追うごとに膨れ上がり、その頂点を示したのが、紀元前三世紀のカルタゴ第三次戦争を描いた『カビリア』であった。上映に際してフルオーケストラとコーラスが付き、上映時間が三時間を超えたこの大作は、当時としては異例中の異例であり、まさしく一本の映画がオペラの代替として機能したのである。(84)

叙事詩的超大作映画に見られる古代への憧憬は、ジュゼッペ・ヴェルディの代表作《ナブッコ》（一八四二年）や《アイーダ》（一八七一年）などに由来している。イタリアの国威発揚に寄与した国民的作曲家のオペラが、後の映画にも引き継がれる経緯を理解するには、国民国家が形成されていく当時の政治的背景をおさえる必要がある。

ヴィットーリオ・エマヌエーレ二世を国王とするイタリア王国の成立が宣言されたのは一八六一年である。しかしこれは一応の領土的統一を見ただけであり、蓋を開けるとローマ教皇を軸とする教会と、イタリア民族によるイタリア国家を絶対的な原理とするナショナリズムとが対立し、「二つのイタリア」に分裂することとなった。北部イタリアと南部イタリアの間でも国民意識の温度差が大きかった。「イタリア」は、国家としての脆弱性、国民の帰属意識の稀薄さ、未完の国民形成といった大きな課題を抱え、これらを解決する方向性を早々に打ち出すよう迫られることになる。(85)

その矛先の一つは、遅れてきた帝国主義のもとでの植民地拡大政策に向かった。イタリアには植民地政策の面でイギリスやフランスなど他のヨーロッパ列強に立ち遅れた焦りもあった。イタリア政府はエリトリアの植民地化に成功した後、東アフリカへの進出をめざしてエチオピアに侵入する。ところが、エリトリア占領時と同様にアフリカの前近代的な軍隊には少量の兵力で勝利できると思っていたイタリアは、この数年の間にフランスから武器を輸入して一時的に近代化していたエチオピア軍を相手に、あろうことか大敗を喫した。一八九六年のアドワの敗北である。しばしば日露戦争にも比較される対エチオピア戦争での敗北により、イタリアはエチオピアからの撤退を余儀なくされた。列強の一角をなすイタリアにとってこれはきわめて不名誉なことであり、恥であった。統一を実現した矢先のこの屈辱はトラウマとして残り、一九世紀後半はイタリアにとって空元気だけが渦巻く暗黒の時代となったのである[86]。

だがエチオピアに敗れたイタリアは、このまま東アフリカ侵略を諦めるわけにはいかなかった。一八七〇年代後半から八〇年代前半にかけて、イタリア統一運動の立役者であったヴィットーリオ・エマヌエーレ二世やガリバルディが相次いで死去し、イタリア政府は国内の結束を維持していくために、外敵を作ることがさらに必要であった。そこで目をつけたのが、当時オスマン帝国領のリビアである。一九一一年から一九一二年にかけて行われた対トルコ戦争（トリポリの戦い）でイタリアは勝利を収め、トリポリタニア・キレナイカ（後にリビアと改称）を獲得する。この勝利の酔いが醒めぬうちに、イタリアは第一次世界大戦に参戦し、イタリア半島北東部への領土拡大へと突き進む[87]。

歴史劇映画流行の背景には、こうしたイタリア独立五〇周年や植民地獲得競争の失敗、その後のリビア奪取に関わるイタリア帝国主義の高揚があった。政治的統合と独立した国民国家としての精神を民衆のうちに呼び覚ます社会的要請に、映画は次第に応えるようになる。先述したミラノ映画コンクールもイタリア政府によるイデオロギー政策の一例であるとも言えよう。文学作品の映画化はイタリアの文化遺産を視覚的にシンボル化し、それ

新　刊

英雄の旅
――ジョーゼフ・キャンベルの世界

ジョーゼフ・キャンベル著
斎藤伸治／斎藤珠代訳

偉大なる思想の集大成

神話という時を超えたつながりによって、人類共通の心理的根源に迫ったキャンベル。ジョージ・ルーカスをはじめ数多の映画製作者・作家・作品に計り知れない影響を与えた大いなる旅路の終着点。

購入はこちら

四六判上製[illegible]頁　定価[illegible]円

共産党の戦後八〇年
――「大衆的前衛党」の矛盾を問う

富田武著

党史はどう書き換えられたのか？

スターリニズム研究の第一人者である著者が、日本共産党の「公式党史」はどう書き換えられたのか」を検討し詳細に分析。革命観と組織観の変遷や綱領論争から、戦後共産党の理論と運動の軌跡を辿る。

購入はこちら

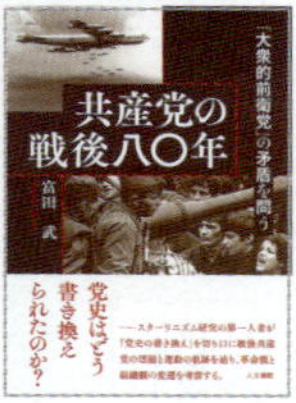

四六判上製300頁　定価4950円

性理論のための三論文
（一九〇五年版）

フロイト著　光末紀子訳　石﨑美侑解題
松本卓也解説

初版に基づく日本語訳

本書は20世紀のセクシュアリティをめぐる議論に決定的な影響を与えたが、その後の度重なる加筆により、性器を中心に欲動が統合され、当初のラディカルさは影をひそめる。本翻訳はその初版に基づく、はじめての試みである。

購入はこちら

四六判上製300頁　定価3850円

はとりもなおさず帝国主義的イデオロギーを普及させる植民地主義と表裏一体の関係を保つこととなった。半世紀前の統一運動の記憶を映像によって呼び起こし、新たな世代も含めてイタリア国民を統合していく課題を乗り越えるため、ナショナル・アイデンティティを表象するシンボルの一つとして、映画への要請がますます高まったのである。

こうした要請に応えるべく、一九一一年から一九一四年にかけて国家統一五〇周年を記念した大量のリソルジメント映画が製作された。特にルイジ・マッジ監督の『金婚式』*Nozze d'oro*（一九一一年）、『思ひ出のランプ』*La lampada della nonna*（一九一三年）、『血染めの軍旗』（一九一三年）はリソルジメント映画三部作として人気を博した。他にもガリバルディを主題にした映画が多数公開されている。統一運動を経験していない新たな世代にたいし、かつての経験を共有し愛国心を育てるために、子供向けリソルジメント映画も多く作られた。チネス社の『小さなガリバルディ』*Il piccolo Garibaldino*（一九〇九年）は、その典型例である。ガリバルディの息子が、志願兵の出発や勝利の夢に触発され、船で父親のもとに向かい、戦死するという映画である。他にも、日本では『母をたずねて三千里』で知られるエドモンド・デ・アミーチスの代表作『クオーレ』（一八八六年）は、子供向けに愛国心を説くための小説であり、これを原作とした映画も同時代に製作された。

イタリア統一運動に加わったマッシモ・ダゼリオが主張したように、領土的「イタリア」ができたのちは、「イタリア人」と「イタリア語」を作り出す必要があった。その点で、ダゼリオの義父にあたるアレッサンドロ・マンゾーニ作『いいなづけ』（初版一八二七年）が、一九一三年にエレウテリオ・ロドルフィ監督により映画化されたことも注目すべき事実である。イタリアの領土的・政治的統一と並行して言語的統一に尽力したマンゾーニは、文学作品とその言語の発信側にも受信側にも共通する書き言葉および話し言葉を確立しようとした。彼の代表作『いいなづけ』の改訂版（一八四〇年）は、当時最高の言語であると認識されていたフィレンツェ語で書かれ、生きた話し言葉のモデルを提示した。方言林立状態だったイタリアでは、古くから標準語論争が盛んであったが、いざ国家統一の段になって「国語」をめぐる最終決定が喫急の課題になる。その際に参照されたのが、この『いいなづけ』であった。フィレンツェ語が標準語に推された理由としては、もちろんダンテやボッカッチョという偉大な文学者がいずれもトスカーナ出身だったこともあり、マンゾーニだけの功績というわけではないが、まさに時宜を得た刊行と普及だったと言える。同作が広く大衆、とりわけ新興ブルジョワ階級にも浸透することで、いわゆる標準語として今日に近い「イタリア語」が成立していったのである。[88] マンゾーニ以前と以後のイタリア語には大きな隔絶があり、現在でも教科書で読み継がれているという『いいなづけ』の映画化は当時のイタリアで空前の大ヒット作となった。ここで言語的統一（標準語の策定）と「国民的」映画の誕生があたかも「いいなづけ」であったかのように見事に結ばれたのである。

『カビリア』製作の経緯

国威発揚を受けての映画における古代復興ブームにともない、資料を駆使して熟考された時代考証と壮大な舞台装置が追求されていった。一九一〇年に発刊されたイタリアの映画雑誌『ラ・ヴィータ・チネマトグラフィカ』をめくってみると、毎号のように「アンティーク」特集記事があり、古代の衣装や建築が紹介されている。監督は博物館や図書館で資料を集め、町並みから宮殿、記念碑、噴水、調度品、武器、衣装などディテールにいたるまで歴史を忠実に再現するようになった。これが『カビリア』前夜の状況である。

『カビリア』は、イタリア独立運動記念の余波とそれに乗じて高揚していった植民地主義およびナショナリズム、さらに勃発したばかりの第一次世界大戦という歴史的文脈のなか、絶妙なタイミングで公開された。監督のジョヴァンニ・パストローネは、当時イタリアを熱狂させていた対トルコ戦争に目を付けた。リビア奪取がスキピオのアフリカ征服をナショナリストたちに想起させていたことから、パストローネはそれまで映画の主題にとり上げられてこなかったカルタゴ戦争の映画化を構想する。その際、監督はフロベールの『サランボー』も参考にした。
ひととおり脚本を書き終えたパストローネは、ダンヌンツィオに連絡をとった。このときダンヌンツィオは、イタリアの債権者たちから逃れるためにフランスに逃亡していた。金策に窮していた詩人はパストローネを快く迎え、パリのホテルで打ち合わせをした。そのときの様子をパストローネは次のように述懐している。

ダンヌンツィオは私を歓迎し、私の言うことを聞いてくれました。私が話し終えると、彼は言いました。「《ヨブ記》に書いてあります。愚か者は〈数限りない〉と。しかし、明らかに私たちはこの中には含まれません。あなたも私も。あなたの映画にサインしたら、私は幾らもらえるでしょうか」。このような厚顔無恥を、私は予想もしていませんでした。私達は話し合い、やっと額を決めました。私は彼に五万フランを与えることにしました。その後、彼をおとなしくさせるために私はさらに同額を与えねばなりませんでした。私の脚本はずいぶん前に完成していました。しかし、辻褄を合わせるために、原稿を持っていきませんでした。ひとたび取り決めが決まると、私はダンヌンツィオの前で即興で創作するふりをしました。彼は一言も口を差し挟まずに私の物語を聞いていました。しかし、その後で主人公たちに、私が選んだのよりずっと良い名前をつけてくれました。つまり〈火から生まれた女〉を意味するカビリア、それからマチステ、クロエッサ、カルラーロ、ボダストレトなどです。さらに、私たちの契約は書類によって証拠づけられ、脚本は法的にはダンヌンツィオの作品であることになりました。私はホテルで自分が構想した筋の要旨を三十ページほど急いで書きあげました。ガブリエーレ・ダンヌンツィオは再び私を招いて、読み直そうともせずこれら三十ページにそれぞれ自分のサインを書き入れました。それから彼は、映画の字幕を書くことになりました。契約に基づいて、彼は各国におけるこの映画の特別試写会に立ち会うことになりました。この映画のあらゆる広告は彼の名前を中心に載せ、私の方は、監督として使っていたピエロ・フォスコという別名で、二列目に載せられていました。[89]

実質的にはジョヴァンニ・パストローネが脚本の作者であったが、ダンヌンツィオは『カビリア』の作者および監督は自分であると吹聴して回った。結果的にダンヌンツィオと製作会社の利害は一致していた。「イタリアの失地回復」と結びつく「ダンヌンツィオ」という名前は、大戦の切迫によって激化したナショナリズムを満足させるものであった。それゆえ、製作側は『カビリア』宣伝の広告塔として作家の名前を前面に出したのである。

ジョヴァンニ・パストローネの美学

『カビリア』の美学的な特徴を二点指摘しておこう。一つは立体的装置、いま一つは移動撮影である。これまで述べてきたように初期映画の時代には書割による背景幕が主流であったが、一九一〇年代に入ると書割による二次元のパースペクティヴに代えて、三次元の舞台装置による立体的空間が作り出されるようになった。パストローネは『カビリア』において、背景幕に描かれる書割を排除し、三次元の舞台装置を大量に用意した。観客の目をだまそうとする初期の技法を脱皮して、映画そのものに立体感を与えようとしたのだ（図3-11）。

そうした舞台装置とならんで、何百人ものエキストラを用いた群衆場面も当時の人々を驚かせた。行進する群衆、戦う兵士たち、祝祭でひしめき合うローマ人など、奥から手前に連なる群衆が画面全体に満ち、スクリーンは立体的な歴史画に造りあげられた。ダンヌンツィオも「この一大絵巻に関して私が思うに、ディテールに大きな注意を払い時代考証や歴史的特徴を重んじて作り上げるのではなく、動きと群衆の展開の方に最大の調和をはかるという点で、これほど巨大な作品はこれまでになかったであろう」[90]と述べている。そのような舞台装置や群衆の立体感を効果的に演出するために考案されたのが「移動撮影」という技法だった。

『カビリア』のもう一つの特徴である移動撮影とは、パストローネとカメラマンのセグンド・デ・チョモンが、撮影カメラをローラー付きの装置に置いて移動させるというしかけで特許を獲得したものである。直線、曲線、舞台装置との平行移動、前進、後退などありとあらゆる移動撮影を彼らは試みた。それは舞台装置の立体的効果をいっそう増加させる効果を生んだ。

このように『カビリア』は、初期から始まったイタリア歴史劇映画の経験と探求の成果であり、このジャンルを構成する歴史的建造物、時代考証、群衆、最新の撮影技法、照明、物語構成とその叙述（いわゆる映像のシンタックス）、スーパーヒーロー[91]という全要素を完成の域にまで高めて統合した集大成である。

図 3-11　『カビリア』の一場面

歴史劇映画の流行は大戦の終わりまで続いた。大戦の結果、映画市場の覇権がヨーロッパからアメリカへ移行したことで、イタリアではスペクタクル映画が減少し、もはやこのジャンルはイタリアの専売特許ではなくなっていく。

とはいえ、『カビリア』に代表されるパストローネの美学は、グリフィスの『アッシリアの遠征』*Judith of Bethulia*（一九一四年）や『国民の創生』*The Birth of a Nation*（一九一五年）の群衆場面、とりわけ『イントレランス』*Intolerance*（一九一六年）の古代バビロン篇、トマス・H・インスの『シヴィリゼーション』*Civilization*（一九一六年）、ロイス・ウェバーの『ポルチシの唖娘』など、ハリウッドの歴史スペクタクル映画を大きく促進させた。ハリウッド製歴史大作の前身である『カビリア』の水脈は、一九二〇年代以降も絶えることはなく、現在の映画に至るまで続いていると言っても過言ではない。

＊

映画における文学は、二つの意味で相互作用を生み出した。ひとつは、文学と映画の関わりが、イタリア、フランス、ドイツの各国で国境を越えて広がり、その反響が跳ね返ってきたということ。もうひとつは、原作が映画化されるなかで、互いのメディアが影響を与えあったということである。ロー・カルチャーとして消費されていたごく短編の映画が、一つ一つの作品に「作家性」を付与しようとする「芸術」としての映画をめざしていた一九一〇年代に、産業面における映画の国際化、美学形式におけるナショナル形式の深化、芸術ジャンル面における映画の地位上昇といったさまざまな局面において文学作品は利用されていった。ナショナルな映画間での国際的相互作用と芸術ジャンル内の相互作用が映画と文学を共通項としていたのである。

（1）アンドレ・ウーゼ（一八八〇―一九四二）は一九〇四年にパテ社に入り、映画脚本家として活動した。
（2）カペラニの主要作品の撮影を担当したピエール・トランバックの自伝には、この当時のカペラニがスカグル社にとって不可欠な人材であったことが記されている。Pierre Trimbach, *Le cinéma il y a 60 ans: Quand on tournait la manivelle... ou les mémoires d'un opérateur de la Belle Époque* (Paris: CEFAG, 1970).
（3）初期フランス映画と自然主義に関しては下記を参照した。Gabriel P. Silverman, "The Early Naturalist Cinema: Mass Media and Painting Traditions," in *Illusions of Reality: Naturalist Painting, Photography, Theatre and Cinema, 1875–1918* (Brussels: Mercatorfonds, 2010), pp. 140–153.
（4）サラ・ベルナール劇場出身のアンリ・クロース（一八六六―一九三五）は、『レ・ミゼラブル』や『ジェルミナール』をはじめカペラニ作品の多くに主演している。

(5) ロバータ・ピアソンらの研究によれば、舞台引き写しと揶揄される初期映画形式とともに、「演劇的」で「お芝居がかった」演技形式はネガティヴな形容として“histrionic code”と規定される。その一方、より自然で、リアリズムにもとづく映画的な演技は、“verisimilar code”とされる。この点に関しては第1章第1節を参照。演技に関してカペラニ作品を時系列順に見ていくと、史劇映画や夢幻劇映画といったジャンルが減少し、戯画的な登場人物が減ったということもあり、たとえ舞台出身の俳優を多く起用していたとしても、その演技形式は舞台演技的なコード（histrionic code）からより自然な演技コード（verisimilar code）へと変化していく。だがこれは、ベン・ブリュースターが主張するように、自然主義的な演技の技術が映画に適応されただけではなく、舞台から引き継がれた初期映画の演劇的な演技形式、もしくはピクトリアル形式の減少に由来している。詳細は下記の『ジェルミナール』と映画演技をめぐる論考を参照されたい。Ben Brewster, “Germinal and film acting,” http://uwfilmies.pbworks.com/w/page/4660024/Germinal-1913（二〇一五年三月一六日閲覧）。

(6) カペラニの再評価は「再発見された映画たち」と冠されたボローニャ映画祭（Il Cinema Ritrovato）がきっかけとなった。本映画祭では、二〇一〇年から二〇一一年にかけて二度にわたりアルベール・カペラニ監督特集が組まれた。さらに二〇〇五年以降、毎年別プログラムである「一〇〇年前の映画特集」の枠でもカペラニが最初に製作した映画『浮浪者』*Le chemineau*（一九〇五年）をはじめとする作品が上映されてきた。カペラニ作品の復元については以下を参照した。Mariann Lewinsky, “Capellani ritrovato: La programmation des films de Capellani au Cienema ritrovato de Bologne, recherche des copies et retauration,” *1895 revue d'histoire du cinéma*, no. 68 (winter 2012), pp. 220-233; Caroline Patte, “La restauration des films d'Albert Capellani détenus par les archives françaises du film (CNC),” Ibid., pp. 234-239. 一連の復元上映の成果として、バイオグラフも出版されている。Christine Leteux, *Albert Capellani: cinéaste du romanesque* (Grandvilliers: la tour verte, 2013).

(7) Michel Marie, “Place de *Germinal* dans l'histoire du cinéma français,” *1895: L'Année 1913 en France*, numéro hors série (October 1993), pp. 227-233.

(8) ジョルジュ・サドゥール（丸尾定ほか訳）『世界映画全史』第五巻、国書刊行会、一九九五年、五二頁。

(9) たとえば、ジャン・ミトリは「彼の形式と方針は演劇的なものにとどまっていたが、動く映像におけるナラティヴの可能性をとり入れようとしていた」と述べ、「演劇的」という形容を否定的なものとして用いている。Jean Mitry, *Histoire du cinéma: art et industrie 1. 1895-1915* (Paris: Éditions universitaires, 1967), p. 372.

(10) この点については次の論考を参照されたい。小川佐和子「救いのないサスペンス――フランス時代のアルベール・カペラニ監督」『演劇映像学』二〇一一第一集、二〇一二年、三五―五四頁。

(11) Victorin Jasset, "Etude sur la Mise en scène en Cinématographie," *Ciné=Journal*, no. 166, 28 October 1911, p. 35.

(12) カペラニは後続する物語内容を先に字幕で示す。この手法は初期の聖書映画や史劇映画に見られるもので、字幕は各ショット＝シークェンスを演劇における「場」とみなしたときのタイトルの役目を果たす。カペラニは映画が長尺化した一九一四年においても、会話字幕は一切用いず、一貫して直後の展開を予告する説明字幕を用いている。とりわけ初期の一九〇六年から一九〇七年の短編映画では、説明字幕というよりむしろ各場のタイトルを数個の単語で示す程度であり、それは聖書映画の名残を強く想起させる。カペラニは聖書映画という初期映画の一ジャンルの手法を現代劇に適用したのである。

(13) Brewster et al. *Theatre to Cinema*,（序注23参照）pp. 126-127.

(14) この点で、現在監督不詳の映画『マノン・レスコー』*Manon Lescaut*（一九一二年）は、カペラニ特有の移動撮影が多いことから、カペラニ作品ではないかと推測される。

(15) 『レ・ミゼラブル』の公開は、フランス本国ではオムニア・パテにおいて、一九一三年一月三日から九日に第一部および第二部、一月一七日から二三日に第三部、一月二四日から三〇日に第四部となっている。だが、製作自体はすでに前年に完了していただけでなく、ドイツでは一九一二年一一月から一二月にかけて封切されていた。それゆえ、カペラニの『レ・ミゼラブル』の製作年は一九一二年と表記されることも多い。ここでは映画史上一九一三年が一つの区切りとなる点、また当時の言説においても、一九一三年を前年と差異化しようとする新たな展望が語られ（G. Dureau, "1913?," *Ciné=Journal*, no. 228, 4 January 1913, pp. 3-5）、そのなかに『レ・ミゼラブル』が位置づけられている点から、一九一三年と表記する。

(16) G. Dureau, "Le succès des "Misérables"," *Ciné=Journal*, no. 230, 18 January 1913, p. 3.

(17) フランスにおける長編映画については下記を参照。Richard Abel, *The Ciné Goes to Town: French Cinema, 1896-1914* (Berkeley: University of California Press, 1998).

(18) デンマークのノーディスク社製作『アトランチス』*Atlantis*（一九一三年、アウグスト・ブロム監督）は、デンマークにおける作家映画第一作である。ゲルハルト・ハウプトマン原作の同名小説は一九一二年初頭に出版され、ハウプトマン自身が映画脚本を担当した。アルトゥール・シュニッツラー原作の映画としては、同じくノーディスク社製作『恋愛三昧』*Elskovsleg*（一九一四年、アウグスト・ブロム／ホルガー・マッセン監督）がある。マックス・ラインハルトは無声映画時代に『ヴェネツィアの一夜』*Eine venezianische Nacht*（一九一四年）、『幸福の島』*Die Insel der Seligen*（一九一三年）などの四作品を撮っている。ラインハルトの映画については、下記を参照されたい。Margot Berthold, *Max Reinhardts: Theater im Film* (München: Münchner Filmzentrum, 1984).

（19）映画改革運動は、一九〇七年にヘルマン・レンケにより開始され、一九一〇年から一四年にかけて最盛期を迎えた。この運動では、若い観客のモラルと健康の危機といった映画メディアが社会に及ぼす負の効果を回避するため、厳しい検閲や課税制度、教育映画・科学映画の製作など外的条件の改善が提案された。その一方、この運動に協力した出版社「ビルト・ウント・フィルム」は、映画に関するさまざまな本を出版しつつ、作家や知識人と協同することで、低俗性から脱却し、映画の芸術的モデルをめざす内側からの変革を提案した。

（20）ドイツの映画館における標準的なプログラムの一例は以下のとおりである。一九時：序曲、一九時一〇分：時事映画、一九時二五分：女性歌手による歌曲、一九時四〇分：ユーモアのある短編映画、一九時五五分：空中ブランコなどの出し物、二〇時八分：実写映画、二〇時二〇分：腹話術の見せ物、二〇時三五分：映画ドラマ、二〇時五五分：道化師による音楽の見せ物、二一時一〇分：コメディー映画、二一時三〇分：ユーモア話、二一時四五分：長編映画のヒット作、二二時二五分：音楽の小品、二二時三二分：曲芸、二二時四五分：学問的な映画、二二時五〇分：ダンス・デュエット、二二時五五分：グロテスクな映画、二三時：最後の行進曲（"Das Programm des Kino-Variétés," *Die Lichtbild-Bühne*, no. 25, 21 June 1913）。この例では、二一時四五分から二二時二五分まで四〇分（二巻から三巻）、プログラムのなかで最も多く時間を割いてヒットした長編映画の上映に充てている。

（21）一九〇六年と一九一一年の各時点におけるドイツ国内の諸都市の映画館数を映画雑誌『リヒトビルト＝ビューネ』が調査したところ、一九〇六年の時点では映画館がなかった二二の都市で一九一一年には複数の映画館が建設されており（なかでも顕著なのはシェムニッツで一二館、マグデブルクで一二館、ミュンヘンで二〇館、ドレスデンで二九館であり、残りは平均四館から五館である）、一九〇六年にすでに映画館があった都市でも館数は倍増し、主要都市だけでなく多くの地方都市にも映画が普及していた。"Die Entwickelung der Kinematographentheater," *Die Lichtbild-Bühne*, no. 25, 21 June 1913, p. 34.

（22）Leonardo Quaresima, "Dichter, heraus! The Autorenfilm and German Cinema of the 1910's," *Griffithiana* 38/39 (1990), p. 104.

（23）本作をめぐる当時の反響、映画と演劇の関係および主演アルベルト・バッサーマンの演技については第1章第1節を参照されたい。

（24）『クオ・ヴァディス』に関して、「われわれは『クオ・ヴァディス』という映画を創り上げる」（Misu, "Kunst und nochmals Kunst," *Die Lichtbild-Bühne*, no. 23, 7 June 1913, p. 122）とあるように、これら外国の文芸大作を称揚することで、ドイツ国内映画に言説をすり替え、映画そのものを高めようとしている。

（25）Frank Kessler and Sabine Lenk, "The French Connection: Franco-German Film Relations before World War I," in

Thomas Elsaesser (ed.), *A Second Life: German Cinema's First Decades* (Amsterdam: Amsterdam University Press, 1996), p. 63.

（26）サドゥール『世界映画全史』第五巻、二七頁。

（27）たとえばアメリカでは、『レ・ミゼラブル』は他国よりも数ヶ月遅れて一九一三年の四月に公開され、ニューヨークだけは秋になってから公開されたが、その後も各地で巡回上映された。インディアナポリスではこの映画のため特別に作曲された伴奏音楽付きで上映され、その人気が持続していたことを示している。Abel, *The Ciné Goes to Town*, p. 524.

（28）"Victor Hugo als Filmdichter," *Berliner Börsen-Courier*, as quoted in *Erste Internationale Film-Zeitung*, no. 46, 16 November 1912, p. 33.

（29）Albrecht Hain, "Victor Hugo im Film," *Erste Internationale Film-Zeitung*, no. 46, 16 November 1912, pp. 28-33.

（30）Tom Gunning, "Notes and Queries about the Year 1913 and Film Style: National Styles and Deep Staging," *1895: L'Année 1913 en France*, numéro hors série (October 1993), p. 195.

（31）フランス映画における一九一三年に関する研究論集として同右がある。一九一三年映画を軸にした横断的な研究としては、以下の論文集を参照。*Griffithiana: La rivista della Cinetica del Friuli: Il Cinema nel 1913* (March 1994). また、デーヴィッド・ボードウェルのブログ記事 "Lucky' 13": http://www.davidbordwell.net/blog/2008/08/29/lucky-13/（二〇一五年三月一六日閲覧）を参照。

（32）吉田喜重・山口昌男・木下直之（編）『映画伝来——シネマトグラフと〈明治の日本〉』岩波書店、一九九五年。

（33）G. Dureau, "Le Film National," *Ciné=Journal*, no. 70, 20-26 December 1909, p. 4.

（34）二〇〇九年の六月から七月にかけてボローニャで開催された第二三回復元映画祭では、「百年前の映画」プロジェクトの一環で、「一九〇九年の映画特集」が組まれ、百本以上の映画が上映された。映画祭のカタログやプレゼンテーションのなかで、マリアン・レヴィンスキーは「一九〇九年は、はっきりとした転換点であった。終わりと始まりが重なっていた」と述べている。

（35）Marc Mario, "La Convention de Berne et la Conférence de Berlin," *Ciné=Journal*, no. 65, 15-21 November 1909, pp. 6-10.

（36）プログラムの詳細は次の記事を参照。"Syndicat des Opérateurs Cinématographistes de France," *Ciné=Journal*, no. 62, 24-30 October 1909, p. 4. ここにはトリック映画『プリンセス・ニコティン』*La princesse Nicotine*（一九〇九年、ヴァイタグラフ社製作）も含まれている。

（37）"L'Exploitation Cinématographique en Angleterre," *Ciné=Journal*, no. 70, 20-26 December 1909, p. 6.

（38）コンクールに関して調査対象とした一次資料は、『チネ・フォノ』、第一回ミラノ世界映画コンクールの公式機関誌『チネマトグラフィア・イタリアーナ』、フランス最初の本格的な映画雑誌『シネ＝ジュルナル』である。『チネ・フォノ』の正式名称は、*La Rivista Fono-Cinematografica e delle varie manifestazioni artistico industriali* である。この雑誌は一九〇八年にナポリで発行され、毎週土曜日に刊行された。まもなく、*Il café-chantant e la rivisita fono-cinematografica* と合併した。『チネマトグラフィア・イタリアーナ』は、一九一三年ミラノにおける映画館展覧会、ローマにおけるイタリア映画作家協会（元イタリア映画物語作家協会）の公式機関誌でもあり、さらに一九一一年にトリノで開催された展覧会の公式誌でもあった。

(39) "Echos: Concours International de Milan," *Ciné=Journal*, no. 59, 4-10 October 1909, p. 5.

(40) L. Marone, "1ma Concorso Mondiale di Cinematografia," *La Cine-Fono*, no. 82, 23 October 1909, p. 7. このコンクールは結局のところ第二回は実現せず、最初で最後となった。

(41) "I. Concorso Mondiale di Cinematografia," *La Cine-Fono*, no. 81, 16 October 1909, p. 7.

(42) "Esposizione, congresso, concorso et similia," *La Cine-Fono*, 4 October 1908.

(43) "I. Concorso Mondiale di Cinematografia," *La Cine-Fono*, no. 78, 25 September 1909, p. 8.

(44) 例えば次のような記事がある。「ミラノでのコンクールの組織は熱心に続行し、われわれは大きな成功を期待している。全ての製作会社の新たな加入が毎日委員会で行われている。〔……〕ブラボー、イタリア人！　彼らはイギリス人よりチャンスに恵まれている！」（"Echos: Concours International de Cinématographie," *Ciné=Journal*, no. 55, 6-12 September 1909, p. 2.）、「われわれはその成功の一部を担う。〔……〕最も権威のある人々や裕福な人々の後援をうけて、行動力・知識・映画への愛着のある映画産業の人々全てによって組織された。今度のミラノのイベントはすでにわが国の最良の会社の参加を受け入れている」（"Echos: Concours International de Milan," *Ciné=Journal*, no. 59, 4-10 October 1909, p. 5.）。

(45) 詳細は次の記事を参照した。"I. Concorso Mondiale di Cinematografia," *La Cine-Fono*, no. 81, 16 October 1909, pp. 7-8. 当初は五月から六月にかけて開催される予定であった。"Un Concours International Cinématographique A Milan (Mai et Juin 1909)," *Ciné=Journal*, no. 24, 28 January 1909, p. 2.

(46) L. Marone, "La chiusura del 1. Concorso Mondiale di Cinematografia," *La Cine-Fono*, no. 83, 6 Nobember 1909, pp. 7-8.

(47) ルイジ・マローネはミラノから雑誌社に電話をかけ、世界映画コンクールの受賞結果を報告している。

(48) イタリア国内から参加した映画会社とその所在都市名を列挙すると、イタラ社（トリノ）、アンブロージオ社（トリノ）、アクイラ社（オットレンギ、トリノ）、パスクアリ社（トリノ）、ウニタス社（トリノ）、コメリオ社（ミラノ）、クローチェ社（ミラノ）、リッカルディ社（ミラノ）、チネス社（ローマ）、ラティウム社（ローマ）、ヴェスヴィオ社（ナポリ）、ペッツリーコラ・パルラーテ社（ピサ）となり、主要な会社は全て加盟している。L. Marone, "La chiusura del 1. Concorso

Mondiale di Cinematografia," *La Cine-Fono*, no. 83, 6 November 1909, pp. 7–8; "Echos: Concours International de Cinématographie," *Ciné=Journal*, no. 55, 6–12 September 1909, p. 2.

(49) "I. Concorso Mondiale di Cinematografia A MILANO," *La Cine-Fono*, no. 77, 18 September 1909, p. 10.

(50) Ibid.; "I. Concorso Mondiale di Cinematografia," *La Cine-Fono*, no. 81, 16 October 1909, pp. 7–8.

(51) これに関しては以下を参照した。"1ma Concorso Mondiale di Cinematografia," *La Cine-Fono*, no. 82, 23 October 1909, pp. 7–9. なお、本節でとり上げる作品は、原則として一九〇九年に公開されているため、公開年の表記は省略する。またこの時期は、監督不詳のことが多く、監督という個人名よりも製作会社名に映画の作家性が属すと考えられるため、監督不詳の場合は表記せず、必要に応じて製作会社を記す。

(52) 実際、このイベントは全ての専門雑誌だけでなく、さまざまな都市の主要紙にも現れ、コンクールが終了した後もさらなる上映のために受賞作は複数の映画館に配給されていった。

(53) "Concours de Milan," *Ciné=Journal*, no. 25, 4 February 1909.

(54) Ibid.

(55) "Un Concours International Cinématographique A Milan (Mai et Juin 1909)," *Ciné=Journal*, no. 24, 28 January 1909, p. 2.

(56) "Concours de Milan," *Ciné=Journal*, no. 25, 4 February 1909.

(57) "Un Concours International Cinématographique A Milan (Mai et Juin 1909)," *Ciné=Journal*, no. 24, 28 January 1909, p. 2.

(58) Roberto Chiesi, Guy Borlée, Chiara Caranti (eds.), *Il Cinema Ritrovato 2009* (Bologna: Cineteca Bologna, 2009), p. 129.

(59) "Concours de Milan," *Ciné=Journal*, no. 25, 4 February 1909.

(60) Mario Lunegi, "1ma Concorso Mondiale di Cinematografia: Le Prime Proiezioni," *La Cine-Fono*, no. 82, 23 October 1909, p. 8.

(61) Saida, "L'industria cinematografica," *La Cine-Fono*, no. 87, 4 December 1909, p. 8; "Premiata con grande medaglia d'oro al 1. Concorso Mondiale Cinematografico=di Milano=," *La Cine-Fono*, no. 85, 20 November 1909.

(62) Luigi Marone, "Primo Concorso Mondiale di Cinematografia a Milano: Casa Italiane Fabbricanti," *La Cine-Fono*, no. 85, 20 November 1909, p. 8.

(63) C., "L'Italia Cinematografica: TORINO," *La Cine-Fono*, 28 August 1909, p. 12.

(64) Chiesi et al., *Il Cinema Ritrovato 2009*, pp. 130–131. 実写映画については、テオフィル・パテも映画コンクールで拍手喝采を受けた。"Compagnie Générale des Cinématographes Th. Pathé," *Ciné=Journal*, no. 62, 24–30 October 1909, p. 12.

(65) Luigi Marone, "Primo Concorso Mondiale di Cinematografia a Milano: Casa Italiane Fabbricanti," *La Cine-Fono*, no. 85,

20 November 1909, p. 9.

（66） 一九〇九年にイタリアでは例年よりも多く、次の五つの映画会社が設立された。トリノのパスクアリ（Pasquali e Tempo/Pasquali e C.)、ローマのローマ・フィルム（Roma Film)、トリノのウニタス（Unitas)、ローマのフィルム・ダルテ・イタリアーナ（Film d'Arte Italiana)、ローマのヘリオス・フィルム（Helios)。詳細は、Aldo Bernardini, "La società di produzione torinesi: temi di una ricerca," in Paolo Bertetto and Gianni Rondolino (eds.), *Cabiria e il suo tempo* (Torino: Museo nazionale del cinema; Milano: Il castoro, 1998)を参照のこと。

（67） Claudia Gianetto, "The Giant Ambrosio, or Italy's Most Prolific Silent Film Company," *Film History*, vol. 12, no. 3 (2000), pp. 240–249; Silvio Alovisio, "The 'Pastrone System': Itala Film from the Origins to World War I," Ibid., pp. 250–261.

（68） 比較的規模は大きく、世界各国の映画会社が参加した。フランスからはリュクス、テオフィル・パテ、メリエス、スター、パテ・フレール、ラレイ&ロベール、エクレール、ゴーモン、エクリプス、リオン、ラディオスが参加している。アメリカからはヴァイタグラフ一社のみ、イタリアはチネス、アンブロージオ、アクイラ、ルーカ・コメリオ、イタラ、ピネルスキ&アルベリーニ、イギリスの会社はウィリアムソン、クリックス&マーティン、クラレンドン、ポール、ウォーリック、アーバン、ゴーモン支社が加盟した。ドイツはインテルナチオナル・ゲゼルシャフト、ビオスコープ、ムートスコープ、メスター（Menterと記載されていたがおそらくMessterの誤り)、北欧からはデンマークのノーディスク社、最後にロシアからはドランコフ社が加盟し、活発な議論が繰り広げられた。詳細は以下の記事を参照されたい。"Le Congrès des Fabricants," *Ciné=Journal*, no. 21, 7 January 1909, pp. 2–3; G. Dureau, "Le Congrès du 2 Février Respect aux droits établis!," *Ciné=Journal*, no. 23, 21 January 1909, pp. 2–3; G. Dureau, "Le Congrès International des Fabricants de Films," *Ciné=Journal*, no. 24, 28 January 1909, p. 1; G. Dureau, "Congrès des Editeurs de Films," *Ciné=Journal*, no. 25, 4 February 1909, pp. 1–2.

（69） Luigi Marone, "Una visita alle case fabbricanti italiane," *La Cine-Fono*, no. 73, 21 August 1909, p. 9.

（70） "Film Import & Trading Co.," *The Moving Picture World*, vol. 5, no. 19, 6 November 1909を参考にした。

（71） Picco-Lino, "1ma Concorso Mondiale di Cinematografia," *La Cine-Fono*, no. 82, 23 October 1909, p. 8.

（72） 吉山旭光「文芸活動写真協会（有楽座に於ける第一回興行)」『歌舞伎』第一四三号、一九一三年四月。

（73） Pig., "Impressioni, Nerone della Società Anonima "Ambrosio"," *La Cine-Fono*, no. 83, 6 November 1909, p. 12.

（74） Luigi Marone, "Primo Concorso Mondiale di Cinematografia a Milano: Casa Italiane Fabbricanti," *La Cine-Fono*, no. 85, 20 November 1909, p. 8.

（75） "Coming Headliners Nero; Or, The Burning of Rome (Film Import)," *The Moving Picture World*, vol. 5, no. 19, 6

November 1909.

（76）*The Moving Picture World*, vol. 5, no. 19, 6 November 1909.

（77）Ibid.

（78）"The Qualities of Imported Films," *The Moving Picture World*, vol. 5, no. 19, 6 November 1909.

（79）"Important Interview with Mr. Arturo Ambrosio," *The Moving Picture World*, vol. 5, no. 19, 6 November 1909.

（80）Ibid.

（81）Ibid.

（82）Gianetto, "The Giant Ambrosio,"（前注67参照）pp. 240-249.

（83）イタリアにおけるダンヌンツィオ作品の映画化に関しては以下を参照。Mario Verdone, "Gabriele D'Annunzio nel cinema italiano", *Bianco e Nero*, 7/8 (1963), pp. 1-21.

（84）『カビリア』の音楽の復元に関しては、以下を参照。Annarita Colturato (ed.), *Film Music Practices, Theoretical and Methodological Perspectives, Studies around* Cabiria *Research Project* (Torino: Kaplan, 2014).

（85）イタリア統一の歴史に関しては次の文献を参考にした。藤澤房俊『「イタリア」誕生の物語』講談社選書メチエ、二〇一二年：北村暁夫・伊藤武（編）『近代イタリアの歴史——一六世紀から現代まで』ミネルヴァ書房、二〇一二年。

（86）イタリアの植民地政策およびエチオピア戦争については次の文献を参考にした。岡倉登志「アドゥアの戦い——イタリア—エチオピア関係史研究序説（I）」『立命館大学人文科学研究所紀要』三七号、一九八四年：小田原淋「歴史の否認——植民地主義史研究に見るイタリア歴史修正主義の現在」『Quadrante——クァドランテ』一二号、二〇一一年。

（87）イタリアのリビア侵略に関しては次の文献を参考にした。シモーナ・コラリーツィ（村上信一郎・橋本勝雄訳）『イタリア二〇世紀史——熱狂と恐怖と希望の一〇〇年』名古屋大学出版会、二〇一〇年：佐々木良昭「リビアのイタリア闘争小史」『海外事情』六・七月合併号、拓殖大学海外事情研究所、一九八〇年。一九二〇年代以降のイタリアの植民地拡大政策と映画に関しては次の文献を参照した。石田美紀「ファシスト政権期イタリア映画における「白」の視覚——「白い電話」と白い砂漠」『美学』第五六巻二号（二二二号）、二〇〇五年。

（88）イタリア語の成立過程に関しては次の文献を参考にした。ヴァッレほか『イタリア語の歴史』（第1章注44参照）。国家統一がなされた時点で、国内の非識字率は七五パーセントにも及んでいた（同右、二一〇頁）。

（89）サドゥール『世界映画全史』第五巻、二八二—二八三頁。

（90）同右、二八三頁。

（91）『カビリア』で本格的なデビューを果たしたマチステ役のバルトロメオ・パガーノ（一八七八—一九四七）は、スーパーヒーローの元祖となった。筋肉隆々で正義感あふれるマチステは、この後独立したキャラクターとして人気のシリーズとなり、大戦プロパガンダ映画の『マチステ・アルピノ』*Maciste alpino*（一九一七年、ジョヴァンニ・パストローネ監督）をはじめ、『恋するマチステ』*Maciste innamorato*（一九一九年、ルイジ・ロマーノ・ボルニェット監督）、『マチステの休暇』*Maciste in vacanza*（一九二一年、ルイジ・ロマーノ・ボルニェット監督）、『マチステの地獄巡り』*Maciste all'inferno*（一九二五年、グイド・ブリニョーネ監督）など数多くのマチステ物が製作された。

第4章 大衆芸能と映画
——語り芸・新派劇から活動写真へ

日本は、映画以前の視聴覚パフォーマンス形態をヨーロッパ映画とは違った形で引き継いだ地域である。ヨーロッパ映画は初期の時代から「芸術」としての映画をめざしていたのにたいし、日本映画は大衆芸能の延長線上に発展したという点で特異である。江戸時代から伝統を紡いできた歌舞伎や講談、落語、義太夫といった演劇や語り芸、映画の誕生と時期を同じくする新派、新劇、流行歌といった新興芸能など、当時のさまざまな芸能への依拠と対峙にもがきながら、日本映画は独自のメディアとして自律した地位と立場を確立しようと模索していったのである。

初期の日本映画の粗筋はほぼ全て、これら既存の大衆芸能から借用されてきたと言ってよい。周知のように、西欧映画が多様なジャンルを分岐させていったのにたいして、無声時代の大正期日本映画には、二つの大きな類型しか存在しなかった。後の時代劇である旧劇映画と同時代を扱う新派映画である。旧劇映画の物語は歌舞伎や講談に、新派映画の物語は新聞小説や家庭小説に由来する。後者は、新聞小説を舞台化した新派劇と連動し、映画の描く世界は広く一般になじみのあるものとなっていた。一九一〇年代の日本映画は、以前から知られていた旧劇、あるいは同時代に紙媒体や舞台といった他のメディアで流行した新派に、大きく依拠していたのである。

その状態から脱して、映画脚本を募集したり、外国映画の脚本を参考にしたり、字幕や脚本のあり方を研究したりと、映画独自の物語を追い求める動きが散見されるようになるのは、ようやく一九一〇年代後半になってからである。[1] 古典文学や日本近代文学に固有の私小説が映画化されるのは一九三〇年代のトーキー普及以降のことだ。

映画形式に関しては、舞台の引き写しと揶揄される極端なロング・テイクや、演劇の場割をとり入れている点に、舞台芸能からの影響が見られる。当時はヨーロッパと同様、日本においても映画専門の俳優が少なく、演劇界から映画界に移ってきた役者がほとんどであったため、旧劇役者の立回りや女形俳優の身振りなど、映画の演技も演劇的なものであった。そうした舞台のような演出と演劇的な演技は、外国映画の影響により映画固有の形式と演技へ徐々に変化していく。

物語や形式のみならず、映画を取り巻く上映環境や観客層も大衆芸能と共有していたことは、[2] 映画館と芝居小屋が同じエリアに乱立していたことや「活動弁士」という独特の職業があることから分かるだろう。[3] 興行形態をみても、映画は単独で上映されていたわけでなく、他の芸能と一緒に見世物となっていた。明治・大正期の映画館では、義太夫・浪花節・実演劇といった余興を入れるのが流行し、余興なくして十分に集客することは難しかった。ゆえに各館が競って諸種の芸人を舞台に登場させ、映画館の興行収益を上げようとしたのである。この状況は、「されば今日の活動写真は内実は演劇場なるか、将た寄席なるか、即ち余興が主にして、活動写真が従たるやの奇現象なしともせず、冠覆転倒の思ひなきにしもあらず[4]」と揶揄されるほどであった。

こうした初期の日本映画と大衆芸能の影響関係をめぐって十分に研究が蓄積されてきたとは言い難い。[5] 本章では前世紀から受け継がれてきた娯楽芸能と日本映画との和合と対峙についてジャンル横断的に分析する。まず物語内容の点で代表的な語り芸であった講談と映画の連続性について検証し、次に演技や人的交流の面から新派劇と映画の連続性を分析していく。そこでは演出上の直接的な接合の現象として映画と演劇の混合パフォーマンスである連鎖劇も視野に入れる。

1　講談から旧劇映画へ

題材の普及

歌舞伎・浪曲・講談の題材は、そのオリジナルの弁別が容易でない。そのため、講談から映画への影響は、具体的な論証が難しいとされてきた(6)。さらに講談に代表される話芸は、歌舞伎の演出のように視覚的な側面から映画と比較することが不可能であるため、映画の題材は講談よりも歌舞伎から摂取されたとみなされる傾向も強い。これに加え、講談本は散逸が著しく、講談研究があまり進んでいないことも、映画と講談の比較研究を困難にしている(7)。その結果、「旧劇映画の題材が講談である」という事実は、後世の映画人らの証言のなかで自明のこととされてきたものの、両者の具体的な関係はいまだ実証的には明らかとなっていない(8)。

本節では、講談速記本および書き講談本の出版・連載状況と、同時期に公開された旧劇映画との関わりを導きの糸にして、大衆芸能と映画の影響関係について考察する(9)。まず、旧劇映画の題材が講談に由来していることを詳らかにするために、講談関係の雑誌や新聞記事、映画館のチラシなどの一次資料から同時代の言説を検討し、当時の認識を確認する。次に、映画の興隆と寄席芸能の衰退を踏まえた上で、入場者が限られる芝居とは異なり、潜在的な読者数・発行部数・重版数の点で講談文化が当時、いかに他の媒体を圧倒するほど普及していたかを把握する。最後に、特定の映画作品をとり上げ、映画が公開された時期と、当該映画と同じ題材であると思われる講談本の出版状況、さらに新聞・雑誌での講談連載の時期とを比較し、講談種が旧劇映画の題材としての機能を十分に果たしえたことを明らかにする。

以下では講談が題材であると推測される映画を便宜的に講談映画と呼ぶことにする。なお調査対象期間は、講談映画が登場し始めた一九〇八（明治四一）年から、原作者・脚本家が明記されることが多くなる一九二四（大正一三）年までとした。

講談映画に対する同時代の認識

講談映画は当時どのように認識されていたのだろうか。次の二つの引用は、一九二〇（大正九）年の『講談落語界』に掲載された吉山旭光の記事「台本としての講談雑話（活動写真）」および『大衆講談全集内容見本』の冒頭に書かれた「お芝居見物にも映画見物にも本書は無二の御案内書」である。

活動写真の劇、殊に旧劇の材料として、講談から材料が主に採用されて居ることは、今改めて書く迄もなく、知れて居る。講談物は速記となって、新聞の続き物ともなれば、又単行本ともなって、一般的に行はれて居るので、それから材料を取って脚色する時には、名が知れて居ると云ふので、興行政略上得だから、活動写真当事者は、此方面から旧劇台本の材料を多く集めやうとして居る。〔……〕今日我邦の映画界で旧劇の材料として採用されて居る講談物はどんな工合かと云ふと、㈠新聞雑誌に掲載された講談物。㈡立川文庫、其他講談速記本。の二種に区別されて居る。以上二種の内で、㈠の方は新聞社や雑誌の広告等の意味に於て、営業政略から採用されることが、丁度新派劇と新聞小説に於ける関係と同様だ。㈡も或程度迄は㈠と同様のこともあるが、マア概して㈠のやうな場合は稀だから、其速記本の発行所や口演者の名を広告にするやうなことはないと云つても差支えあるまい(10)。

御承知の通り、日本の芝居も映画も寄席も全部その材料は講談から出てゐるのでありますから、皆様が芝居や映画を御見物になり、それを能く御理解になるには奈何しても本社発行の大衆講談全集をお読みになる必要があります。その種子本である大衆講談全集を読まずして芝居を御覧になり、映画を御見物あそばしても、到底それを理解することは出来るものではありませぬ。それに大衆講談全集は従来の旧式な講談とちがひまして、何処を読んでも面白く、一度読み出したら、とても止められぬほど面白く、家庭読物として既に定評のあるもので、日本の新聞で毎日講談を掲載せぬ新聞がないほど、家庭の唯一無二の好読物であります。(11)

吉山が述べているように、新聞に連載された家庭小説に新派映画が目を付けたのと同様、旧劇映画の題材として講談物を用いる傾向があった。当時、映画の題材となった講談には、三つの媒体が存在した。講談師の口述を速記者が活字化した文字資料としての講談速記本、書き講談である文庫本、そして講談の新聞連載や雑誌連載の三種である。講談速記本は一八八五(明治一八)年一〇月に始まり、書き講談は一九一一(明治四四)年三月に普及の面から本格的に始まるとされている。これらが映画という媒体へ頻繁に移入されたのである。吉山の言うように、講談に映画化するだけの商業的価値があるとするならば、映画を受容する以前に講談の題材が広く大衆に流布していたことが前提条件となる。講談師の名前はしばしば映画の広告に用いられ、宣伝役も果たしていた。

講談映画の推移

では明治末から大正期における講談映画の製作本数や映画産業における講談映画の位置づけはどのようなものであったのか。表4-1は、講談映画製作本数の推移である。

講談映画は旧劇映画が登場して以後、徐々に増加し、一九一二年にピークを迎える。多くの場合、旧劇映画の題名は歌舞伎の演目ではなく、物語の山場や主人公の名前をとり入れた講談の題目と酷似していることから、講談の演目を採用した方が集客できると考えられていたようである。講談映画は、一九二三年の関東大震災直後あたりから急激に減少し、その翌年には講談映画のほとんどに脚本家や原作者が明記されるようになる。鈴木篤、桂田阿弥笠、犬塚稔らが脚本を執筆し、小林弥六、辻吉朗、池田富保のように監督と脚本を兼ねる場合も多くみられるようになる。このことから、震災を境に旧劇から時代劇へと移行していくなかで[14]、震災の余波は講談映画の衰退にも多大な影響を及ぼしたと言える。

次に、頻繁に映画化されている旧劇映画の題材を多い順に挙げてみよう（表4－2）。『荒木又右衛門』、『堀部安兵衛』、『岩見重太郎』、『徳川天一坊』、『宮本武蔵』などの仇討・武芸物が上位に入っている。明治二〇年代から四〇年代にかけて爆発的に出版された講談も、仇討・武芸物が最も多く、売れ行きにおいても圧倒的だった。大衆の嗜好は当時大量に流布していた講談によって形成され、それが旧劇映画の題材に反映していたと推定される。

表4－1　講談映画製作本数の推移[12]

年	本数	年	本数
一九〇九（明治四二）年	三五本	一九一七（大正六）年	七二本
一九一〇（明治四三）年	五一本	一九一八（大正七）年	六六本
一九一一（明治四四）年	八七本	一九一九（大正八）年	七二本
一九一二（大正元）年	一四六本	一九二〇（大正九）年	五三本
一九一三（大正二）年	六一本	一九二一（大正一〇）年	七一本
一九一四（大正三）年	九九本	一九二二（大正一一）年	六一本
一九一五（大正四）年	六八本	一九二三（大正一二）年	三三本
一九一六（大正五）年	五八本	一九二四（大正一三）年	三五本[13]

映画の興隆と寄席芸能の衰退

このように講談は明治・大正期の映画産業において広く受け入れられ、大衆の好みは旧劇映画の製作に大きく影響していた。映画が登場する以前から、講談に親しんでいた読者が多く、これら講談の読者層と旧劇映画の観客層はかなりの程

表4-2　頻繁に映画化される講談種(15)

回数	講談種	ジャンル	回数	講談種	ジャンル
一五回	『荒木又右衛門』（一）	仇討・武芸物	一〇回	『野狐三次（観音利生記）』	狭客物
一四回	『大久保彦左衛門』（二）	政談物	一〇回	『播州皿屋敷』	怪談・世話物
一四回	『伊達騒動』（三）	騒動物	一〇回	『丸橋忠弥』	騒動物
一四回	『堀部安兵衛』（四）	仇討・武芸物	九回	『赤垣源蔵』	仇討・武芸物
一三回	『岩見重太郎』（五）	仇討・武芸物	九回	『一心太助』	政談物
一二回	『佐倉宗五郎』	騒動物	九回	『塩原多助』	世話物
一二回	『徳川天一坊』	政談物	九回	『塚原卜伝』	仇討・武芸物
一一回	『宮本武蔵』	武芸物	九回	『幡随院長兵衛』	狭客物
一〇回	『国定忠次』	狭客物	九回	『梁川庄八』	武芸物

度重なっていたと考えられる。

ただし、ライヴ・パフォーマンスである講談と紙媒体である講談では受容のされ方が異なることを確認していく必要がある。すでに大衆芸能の一ジャンルを占めていた講談は、その後の映画メディアに吸収されていったが、まずライヴ・パフォーマンスとしての講談、つまり、寄席で講釈台と呼ばれる小さな卓を前にして正座し、物語の切れ目や斬り合いなどの盛り上がる箇所で張り扇を台に叩きながら、史実やフィクションを語るという話芸は、映画の出現によってどのような影響を受けることとなったのだろうか。以下は、一九一九（大正八）年の『中央新聞夕刊』に掲載された権田保之助の記事である。

年々寄席が衰微の傾向があるがこれは即ち時代の趣味と背馳して居るのと、新しい娯楽として活動写真が殖えて来た影響である、大正元年には百四十九軒あった落語、講談、浪花節、義太夫席が同七年十月には八十六軒と減じ入場者の如きも三百二十四万二千八百五十五人が二百九十万七千三百六十五人と過去六年間に約一割の減少を示して居る。演芸稼人が落語百七人、講談六十二人、義太夫三百五十七人、浪花節百七十九人、雑七百六十八人であるが、大正元年の落語は百廿八人、講談七十六人、雑は四百九十三人に比すると落語、講談は一割六分の減少である、又雑が増加したのは即ち活動弁士が含まれる様になったからである。[16]

この記事によると、寄席が衰微傾向にある原因は、新しい娯楽である活動写真の増加にあり、その結果、大正期に寄席の数や入場者が減少した。興行場と入場者のみならず、講談師の数も減少し、代わりに活動弁士が増えたことも指摘されている。権田保之助の統計調査（表4－3）における興行場および入場者の増減比率を参照すると、寄席の衰退振りは劇場よりも激しい。寄席の項目には落語や義太夫、浪花節も含まれているが、講談も含め映画による打撃を最も受けたのは寄席興行であると言える。

表4－3　映画の興隆と寄席芸能の衰退
東京市及隣接郡部に於る各種興行場比較

年次	興行場百中			入場者百中		
	寄席	劇場	観物場	寄席	劇場	観物場
明治三六	七八・二	九・六	一二・二	四一・八	三二・九	二五・三
同　三七	七八・〇	九・九	一二・一	四〇・一	三三・二	二六・七
同　三八	七八・〇	九・四	一二・六	四〇・二	三六・七	二三・一
同　三九	七八・七	九・一	一二・二	三九・七	三三・九	二六・四
同　四〇	七九・五	八・三	一二・二	三九・二	三一・八	二八・〇
同　四一	八二・九	八・三	八・八	三五・二	二六・九	三七・九
同　四二	八三・六	八・七	七・七	二八・一	二三・一	四八・八

同四三	七七・二	七・七	一五・一	二八・〇	二三・五	四八・五
同四四	七五・三	八・四	一六・三	三五・一	二九・八	三五・一
大正元	七三・六	八・五	一七・九	一八・五	一五・一	六六・四
同二	六六・八	七・八	二五・四	一五・六	一三・九	七〇・五
同三	六二・二	八・五	二九・三	一四・五	一四・一	七一・四
同四	五九・七	九・〇	三一・三	一四・三	一五・一	七〇・六
同五	五七・九	八・九	三三・二	一三・八	一八・四	六七・八
同六	五六・六	一〇・一	三三・三	一六・三	二四・八	五八・九
同七	五五・四	一二・三	三二・二	一七・二	二九・一	五三・七
同八	五四・九	一二・九	三二・二	一五・九	二六・三	五七・八
同九	五二・七	一二・七	三四・六	一六・二	二三・七	六〇・一
同一〇	五三・五	一〇・〇	三六・五	一五・八	二〇・五	六三・七
同一一	四八・七	九・七	四一・六	一四・五	一九・一	六六・四
同一二	四七・八	四・四	四七・八	?	?	?
同一三	四七・五	八・九	四三・六	一三・六	一二・七	七三・七
同一四	四五・九	八・二	四五・九	一二・三	一六・三	七一・四
昭和元	四七・九	八・四	四三・七	一一・四	一六・八	七一・八
同二	四七・〇	七・七	四五・三	一二・九	一四・〇	七三・一
同三	四六・七	七・一	四六・二	一〇・九	一二・六	七六・五
同四	四三・三	七・二	四九・五	九・三	一一・〇	七九・七

(『権田保之助著作集』第二巻、文和書房、一九七四年、三一三—三一四頁。)

講談本の出版・普及状況と映画——講談速記本時代

ライヴ・パフォーマンスとしての講談は、映画の登場によって大きな打撃を受けた。しかしその後も講談が完全に姿を消すまでに至らなかったのは、講談文化が速記本や書き講談といった紙媒体で地盤を固めていたためである。それは映画が登場するずっと以前からのことであった。

この点に関して、明治期および大正期の講談本の出版・普及状況を確認しておきたい。講談本の読者が潜在的な映画観客であったことを明らかにするには、明治期に講談本がどのように普及していたかを知る必要がある。そこで、明治期の講談速記本流行時代と、大正期の主として文庫形式で流布した書き講談時代の出版状況の概略を、順を追って検証していく。

まず明治期の講談速記本をとりあげよう。(17) 一八八四(明治一七)年に講談本の嚆矢として稗史出版会社から刊行された若林玵蔵速記による三遊亭円朝口演の『怪談牡丹燈籠』が爆発的な反響を呼び、つづいて刊行された円朝の人情噺『塩原多助一代記』は一二万部刷られてたちまち完売し、翌一八八五(明治一八)年には若林玵蔵速記による松林伯円の世話講談『安政三組盃』が最初の講談速記本として刊行される。このときから速記本刊行の全盛時代が到来し、明治二〇年代から四〇年代にかけて講談速記が大衆文芸の場を独占し、速記者はさながら流行作家の観を呈することとなった。

速記本だけでなく、新聞紙上の連載講談や雑誌も隆盛を迎えた。雑誌については一八八九(明治二二)年に金蘭社から最初の落語講談速記専門雑誌『百華園』が創刊され、初号は一万五千部もの売れ行きであった。金泉堂からはその模倣誌である『花がたみ』が創刊され、それにつづいて『東錦』、『友千鳥』、『江戸錦』が速記物を中心として発行された。『講談揃』、『落語界』、『講談世界』、『娯楽世界』、『講談倶楽部』なども『百華園』の系統に属する大衆雑誌である。一八九五(明治二八)年には博文館の『文芸倶楽部』、一九〇二(明治三五)年には金港堂の『文芸界』が創刊され、文芸雑誌さえも落語講談速記を掲載するほどに講談速記の勢力は拡大していく。単行本も出版され、博文館や三芳屋、大川屋、朗月堂、日吉堂、春江堂など表4-4に挙げたその他の出版社からも続々と講談本が刊行されていった。

表4-4　明治期の速記講談本(18)

出版社	出版地	巻数	出版社	出版地	巻数
大川屋書店	東京	約四〇〇巻	両輪堂	東京	巻数不明
文事堂	東京	一〇〇巻	三新堂	東京	約八〇巻
金桜堂	東京	一〇〇巻	松陽堂	東京	巻数不明
東京共盟館	東京	巻数不明	郎月堂	東京	約一〇〇巻
天国屋書店	東京	巻数不明	春江堂	東京	一二〇巻
中川玉成堂	大阪	約二〇〇巻	名倉昭文館	大阪	七五巻
樋口隆文館	大阪	約一〇〇巻	岡本偉業館	大阪	一三二巻
博多成象堂	大阪	約一〇〇巻	此村欽英堂	大阪	約一〇〇巻
立川文明堂	大阪	約一二〇巻	岡本増進堂	大阪	約一〇〇巻
柏原奎文堂	大阪	一五〇巻	松本金華堂	大阪	巻数不明

　これらは東京の事例であるが、大阪でも一八八九（明治二二）年に大阪駸々堂から速記雑誌『百千鳥』、『花紅葉』が刊行される。大阪の代表的な速記者である丸山平次郎の手になる速記本の数は一九一一（明治四四）年までに五三四冊にのぼり、これらが一万部ずつ出版されたと見られる。なかには数十万部を売りつくすという目覚ましい売れ行きを見せた速記本もあったようだ。中川玉成堂、岡本偉業館、岡本増進堂、さらに後に『立川文庫』を始めた立川文明堂なども、講談速記本を百巻単位で刊行していく（表4-4）。

　なかでも注目すべきは、赤本出版の老舗の大川屋である。大川屋は明治・大正期をつうじて最も多くの講談本を出版した。『出版興亡五十年』の「大川屋」の項目には次のように書かれている。「大川屋は全国の貸本屋や絵草子屋などが華客で、地方からの注文も、一冊々々の書名を注文するのでなく、仇討物何種何冊とか、侠客もの何種何冊とかいう注文が多かったから、取揃えて刷っておくにも楽だったそうである(19)」。

さらに大川屋は、当時の代表的な出版社から次々と講談本の版権を譲り受け、大正期にも多いときには五〇版以上版を重ねて、全国規模に流通させていった。こうした大川屋の戦略を前田愛は次のように述べている。「明治末年、立川文庫や講談社の雑誌が登場するまで、あるいは都会の片隅で、あるいは地方の小都市、農村で、莫大な数量の大川屋本が消費されていたはずである。いわば大川屋は近世戯作ののこりものを貪婪にかきあつめた塵介処理業者であり、その処理場で再生された「読みもの」は、需要がまったくつきてしまうまで、途方もなく分厚い底辺の読者層にとめどなく流れこんで行ったのである」[20]。大川屋は、その出版方式と出版量において他の追随を許さぬ大出版機構だったのである。

速記本が隆盛する以前は寄席こそが都市に住む民衆の娯楽場であり、ライヴ・パフォーマンスとしての寄席興行は彼らが占有していた。それまで都市部だけで受容されていた大衆文化を、大川屋などの出版機構が全国に流通させたのである。その結果、講談や落語を対象とした明治期の速記本が、大衆読み物の王座を獲得した。これは、講談本が後年のレコード・ラジオ・テレビの先駆をなす驚異的なマスメディアとして機能していたことを意味する。

講談本の出版・普及状況と映画——書き講談時代

では、大正期に講談速記本の代わりに出現した書き講談はどうだったのか[21]。速記本とは異なり、書き講談は、講談師の公演を通さずに速記者や大衆作家らが自ら創作する講談本である。書き講談の試みは硯友社から創刊された『都の花』一九〇〇（明治三三）年五月増刊の「文芸講談特集」にすでに見られた。速記講談から書き講談への本格的な転換は、雑誌『講談倶楽部』に浪曲が掲載されたことと、『立川文庫』の誕生が契機となった。一九一一（明治四四）年に講談社から発刊された雑誌『講談倶楽部』が、一九一三（大正二）年に臨時増刊号として「浪花節十八番」を出したことで、講談師たちが反講談社運動を組織し、講談速記の供給が絶たれるという事件が起きた。講談社の野間清治は書き講談に活路を見出し、執筆者を『都新聞』に求めて、中里介山や伊原青々園、遅塚麗水、伊藤御春、平山蘆江、長谷川伸ら、後の人気大衆作家に執筆を依頼した。「新講談」と銘打った『講談倶楽部』の長編創作は、新聞記者の鋭敏な社会感覚と同時代性によってたちまち速記講談を大衆読み物の王座から駆逐していった。講談速記本の時代は大衆小説の時代にとって代わられたのである。

他方、大正期に講談本として存続した媒体は、一九一一（明治四四）年三月創刊の『立川文庫』に端を発する講談文庫である。『立川文庫』は子供の読者を対象としたシリーズであるが、大正期にはそれ以外にも五〇種類以上もの講談文庫や、少年少女向けの雑誌も出版されていた（表4－5）。旧劇映画、とりわけ忍術映画が参照した『立川文庫』というのは、立川文明堂が大正末期までに刊行した二〇〇巻のみを指すのではなく、その亜流も含めた総称としての「立川文庫」であると考えるのが妥当であろう。

表4－5　書き講談文庫

文庫	出版社	巻数	文庫	出版社	巻数
袖珍小説文庫	大川屋	約二〇巻	武士道文庫	榎本書店・大阪	四〇巻
袖珍大川文庫	大川屋	約五〇巻	面白文庫	国華堂本店・東京	巻数不明
大川文庫	大川屋	約六〇巻	忍術豪傑長編文庫	中村日吉堂・東京	一六巻
袖珍講談文庫	金正堂・文詳堂・大阪	約二〇巻	長編講談	榎本書店・大阪	約八〇巻
講談文庫	日吉堂・東京	二〇巻	大和文庫	榎本書店	二六巻
通俗武士道	求光閣・東京	二〇巻	怪傑文庫	榎本書店	巻数不明
仇討文庫	尚文館・東京	巻数不明	長編講談	博文館	一二五巻
袖珍講談叢書	東亜堂・東京	巻数不明	八千代文庫	大川屋書店	約一〇〇巻
立川文庫	立川文明堂・大阪	約二〇〇巻	湯川文庫	湯川明文館・大阪	一八巻

家庭新お伽噺	今古堂書店・東京	四〇巻
家庭新お伽噺	榎本書店・大阪	約五〇巻
武士道文庫	博多成象堂・大阪	約一二〇巻
史談文庫	岡本偉業館・大阪	約一二〇巻
日本文庫	湯川書店・大阪	三〇巻
岡村講談叢書	岡村盛花堂・東京	二四巻
天狗文庫	榎本書店・大阪	約三〇巻
新著文庫	岡本増進堂・大阪	八五巻
寸珍叢書	岡村書店・東京	約三〇巻
榎本文庫	榎本書房・大阪	約五〇巻
ポケット叢書	岡田文祥堂・大阪	約五〇巻
怪傑文庫	日吉堂・東京	三〇巻
飛鳥叢書	樋口隆文館・大阪	約一〇〇巻
壮快文庫	秀美堂・東京	三〇巻
忍術文庫	日吉堂・東京	三〇巻
傑作文庫	三盟社・東京	巻数不明
ともえ文庫	加藤一郎・大阪	七巻
さくら文庫	大川屋書店・東京	約八〇巻
英雄文庫	日吉堂・東京	二〇巻
英勇文庫	榎本書店・大阪	約一二〇巻
活動文庫	島鮮堂書店・東京	約三〇巻
五栄文庫	五栄館書店・東京	一〇八巻
大正文庫	駸々堂・大阪	一〇〇巻
講談文庫	中村日吉堂・東京	一六巻
キネマ文庫	島鮮堂・東京	三二巻
やよひ文庫	加賀屋書店・東京	三二巻
怪談文庫	春江堂・東京	一〇巻
豆本文庫	三盟社書店・東京	巻数不明
花形文庫	中村日吉堂・東京	二四巻
浪花文庫	榎本書店・大阪	巻数不明
朝日文庫	島鮮堂書店・東京	三二巻
忍術文庫	榎本書店・大阪	巻数不明
ポケット講談文庫	立川文明堂	四〇巻
敷島文庫	春江堂・東京	二六巻
美久仁文庫	明文館・大阪	約七〇巻
錦文庫	榎本書店・大阪	約三〇巻
千代田文庫	春江堂・東京	約一五〇巻
岡本長編講談	岡本増進堂・大阪	約六〇巻
美やこ文庫	綱島書店・東京	四〇巻

講談本の読者と映画観客

以上の講談本の出版状況を踏まえた上で、これらがどのように読者に受容されていたのか見ていこう。小川菊松が述べているように、明治時代に赤本屋と呼ばれた貸本屋は、横丁の奥や全国の都市にも多々散在しており、貸本業が専業もしくは副業として成り立っていた[22]。貸本屋では「小説、講談、落語類が主で、新しい所では「不如帰」や浪六もの等の、紙表紙物が多く、評判の高い小説は、布綴もの」を扱っていた。貸本屋は、近世後期に全盛を迎えたが、前田愛が述べているように、大衆を相手に講談本や実録本を貸す「居付きの貸本屋」は明治末年まで生き残っていた[23]。

この「居付きの貸本屋」や地方の小売店が兼業した貸本屋を対象に講談本や実録本を大量生産し、全国に伝播させたのが大川屋錠吉であった。黙読の文化が十分に浸透していなかった明治初期では、「一人の読み手を囲んで数人の聞き手が聴き入る共同的な読書形式」が主流であった。本一冊に読者一人というのではなく、講談速記本などの読み物は「家族ぐるみの共同的な読書形式」において享受されていたのである。こうした読者は、明治期に「歌舞伎・音曲・噺・講談等、民衆演芸の複製・縮冊・再現を紙上に求める読者」となっていった[24]。この当時の読書形式を考慮すると、大川屋のような商業主義を徹底した出版企業から刊行された講談速記本は、貸本屋をつうじてさらに全国へ大量に流通していき、識字者の枠を超えて潜在的読者をつくり出していたと考えられる。

加えて、『立川文庫』の映画化は必ずしも児童のみを集客したわけではなかったようだ。たしかに、『立川文庫』は全ての漢字にルビが振られ、これまで大人であった主人公の設定が子供に変えられ、ナンセンスなストーリー展開、即物的描写、速いテンポといった文体の特徴から、児童の人気を得ていた。だが、権田保之助の統計調査（表4-6）によると、当時の映画観客層のうち児童が占める割合は、一九一七（大正六）年の時点では多くても三割弱で、観客層の一角にすぎない。児童以外の観客は講談速記本を読んで育った世代であり、彼らに児童向けの書き講談文庫が流布していたとは考えにくい。『立川文庫』が利用されたのは忍術物の映画という限られたジャンルにとどまり、児童以外の大部分の受容層が映画の題材として知りえた講談種の知識は、もっぱら明治期の講談速記本に由来していたと考えられる。

表4-6　映画観客に児童が占める割合

市中央部及び場末所在活動写真館と児童との関係（大正六年三月中実査）

（市中央部）

館種	在館児童数 性別 男	在館児童数 性別 女	在館児童数 階級別 上	在館児童数 階級別 下	在館児童数 総数	児童以外の在館者	児童の占むる割合（％）
西洋物	八二	二四	二九	七七	一〇六	六七一	一三・六
日本物（雑）	六七	二七	一二	八二	九四	二三二	二八・八
連鎖劇	七二	四八	七一	四九	一二〇	一、二四三	八・八
計	二二一	九九	一一二	二〇八	三二〇	二、一四六	一二・九
割合	六九・一	三〇・九	三五・〇	六五・〇			

（場末）

館種	在館児童数 性別 男	在館児童数 性別 女	在館児童数 階級別 上	在館児童数 階級別 下	在館児童数 総数	児童以外の在館者	児童の占むる割合（％）
日本物（雑）	六四	三三	一九	七八	九七	二五八	三七・三
割合	六六・〇	三四・〇	一九・六	八〇・四			

（『権田保之助著作集　第一巻』文和書房、一九七四年、一五四頁。）

浅草六区所在活動写真館と児童との関係（大正六年四月中実地調査）

館種	在館児童 総数	在館児童 性別 男	在館児童 性別 女	在館児童 階級別 上	在館児童 階級別 下	児童以外ノ在館者	在館児童ノ占ムル割合（%）
西洋物	一五四	一二九	二五	三六	一一八	八九九	一四・六
日本物新派	四六	二五	二一	一七	二九	七二五	六・〇
日本物旧派	一七〇	一二四	四六	四九	一二一	九二四	一五・五
連鎖劇	八八	五〇	三八	三五	五三	一、三九四	五・九
計	四五八	三二八	一三〇	一三七	三二一	三、九四二	一〇・四
百分比		七二	二八	三〇	七〇		

（『権田保之助著作集　第一巻』文和書房、一九七四年、七七頁。）

このように講談本は爆発的ともいえる刊行状況を呈し、貸本屋によって広く普及していた。講談の題材が、いわば新興芸能である映画に豊かな土壌を提供したのである。

講談本刊行・講談連載と連動する映画作品——顕在的な移行

最後に、講談本の刊行ならびに、講談の新聞・雑誌連載と連動するように製作された個々の映画作品について分析する。講談が旧劇映画の題材になる場合、顕在的なものと潜在的なものの二つがあった。

まず前者について、三つの事例を挙げて検討する。最初に『渋川伴五郎』を見ていくと、一九二二（大正一一）年の『大阪毎日新聞夕刊』に日活京都の広告記事が見られる。この記事では、本紙に連載されていた神田伯山の講談『渋川伴五郎』が、尾上松之助を主演として日活で映画化されたことを宣伝している。映画化への経緯を確認しておくと、まず神田伯山の公演が一九二二年一月以前から始められていたか、あるいは新聞連載と同時並行で行われ、その内容が『大阪毎日新聞夕刊』に同年一月から六月まで約一五〇回連載された。

『渋川伴五郎』
活動化した渋川伴五郎　廿日から常盤座で　本紙連載の夕刊講談「渋川伴五郎」は近来にない新聞講談界の記録を作つたほどの大喝采を博してゐるが日本活動界の人気者日活専属の尾上松之助一派の主演で早くも「渋川伴五郎」として活動化された……今廿日から千日前の日活専属の常盤座で封切をした(25)

【映画化への経緯】
一、神田伯山の公演
二、新聞連載『大阪毎日新聞夕刊』、一九二二年一月一日から六月二二日まで全一四八回連載
三、映画化『渋川伴五郎』（一九二二年五月五日浅草富士館封切、日活京都）

第二に『国民新聞夕刊』に掲載された松竹の『遠山金四郎』と日活の『花春遠山桜（前後篇）』の広告記事とその映画化への経緯は下記である。

『花春遠山桜』
遠山様々　悟道軒円玉講演の花の春遠山桜が関西で非常の好評を博し道頓堀で延若が演劇にする松竹日活キネマは是れを映画にする速記の単行本が出る其の惰勢は東京にまで及んで市内の活動館で是を上映し又公演劇場では伊村一派が舞台にかけると云ふ遠山桜大持てに演者円玉は上演料や印税で飛ンだ福徳が授かり遠山左衛

門は全く名奉行だと褒める事(26)

【映画化への経緯】

一、悟道軒円玉の公演

二、新聞連載『大阪毎日新聞夕刊』、一九二四年一月一日から七月一七日まで全一七〇回連載

三、映画化

『花の遠山桜』(一九二四年三月四日、浅草遊楽館封切、中川紫朗監督・脚本、帝キネ小坂)

『遠山金四郎』(一九二四年三月二〇日、浅草大勝館封切、賀古残夢監督、内田徳司脚本、松竹下加茂)

『花の遠山桜』(一九二四年四月一一日、神戸松本キネマ封切、沼田紅緑監督・脚本、マキノ等持院)

『花春遠山桜(前後篇)』(一九二四年六月一九日、大阪常盤座、悟道軒円玉原作、辻吉朗監督・脚本、日活京都)

四、単行本として出版

『花の春遠山桜』、悟道軒円玉公演、東京大阪・春草堂、一九二四年六月

第三に『大阪毎日新聞夕刊』に掲載された帝キネ製作の『清水次郎長』の広告記事とその映画化への経緯を検証する。『清水次郎長』の場合、神田伯山の公演から単行本化と新聞連載を経て映画化され、再び単行本化されるという複雑な経緯をたどっている。

『清水次郎長』

小坂作品清水次郎長お待兼の第三編　二十三日封切、神田伯山師講演、脚色松屋春翠氏、監督森本登良男氏、嵐瑞徳、片岡仁引、市川百々之助、尾上紋十郎、松枝鶴子共演、帝キネ直営芦辺劇場(27)

【映画化への経緯】

一、神田伯山の公演
二、単行本として出版
『清水次郎長』（前編）、神田伯山公演、武侠社、長編講談第一編、一九二四年六月
三、新聞連載『大阪毎日新聞夕刊』、一九二四年七月一八日から一二月二七日まで連載
四、新聞連載期間中の映画化
『清水次郎長』（一九二四年一〇月一日、大阪芦辺劇場封切、広瀬六郎・森本登良男監督、神田伯山脚本、帝キネ小坂）
五、新聞連載期間中の後篇の出版
『清水次郎長』（後編）、神田伯山公演、武侠社、長編講談第三編、一九二四年一一月
六、再び映画化
『清水次郎長』（前後篇）（一九二四年封切日不詳、池田富保監督、日活京都）
七、再び単行本化
『清水次郎長』、神田伯山公演、大阪・改善社、一九二五年七月、先行の武侠社本を一部修正して重版(28)

これらは新聞広告記事により講談の題材から映画の題材への移行が顕在化される例である。新聞に限らず、映画館のチラシにも「神田伯山氏得意の読み物」、「松林伯知作」など、講釈師の公演や講談の題材をもとにした映画化であることが明示されている例は多々見られる。

講談本刊行・講談連載と連動する映画作品——潜在的な移行

しかし、題材を講談からとっていることが明示される映画よりもはるかに重視すべきは、それが明記されてい

ない映画である。新聞記事や映画のチラシに題材が記載されていない大量の旧劇映画にたいして、講談の題材はどのように反映されていったのか。この問題に答えるためには、個々の映画作品が直接依拠した講談本や連載を見出すことが不可能である以上、講談の題材が間接的に参照されたということを裏付ける必要がある。ここで、表4-7および表4-8を参照されたい。映画の題材として、表4-2で一覧にした頻繁に映画化される講談種のうち（一）から（五）を選択した。すなわち、『荒木又右衛門』、『大久保彦左衛門』、『伊達騒動』、『堀部安兵衛』、『岩見重太郎』の五つである。表4-7は、各題材に応じて講談の連載・発行状況の一部をまとめたものである。[29] 題材ごとに映画化された作品をまとめた一覧が表4-8である。

表4-7　講談の連載・発行状況

講談本の題名	連載新聞／雑誌	連載年	単行本出版社	出版年	再版／再連載	再版／再連載年
（一）						
「伊賀越実録」			発蒙舎	明治一六年		
「荒木又右衛門」			上田屋	明治二八年	大川屋	明治三九年五版
「荒木又右衛門」			朗月堂	明治三〇年	駸々堂	明治三二年
「荒木又右衛門」			九皐館	不明	大川屋	明治三〇年
「伊賀越讐討」	〈中央新聞〉	明治三〇年	松声堂	明治三〇年		
「荒木又右衛門」	〈下野新聞〉	明治三二年				
「伊賀越仇討」			荻原新陽館	明治三二年	春江堂	明治四四年四三版
「荒木又右衛門」			岡本偉業館	明治三三年		
「伊賀越実記」	〈毎日新聞〉附	明治三四年				
「伊賀越仇討」			共盟館	明治三五年		
「荒木又右衛門」			此村欽英堂	明治三六年		
「伊賀越仇討」	〈芸備日日新聞〉附	明治四三年				
「荒木又右衛門」	〈大阪毎日新聞〉	大正一〇年				

(二)						
「大久保彦左衛門」			文事堂	明治三〇年		
「大久保彦左衛門」			文事堂	明治三〇年		
「大久保彦左衛門」	〈新潟新聞〉	明治三二年				
「大久保彦左衛門」			文事堂	明治三三年	大川屋	明治四三年再版
「大久保彦左衛門」			岡本増進堂	明治三七年		
「大久保彦左衛門」			日吉堂	明治四四年	日吉堂	大正三年六版
「大久保彦左衛門」			民友社	大正元年		
「大久保彦左衛門」	〈国民新聞〉	大正四年				
「大久保彦左衛門」	〈大阪毎日新聞〉	大正四年				
「大久保彦左衛門」	〈大阪朝日新聞〉	大正一〇年				
(三)						
「伊達騒動記」			弘文館	明治二八年	朗月堂	明治二九年
「伊達評定」	〈中央新聞〉	明治三〇年	大川屋	明治三〇年	大川屋	明治四一年五版
「千代萩」	〈新北陸新聞〉	明治三二年				
「伊達騒動」			国華堂	不明	博盛堂	明治三三年
「伊達騒動」	〈北国新聞〉附	明治三五年				
「伊達騒動」	〈長岡日報〉附	明治三七年				
「伊達大評定」	〈東京日日新聞〉	大正三年				
(四)						
「堀部安兵衛義勇伝」			九皐館	明治二六年	大川屋	明治二九年再版
「堀部安兵衛」			磯部太郎兵衛刊	明治三〇年		
「堀部安兵衛」	〈新潟新聞〉	明治三〇年				

「堀部安兵衛」			文事堂	明治三〇年		
「高田馬場之仇討」			求光閣	明治三一年		
「堀部安兵衛」	〈京都日日新聞〉	明治三三年				
「義士銘々伝　安兵衛より」	〈土陽新聞〉	明治三四年				
「高田馬場」	〈毎日新聞〉	明治三七年				
「堀部安兵衛」	〈読売新聞〉	昭和一〇年				
(五)						
「岩見武勇伝」			栄泉社	明治一七年		
「岩見重太郎伝」			上田屋	明治二九年	大川屋	大正三年五〇版
「岩見武勇伝」			金桜堂	明治三〇年		
「岩見重太郎」	〈北海道毎日新聞〉附	明治三一年				
「岩見武勇伝」			朗月堂	明治三四年	此村欽英堂	不明
「岩見重太郎」			求光閣	明治三五年	求光閣	大正二年三版
「岩見武勇伝」			春江堂	明治三九年	春江堂	大正三年六五版
「岩見重太郎」	〈親愛知〉	明治四〇年				
「岩見重太郎」			立川文明堂	明治四四年	立川文庫第六編	大正五年三三版
「岩見重太郎」			中川玉成堂	大正元年		
「岩見重太郎」	〈大阪毎日新聞〉	大正九年				
「岩見武勇伝」	〈国民新聞〉	大正九年				

表4－8　頻繁に映画化される講談種（表4－2も併せて参照のこと）

(一)『荒木又右衛門』（別題：『伊賀越仇討』）

年	映画タイトル	月日	映画館	監督	製作会社
明治四二年	『伊賀越仇討』	三月一六日	福寿館		Mパテー

明治四四年	『荒木又右衛門』	八月一五日	浅草大勝館		横田商会
明治四四年	『伊賀越仇討』	二月三日	喜楽館		Mパテー
明治四五年	『荒木又右衛門』	四月一日	福和館		福宝堂
明治四五年	『伊賀越大仇討』	九月中旬	浅草大勝館		天活
大正二年	『荒木又右衛門』	四月一五日	大勝館		日活京都
大正四年	『荒木又右衛門』	五月下旬	浅草遊楽館		日活京都
大正五年	『伊賀越仇討』	四月上旬	浅草富士館		日活京都
大正六年	『伊賀越後日の仇討』	二月二八日	浅草遊楽館		日活京都
大正七年	『荒木又右衛門』	一〇月一五日	浅草富士館		日活京都
大正一〇年	『荒木又右衛門』	五月七日	浅草大勝館		国活
大正一〇年	『荒木又右衛門』	七月二八日	麻布第二松竹館	賀古残夢	松竹蒲田
大正一一年	『荒木又右衛門』（前後篇）	一月六日	浅草富士館		日活京都
大正一一年	『伊賀越大仇討』	一月一三日	浅草富士館		日活京都
大正一一年	『荒木又右衛門』	封切日不詳		吉野二郎	松竹蒲田

(二)『大久保彦左衛門』

年	映画タイトル	月日	映画館	監督	製作会社
明治四五年	『大久保彦左衛門』	四月一三日	パテー館		Mパテー
明治四五年	『三代将軍家光と大久保彦左衛門』	一一月一日	富士館		日活
大正二年	『大久保天下漫遊記』	八月一五日	富士館	牧野省三	日活京都
大正四年	『大久保彦左衛門木曾漫遊記』	九月中旬	浅草富士館	牧野省三	日活京都
大正五年	『大久保彦左衛門』	五月上旬	浅草富士館		日活京都
大正六年	『大久保彦左衛門漫遊記』	九月一一日	浅草大勝館	吉野二郎	天活東京
大正七年	『大久保彦左衛門』	三月二〇日	浅草三友館		日活京都
大正八年	『大久保彦左衛門（前篇）』	四月一四日	浅草千代田館		日活京都

大正八年	『大久保彦左衛門と忍術奴』	六月一日	浅草大勝館	吉野二郎	天活東京
大正八年	『第二大久保彦左衛門』	七月一四日	浅草千代田館		日活京都
	『大久保彦左衛門（前篇）』	一一月三〇日	浅草富士館		日活京都
大正九年	『大久保彦左衛門（後篇）』	一二月一一日	浅草富士館		日活京都
大正一〇年	『大久保彦左衛門』	九月一日	麻布第二松竹館	森要	松竹蒲田
大正一一年	『大久保彦左と一心太助』	五月二一日	浅草大勝館	吉野二郎	松竹蒲田

(三)『伊達騒動』（別題：『伊達評定』、『千代萩』、『先代萩』）

年	映画タイトル	月日	映画館	監督	製作会社
明治四三年	『千代萩』	二月一日	鳥越電気館		吉澤商店
明治四三年	『先代萩』	六月一五日	電気館		吉澤商店
明治四四年	『実録先代萩』	一月二九日	世界館		横田商会
明治四四年	『先代萩』	二月一日	浅草電気館		吉澤商店
明治四五年	『千代萩』	一月一一日	金竜館		福宝堂
明治四五年	『実録先代萩』	六月一日	三友館		吉澤商店
大正二年	『伊達大評定』	一〇月下旬封切		牧野省三	日活京都
大正二年	『伊達大評定』	封切日不詳		牧野省三	日活京都
大正六年	『実録先代萩』	五月一日	浅草大勝館	吉野二郎	天活東京
大正七年	『先代萩』	三月二九日	浅草千代田館	牧野省三	日活京都
大正八年	『伊達大騒動』	六月一五日	浅草富士館		日活京都
大正一二年	『伊達騒動』	封切日不詳		吉野二郎	松竹蒲田
大正一三年	『伊達騒動』	一二月一五日	浅草富士館		日活京都
大正一三年	『先代萩』	封切日不詳		築山光吉	日活京都

(四)『堀部安兵衛』

年	映画タイトル	月日	映画館	監督	製作会社
明治四二年	『堀部安兵衛高田馬場十八番』	五月一五日	富士館		横田商会
明治四三年	『堀部安兵衛』	一一月一五日	世界館		横田商会
明治四四年	『堀部安兵衛仇討』	二月一〇日	喜楽館		Mパテー
明治四五年	『堀部安兵衛』	四月一五日	福和館		福宝堂
明治四五年	『堀部安兵衛』	五月二六日	パテー館		Mパテー
大正二年	『堀部安部衛』	封切日不詳		牧野省三	日活京都
大正三年	『敵討高田馬場』	一月一日	浅草金竜館	牧野省三	日活京都
大正三年	『堀部安兵衛』	一〇月上旬	浅草富士館		日活京都
大正四年	『堀部安兵衛』	三月中旬	浅草大勝館		天活
大正七年	『堀部安兵衛』	七月一八日	浅草遊楽館		日活京都
大正九年	『高田馬場大仇討』	七月二六日	浅草遊楽館		日活京都
大正一〇年	『堀部安兵衛』	一〇月一日	浅草大勝館	吉野二郎	国活
大正一三年	『堀部安兵衛』（桂田阿弥笠脚本）	五月二〇日	浅草大勝館	吉野二郎	松竹下加茂
大正一三年	『堀部安兵衛』	七月一四日	浅草遊楽館	中川紫朗	帝キネ小坂

(五)『岩見重太郎』

年	映画タイトル	月日	映画館	監督	製作会社
明治四四年	『岩見重太郎』	八月一日	富士館	牧野省三	横田商会
大正二年	『岩見重太郎一代記』	四月一一日	世界館	牧野省三	日活京都
大正三年	『岩見重太郎』	五月上旬	浅草遊楽館	牧野省三	日活京都
大正四年	『岩見重太郎』	四月上旬	浅草大勝館		天活
大正六年	『岩見重太郎』	七月一三日	浅草富士館		日活京都
大正八年	『岩見重太郎』	一月一四日	浅草富士館		日活京都

大正九年	『霧隠才蔵と岩見重太郎』	四月一日	浅草大勝館	吉野二郎	国活東京
大正九年	『岩見重太郎（前篇）』	一一月一日	浅草遊楽館	牧野省三	日活京都
大正九年	『岩見重太郎（後篇）』	封切日不詳			日活京都
大正一一年	『岩見重太郎』	六月二一日	浅草大勝館	吉野二郎	松竹蒲田
大正一一年	『岩見重太郎』	封切日不詳			日活京都
大正一二年	『岩見重太郎』	封切日不詳			帝キネ小坂
大正一三年	『岩見重太郎』（池田富保脚本）	封切日不詳		池田富保	日活京都

表4－7から、講談の連載や出版の状況を大きく五つに分けると次のようになる。①新聞連載のみ。②新聞連載から単行本化される。③一つの書店による単行本のみ。④一つの書店から別の書店へ版権が譲受される。⑤一つの書店が何度も重版する、もしくは改題して叢書に編入する。

一つの題材につき一〇種類ほどの連載や単行本化がなされ、さらに多くの場合、個々の連載初出や原本が何度も重版されたり、別の出版社によって譲受発行されたりしている。題材は枝分かれし、続々と数を増し、大衆へと浸透していく様子が分かる。映画化以前にこれほど多くの講談本が出版または連載されていたという状況を踏まえると、いかに講談の題材が大衆に親しまれていたかが予想されるだろう。講談本を読んでいた読者層は、同時に潜在的な映画観客層たりえたのである。したがって、大衆へ伝播した講談種、すなわち講談の題材が旧劇映画の題材の基礎となっていたと考えても不当ではないだろう。[30]

「耳へ次いで目へかよはせる芸」

映画の作り手の側は、芝居のあらすじをもとに製作しているという意識が強かったと考えられる。だが、これまで確認してきたように、旧劇映画の題名の多くが歌舞伎の演目どおりとは限らず、講談の題目とも酷似していることが多々ある。それゆえに旧劇映画の観客は、当時流通していた莫大な量の講談本を通して、あらかじめ講談が旧劇映画の題材になっていることを知っていたであろう。もちろん講談の題材と一口に言っても、個々の題材の起源を、講談種・浪曲種・歌舞伎種などのいずれに見出すのか判別することはきわめて困難である。

しかし、ここで議論すべき問題はそうした起源の追求ではない。本節では、講談の題材の普及を一例として、驚異的ともいえる講談速記本や書き講談などが全国規模に流布していたという点を検証してきた。映画の登場により講談は、寄席という空間における、本来のライヴ・パフォーマンスの形態を奪われることになったが、それにより講談文化が消え去ってしまったわけではなかった。講談の読者は常に存在し続けており、映画というメディアの介入を通じて、それと同時に映画の観客ともなりえたのである。潜在的な映画観客である講談の読者は明治期に出版された講談速記本や講談文庫、新聞連載、雑誌連載といった大量の紙媒体の普及と貸本屋という流通経路により、とめどもなく生まれ続けていた。講談は映画によって死滅させられたのではなく、映画というメディアのなかで題材として生き続け、むしろ活性化したのだ。講談は映画メディア出現以後の大衆に題材を浸透させた、強い影響力を誇る芸能であった。

寄席芸能研究家の正岡容《まさおかいるる》は、歌舞伎や浮世絵が「「目」から「目」へ訴へる芸」であるのにたいし、講談と落語は「耳へ次いで目へかよはせる芸」であると述べている[31]。明治・大正期の映画は、歌舞伎の「目」の想像力と講談の「耳」の想像力が交差する表象メディアであった。一九二〇年代以降、物語の源としての講談が廃れ、「耳」の想像力の担い手であった活動弁士が姿を消していくと、映画は大衆芸能から自律した、「耳」よりも「目」を主体とする娯楽・芸術媒体となっていく。

2　連鎖劇──映画と演劇の「畸形児」

本節では、興行形態と形式の双方の観点から、映画と芸能の関わりを分析するため、大衆芸能が映画の興行形態にとり込まれる現象、あるいはその逆に映画が大衆芸能のそれにとり込まれる現象を考察する。

大衆芸能が映画の興行形態へとり込まれる例としては、たとえば『カチューシャ』（一九一四年、細山喜代松監督）がある。『カチューシャ』の台本（早稲田大学演劇博物館所蔵）を見ると、大詰めを含めた計五ヶ所に歌が挿入されている。それらはいずれも物語が盛り上がる場面であり、当時の流行歌を利用することで新派のメロドラマ性を強化していた。さらにこれは流行歌そのもの、すなわち映画外の要素を余興として観客に提供する。『カチューシャ』は映画であると同時に、日本キネトホン株式会社による松井須磨子の歌を蓄音機で聴かせ、他の歌手が舞台袖で実際に歌いもする見せ物でもあった[32]。

映画が大衆芸能の興行形態へとり込まれ、それが見せ物として機能した例は連鎖劇である。連鎖劇とは、演劇において舞台では表現できない追いかけやロケーションといった映画場面を挿入し、同じ舞台役者を使って事前に撮影したフィルム場面を芝居の一部分として映写し、その間役者はスクリーンの裏に回って台詞を付けるという形式である。ここでは、映画と他のメディアが直接結びついた最も顕著な事例である連鎖劇に注目したい[33]。

映画か演劇か、その両義性ゆえに、連鎖劇は当時の批評では「映画と演劇の畸形児」と評され、ジャンルとしての輪郭が定まっていなかった。その重要性にもかかわらず、これまでパフォーマンスの実態が十分に明らかでなかった連鎖劇の姿を、当時の脚本を参照しながら浮き彫りにしていきたい。まずは連鎖劇の歴史を概観し、その特徴と受容を確認した上で、演出の実態を検証していく。

明治期の連鎖劇――「活動写真応用」から「実物応用活動写真」まで

いまだ「連鎖劇」という言葉がなく「活動写真応用」と呼ばれていた初期の時代、連鎖劇は新奇な見せ物として注目を集めていた。最初の連鎖劇とされるのは、一九〇四年東京の真砂座で上演された『征露の皇軍』である。新派劇で知られる伊井蓉峰らが出演し、旅順攻撃の場面のみを映画で見せた。この時の映画場面はもちろん実際の戦いを撮ったものではなく、東京にロケ地を設定し、実戦に見立てて撮影されたものである。

映画と実演のつなぎ目を意識的にもうけた連鎖劇の最初の形式は『女ざむらい』である。これは一九〇八年東京浅草公園にある宮戸座で興行された。当時の記録には、大詰めの嵐山渡月橋仇討ちの場を、地形が実地とよく似ている東京近郊で野外撮影したとある。仇討と捕物の立回りの場面を映写して、途中から実演による立回りに切り替わり、幕となる。本作では舞台上の人物と映画内の人物は同じであった。

変わり種の演出を見せたのは、一九〇九年東京の有楽座で興行された『新桂川』である。伊井蓉峰出演の舞台であり、主人公の綱田景介の夢の場面では、鏡に過去の秘密が映る様子を映画で見せた。ここでは舞台上の人物と映画内の人物は異なっていた。

これらの試みは、当時では珍しい発想であったため呼び物となったが、いずれも散発的な現象にすぎず、興行として連鎖劇を始めたものではなかった。映画と実演の組み合わせが本格的な興行として成立したのは、これにつづく「実物応用活動写真」の登場以後である。

「実物応用活動写真」は映画本位の実演であり、一九〇九年開場の浅草公園のオペラ館（吉澤商店）で始められた。『楠公』（一九〇九年）は映画を背景に応用した実演であり、新派映画では『二人片輪』（一九〇九年）が琵琶の演奏付きで興行されている。こうした「実物応用活動写真」と呼ばれる連鎖劇は、実演部分より映画部分が多くを占めている。翌一九一〇年には同じく吉澤商店より、一編の映画が日替わりに撮影され、山場だけを実演するという長編映画による連鎖劇が世に出された。これはオペラ館の売り物となり、一九一二年頃まで続けられた。

大正期の連鎖劇ブームから衰退まで

連鎖劇中興の祖と言われるのは山崎長之輔（一八七七―一九二四）である。彼の率いる「山長一座」は大正期をつうじて大衆に親しまれた。山崎長之輔は、福宝堂時代からの日活専属俳優であり、このとき世話になっていた支配人の小林喜三郎が一九一三年に日活を退くと山長一座も日活を去った。一座は大阪で連鎖劇を始め、大正中期に関西の劇界を一世風靡する。山長一座の成功と共に京阪の劇場は次々と連鎖劇場へ変わっていき、一座から分派した人々がまた別の一座を組んで連鎖劇を始めるなど、連鎖劇興行は雨後の筍のように増大していった。

他方、東京では翌一九一四年の末、天活（天然色活動写真株式会社）を仕切っていた小林喜三郎が連鎖劇の興行を目論む。柴田善太郎一座率いるみくに座により連鎖劇が開始され、一九一五年には新派劇に見切りをつけた井上正夫一派も、みくに座に入ってくる。井上の後も新派の役者たちは続々と連鎖劇へ移ってきた。小林の興行は功を奏し、一九一〇年代半ばには、東京市内の各小劇場のほとんどを連鎖劇で席巻した。

小林に触発されたMカシー商会も、東京の神田劇場で中村歌扇らによる連鎖劇の興行を開始する。中村歌扇は「連鎖劇」という名称の生みの親と言われている。一九〇九年以来、歌扇はMパテー商会の撮影の間に地方巡業をしていたが、一九一三年頃、Mパテーの後身である敷島商会が大阪で旗揚げをした際、「連鎖劇」と命名した。その後この名称が一般的となり、「実物応用活動写真」の名は消えていく。このように京阪では山長一派、東京では小林喜三郎が連鎖劇ブームに火をつけたのである。

だが、「活動写真取締規則」が施行された一九一七年以降、東京では連鎖劇が急速に減少していく。この規則は連鎖劇を禁止したものではなかったが、衰退の原因としては、小林商会が経済的に困難を抱えたこと、連鎖劇の質が低下したことが挙げられる。単に手紙の文面や飛行機が空を飛ぶ画面などを映写して、申し訳程度に映画場面を挟みさえすれば良いという形式に堕していったため、連鎖劇がさらなる展開を見せることはなく、観客から飽きられて廃れていった。

実演本位の連鎖劇と映画本位の連鎖劇

こうした連鎖劇には、実演本位の連鎖劇と映画本位の連鎖劇という二つの形式があった。これらは連鎖劇場を取り締まる規則に応じて生じた違いである。中央劇場など劇場の認可が下りていた小屋では実演部分の多い連鎖劇を興行していたが[34]、みくに座など劇場の認可が下りていなかった小屋では映画場面の多い連鎖劇を興行していた。取締規則は劇場を保護するためにあったので、劇場以外の観物小屋が実演興行の認可を得るのは厳しく、演劇に類似したパフォーマンスを興行するのは制限されていたのだ。吉山旭光によれば映画館での連鎖劇興行においては本式の鬘の使用は許されない上に、実演も一つの映画中に二場までと制限されていたので、大体の筋の運びは映画で、山場二場だけ実演として、幻燈で映画中の背景を引き続き実演の舞台に映写するなどしていたようである。

新派劇の活路としての連鎖劇

次に連鎖劇の受容について、映画側と演劇側の双方から検証する。

大正初期、伝統に支えられている旧派と比べ、新興芸能である新派劇は危機を迎えていた。新派劇にたいして、次のような批判が起こる。生硬雑駁な旧套を墨守して少しも演出に新工夫を凝らさないこと、浅薄な葛藤悲劇のみで人生の真理を描写しない旧式の脚本を使用すること、紋切り型の結末に性格描写の欠如、社会の真相を提示せず、うわべだけの勧善懲悪を描いていること、これらの点が指摘され、新派劇の衰退が叫ばれたのである。

新派劇を見限った新派俳優は、連鎖劇や映画に活路を求めていった。その結果、「新派の芝居がダンダン衰へると共に、其の反比例としてダンダン盛んになつて来たのは連鎖劇、即ち活動写真を舞台に応用して、是に実演を接続した芝居が素晴らしい勢ひで那処にも這処にも現はれ[35]」ていったのだ。

映画や連鎖劇に拠点を移していく役者たちにたいして、新派劇の大御所たちが黙っているわけはなかった。映画俳優は「土役者」と呼ばれていたように、演劇人からは軽蔑され、伊井蓉峰は映画に出演する俳優を金儲けに芸を売る乞食役者と呼んでいたほどであった[36]。したがって、新派の幹部俳優であった井上正夫や深澤恒造が連鎖劇を始めたときには、伊井蓉峰や河合武雄が猛反発し、ついには新派の五箇条問題が起こる。そのうち特に重要なのは、次の三項目である。

・吾等新派俳優は誓つて興行本位の活動写真に撮影さるる事を拒絶する。
・吾等新派俳優は誓つて興行本位の観物小屋に出演する事を拒絶する。
・吾等新派俳優は如上の各条に違背したる俳優とは再び一座せざる事。

この規約は後に撤廃されるが、新派劇は連鎖劇や映画をこれほどまでに敵視していたのである。演劇雑誌においても、連鎖劇にたいして称賛と諦念が入り交じる受けとめ方が見られた。まず、賛成側の意見として連鎖劇の中興の祖である山崎長之輔の連鎖劇をめぐる反応を見てみよう。

活動写真連鎖劇の客受けは凄まじいものだ。角座で開演した山崎長之輔一派は「花あやめ」といふ新作を上場したが、筋立の複雑した涙の多い一編の恋物語は、頗る甘口に出来たものであるけれども、その人情本式の濃厚な色彩を出すことは何と言つても一座独特のものであつて、花柳界方面の人気を高めて居た[37]。

演劇雑誌では、山長一座の連鎖劇は総じて高く評価されている。連鎖劇が見せる舞台上で不可能なアクションには、ときに命懸けの離れ業を披露するものもあり（井上正夫が海に飛び込んだ場面など）、観客に新鮮な面白味を提供したのだ。通常、それだけでは一時の流行で立ち消えとなるが、山長一座の魅力はこの目新しさだけではなかった。

山崎長之助は色黒で職人顔、キザな台詞回しに色男ぶりを発揮し、婦人客を大いに歓ばせていた。相手役の河原市松は、おっとりとしていてすらりとした姿が大評判であった。対照的な持ち味の役者の魅力を映画でも演劇でも存分に味わうことができたのは連鎖劇の醍醐味であったろう。彼らスターが生み出すメロドラマは「もっと具体的でもっと感情を刺激するセンチメンタルな物[38]」を欲する観客に応えた。連鎖劇ならではのスペクタクル、花形役者の魅力、メロドラマの充実、これらの要素が観客を飽きさせない娯楽へと仕立て上げたのである。実際この一派の連鎖劇は一回毎に贔屓がついて固い地盤が出来たようであるとも言われており、連鎖劇への肯定的な評価が演劇畑から下されていることが分かる。

だが、称賛ばかりではなかった。山長の連鎖劇に関して「連鎖は何卒芝居に活動の交つたものでなく、活動に芝居の交つたものにして貰ひたしと、思つた処で素人料簡、世間様はやつぱり芝居沢山なのを安い物だと歓ぶのなるべし[39]」といった意見もあるように、演劇本位の連鎖劇ではなく映画本位の連鎖劇の形式を支持する意見もあった。演劇の領域に踏み込まれるのを良しとしない反応と思われる。

さらに「連鎖劇の流行は、日本の社会が当然もたらすべき傾向であるとしたら、これを巧く利用し善い方面に導かなければならない」[40]というように、連鎖劇を善用すべきとする主張もあった。新派がより健全な社会劇を志向し、歌舞伎が祖先の芸術へ身命を捧げるように、連鎖劇は教養のない群衆を相手に、貧富の差が激しくなる一方の忍従克己の熾烈な困窮生活のなかでさえ娯楽を求める心を、安っぽい感情で満足させるのではなく教導すべく利用せよという意見である。

新派劇からの人材流入については以下のような強い抵抗があった。

連鎖劇へ連鎖劇へ　秋月、村田、井上、五味、木下、中村—是等新派の中堅は、相率て連鎖劇の歯車に巻込まれて了ッた。かくして六区、大阪の千日前はますます繁昌する。

芝居と連鎖劇　或る劇場の楽屋口に、連鎖劇に関係ある者は一切立入ることを許さぬ—といふ掲示まで出されたさうである。して見ると旧派と謂はず新派と謂はず、芝居側では甚く連鎖劇を敵視し、且つ軽蔑しているらしい。だが然うまで蹴飛ばさずとものことであろう。何も時勢である。彼等とて好んで連鎖劇の人となつたのでは無いだらう。時勢である。[41]

新派劇の凋落を「時勢」と認めつつも、新派劇を支える人材を連鎖劇に盗られてしまったという意識が見受けられる。劇場が連鎖劇や映画の小屋になってしまったことや[42]、その他の劇場（演技座、宮戸座、蓬莱座、真砂座など）の成績が悪化したほか、大阪の劇場も荒廃し、小芝居が凋落した現状も悲観されている。演劇雑誌においてこそ連鎖劇の勢力を認めるものが多いのだが、実際には劇場の楽屋から連鎖劇関係者を排除するなど、風当たりは強かったようである。こうした演劇界における連鎖劇の受容にたいし、映画界での連鎖劇への反応はどうだったのだろうか。

映画側からの反応――連鎖劇改良と滅びの声

連鎖劇が盛んになると同時に、映画界では連鎖劇の改良すべき点が具体的に指摘されてくる。「筋の支離滅裂、台詞の意味不明」、「連鎖の追駈けも無意味」、「遣っ付け仕事」、「追駈けの為の追駈け」[43]など、連鎖劇の欠点が挙げられる。いくつか当時の記事を引用してみよう。

連鎖劇と言ふ限り、写真と実演の連鎖の間に自ら別種の生命がなくてはならぬ、写真と実演とを結び合はしさへすればそれで連鎖劇だと考へて居ては大なる間違である、〔……〕写真が余りに閑却せられては居るまいか、不鮮明で短かくて場数が少なくて、客の連鎖劇なるを忘れて居る頃に突如としてシーツが下りて却つて感興を殺くの傾きはあるまいか。[44]

実演の場も可成写真と気分の違はないやうにしなければなりません。写真といふ平面的なものから立体的の芝居に移るのですから、その瞬間にはどうしても見物の気分が変るでせうからね。〔……〕〔舞台の〕色彩を淡白にし、道具も成る可く使はないやうにして、〔……〕兎に角一つは平面的に一つは自然に近く、〔……〕実演の中に、たつた一場か二場位写真を加へた連鎖劇ですが、あれは私は写真の場が邪魔になつて仕方がありません。殊にあの種の連鎖劇には、故意になくてもいい追駈の場などを作つて、写真を加へたのが多いので、全く厭な感じが起ります。[45]

連鎖劇を連鎖劇として将来あらしめるには其の生命とするフィルムの活用に在る事は謂ふ迄もありません是を

要するに舞台技巧では表現する事の難かしい部分を、フィルムの能力に俟つのが連鎖劇の本旨であるのです。(46)

当時の記事では、連鎖劇の形式や内容、演技が批判されている。形式に関しては、舞台場面と映画場面のバランスが重視されている。実演から映画へ、あるいは映画から実演へと移る際に違和感を感じさせないよう、そのつなぎを巧くし、舞台の色彩をフィルムのように淡白にし、平面的にするよう具体的な提案もされている。内容については、追いかけや格闘、侵入といった連鎖にしやすい場面が選択されがちで、物語構成のために映画場面を用いるという本来の目的を見失い、連鎖場面のための連鎖という自己目的に堕していると批判された。演技については、連鎖劇の出演俳優たちのほとんどは舞台出身であるため、舞台臭が抜けず映画撮影に慣れていないことが問題視されている。

改良の声が反映されないことが認識されるようになると、連鎖劇は滅ぶべきだという意見が現れてくる。連鎖劇にたいして、「劇界に於ける一種の畸形児」や「混血児」といった表現が使われ、この先上手く育つ見込みがないなら先にその生命の芽を摘んでしまえばよいという、連鎖劇を擬人化した差別的批評も見られた。

第一、二時間や、三時間で従来のお芝居の型に嵌めて行かうとする傾きのあること、第二、俳優が糊口のみを考へて写真の理想と共鳴した頭を持つて呉れない事、第三、俳優が著しく労力を吝むこと、第四、興行主が自己の営業品に金を掛けないこと、第五、見物が一銭でも安くと云ふ頭で居る事、第六、舞台構造の不完全なこと。(47)

見物が連鎖の為めにワザワザ脚色した追つかけ、立ち廻りに無意味と云ふよりも、無理を見出し、何等の意義をも認めなくなる理由もある／活動写真と芝居が各その性質を異にしている以上、連鎖劇は芝居の一部分とし

て繋に活動写真を応用しているのであるから、本来の使命としてどうしても連鎖劇は芝居に重きをおかねばならぬ。(48)

従来の舞台技巧では到底如何ともしやうのない場面に活動写真を応用して是れを補ふと云ふことは、実に結構なことで、是れが今日以上に発展改良されない訳は決してない／何処へか無理にこじつけても、写真を応用しなけりやならない／十日変わり、十五日変りと云ふ、忙しい時間的制限に妨害／費用を惜しむと云ふ悪い習慣から、遠方の出写を避けたがつたり、大仕掛のトリックなどをやれる設備技倆に乏しい／高級俳優の活動写真に対する反感や誤解を去り、更らに数歩を進めて、自から活動写真芸術の圏内に進んで来なければならぬ。(49)

連鎖劇は「低級な見せ物」という地位に甘んじていて、フィルムに費用をかけることや撮影に時間をかけることを怠っていると批判されているのである。その結果起きたマンネリ化は、連鎖劇の製作・興行スケジュールとも関連していた。連鎖劇はたいてい正午頃の開演で、昼夜二回興行、これを年中休みなしで一ヶ月三回替りで興行される。その合間に舞台稽古と撮影が行われる。これでは俳優の体が持たず、映画撮影も雑になり、製作費を節約できる手軽で平凡な場面ばかりになる。連鎖劇を本当に改良するには、このような強行軍と言うべき持続不可能な製作・興行システムを変えねばならなかったのである。

連鎖劇パフォーマンスの実態

では実際にどういった場面が映画に使われて効果を発揮していたのだろうか。映画と演劇の混合形態が実演されるなかで個々の特性がどのように機能していたのか検討するため、現存している当時の連鎖劇の脚本から映画場面の傾向とその特徴を分析していく。『雲間の月』（一九二四年）、『情の光』（一九二一年）、『散りゆく名花』（一九二六年）の三本をとり上げてみたい[50]。

まず『雲間の月』に関して全九場のうち映画の場面は二場であり、これは演劇のなかに映画がとり込まれている実演本位の連鎖劇であると分かる。第三場の映画場面では追跡、第八場の映画場面では海上での大格闘が見せ場となり、人力車や馬、ボートといった乗物がスペクタクルの効果をさらに上げている。

㈠『雲間の月』

・時は明治末年、所は東京およびその近郊。

・場割

一、靖国神社の境内
二、小森家応接室
三、小森家裏口（写真）
四、小森家の離座敷
五、両国橋の橋畔
六、小森家の大広間
七、芝高輪の海浜
八、同海上（写真）
九、元の海浜の場

第三場と第八場にはそれぞれ「写真」と記されており、映画が上映されたと考えられる。前の場の実演が終わると照明が消え、舞台の前面にスクリーン（当時は「シーツ」や「白布」と呼ばれていた）が降りてきて映写が始まる。実演俳優たちはスクリーンの裏や舞台の袖に回り、画面の動きに合わせて台詞をつけていく。映画の箇所はだいたい五分から十分程度で、映写が終わるとスクリーンが上がり、再び場内が明るくなり次の場面の実演に移るという流れであった。具体的には以下の映画場面が挿入された。

第三場
（ショット一）
奥田、行雄の依頼を受けて、裏口から忍んで美代子を欺いて誘拐する。夫人の豊子が異変に気づき、連れていかれたのを知って追いかける。（写真画面変わり）
（ショット二）
市街および松林の堤防。美代子の人力車が来る。豊子、同じく腕車に乗って追いかける。（画面変わる）
（ショット三）
堤防を馳せゆく車を小森繁哉は見て、馬上にありしが馬を早めて追跡。悪漢は逃走し、美代子救われる。小森家へ連れて帰る。（写真終り）

第八場
和十郎は息子の出世をねらっていたが、失敗して小森家から解雇されて出入りを禁じられたのを恨み、夜中に豊子を連れ出す。豊子は小船に乗せられ、海上へ連れ出される。海浜からこれを繁哉が見て、小船を漕ぎ出し、豊子を救う。

次に『情の光』に関しては演劇の台本と連鎖劇の台本が現存している。二冊の台本から演劇の場割と映画場面の描写説明を対応させてみると、連鎖劇として上演する場合、演劇の第五場、第七場、第九場が各映画場面になったと思われる。

(二)『情の光』

[演劇の台本より]

一、社界　東京市及附近

一、場面

第一、府下大崎村房子の茶店

第二、府下大崎村山中の場

第三、東京品川海岸の場

第四、高松家西洋室

第五、桂木二郎宅裏口

第六、桂木家玄関の場

第七、隅田川堤防の場

第八、忠僕作蔵の宅

第九、大詰　鐘楼室の場

[連鎖劇の台本より]

・第一　シーツ

（画面）

桂木一郎家裏庭にて。姉梅子、己の身の上を無情に感じ家出。これを知った者が桂木に語り、両人追跡。

（画面変わりて）

池畔に梅子、投身しようとする所、通行の旅人に救助される。

・第二　シーツ

（画面）

向島堤防にて、源次、弁次、両人互いに追っかけ、池中の格闘。

（画面変わりて）

水門口に来て、弁次、源次のせいで負傷する。

・第三　シーツ

（画面）

鐘楼室附近　源次のせいで房追去される。これを妨げようと忠僕作三、砲変する。

『情の光』を演劇として上演する場合、映画ではショットを切り替えて表現するところを、舞台の花道を利用して立体的・三次元的に観客を物語世界へと誘う。

［演劇の台本より］

・桂木二郎宅裏口

〔……〕半廻りより相方にて舞台一転　木頭　舞台廻り

・池畔の場

本舞台一面野遠見中央に池を見せる。半廻りより風音にて舞台一転。梅子花道より出来せり投身せんとする処へ源次来りて救助する。

・隅田川堤防の場

花道より小林玉子両人出てくる。後より源次。〔……〕小林、懐から小刀を出す。是で互いに格闘となる。小林命を絶たんとするところ桂木が追いやる。

最後に『散りゆく名花』である。

(三)　『散りゆく名花』

場面

第一、靖国神社
第二、毛利家応接室
第三、卓次の寝室
第四、毛利家勝手口
第五、連鎖（写真）
第六、新大橋の上
第七、毛利家婚礼の場
第八、毛利家附近街路
第九、連鎖（写真）
第十、市ヶ谷見附附近

（写真）
毛利家勝手口
豊子は邸を抜け出て、大川端へ差しかかり投身せんとする光景。
毛利家附近街路
澤村巴逃げんとするを奥田追い来りてしばらく争う内に吉田がやって来て、巴を助けて、二人で逃げて電柱へのぼり、電線を伝って山へ移ろうとする。その時、奥田はピストルにて打つ光景。二人は頼りにしていた電線が切断され、地上に落ちる。
（舞台中央に二重岩石があり、巴と吉田は気がつく。）

この『散りゆく名花』をはじめとする連鎖劇のパフォーマンス（ピストルの使用、電線を伝っての逃亡、ボートの追跡）に特徴的なのは、外国映画的な表現である。旧劇映画ではピストルの使用はできず、立回りというアクションによる形式を変えることはできなかったが、新派映画は外国映画の影響を受けやすく、その表現を取り入れやすかった。追いかけや格闘など外国映画的な表現を見せ場とする連鎖劇は新派のジャンルとの親和性が高かったのである。

外国映画的な要素というのは多岐にわたるが、この場合はとくに連続活劇を指す。その端緒となったのは『ジゴマ』であり、一九一〇年代半ば以降、とりわけアメリカの活劇映画が日本で大流行した。『活動之世界』第一巻第一〇号（一九一六年一〇月）は「活劇号」となっており、編集局がまとめた「大正五年回顧録[51]」では「一九一六年の外国映画」を連続映画万能時代とし、ユニヴァーサル社の『名金』*The Broken Coin*（一九一五年、フランシス・フォード監督）や『拳骨』*The New Exploits of Elaine*（一九一五年、ルイ・ガスニエ監督）などアメリカ製連続映画が多数紹介されている。次章でも述べるように、第一次世界大戦開戦後アメリカ映画が大量に輸入されたことにより、活劇映画の表現は日本映画にもとり入れられていったのである。

こうした活劇映画の人気は当時の言説からも確認でき、俳優が非常に危険なアクションを敢てするような場面のある映画が喝采されていた。また、どこの映画館でも活劇物、探偵物が歓迎されるために文芸物はむしろ付けたしの感があるとも指摘されている。活劇表現が日本映画にとり入れられた例として『片われ月』（一九一五年、天活）は、自動車や汽車を用いて活劇的に脚色されていた。『檜山騒動』（一九一七年、小林商会）は、さながら外国映画の Serial に類すると評された。さらには、一本の映画作品のなかに悲劇や活劇など他ジャンルの混ざり合った日本映画が出始める。

以上のようなアメリカの連続活劇映画の輸入、それに伴い活劇表現が新派映画にとり入れられたことは連鎖劇にも影響を与えた。新派の連鎖劇に挿入される映画場面の多くは爽快なトリックや追いかけで、変化に富んでいることは全く日本映画とは思えない手法を見せると評されたように、連鎖劇は悲劇のメロドロマである新派映画に活劇をとり入れ、「悲活劇」と呼ばれる混合的ジャンルの創出にも一役買ったのである。

3　女形俳優と初期女優の演技形式

以上の連鎖劇が依拠していた大正期日本映画のもう一つの類型である新派映画と大衆芸能との連続性に関して、新派芝居を担った演技者である女形俳優（以下、女形）と初期女優の演技を中心に考察していく。

本節では、女形が無声期日本映画の特性を形成し得たことを検討するとともに、女優を起用することで日本映画が近代化していった過程とそこで生じた葛藤について分析する。女優と女形のどちらが映画的演技に適っているかという二項対立で語るのでも、女形を演劇的で退行的なものとして排除するのでもなく、両者を視野に入れて考察することで大正期日本映画の豊かさと胎動を明らかにしたい。

これまでの初期日本映画史研究では、スター研究が中心であり、「演技」に関する研究は十分になされてこなかった。直接演技を確認することが必要であるにもかかわらず、この時代の日本映画の残存率が低いからである。先行研究においては、立花貞二郎と栗島すみ子のスター性を論じたもの[52]や、立花貞二郎主演の『うき世』(一九一六年、日活向島)と小林商会の『生さぬ仲』(一九一六年、井上正夫/賀古残夢監督)を比較分析して日本映画の固有性を形態学から論じた論考[53]がある。だが、こうした研究では、映画と演劇における女形の演技の相違点や、女形から女優へと移行することで日本映画固有の演技形式にどのような変化が起きたのか、という問題はあまり扱われていない。稀少な研究素材のなかで、あえて「演技」の問題を正面からとり上げようとするのは、「芝居的コード」と「真実的コード」という二項対立(第1章第1節参照)におさまらない、女形俳優という特異な演技形態が日本映画に存在していたからである。

初期の日本映画では、少なくとも大正末期まで、女性の役は女形によって演じられていた。女形とは、女性の姿に扮装し、歌舞伎などから継承した伝統的な型を演じる男性俳優のことである。この型は、女性性の概念が高度に様式化されたものである。関東大震災前の日本映画は新派映画と旧劇映画という二つの類型に分けられるが、いわゆる「花形」と呼ばれる女形たちは新派映画で活躍していく。[54]だが女形は、演劇的演技の土壌という「負荷」がある点で、同時代の言説において映画にふさわしくないものと糾弾されていた。ピアソンらの定義を借用すれば「芝居的コード」を体現する存在だったのである。

女形は「芝居的コード」を保持しつつ、リアリズムの演技を行わなければならないという矛盾を抱えていた。[55]そこで女形は「男性が女性を演じる」という性別の齟齬を利用して、リアリズムを強化しようと努めた。女形による女性の再現性は、女性そのものが女性を演じるよりも強力に観客に作用することとなる。女形が例外的に男性の役を演じたときに「男装」と評されたのと同じ構図をそこに見出しても不当ではなかろう。女形の演技上の技巧は、それが伝統的な型とポーズ（「芝居的コード」）に則っていようと、女性性の「本当らしさ」を忠実に再現していたと言える。女性性を抽出した型という外面的なリアリズムを通して女性心理を描いたがゆえに、女形は、婦人観客の胸をこれ以上ないというほど打ったのである。

新派劇から新派映画へ

まず日本映画における女形の基本的な情報を提供しておきたい。女形の盛衰は三つの時期に分けられる。第一期は、藤澤浅次郎(56)と木下吉之助(57)の世代である。その後、一九一七年に藤澤浅次郎が死去し、新派劇の将来に不安を感じた役者の映画界への流入が始まり、女形の黄金期とも呼べる第二期に入る。この時期、立花貞二郎(58)や片岡長正(59)がスターとして活躍する。立花貞二郎は、途中で日活から撤退し、病気がちで早逝したため活動時期が短かったにもかかわらず、一世を風靡した（図4-1、2）。立花が亡くなった翌年、日活向島の『七色指環』（一九一八年、小口忠監督）に衣笠貞之助(60)が主演したことをきっかけに女形の世代交代が始まる。女形の衰退期に入る第三期には、この衣笠貞之助や東猛夫(61)が人気を集めた。

なかでも代表的な女形は、立花貞二郎である。立花は新派劇出身で、藤澤浅次郎の弟子であるが、新派劇に限界を覚えて、映画に転向したのだった。立花はとくに婦人観客から絶大な人気を得て、旧劇の尾上松之助に比する新派のスターとして、一九一〇年代末に亡くなるまで先導を切っていた。一九一八年に日活を去り、地方巡業の実演に戻った時には、立花はもはや映画のなかでのみ生きていける俳優となっていた。「声の悪いのに少なからず失望させられた〔……〕出ぬ声を無理に出すやうな空しい苦心とを見出した時、僕は涙が出るほど悲しかつた」、「噫！　貞二郎は、やはりフィルムの人としておきたかつた」(62)。立花貞二郎の早逝と、日本映画における映画女優の誕生がほぼ同時期であったことを踏まえると、立花は新派映画の女形の存在意義を支えていた主軸であ

図 4-1　立花貞二郎、『活動画報』1917年 6 月

図 4-2　死期が迫る立花貞二郎[63]、『活動写真雑誌』1919年 2 月

図 4-3　衣笠貞之助、『活動之世界』1918年 4 月

図 4-4　衣笠貞之助、『活動之世界』1918年 3 月

図 4-5 『人情美の極致』
女形時代の衣笠貞之助が出演

ったと考えてよいだろう。

後に映画監督となった衣笠貞之助は、夭逝した立花の死後に活躍した女形の一人である（図4-3、4、5）。一九一〇年代末には、立花貞二郎に代わって衣笠や東といった新たな女形たちが注目され始めた。立花ほどの存在感と名声は得なかったものの、彼らは女形の世代交代を主導した。当時の観客は立花の早逝を嘆きながらも、ときには立花の後継者として衣笠の演技に彼の面影を見たり、別の魅力を見出したりして、新顔の女形たちを歓迎したのである。

立花の死後もこうした新人らによって女形の全盛期がしばらく続いたことを考えると、女形廃絶の訴えは、観客の要望に反して批評家から提出されたものだったと言える。しばしば女形は震災で消え去ったとされるが、女形は二〇年代半ば以降も映画に出演しており、実際に女形全滅の決定打を打ったのは映画のトーキー化だと考えられる。

女形の女性性の意義とその限界――リアリズムの身体表現とナチュラリズム

女形の排斥が叫ばれた背景には、外国映画の影響とそれに伴う批評家の言説があった(64)。アメリカ映画の規範が日本映画に浸透していった一九一〇年代後期、求められる演技は誇張された型の演技から「自然的演技法」へと変遷していった。その点を山田夢歌は次のように指摘している。

立花貞二郎の芸は適当で大人気であった。その理由は、観客にはやや大きすぎるかと思われるほどの誇張やお芝居的な演技が、最も適切に小説中のヒロインを具体化しているとして賛嘆されてきたからだ。表現上の誇張は演技の最大的要素であるとされた。ところが、一方で新しい形式、誇張的演技とは正反対の自然的演技法が求められる。それは新しい悲劇と呼ばれるものであった。新しい悲劇とは「人生に於ける悲劇事実の脚本的取扱方の上進と、舞台監督者の俳優に与ふる所の自然的演技法」である。そして、伝統的な誇張演技が身についていた立花の女形の芝居は不利な立場となった。彼の代わりに女優が望まれ、立花は立役になった方がよいという提案までなされた(65)。

この記事は、立花を映画における「独特の演技」の第一人者として肯定的にみなし、外国映画の影響を受けるまでは「芝居的コード」が「本当らしさ」を保証するものであったことを示している。

舞台演技とも映画女優の演技とも異なる女形に固有な演技コードを見ていくと、次のようになる。①細部への意識、②ポーズの形成、③限られた空間での動き、④言葉を介さない型にもとづいた身体演技、これら四つに分類することができる。

図4-6　『うき世』の立花貞二郎（右）

舞台芸能と異なり、映画では鬘の生え際や骨格、節くれ立った手、ノドボトケなど、あらゆる男性的な要素が暴露され、女性性というイリュージョンは簡単に破られてしまう。そのため、女形は手先や化粧法まで非常に細かい注意を払う必要があった。映画では舞台と異なり、リアリティを壊さないように慎重な所作が必要とされたのだ。それはナチュラリズムとは全く対極にある演技のコードである。

旧劇映画において尾上松之助が見得を切るように、女形もその撫で肩や柳腰でポーズをとる（図4-6）。舞台では客席の場所によって女形の姿形の見え方は変わるが、映画では一種の挿絵のようにカメラにたいして最も女形が魅力

図4-7　着物と洋装の混合、『活動之世界』1917年9月

的に見えるポーズを作ることができる。立花貞二郎がひんぱんに「夢二式美人」と言われ、鏑木清方の浮世絵から出てきたようだと言われる所以も、こうした女形のポーズと挿絵の表象が類似していたからである。

限られた空間での動きは、女形だけの問題ではなく舞台と映画の違いでもある。舞台出身の女形のインタビュー記事を読めば分かるとおり、映画撮影をする時の演技空間の狭さに慣れるまでは困難がつきまとったのである。

「言葉を介さない、型にもとづいた身体演技」は女形の身体表現に関わる。『活動画報』の編集部が「泣くにも、笑ふにも、怒るにも、罵るにも、俳優は総て「型」の支配の下に行動する。日本の映画劇、殊に旧劇に於ける現下の状態は、この「型」に依つて養われて来た舞台俳優を、直ちにカメラの前に立たせなければならない境遇に置かれて居る[66]」と述べているように、女形は舞台で習得した型の伝統を映画にもたらした。

型とは、全身で女性性を表現する身振りである。その際、着物こそが女形の最大の武器となった。着物は男性的な肉体を隠し、着こなしや歩き方、腕の振り下ろし方といった身振りで女性を演じることを可能にする（図4-7）。着物は女形の身体の一部をなすとも言える。女形は、着物を利用した型による身体表現と、喜怒哀楽を示す映画演技の型とを融合させていった。『うき世』のある場面で、安堵した時にカメラに向かって肩をなでおろす立花貞二郎の動作は、西洋映画に見られる映画演技の型の一例である。こうして女形は、現実を表象する映画装置にたいして、着物を活用した型にもとづく特異な演技形式を形成していったのである。

女形のポーズや身体表現はファンからも大いに賛美され、子供に人気のあった尾上松之助とは異なり、立花貞二郎目当ての婦人観客の賞讃記事は当時の映画言説にあふれかえった。立花をイタリア・ディーヴァ女優のフランチェスカ・ベルティーニだとする記述まで出てくるほどである。

舞台俳優は、声の魅力と三次元の身振りにより観客の注意を直接的に喚起できるが、映画俳優はオーラルな要素を全て弁士に委ねなければならず、平面で構成される映画では画面を占める身体の大きさが舞台以上に重要となる。女性より一回り大きな身体で女性性を抽出した型を提示し、化粧も工夫している女形の大きな顔は、舞台映えするだけでなく、きわめて「スクリーン映え」もするのである。たとえば『うき世』の立花貞二郎が女性の演じる使用人と会話する場面では、その使用人役は顔の作りが控えめで、身丈も低いため、立花の引き立て役となる（図4－8）。着物姿の女形と洋装の男性俳優が並ぶと、着物と羽織と大きな鬘によって、女形は男性よりも大きく見える。男性が画面の手前に位置し、画面奥に女形が位置したロング・ショットが続いても、十分に目立つ。小柄な女優ではそうはいかない。

図4-8　『うき世』の立花貞二郎（左）

女形の演技は、一定時間の身振りによるポーズの提示があって初めて成り立つものであり、その際、表情は副次的な要素にすぎない。ショットの持続時間が短ければ短いほど、そしてカメラが女形に接近すればするほど、女形の演技の効果は減じられる。明確な表情が必要とされると、女形の微細な表情の色合いはモノトーンと化してしまうのである。ここで重要なのはまず女形の特異な身体言語であり、これがスター性を倍増させていると考えられる。ディーヴァであれアルバート・バッサーマンであれ、同時代のヨーロッパ映画では、「花形」は他の演技者とは違った身振りをすることで際立っていた。女形の伝統的な型にもとづくリアリズムという矛盾した演技形式と、花形以外の演技者のナチュラリズム形式との齟齬が同一画面に生じ、そのなかで女形は際立つことになる。

舞台上でのパフォーマンスは、映画に移されると俳優の身振りと弁士の声とに分割される。声の発信源と身体が分離されていること、女形が男性でありながら女性性を身体言語化していること、それに合わせて男性の弁士が女性の声色を発することという三重の倒錯を、想像力と伴奏音楽の媒介力によって、観客は再び統合していくのである。こうした女形の身振りと弁士の語りと和楽器の伴奏が相互に連関して、婦人観客のハンカチを濡らす最高のコンビネーションとなり、新派映画のメロドラマ性を成立させた。初期の日本映画の形式はたとえ多くの批判を浴びようと、女形が演じる「お涙頂戴物」を観て泣きたいという観客の欲求を満たし観客を動員したのである。需要が高いため興行上のリスクは少なく、製作者側にとってもこの形式をあえて変える必要はなかった。大正末期まで人気が衰えない女形は、興行者と映画館主を経済的に潤わせせつづけた。

一九一〇年代の日本映画では、弁士の語り、字幕がないこと、和楽器による伴奏、そして女形の使用と共に、ロング・テイクは舞台引き写しの進歩しない形式として、批判されていた。これらは俳優の演技にとって必要なものであり、とりわけ新派映画では観客を泣かせる目的に叶うものであった。

クロース・アップと表情演技

一九一〇年代半ば頃からグリフィスやユニヴァーサル社の連続映画などのアメリカ映画が本格的に紹介され始めると、そこでよく用いられていたクロース・アップが、映画形式の重要事項として浮上した。「映画劇と俳優動作」という記事のなかで帰山教正が言うように、イタリア映画のような「静的価値」よりもアメリカ映画のような「動的価値」に重きを置くべきだという主張が強まっていく。演技に関しても、表情演技と新たな映画技法を組み合わせる方向がめざされる(67)。

それまで日本でクロース・アップがあまり使用されてこなかったのは、女形の男性的な顔を露わにし、彼らが表象する「女性性」のイリュージョンを破壊しないためである。だがそれに加えて、そもそも初期の日本映画には表情の演技というものが存在しなかったからでもある。日本の映画俳優の表情の演技が控えめなのは、能面や歌舞伎の伝統を引き継いでいるためだが、実際は立花や衣笠のように目鼻立ちのしっかりした女形は化粧で陰影を出すことで、たとえ引きのショットであっても、そのわずかな表情の変化を識別しうるものにしていた。ミディアム・ショットやミディアム・ロング・ショットで捉えられたときに、その女性的な表情は最も効果的に映し出される(68)。このように初期の日本映画では、クロース・アップは必ずしもはっきりと表情を提示するために必要とされたわけではなかった。外国映画のような明確な喜怒哀楽の表情とは異なり、日本映画では微細な表情演技が規範となっていたのである。

図 4-9　帰山教正「映画劇と俳優動作（其二）」『活動画報』1919年 8 月

だが、そのような微細な表情演技も、大量に輸入されたアメリカ映画の俳優たちを前にすると表情の欠如として捉えられてしまう。言説においてもクロース・アップ優位論が頻出し、着物を活用した身体表現ではなく、明快な表情による演技が推奨された。たとえば帰山教正は「表情動作の型式」と題して、外国映画から影響を受けた映画における表情演技について本格的に考察し、スティル写真を実例にして説明している(図4-9)。身体表現による女形の女性性は日本映画がめざすべき規範には不適切なものとされ、女性演技者を起用すべきという議論が活発になった。男性に比べ目も鼻も小さく、引きのショットでは微妙な表情の変化が読み取りがたい女優の起用とクロース・アップの併用は、演技者としての女性の身体的な劣位性を克服するためにも必要なことだった。『寒椿』(一九二一年、畑中蓼坡監督)の水谷八重子の表情はクロース・アップで捉えられ、『路上の霊魂』(一九二一年、村田実監督)の英百合子は、ロング・ショットでは全身の身振りで少女らしさを表現していても、やはりクロース・アップによる表情の演技に重きが置かれている。女形の表情演技をクロース・アップで提示することは、現実を表象する映画装置では不可能だった。女形排斥と女優の起用は、外国映画と日本映画が対峙するなかで沸き起こってきた議論に後押しされたのである(69)。

求められた女優の近代性――女形・女役者から女優へ

日本映画に関する言説の担い手たちは、スター女優があふれる外国映画と女形が活躍する日本映画との差異や、最新メディアの映画に伝統の象徴である女形が出演している矛盾を指摘し、女形の廃絶を提案した(70)。彼らは女形のどのような点を批判し、女形に代えて映画女優の起用に活路を見出していったのだろうか。

まず日本における映画女優の多層性を確認する。大正期の映画における女性演技者には、正確には女役者と女優という二つの括りがある。女役者とは、主に巡業一座で活躍していた歌舞伎役者であり、江戸時代に女歌舞伎が禁止されて以来明治に入って認可された職業である。他方女優は、旧派に対抗して西洋の翻案劇に出演することで伝習から脱した近代化を象徴する職業であった。明治・大正時代には、女役者と女優という二種類の女性演技者が存在し、当時の言説においても両者は明確に区別されていた。[71] したがって、大正期の日本映画における女性役の担い手の変化は、「女形から女優へ」ではなく、「女形・女役者から女優へ」とした方が正確な図式なのである。[72]

映画出演した女役者は、連鎖劇で活躍していた女性たちとほぼ同じと見てよい。代表的な女役者は連鎖劇の元祖と言われる中村歌扇と木下八百子である。彼女たちは舞台経験を積み、舞台と並行して映画出演をした劇場付き女優と呼ばれる女役者たちであり、映画における演技のコード（「真実的コード」）をまだ習得していないか、舞台における演技のコード（「芝居的コード」）と混合させていたと考えられる。女役者らの演技を記録したフィルムがほとんど現存していないため、彼女らの演技を十分に確認することは困難である。だが、わずかな断片が残っている中村歌扇主演の『先代萩』（一九一五年、Mカシー商会）を見る限りでは、きわめて舞台的な演技を見せている。

女形と女役者の演技に関しては、『不如帰』で浪子を演じた立花貞二郎と木下八百子を比較した記事がある。[73] 立花の浪子（一九一六年、日活向島）は顔も姿も不適切で、「俗悪なる一個の物体を借りて以て本体を説明」したに過ぎないと述べられている。その一方、木下八百子演じる浪子（一九一五年、吉野二郎監督）は、はるかに役に接近していて、美しい無垢な顔とほっそりした姿が魅力的で、「そのアクトは如何にも自然で、芝居をしていない」と指摘されている。女役者が演じる女性役は、演技が自然であることと、女性の身体が発する魅力の二点に意義があるとみなされ、リアリズムではなく、そのナチュラリズムに演技の価値が置かれている。

日活や天活といった大きな映画会社に属する女役者は少なく、小林商会には一二名が所属していたように、[74] 女役者は比較的規模の小さい興行部に多く所属していた。中村歌扇は青江興行部に所属し、ほかにも根岸興行部や森興行部などを見ると、五名から多くて十名を越える女役者を擁していた。女優へ移行する以前に映画で活躍していた女役者たちは、小林商会をはじめとする群小の興行部に活動の場を得ていたのである。

女形から女優への移行は、映画史にとどまらず、日本芸能史全般にも影響する変化でもあった。女形が近代化に逆行する存在であったのにたいし、女優の存在は、職業俳優として女性を起用する点で日本文化の近代化を促進するものであった。新派劇や新劇、日本歌劇、そして映画に女性が進出していき[75]、女性蔑視がまかり通っていた男性中心社会においてさえ、女性の演技者はなくてはならない存在となっていた。帝劇の女優養成所から登場した松井須磨子を皮切りに、新派劇では映画にも積極的に出演した水谷八重子が活躍し、日本歌劇ではソプラノ歌手の原信子らが出現する。映画における女形から女優への移行および女性演技者の活躍は、単に映画界にとどまらず、映画を取り巻く同時代のさまざまな芸能・芸術がめざす流れの一つでもあった。

日本映画における女形・女役者から女優への移行は、映画界内における日本映画の欧米化と、映画界外における日本舞台芸能全般の近代化を二つの推進力にしてもたらされたと考えられる。演劇界に女優が進出するなか、映画界では、女形と女優という対峙に加えて、女役者と女優、舞台女優と映画女優、さらに欧米映画女優と日本映画女優という複雑な対立軸が存在していた。

舞台演技と映画演技——水谷八重子の演技

こうして映画界にはさまざまな女性役の担い手が乱立することとなったが、女優であれば誰でもよいというわけではなかった。女形にたいする敵意ほど激しいものではなかったが、舞台臭さの抜けない女優はあまり歓迎されなかった。求められていたのはやはり映画的な演技コードを身につけた映画専門の女優であった。映画的な演技コードは、「映画的」な形式があってこそ実現するものであり、クロース・アップやカット＝バックという欧米映画からとり込んだ新技法に対応できる演技力が、映画専門女優に必要とされたからである。

図4-10　英百合子『活動画報』1921年5月

図4-11　花柳はるみ『活動画報』1918年12月

それゆえ、革新的な映画形式を追求した一九一〇年代末の純映画劇運動の女優たちこそが、映画専門女優の先駆と言えるだろう。[76]『アマチュア倶楽部』（一九二〇年、トーマス栗原監督）の葉山三千子や、『路上の霊魂』の英百合子（図4-10）、『生の輝き』（一九一九年、帰山教正監督）や『深山の乙女』（一九一九年、帰山教正監督）の花柳はるみなどがそれに該当する[77]（図4-11）。

ここで舞台女優と映画専門女優の演技を比較してみたい。まず舞台女優から検討していこう。数少ない映像資料のなかから、舞台女優による映画出演の例として水谷八重子の『寒椿』を例に挙げる。この映画で水谷八重子の表情演技は評価され、「素人らしい、無邪気な表情」、「おすみに扮した覆面令嬢氏も素人としては上手だ、何だかあれだけの表情は日本の映画女優には出来ない様に思はれた、兎に角自由な、美しい所が在る」[78]と称賛された。

小島孤舟の『湖畔の家』を原作とする『寒椿』は、一九一九年に井上正夫が帰国した記念に国際活映で撮影された、水谷の映画デビュー作である。当時、雙葉女学校に在学中であった水谷は、覆面令嬢として出演する。物語は以下である。【水車小屋の主人伍助（井上）と質素な生活を送っていた娘おすみ（水谷）は、花岡伯爵に気に入られてその小間使いとなるが、おすみが伯爵の婚約者になったと勘違いをしたことがきっかけで、前々からおすみに惚れていた林造が伍助を脅迫し、伍助は彼を殺してしまう。自殺しようとする直前に伍助は捕縛されるが、事の展開に責任を感じた伯爵は、彼女と正式に結婚することを決め、刑事に引かれる伍助から感謝される。】

水谷八重子の表情演技は高く評価されたものの、依然としてカメラの被写体であるという意識が薄く、身振りは舞台におけるような表現である。『寒椿』は純映画劇に区分されてはいるが、『路上の霊魂』に比べれば映画形式の前衛性は少なく、クロース・アップも少ない。監督の畑中蓼坡は芸術座の舞台監督を務めていた人物で、本作が最初の映画監督作であった。そのため、舞台劇に近くなったのも当然であり、それに加えて新劇俳優を代表する井上正夫の影響もあっただろう。[79] 水谷八重子の表情演技がたとえ自然なものであっても、形式がまだそれを十分に捉えきれてなかったのである。

たとえば、花嫁にあこがれるおすみが雑誌に掲載されている新郎新婦の写真をじっと見つめるショットがある。クロース・アップで撮られているにもかかわらず、表情はほとんどない。つづいておすみがそばにかけてあった花嫁衣装を羽織り、鏡に映った自身の姿に笑みを浮かべながら見入るショットとなる。その場を本来の婚約者に目撃されると、一瞬驚きの表情を見せるものの、すぐに顔を伏せる。写真を真剣に見つめる表情、花嫁になりきって無邪気に喜ぶ表情、恥や恐れを覚えた衝撃の表情、これら一連の表情の変化にクロース・アップやカット＝バックは用いられず、カメラが対応できていない。

アメリカ映画の演技コードの採用——英百合子の演技

次に映画専門の女優である英百合子の『路上の霊魂』での演技を見てみよう（図4-12）。『路上の霊魂』は北欧映画やイタリア映画、ドイツ映画、そしてアメリカ映画といったさまざまな欧米映画形式の影響を当時の批評家に認識させた純映画劇の一本である。松竹キネマ研究所でアメリカ映画を徹底的に見た英百合子は、メアリー・ピックフォードをはじめとするアメリカ清純派女優の演技コードを習得し、コメディーの身振りや少女のような無垢な表情を学んだ。英は、女形や舞台女優には見られなかった喜怒哀楽の明快な表情演技を日本映画に新たにもたらした。「総体として従来の舞台経験のなかつた人々の方が出来がよいのは事実である[80]」と指摘されたように、舞台で演技の修行を積んだ俳優よりも、素人のように自然な演技をする俳優の方が歓迎されたのである。舞台出身の水谷八重子よりも、アメリカ映画的な演技をめざした英百合子の方が、映画的な演技コードを有していたと考えられるのだ。

図4-12　『路上の霊魂』の英百合子

だが初期の日本映画女優は、アメリカの映画女優の演技コードを一回りも小さな体型と作りの全く違う顔で演じるという困難を抱えることになった。結果的に英百合子の演技は幼稚な印象を与えるものとなり、素人の自然さは未熟な演技として受け取られた。「風俗的におかしくても、動作が映画的で、外国人に分かればよいというのが帰山さんの演出方針[81]」であり、最初から海外での受容を想定して製作されたため、彼女にたいして「バタ臭い」、「洋臭」という表現があてがわれた。吉山旭光は「百合子嬢の令嬢は科がメリー・ピツクフオード張だがわざとらしかつた」と述べ、『活動雑誌』の一記者は「英百合子の貴族の令嬢はメリーピツクフオードかマーセローを行った型だが、頗るわざとらしくて感心出来ない、可愛らしい女優で納まつて了つている」[82]と指摘している。同様の指摘は、純映画劇運動の中心にいた花柳はるみにも向けられた[83]。メアリー・ピックフォードの「型」は不十分な形で日本人女優に模倣されることになったのである[84]。

アメリカニズムという名のモダニズムを象徴する存在であった英百合子の演技には、役柄と演技者の性は一致していたものの、女形が体現していたセクシュアルな女性性は欠如するという逆説を生むこととなった。もちろん男性用にできていた女性性の身体表現の型は、女性の演技者には物理的に不可能なものであったが、彼女たちはその型を作り替えることはできず、数百年にわたって確立されてきた身体表現による女性性を放棄したのである。その代わりに日本最初の映画女優が見出したのは、アメリカ映画女優の演技コードであり、その未熟な模倣によって近代性を獲得しようとしたのである。

日本の女優たちは常にジレンマを抱えていた。一九一〇年代初頭、演劇において女優必要論が叫ばれたが、依然として格式を重視する古い制度が存続するなかで女優は著名な女形の背後にとどまっていた。模範にできるのは女形の演技しかなかったため、女優は女性が出演することの新鮮さを求められつつも、実情は男性用にこしらえられた演技の未熟な真似事をするしかないという矛盾のなかで生き延びねばならなかった。当時の批評家も、「女優であつて女形の芸をする、やはり中性的なものになつて了ふ」[85]と述べ、否定の対象をひとまず肯定するしかないという矛盾を抱え込んでいた。こうした問題は演劇ばかりではなく、映画へも波及した。「映画の上に女形は絶対に禁物である」とした島村抱月も、「女形に代る可き女優の見付からない限り、やはり女形が巾を利かすに違ひない」と断言したとおりであった[86]。

新派映画には、女形の演技コード、舞台女優の演技コード、映画専門の女優の演技コードと、三つの演技コードが存在していた。

＊

女形の生み出す演技は、身振り言語でリアリティを再現することで女性性を前景化する型にもとづいていた。だが、女形自身も述べているように、舞台上における演技とカメラを前にした演技とでは大きな違いがある。実際は、映画以前の伝統芸能の象徴的な存在である女形が、近代の新しいメディアに出演するという状況に齟齬があり、女形は常に批評家から排斥の言説を投げかけられた。一九一〇年代後半から日本映画革新の動きが活発になるなかで、女形排斥論は強まっていく。言説の担い手が求めたのは、当然のごとく女性の役は女性が演じる外国映画の規範を日本映画にとり入れ、女優を起用することだった。

ただし日本映画において、女優の近代性とは単に女性演技者を起用することではなく、出演する女優がアメリカ映画的な演技コードを習得していることであった。当時、アメリカ映画の表現技法こそが第一義とされ、それが日本映画革新を動機づける近代性の象徴であったのである。それゆえに伝統的な日本の舞台演技コードを保持していた水谷八重子は、女優であっても日本映画革新の糸口とはみなされなかった。

そこに花柳はるみや英百合子といった近代的な女優、すなわちアメリカ映画の演技コードを模倣した女優たちが登場する。だが、彼女たちが実現した近代性は、女性性を微塵も見せない幼稚な素人臭い演技であり、演技コードと身体が分離していた。映画専門女優は女性の演技者による新たな演技コードを求められたが、アメリカ映画的な演技コードに依拠するほかはなく、それは未熟で洋臭ただようものであった。一九一〇年代の女優たちは、舞台でも映画でも実現しえない演技コードの習得にひたすら努力を払っていたのである。

模倣が違和感のないものとなるのは、関東大震災後を待たねばならなかった。震災後、モダン都市として復興した東京は、人々の日常の風俗や建築、衣装と都市全体が欧米の模倣となったからである。舞台の伝統に強く束縛されていた震災前から日本映画は大きく変貌を遂げることになる。

(1)「脚本号」と題された一九一八年四月の『活動之世界』(第三巻第四号)には、「映画脚本に就て」や「純映画脚本の様式に就て」といった論考から「映画脚本の参考書一覧」や「英本脚本に現れたる脚本用語集」などの啓蒙的な記事まで掲載されている。「映画劇脚本懸賞募集」が開始されたのもこの時期である。

(2) 日露戦争期から第一次世界大戦前までの興行形態の変遷と観客の動向に関しては次の研究が詳しい。上田学『日本映画草創期の興行と観客——東京と京都を中心に』早稲田大学出版部、二〇一二年。

(3) 弁士については次の論考に詳しい。アーロン・ジェロー(角田拓也訳)「弁士について——受容規制と映画的主体性」黒沢清ほか(編)『日本映画は生きている 第二巻 映画史を読み直す』岩波書店、二〇一〇年、一一七—一五九頁;成田雄太「日本映画と声色弁士——活動弁士を通した日本映画史再考の試み」岩本憲児(編)『日本映画の誕生』森話社、二〇一一年、二七三—三〇一頁。

(4) 島崎濤月「如何にせば活動写真の衰頽を恢復すべきか」『活動写真雑誌』第一巻第四号、一九一五年九月号、一七頁。

(5) 映画と古典芸能に関しては下記の研究書に詳しいが、歌舞伎・能・人形浄瑠璃が主としてとり上げられており、大衆芸能との関わりを述べた論考は少ない。神山彰・児玉竜一(編)『映画のなかの古典芸能』森話社、二〇一〇年。一九二〇年代以降のモダニストたちの映画理論や実作については次の論考に詳しい。岩本憲児『サイレントからトーキーへ』森話社、二〇〇七年、一〇一—一八二頁。

(6) 映画と歌舞伎については次の論考を参照。児玉竜一「歌舞伎研究と映画——「歌舞伎と映画」その前提として」『歌舞伎 研究と批評』三一号、二〇〇三年八月;同「歌舞伎から映画へ」岩本憲児(編)『時代劇伝説 チャンバラ映画の輝き』森話社、二〇〇五年。映画と浪曲については以下を参照されたい。笹川慶子「忘却された音——浪曲映画の歴史とその意義」神山ほか(編)『映画のなかの古典芸能』。

(7) 講談研究に関しては以下を参照した。関根黙庵『講談落語考』(『講談落語今昔譚』改題再版)雄山閣、一九六〇年;足立巻一『大衆芸術の伏流』理論社、一九六七年;有竹修二『講談・伝統の話芸』朝日新聞社、一九七三年;旭堂南陵『上方講談三代記——明治・大正の巻』夏の書房、一九八二年。

(8) 牧野省三監督、尾上松之助主演の一連の忍術映画が、題材の面で着想を得たとされる講談は主として書き講談の立川文庫であるという言説は定着している。だがそれ以外の講談本との関連はほとんど指摘されてこなかった。立川文庫に関しては次の研究を参考にした。『大正の文庫王――立川熊次郎と「立川文庫」』姫路文学館、二〇〇四年。

(9) 講談に関する同時代資料は以下を参照した。倉田喜弘(編)『明治の演芸(八)』〈演芸資料選書・一〉、国立劇場芸能調査室、一九八七年:吉沢英明(編)『講談大正編年史』私家版、昭和堂、一九八一年:同『講談明治期速記本集覧』私家版、リプロ、一九九五年:同『続講談明治期速記本集覧』私家版、眠牛舎版、二〇〇四年:同『講談明治期速記本集覧二輯』私家版、二〇〇〇年:同『演芸界面白噺』私家版、眠牛舎版、二〇〇一年:同『講談・落語等掲載所蔵雑誌目次集覧――大正期』私家版、カサイ印刷株式会社、一九九四年:旭堂小南陵『明治期大阪の演芸速記本基礎研究 付録・東京速記本目録』たる出版株式会社、一九九四年:同『続・明治期大阪の演芸速記本基礎研究』たる出版株式会社、二〇〇〇年:菊池真一「大正期京阪の講談――京都日出・大阪毎日両新聞に見る」『甲南女子大学研究紀要』第三十三号、一九九七年。

(10) 吉山旭光「台本としての講談雑話(活動写真)」『講談落語界』第九巻第一号、一九二〇年一月、吉沢(編)『演芸界面白噺』六七―七〇頁。

(11) 『大衆講談全集内容見本』発行年不明(推定:昭和初期)、三頁。

(12) 留意点は以下である。①映画作品の題名が講談本および落語人情話速記本の題名と同じものを採録した。ただし、双方の題名が多少異同する場合もある。例)『忍術十勇士』→「真田十勇士」②主要登場人物が映画作品の題名になっている場合も可能な限り採録した。③本表の作成に当たっては、『キネマ旬報別冊 日本映画作品大観』第一集、キネマ旬報社、一九六〇年:中込重明『明治文芸と薔薇――話芸への通路』右文書院、二〇〇四年:吉沢(編)『講談明治期速記本集覧』:旭堂『明治期大阪の演芸速記本基礎研究』を主に参考にした。

(13) このうち脚本または原作が明記されていないものは四本のみである。

(14) 震災後の旧劇から時代劇への変遷については下記を参照。小松弘「旧劇革新の歴史的意義」『演劇研究センター紀要I』早稲田大学二一世紀COEプログラム〈演劇の総合的研究と演劇学の確立〉、二〇〇三年、一六三―一七三頁。

(15) 『太閤記』、『忠臣蔵』は数が多すぎるため今回は割愛した。『水戸黄門』も頻繁に映画化されているが、金海南『水戸黄門「漫遊」考』(新人物往来社、一九九九年)に詳細な研究があるため、これも割愛した。ジャンルに関しては、旭堂小南陵と田邉南鶴の分類を参照した。田邉南鶴(編)『講談研究』一九六五年。

(16) 「寄席の話――文学士権田保之助」『中央新聞夕刊』一九一九年三月一日、吉沢(編)『講談大正編年史』一一〇頁。

(17) 明治期の速記の盛行に関しては下記を参考にした。芸能史研究会(編)『日本の古典芸能九 寄席 話芸の集成』平凡

社、一九七一年：佐野孝『講談五百年』鶴書房、一九四三年。

(18) 新島広一郎『講談博物志』（私家版、昭和資料館）を参考に作成した。ただし、講談速記本、書き講談文庫はほとんど現物が散逸しているため、正確にこれだけの数量が刊行されていたかは確認できないが、あくまで目安として掲載した。表4－5に関しても同様である。

(19) 小川菊松『出版興亡五十年』誠文堂新光社、一九五三年、一八四頁。

(20) 前田愛「明治初期戯作出版の動向――近世出版機構の解体」『近代読者の成立』岩波書店、二〇〇一年、八九―九〇頁。

(21) 書き講談に関しても、『日本の古典芸能九』、佐野『講談五百年』を参考にした。

(22) 小川『出版興亡五十年』一八七頁。赤本とは表紙の派手な講談本を指す。『貸本文化』通巻第一一号、貸本文化研究会会誌、一九七七―一九八三年。

(23) 前田『近代読者の成立』八六頁。

(24) 「読者能力の貧しさは、他人が読むのを耳から聞く、安易で間接的な享受方式に馴化させることになる。もともと近世の貸本読者、とくに人情本の読者のばあい、このような享受の態勢は珍しいことではなかった」。同右、一七一頁。

(25) 「活動化した渋川伴五郎――廿日から常盤座で」『大阪毎日新聞夕刊』一九二一年七月二十一日、吉沢（編）『講談大正編年史』一五六頁。講演者は神田伯山である。

(26) 「遠山様々」『国民新聞夕刊』一九二四年八月二十三日、吉沢（編）『講談大正編年史』一九一―一九二頁。

(27) 「小坂作品清水次郎長お待兼の第三編」『大阪毎日新聞夕刊』一九二四年十月二十三日、吉沢（編）『講談大正編年史』一九七頁。

(28) その後、神田伯山公演『清水次郎長』は、一九四〇年一月に石渡正文堂へ譲受発行された。

(29) この表は講談研究家の吉沢英明氏が収集された、現存している講談本のみを調査対象としている。実際はこの何倍もの大量の講談本が刊行されたと推測される。なお、煩雑になるため年号は和暦で表記した。

(30) 明治・大正期の現存する日本映画は僅少であるが、特定の主題をめぐる講談版と映画版の比較を検討することは今後の課題である。たとえば、講談の修羅場読みが時代劇の剣戟場面に与えた影響は一考に値するだろう。

(31) 正岡容『東京恋慕帖』ちくま学芸文庫、二〇〇四年、二三〇頁。

(32) 映画史的にはこれが後の小唄映画へと発展していく。笹川慶子「小唄映画に関する基礎調査――明治末期から昭和初期を中心に」『演劇研究センター紀要Ⅰ』早稲田大学二一世紀COEプログラム〈演劇の総合的研究と演劇学の確立〉、二〇〇三年、一七五―一九六頁。

(33) 連鎖劇の概要に関しては以下の先行研究を参考にした。柴田勝『実演と映画――連鎖劇の記録』私家版、一九八二年：

(34)井上正夫『化け損ねた狸』井上正夫生誕百年祭実行委員会、一九八〇年：秋庭太郎「連鎖劇考」『明治の演劇』中西書房、一九三七年、一一八―一二七頁：横田洋「山崎長之輔の連鎖劇――池田文庫所蔵番付から」『演劇学論集』四四号、日本演劇学会、二〇〇六年、一六一―一七九頁：同「歌舞伎様式の摂取――大正十五年の井上正夫」『待兼山論叢 美学篇』四〇号、大阪大学大学院文学研究科、二〇〇六年、一―一九頁：同「連鎖劇の興行とその取り締まり――東京における事例をめぐって」『フィロカリア』二五号、大阪大学大学院文学研究科芸術学・芸術史講座、二〇〇八年、三一―六六頁：岩本憲児「連鎖劇からキノドラマへ」『演劇学』三一号、早稲田大学文学部演劇研究室、一九九〇年、二七四―二八六頁：大矢敦子「連鎖劇における映画場面の批評をめぐって」『アートリサーチ』一〇号、二〇一〇年、五一―五九頁。

(35)中央劇場では、連鎖劇以外に旧劇の中幕物や喜劇、その他外国映画を何本か余興として見せていた。

(36)橘春風「新派劇を席巻せんとする連鎖劇」『活動之世界』第一巻第一号、一九一六年一月、一〇四頁。

(37)『紅葉狩』に出演した団十郎と菊五郎は、例外中の例外だった。

(38)吉田抱水「くさぐさ――浪華演芸雑感」『演芸画報』一九一四年六月、一七一頁。

(39)濱村米蔵「下廻生活と連鎖劇場」『演芸画報』一九一六年一〇月、七八頁。

(40)「芝居万年筆」『演芸画報』一九一六年七月、一一六頁。

(41)濱村「下廻生活と連鎖劇場」、七八頁。

(42)犀児「幕外より」『演芸画報』一九一五年一一月、一四八頁。

(43)角座は山長、三崎座は神田劇場、柳盛座は中央劇場で深澤一派、寿座は森三一派となった。連鎖劇場は「活動小屋」に近い構造になっており、差異化が必要だと言われていた。

(44)井伊江須「大阪連鎖劇評判記」『活動画報』第一巻第二号、一九一七年二月、一七八―一八一頁。

(45)記者「京都活動評判記」『活動之世界』第一巻第五号、一九一六年五月、五五頁。

(46)「対話――井上正夫と記者」『活動之世界』第一巻第九号、一九一六年九月、八七頁。

(47)篠山吟葉「連鎖劇の将来」『活動画報』第二巻第二号、一九一八年二月、五一頁。

(48)田口櫻村「連鎖劇の運命観――我子ながらも末が案じられて」『活動画報』第一巻第三号、一九一七年三月、八三頁。

(49)篠山吟葉「連鎖劇は泯びよ」『活動画報』第一巻第九号、一九一七年九月、七五頁。

(50)田口櫻村「連鎖劇の未来観」『活動画報』第二巻第一号、一九一八年一月、四六―四九頁。

(50)これら新派連鎖劇資料（台本等）は早稲田大学演劇博物館に所蔵されており、一一六冊に及ぶ。一九一六年から一九二七年までのもので、京都・奈良・大阪・兵庫・和歌山・高知各県の検閲印およびフィルム検閲印が押されている。この三作はいずれも佐々木興行部のものである。

(51) 編輯局「大正五年回顧録」『活動之世界』第二巻第一号、一九一七年一月、一六―一九頁。

(52) 藤木秀朗『増殖するペルソナ――映画スターダムの成立と日本近代』名古屋大学出版会、二〇〇七年。ただし、本研究書では女形映画は現存しないと述べられているが、実際は僅少ながら現存している。本論で中心にとり上げた立花貞二郎主演の『うき世』のほかに、女形が主演している作品では『二人静』と衣笠貞之助の女形演技が見られる断片『人情美の極致』(図4-5)が現存している。

(53) 小松弘「新派映画の形態学――震災前の日本映画が語るもの」黒沢ほか(編)『日本映画は生きている 第二巻』岩波書店。

(54) 旧劇映画でも女性の配役は女形が演じる。旧劇映画の最初のスターと言われる立役専門の尾上松之助も『先代萩』の政岡などといった女性の役を演じることがあった。東の松之助と見られていた同じく立役専門の澤村四郎五郎も女形の経験がある。本論では、女形を専門に演じる俳優を女形とみなす。尾上松之助ら立役とは違って、立花貞二郎ら女形は男の役を演じることがないからだ。また、新派映画は当時次のように説明されていた。「感じ安い一般人心に、人生の葛藤がもたらす悲しき事実を秩序を以て排列したもので、その青春相愛の男女がその身を測るべからざる浮世の義理人情の支配に押し進めてゆくといふ一現象、人生の悲惨なる縮図に、多感なる青年子女が同情の涙を誘ひ、思を馳す数奇の運命に泣かしめたのである」。山田夢歌「新派と立花丈」『活動画報』第二巻第五号、一九一八年五月。

(55) 「元来舞台劇には誇張した技巧や、或は多少不自然に陥つた箇所があつても、左までに差支へないのであるが、映画劇の方は絶対に不自然な技巧を許さない。何処までも自然的に且つ実際的に、我々の頭に入るやうに演ぜられねばならぬ」。岡本綺堂「先づ映画劇作者を尊重せよ」『活動写真雑誌』第五巻第四号、一九一九年四月、五二―五三頁。

(56) 一八六六―一九一七。川上音二郎らと巡業活動を共にしていた新派劇俳優。映画界では、吉澤商店から日活向島へ移る。一九一〇年に九本、一九一一年には一七本、一九一三年から一九一七年までの間に四本出演。木下吉之助と主に共演し、立花貞二郎・関根達発コンビとも『狂美人』(一九一五年、細山喜代松監督)で共演している。

(57) 一八七五年生まれ。角藤定憲、岩尾慶次郎、高田実、小織桂一郎、深澤恒造の一座へ加入する。数年ほど成美団の娘形として人気を集め、大阪角座の成美団の解散の際、巡業に加わる。吉澤商店の新派悲劇『潮』(一九一一年)で映画デビューし、この作品で藤澤浅次郎と初共演した。新派の衰えを察知した彼は、伊井蓉峰一座の立女形もつとめるものの、新派劇の前途を看破し、天活などに映画俳優として活動の場を移す。彼はコメディー・フランセーズからパテ社に移籍したガブリエル・ロバンヌに似通っていると指摘される。田口櫻村「女優と女形と」『活動画報』第一巻第一〇号、一九一七年一〇月、三〇頁。没年不明。

(58) 一八九三―一九一八。芝鷺助という子役で中村芝鶴のもとに養われていた。子役時代は下性が悪く、苦労したと伝えられている。日露戦争の真最中であった一九〇五年、本郷座の藤澤、河合、高田の一座による『己が罪』の子役を引き受け、これまでとは方面の違う新派劇界に身を投じた。その日から、立花貞二郎と名を変えた。何年か経過して、新派凋落を察知し、嫌気がさしていた貞二郎は、藤澤、貞奴一座の川上音二郎追善興行に参加している途中で、引き止められるのも聞かず一座を去り、東京へ帰った。そこで、梅屋庄吉のMパテーに加わり、その後、青木省三のもとに属したりしたが、一九一二年日活トラストが成立すると、一番に専属俳優となった。日活専属後の最初の撮影は、一九一三年、桝本清監督の『清濁』、『恋の力』、『絶叫』であった。一九一八年、兄と同じ鉛毒で衰弱し、逝去する。岡村紫峰『活動俳優銘々伝　一の巻』活動写真雑誌社、一九一六年。

(59)　一八八七年生まれ。日活京都派の女形。花魁や姫君を演じることが多い。「千万の活狂連を悩殺している」長正は、澤村門之助の門弟、澤村鶴松として出発し、東京にいるときは澤村宗十郎の後見をつとめていた。師匠の反対を押し切り子供芝居の一座を組織したが失敗し、門之助に顔向けできなくなったため、市川八百蔵の内弟子となった。その後も、澤村右衛門の弟子になったり、中村歌六の一座や嵐芳五郎一座、嵐冠十郎座に加わったりして、地方巡業を繰り返した。名古屋で片岡長太夫に出会い、大阪へ同伴することになり、これまでの澤村鶴松の名を改め、片岡長正という名前をもらい、若松屋号を許された。上京する途中の京都で、横田商会へ加入し、映画界にデビューする。一時、映画俳優を辞めて、中村雁十郎や中村玉右衛門の一座と巡業活動を共にするも、二五歳のとき、再び映画界に身を投じて日活京都撮影所へ出勤することになった。一九二五年の日活退社後、東亜キネマへ入るが、まもなく映画界から姿を消す。没年不明。

(60)　一八九六―一九八二。藤沢守の芸名で、中京成美団、静間小次郎一座、井上正夫一座を転々とし、関西で山長一派その他と共に活動し、関西派の立花と讃えられていた。日活向島に招かれ、映画デビュー作『七色指環』からすでに人気を得る。当時の批評では「柄なら芸なら立花の後継者として何等遜色のないのみか、その美貌は立花以上の魅力を有していて、初舞台の映画俳優としては意外の出来栄えであった」(「日活新派映画劇の新彩（衣笠貞之助加入）」『活動之世界』第三巻第三号、一九一八年三月、三九頁)とある。二三歳の衣笠は、東猛夫と共に、新鮮な人材として映画界に入ってきた。女形凋落後、映画監督へと職を変えたのは周知のことだが、こうした形で映画界に残った衣笠は例外的な存在である。女形時代の衣笠の姿をとどめた唯一の映像が『人情美の極致』の断片である。

(61)　一八七八年生まれ。一九〇〇年、新派の福井茂兵衛一座に入り、女形として初舞台を踏む。天活の連鎖劇に出演したりもするが、もっぱら舞台で活動していた。だが、一九一七年、日活向島に招かれ、以後、映画の女形として活躍する。女形映画の白眉と言われる『京屋襟店』(一九二二年、田中栄三監督)にも出演し、まもなく日活を退社。国活でいくつか映画出演するが、その後の消息、没年は不明。

(62)　村山星男「立花貞二郎の実演を見て」『活動画報』第二巻第八号、一九一八年八月、一八五頁。

(63)「この写真は去る大正七年六月即ち貞二郎君が地方巡業中岐阜市濃陽館で撮影したものですが、それは同君にとつて最後の記念となつて仕舞つたのです」。『活動写真雑誌』第五巻第二号、一九一九年二月。

(64) ただし、外国映画において、男性俳優が女性を演じることが皆無であったわけではない。初期のコメディーでは、たとえば婦人参政権論者を揶揄するために、男優が女優に扮することはよくある。だが、外国映画においては、反対に女優が男性の役を演じることが多い。たとえばアスタ・ニールセンの『女ハムレット』*Hamlet*(一九二一年、スヴェン・ガーデ/ハインツ・シャル監督)やフランチェスカ・ベルティーニの『あるピエロの物語』など。

(65) 山田「新派と立花丈」。

(66) 編集局「顔と鬘と衣装と」『活動画報』第二巻第一一号、一九一八年一一月、一六―一九頁。

(67) 帰山教正「映画劇と俳優動作(其二)」『活動画報』第三巻第八号、一九一九年八月、二―七頁。映画形式の変化については次章を参照。

(68)『うき世』では立花貞二郎演じる主人公が望まない結婚式をする直前、自害しようとして刃を自分に向けるとき、日本映画には珍しいクロース・アップになるのだが、このとき表情はほぼ無表情で、ただ口が何かを叫んでいるだけである。

(69) 女形排斥と女優起用はフェミニズムの観点から議論することも可能であろう。女形は倒錯的な性欲の対象と目されることも少なくない。映画における自然主義の破壊者としての女形に、公共の性風俗を乱す原因をも見出し、映画内部の要因を社会問題へ敷衍することで、女形たちは負のイデオロギーを担うことになったのである。この点については以下の論考に詳しい。光石亜由美「女形・自然主義・性欲学――《視覚》とジェンダーをめぐっての一考察」『名古屋近代文学研究』二〇号、二〇〇三年、一―二二頁。日本映画を近代化し、アメリカナイズしようと努めた純映画劇運動も、男性側から起きたものであり、関東大震災が直接の要因とはいえ、女形の存在意義は男性視線の勝利により終焉を迎え、女優に取って代わられた。

(70) 島村抱月の女形批判はよく知られている。「女優と女形とは種々なる点に於て相違する、外部の方から見ても、女形は、大きな鬘で顔を隠し、腰を中腰にして大きな体を小さく見せるので、姿勢に無理が出来るが、女優は反対に成るべく小さい体を大きく見せようとするので形の上に無理がない、従って女形は痩形を貴ぶが女優は、肉付の豊かな肥えたのをよしとする、そして女優は髪も眉も自然のままがよいのであるから、女優の資格としては、髪の美しいといふ事をも数へねばならぬ、之は活動女優として、殊にさうで、鬘で頭を作っては、何うしても、鬘の隙が見えて見た目の感じを傷付けること夥しい」。島村抱月「女優と女形」『活動之世界』第二巻第五号、一九一七年五月、五―七頁。

(71) たとえば中村歌扇は、九女八や米波といった「旧い女役者の軌道を辿つて行く人」であり、「所謂女優でない女役者としての歌扇嬢」と名指された。女役者としての歌扇には大いに期待がかけられているが、「貞奴のやうに、または須磨子のやうに歌扇を當世女優の圏内に入れて之等と比較し、其芸術を対照的に批評する人があるならば、それは飛んだ間違ひ」と言及されている。川村古洗「この俳優は将来何うなるか」『活動写真雑誌』第四巻第一号、一九一八年一月、九〇頁。

(72) 田中純一郎によると、最初の純映画劇である『生の輝き』、『深山の乙女』のヒロインを起用する際、女役者か女優かが問われていた。「問題は女優である。女役者は歌舞伎や新派にも二、三人いたが、写実的な新劇女優が理想だとあって、岸田の妹の岸田照子、踏路社の星五月、芸術座の花柳はるみを予定し、乗物の都合でいちばん先に花柳を訪ねた」。田中純一郎『日本映画史発掘』冬樹社、一九八〇年、一三七頁。

(73) 橋村壁生「井上正夫の「不如帰」を見る」『活動之世界』第二巻第一二号、一九一七年一二月、二〇六頁。

(74) 「日本活動女優総覧」(『活動之世界』第二巻第五号、一九一七年五月、九八―九九頁)、「活動俳優所属並に人員」(『活動之世界』第二巻第九号、一九一七年九月、六三頁)によると、日活では女優の数は数名にとどまった。

(75) 一九一九年には『歌劇と活動』という雑誌が東京ムビー、メロデー社から「時代の要求により発刊」された。本誌の特色には「キネマとオペラの研究」が第一に挙げられている。

(76) 純映画劇に関しては次章を参照されたい。

(77) 葉山三千子(一九〇二―一九九六)は大正活映所属。英百合子(一九〇〇―一九七〇)は武田正憲一派で舞台デビューし、観音劇場から歌劇界に入り、国際活映を経て、松竹キネマ研究所に入る。花柳はるみ(一八九六―一九六二)は芸術座の『其の前夜』で初舞台を踏み、新劇に携わるが、松竹キネマ研究所に入る。『活動之世界』第七巻第二号、一九二二年二月、五四頁。

(78) 大倉「悲劇『寒椿』の映画評」『活動雑誌』一九二二年六月、七二頁。

(79) たとえば当時の批評では次のように言われている。「飽く迄も井上氏の演技を主として製作した映画である以上、舞台劇そのままを撮影したものの様に見える個処の多いのは致し方あるまい」。『キネマ旬報』第六五号、一九二一年五月一一日、八頁。

(80) 同右。

(81) 田中『日本映画史発掘』一四〇頁。

(82) 『活動雑誌』一九二一年六月、一〇二―一〇三頁。

(83) 「花柳はるみ嬢は在来の女形の夢想も出来ぬ演出振を見せては居るが、大袈裟すぎたり、その場と供はぬ動作等が大分見えた」。「「生の輝き」を見て」『キネマ旬報』一九一九年一〇月一日、二頁。

(84) 総指揮の小山内薫を筆頭に製作が進められたことを考えると、新劇との関係も看過すべきではない。新劇の演技形式については、デルサルトとの関連が一つ指摘されよう。歌舞伎俳優の二代目市川左団次は、一九〇六年にロンドンの俳優学校（英国王立演劇アカデミーの前身）に聴講生として三週間通い、デルサルト式表情術とリトミックを学んで翌年に帰国した。一九〇九年に新劇の小山内薫と共に自由劇場を設立することになるのだが、その際、演劇表現のための身体力を養う基礎訓練方法の一つとしてデルサルトの方法論をとり入れた。平沢信康「初期文化学院における舞踊教育実践について——山田耕筰による「舞踊詩」の試み」『鹿屋体育大学学術研究紀要』三四号、二〇〇六年、一九—二〇頁。デルサルト式演技術はアメリカ映画を主とした外国映画からも間接的に日本に入ってきていた。

（85）島村抱月「女優と女形」『活動之世界』第二巻第五号、一九一七年五月、五—七頁。

（86）同右。

第5章 日本映画の近代化
――外国映画との対峙

日本映画が大衆芸能の伝統から切り離され近代化していく過程は、ヨーロッパ映画やアメリカ映画の受容と模倣に端を発する。それは同時に日本映画が自律した「映画芸術」に目覚めることをも意味した。本章では、大量の外国映画の輸入を受けて日本映画が近代化していったプロセスをたどっていく。

1 大正初期日本映画のダイナミズム

映画に関する草創期の著書である帰山教正《かえりやまのりまさ》『活動写真劇の創作と撮影法』（一九一七年、飛行社）によると、「映画」という言葉がいまだ「活動写真」であった大正時代、無言劇としての要求に声色鳴物入りは不適合であること、字幕を利用していないこと、撮影規定および技術が不十分なこと、この三点が「誤れる日本の活動写真劇」の欠点であり、「一向に進歩もしない大原因」であった。これらを克服すべく、帰山教正が中心となって日本映画の目覚めを促そうとしたのが純映画劇運動である(1)。帰山ら改革派は、「活動写真の本質に適合せる製作」をアメリカ映画に見出し、アメリカ映画形式を導入することで日本映画の近代化をはかった。田中純一郎が述べているように、大正初期の日本映画は十年一日の如く進歩の見られない「活動写真」であり、純映画劇運動によりその突破口が開拓された。従来の日本映画史では、この純映画劇運動が大きな位置を占めており[2]、外国映画と日本映画の関係は、フランス映画の『ジゴマ』など一部をのぞき、アメリカ映画からの影響が強いとされてきた。

だが、一連の純映画劇で試みられたアメリカ映画形式の導入は必ずしも成功を収めたわけではなかった。その原因はこれまでの日本映画史研究では十分に検討されていない。それだけでなく、純映画劇をあまりに特権的に位置づけると、同時代の他の日本映画に価値がないかのような誤解を与えかねない。一九一〇年代の日本映画にたいしては、批判だけでなくその変化に肯定的な評価を下す言説も当時存在していたという事実は見過ごされるべきではない。さらに、ヨーロッパ映画の形式は、アメリカ映画形式とは異質なものであり、アメリカ映画に代わるもう一つの影響元として考える必要がある。日本映画と外国映画を比較した研究には、山本喜久男『日本映画における外国映画の影響』(早稲田大学出版部、一九八三年)があるが、そこでとり上げられている初期映画は文芸翻案物の新派映画や喜劇映画など特定ジャンルのものが多い。加えて、形式よりも内容の比較が多いうえに、日本映画と比較する対象となるヨーロッパ映画とアメリカ映画を一括りに捉えている。だが、日本/ヨーロッパ/アメリカという三者間の動的な関係性のなかで、「活動写真の本質」がそのつど更新されていったと考えるべきではないだろうか。大正期の日本映画は、常に他者と対峙すること、つまり各時代の支配的な外国映画形式の認識に左右されていたとするのが適切だろう。

大正期日本映画にたいする肯定的な見方は大きく言って二つある。すなわち、伝統の延長として捉える見解と、外部からもたらされた新しい文化への同化とみなす見解である。吉山旭光を代表とする前者は、前章で詳しく検証したように、初期の日本映画を江戸時代から続く講談や写し絵、歌舞伎といった大衆芸能と連結させて捉える[3]。後者は、一九世紀末にシネマトグラフが日本に輸入されたことで新たに生まれたメディア「活動写真」が、外国映画に追いつこうと早い時期から欧米の手法を取り入れていたと考える。

ここでは後者の、一般的な映画史記述と同じ立脚点に立ちつつ、これまであまり指摘されてこなかったヨーロッパ映画と日本映画との対峙という視角から分析していきたい。これまでのように日本対アメリカだけではなく、日本対ヨーロッパ、そこから間接的に浮かびあがるヨーロッパ対アメリカといった重層的な対立構造のダイナミズムに注目し、大正初期から純映画劇運動にいたるまでの映画がどのように変遷したのかを考察していく。これは、ヨーロッパ映画からアメリカ映画へのヘゲモニー交代の一例として日本映画史を捉え直すことでもある。主に研究対象期間とした大正初期は、世界映画史においても、日本での外国映画の受容においても、第一次世界大戦の影響により、ヨーロッパ映画からアメリカ映画へと覇権が移行していった時期だからである。

　こうした課題に応えるために、まず純映画劇運動の功罪と映画史的意義をあらためて考える。当時の批評や脚本、興行状況を踏まえた上で、大正初期に日本映画が否定的にも肯定的にも評価されていたことを吉山旭光や一般観客の記事から確認する。次に、アメリカにおける『忠臣蔵』（一九一五年、牧野省三監督）への批評を検討することにより、アメリカという他者のまなざしが、一九一〇年代半ばの日本映画を、形式上はヨーロッパ映画に区分していたことを明らかにする。実際、大戦以降に急激にアメリカ化する以前の日本では、ヨーロッパ映画形式が重視されていた。一九一七年に小林商会は井上正夫監督の『大尉の娘』や『毒草』、『二人妻』、『檜山騒動』といった作品で新たな形式を模索していた。西欧文学の翻案まがいの作品だけではなく、日本映画の固有性が強く出た新派と旧劇のなかから、純映画劇運動がめざしていた産物がすでに世に出始めていたのである。その状況を、フランス（パテ・フレール社）、イタリア（アンブロージオ社）、ドイツ（ドイッチェ・ビオスコープ社）を中心に検証していく。[4] 最後に、大戦後アメリカ映画が覇権を握ったことで、映画の内容傾向だけでなく、映画形式もアメリカ化していった過程を見る。以上の議論を通して、アメリカ映画（とくにブルーバード映画や連続映画）の影響を受けた純映画劇運動によって日本映画の変革が進んだ、という図式からはこぼれ落ちる言説に、なかでも批評家の記事のみならず一般観客の意見のなかに、日本映画の変遷を読み取っていく。さらに現存していないために注目されてこなかった作品を拾い出して、大正初期の外国映画からの影響、それに伴う日本映画の形式の変化を明らかにしていきたい。

純映画劇運動の功罪

では、大正初期の映画の状況を確認しながら、いま一度、純映画劇運動の映画史的意義とそれが成功しなかった理由を考えていこう。「日本写真の今少し高尚な発展を我等は切に願つていました。しかしそれはこの年にも亦十分の一も満されませんでした」[5]。すでに一九一三年には、こうした日本映画革新を願う声が紙面に響き始めていた。翌一九一四年には、「劇が少しも活気ない長穤袢然たること」、「役者が殆んど総てしまりがなく気転のきかないこと」、「女形を使用の事」[6]という批判が現れた。ここには、「活気ない長穤袢」すなわちロング・テイクが多用され、カット゠バックが用いられない撮影や、女形と舞台俳優による不自然な演技など、純映画劇運動で指摘された日本映画の改良点が具体的に指摘されている。大戦を引き金にアメリカ映画が抬頭した一九一〇年代半ば以降、アメリカ映画を標準的形式に位置づけ、日本映画の無変化を批判し、「日本映画の前進」を願う記事が批評家や読者の間で徐々に増えていった。

歌舞伎や語り芸の伝統が根を張っていた日本では、女形や弁士、演劇的な映画様式が依然として保持され、女優や字幕、アメリカ映画式の編集技法の導入は容易に受け入れられなかった。そのうえ、国産の映画を外国市場へ売り出そうとしない製作会社の消極的な体質も加わり、ますます日本映画は孤立状態に陥った。美学上、興行上、製作上の理由により、日本映画の変化は長らく阻害されていたのだ。ここに、停滞する日本映画と変わりゆく外国映画という二項対立構造が浮かび上がってくる。

この状況を打開すべく立ち上がった純映画劇運動とは、帰山教正らアメリカ映画を好むインテリ層が、映画ジャーナリズムのなかで発言力を強めるとともに、天活から出資を受けて映画芸術協会を設立し、実際の映画製作も行うという、批評と実作の双方から日本映画を変革してアメリカ化しようとする試みであった。帰山は次のように述べる。「そのころ僕は純活動写真劇とか映画劇という言葉を使って、日本映画のあり方も、グリフィス以降のアメリカ映画に見られるような型式にならなければだめだ、なんとかその方向に日本の映画製作を進めたいという情熱に燃えていた」(7)。アメリカ映画の形式にならって、字幕や女優の使用に加え、カット＝バックやインサート・ショット、アイリス＝イン、アイリス＝アウトといった多彩なショットなど、映画の物語叙述を意識的に行ったという点で、純映画劇運動は映画史的意義を持つ。物語内容と形式の両面でアメリカ化を本格的に実行した作品は「前衛的」とも当時みなされたのである。

だが、興行面でも実作面でも、この運動が成功したとは言いがたい。映画芸術協会の第一作である『生の輝き』は、その「前衛性」のために完成から一年近くは世に出ず、遅まきの封切りは麻布館でひそやかに行われた。こうした公開状況をかんがみると、純映画劇は当時の映画界全体のごく一部を占めるに過ぎなかった。当時の批評においても、第二作目の純映画劇『深山の乙女』は、従来の日本映画に見られない溌剌な場面転換があると高く評価される一方で、「劇筋の平凡を何とせう。せめて前半の儘清らかな渓谷情話の気分劇にでもしたかったが青鳥で見なれて居ても日本の作者に望むのは無理なのか〔……〕生生とした大写も無ければ緊張したカット＝バックも見受けなかった」(8)、「移動撮影と丸紋りの乱用」、「染色の不統一」、「バタ臭い活劇」(9)といった酷評も受けていた。

純映画劇運動が一般観客の支持を得られずに終わったのは、使用された映画技法が当時の日本映画の水準に比べてはるかに進んでいたからというよりも、アメリカ映画の消化不良な模倣にとどまり、日本独自の要素を切り捨ててしまった点にあるのではないだろうか。歌舞伎や話芸といった地下水脈を断ったところで、理想とする映画に近づくことはできなかった。純映画劇運動は「映画の本質」を示す現象だけを抽出したために、その背景となるリアリティが欠如してしまったのだ。『生の輝き』の脚本をみてみよう。照子を捨て都会の生活にうつつを抜かした柳沢子爵は、ふと反省し真の生活を求めに先祖代々伝わる家宝を売って外国へ行く決心をする。しかし、落ちぶれた柳沢が外国へ行ってどのように更生するのか、外国に何があるのかシナリオには記されていない。他方で、自殺未遂をした照子はキリスト教によって救われ、照子を愛する山下はラジオ・カーボニウムを生産する黒い煙に生命の輝きを見る。だが、この筋書きに当時の日本人はリアリティを得られたであろうか。汽船に乗って故郷を去る柳沢の姿には、日本映画の土壌に脈打つ伝統を無視し、最初から海外に映画の本質を探ろうとする純映画劇運動の限界が重なって見える。

映画言語の意識的な表明として純映画劇運動は重視すべきものであり、それ以前の「(外国映画に比して)前進が見られない」日本映画界にたいする反発として開始されたことは事実である。だが、この運動をもってして日本映画の改革が始まったとする見方は映画史の現実にはそぐわない。実際、カット゠バックやクロース・アップなど純映画劇で用いられた技法は、多かれ少なかれそれ以前にも用いられていたからである。『生の輝き』や『深山の乙女』で試みられたアメリカ映画的な形式は、何の前触れもなく日本映画に降って湧いたわけではない。外国映画に対峙する日本映画の変動はすでに大正初期から始まっていたのである。純映画劇以前に欧米の形式を取り込んでいった日本映画の歴史を見直し、純映画劇の特権的な地位を再検討する必要があるだろう。

日本映画への批判・提言

冒頭で述べたように、外国映画に比して国産映画が一歩も進んでいないという言説は、すでに大正初期から流布していた。では、映画批評家ではなく一般観客はどのように見ていたのだろうか。『キネマ・レコード』の「読者感想記――日本物に対する不平」のなかで「石田」という読者は、互いに連鎖している問題点、すなわちクロース・アップの不足、粗末な舞台装置、未だに書割を使用していること、俳優の無表情、女優の欠如を早い時期から指摘している。「第一撮影法に於ける何故大写という方法を用いないのか、人物は小さく奥の方に引こんでいて表情が見えないのみか貧弱な道具や背景のいやらしさのみが目に付く。第二には俳優の表情が足りない、もう少しフォトプレヤーとしての表情を研究してほしい。〔……〕僅に関根〔達発〕の表情のみに満足する。第三には女優のない事[10]」。

映画的な技法を用いるには、舞台演技とは異なる映画に適した新しい演技表現が必要である。クロース・アップ（大写）が機能するには、俳優の細やかな表情が欠かせない。むしろ、クロース・アップの技法が浸透していないために、映画的な表情の演技が掘り起こされなかったとも言える。クロース・アップを増やすと、前章で述べたように着物では隠しきれない女形の男性的な顔が露出し、映画のリアリティを損なうことになる。女形の代わりに女優を起用することはほとんど考えられていなかったため、ますますクロース・アップは使われなくなる。こうした悪循環を石田は的確についているのである。他にも「N」という読者は、クロース・アップの欠如だけでなく、「是非共半身、七分身にしてもらいたい[11]」と希望してミディアム・ショットやミディアム・ロング・ショットといったショット・サイズの多様化を提案している。

「愚人の愚語か或は日本映画の欠点か」のなかで「敏郎」という読者も日本映画が面白くない理由を、画面を占める人物像が小さいこと、俳優の表情が乏しいこと、女優が出演していないことに見出し、そのうえに劇筋が低級なこと、字幕が内容と字体ともに簡単過ぎることを加えている[12]。能面や歌舞伎の隈取りなど、映画以前からつづく演技者の世界では、抑制された表情が美徳とされた。ところが、それがスクリーンに映ると、含蓄豊かな無表情は西欧映画の明快な表情演技と比較されて、表情の乏しい演技と低くみられることになってしまった[13]。映画の表情演技が批判されるのは、日本映画が西欧映画と常に対比されるためである。西欧映画を通じて得られるリアリティと日本映画が獲得すべきリアリティは出発点から異なっていたのだ。

プロットについては、大衆的な新聞小説に限らず、徳冨蘆花や夏目漱石、尾崎紅葉、国木田独歩などを原作に使うべきと述べられている。文豪の小説を映画の原作にしようという考えは、文学や演劇など隣接芸術の重鎮を映画製作に関わらせることで映画の地位を高めようとする同時代のヨーロッパ映画界の動向と軌を一にしている。しかしながら、蘆花と紅葉をのぞいて、漱石や独歩の私小説が映画化されるのはずっと後のことだ。字幕に関しては、美術的な字体を求め、『憲兵モエビウス』*Gendarm Möbius*（一九一三年、ステラン・リュエ監督）における父親と娘の会話のような、詩的な内容が模範にされている。

このように欧米映画を礼賛し、日本映画の欠点をことさらに突く傾向は、大正期の多くの批評に共通して見られる。具体的には、クロース・アップ、女優、映画的な表情をはじめ、舞台装置や「高尚な」プロット、美的な字幕など、映画の芸術的な方向付けが読者の間からさえ提案されていたのである。

日本映画の肯定的な評価——大正初期の認識

その一方、日本映画擁護派の吉山旭光は、日本の映画批評家たちは必要以上に日本映画を批判していると指摘した(14)。日本映画の長所に注意を払っていたのは吉山だけにとどまらない。前節で検討した日本映画への批判・提言に続いて、日本映画が外国映画の水準に近づいているという肯定的な評価を見ていこう。

大戦前の一九一二年に吉澤、横田、Mパテー、福宝堂の四社による日活トラストが成立したが、しばらくしてトラストから独立する会社が続出した。旧福宝堂系の小林喜三郎らが設立した東洋商会、旧Mパテーの梅屋庄吉と青江俊蔵(15)などが中心となった敷島商会（後に弥満登音影株式会社と合併）、さらに天活が創設されたほか、これまで興行中心だった小松商会が製作にも乗り出してきた。こうして一九一三年は映画製作会社の競争時代の幕明けとなった。一九一四年の『キネマ・レコード』新年号では、前年の「我活動写真界は賑やか」で「変化」があり、「進んで来た事は確か」[16]だとされている。吉山も一九一三年の日本映画について、「日本物の撮影法が著しく進んだことは、誰しも気が付く」[17]と指摘している。

アメリカの連続活劇映画が受容される以前の翌一九一四年には、「泰西劇の混同とも云ふ可き所謂新時代劇」[18]が観客に歓迎され、ヨーロッパの活劇映画を取り込んだ旧劇が増えた。このとき「時代劇」という言葉が早くも登場した。一九一三年と一九一四年の映画を比較した記事では、「我が写真劇に革新を見る動機」[19]を天活と日活の映画形式の変化に見出している。天活京都派の旧劇には「従来の固定したる型を離れてやや活動写真劇に近きもの」[20]が現れ、ロシア映画の『ウラルの鬼』（一九一五年、ハンジョンコフ社）から発想を得たとされる『狸退治』（一九一四年、天活）が公開された。さらに、天活はイギリス映画を凌ぐほどキネマカラーの技術水準を上げていく。

他方の日活は、天活に比べると技術で劣るとされたが、新派映画を専門に撮っていた日活東京派で遅れを挽回した。一九一四年には新しい試みと評価された『カチューシャ』が公開される。この映画の脚本を担当した桝本清は舞台監督として日活に入社し、新劇運動にも関わった進歩的な人物であった。桝本は、日活トラスト後の不振から立ち直るため、一転して作品に変化をもたらすべく改革を行った。筋、俳優、舞台背景の向上に腕を揮い、『清濁』（一九一三年）、『破戒』（一九一三年）、『恋の力』（一九一三年）、『谷底』（一九一四年）といった質の高い作品を生み出した。「浅草では受けなかつたがその変化と少くともフイルムに対する敬意は誰しもはらつた」[21]とあるように、これらの作品の変化は批評家のみならず一般観客にも認識されていた。桝本の改革は映界業界の反感を買い、手を引くことを余儀なくされたが、その功績は決して小さくなかった。これ以降、日活の舞台背景への評価が高まり、俳優では関根達発と立花貞二郎の表情と動作の豊かさが支持されるようになった。桝本作品を大きな契機として、グリフィスの長編映画が日本で公開される一九一〇年代半ば以前から、舞台監督という言葉が批評にも増えていくことになったのである。

つづいて、大戦勃発後の一九一五年の状況を見ていこう。読者欄に頻繁に投稿する「ゆたか」という映画ファンは、日本映画の技術的進歩を評価し、これまで評価が低かった日活京都派についても「灰色不快なりし日活京都派の映画も漸次鮮明となり来れり」[22]と述べている。日活京都派のこの年にアメリカで公開された『忠臣蔵』は、日本の劇映画が輸出された珍しい例である。全般的な傾向としても「或る程度まで外国製を凌ぐ様な」[23]映画や「泰西映画を見るが如き」[24]映画製作が登場し始めたことを、批評家・読者ともに認識しており、製作規模の大きい映画も散見されるようになる。日活東京派の映画では、ロケーション撮影（実景応用）により汽車や自動車、飛行機などが、少ないながらもカメラに収められ、製作費も膨らんでいった。一九一七年には『キネマ・レコード』の同人らが日本映画の現状を「第二期即ち発達時代に逢着して居る」[25]と断言し、第一期のプリミティヴな時代は終わったと捉えていた。

さらに一九一六年には『活動写真雑誌』、『活動之世界』、『キネマ』、『活動画報』が相次いで発刊され、地方誌も『キネマ短評』（神田）、『キネマ評論』（浅草）、『軍港キネマ』（横須賀）、『キネマ・タイムス』（長崎）、『活動写真画報〝シネグラフィック〟』と次々に増えていった。[26]これまで『キネマ・レコード』が独占していた映画論壇も活発化し、映画言説の場が形成されていった。それに伴って専門用語が増え、映画的技法の理解が深まり、「映画的」という概念も広く共有されるようになった。

このように、従来は変化がないとされていた一九一〇年代半ばの日本映画は、実際には「進歩」が数多く指摘されていたのである。そこでは常に日本と西欧が対比され、西欧映画の技法が進歩の物差しとされた。次節で詳述するように、すでに大正初期からクロース・アップや二重露光、ステージングやロケーション、ショット・サイズの変化やカット＝バックといった欧米の手法が試みられ、それらは前衛的な試みとみなされた。しかもこれらは、散発的あるいは偶然に用いられたのではなかった。各年度の総論でも認識されるほど、「映画的な」使用、つまり技法を物語叙述に組み込んだ使用が浸透していたのである。

日本・ヨーロッパ・アメリカ

つづいて、当時の日本映画が他国からどのように見られていたのかを確認するため、『忠臣蔵』にたいするアメリカでの批評をみてみよう。『忠臣蔵』は珍しく外国に輸出された国産劇映画で、一九一六年にアメリカで公開された(27)。公開タイトルは“*Chushingura*”で、ジョース・リンデによって全七巻のオリエンタル・フィルムとしてアメリカに配給された。この珍しい日本映画について、『モーション・ピクチャー・ニューズ』にピーター・ミルンが批評を載せている。「日本の監督はヨーロッパの多くの監督と同様に、クロース・アップ、カット＝バックといったアメリカの監督で用いられている方法を知らない(28)」と述べられており、アメリカ人の目から見ると大正初期の日本映画は、形式上はヨーロッパ映画に区分されていたことが分かる。ミルンは、大戦前の日本映画をあたかもヨーロッパ映画であるかのように論じたのだ。

実際日本においても、大戦以降に急激にアメリカ映画が流入する以前は、ヨーロッパ映画の形式に重きが置かれていた。ヨーロッパ的な映画言語とは、これまでの各章で見てきたように、演劇や美術、文学といった既存芸術を土台に編み出されたもので、ナラティヴの滑らかな語り口よりも、画面内空間を充満させようとするものである。美術とオペラが栄え、古代遺跡を背景にした歴史スペクタクルで売り出すイタリア(29)、文学作品を映画に引きつけ一九一三年頃から作家映画が登場したドイツ、舞台の要人を映画に引き込み、スカグル社やフィルム・ダール社で演劇的な映画を製作したフランス、これら各国の作品はいずれも日本で高い評価を得ていた(30)。

だが、アメリカ映画はヨーロッパ映画とは反対に、伝統芸術の基礎を持たないため、はじめから新しい映画言語を模索せねばならなかった。アメリカ的な映画言語は、途切れなくナラティヴの紐を紡ぎ出し、直線のようにスピーディかつ動的に物語を進行させる。

この対照的な二つの映画形式のうち、大正初期の日本で好まれたのは、ロング・テイクが多くショット空間に厚みのあるヨーロッパ映画であった。次の一般観客の意見にもあるように、アメリカ映画的なショット連鎖による直線的な映画創作は軽んじられていたのである。「昔の時代の米国フィルムは何社の作品を通じて場面の変化多き且つ筋も薄ぺらな如何にも殺風景たるものであつた」[31]。このように隣接芸術を映画製作の基礎に置くヨーロッパ映画の傾向は、歌舞伎や講談などの伝統芸能を礎に育まれた日本映画と類似している。日本映画とヨーロッパ映画は、隣接する表象文化にもとづく映画作りが共通点として挙げられるのだ。

吉山旭光はヨーロッパ映画に特有のロング・テイクを「ユックリして居る」とか「場面の寸法が伸びている」と表現していた。ドイツ映画の輸入本数が頂点を迎えたとき、吉山は増加するドイツ映画に注目し、次のように評した。「陰気は陰気だが、ドッシリとして、深刻な処がある上に、ユックリして居るのは見遁されない。だが此ユックリして居るのもよかれ悪かれで、フイルムを濫費した結果、場面の寸法が伸びて、少しダレ気味になり易く、浅草公園の見物をチト退屈させる懸念がないでもない」[32]。吉山はドイツ映画のショットの長さ、さらにはそのロング・テイクをさらに長く感じさせるかのようなドイツ人俳優特有の重々しい演技に接して、このような感想を持った。同じ記事で、吉山は一九一五年に新たに入ってきたロシア映画にも着目している。ハンジョンコフ社の『ウラルの鬼』は、「鬼気人に迫る凄味は無類」であるとしつつ、「撮り方も侮り難いが、全編を通じて締りがない、寸法が伸びて居ること独逸物以上だ」と指摘して、ヨーロッパ映画の中でも群を抜いてショットの持続時間が長い帝政ロシア映画をロシア人気質と評している[33]。

吉山はロング・テイクを意味する「ユックリ」という形容詞を日本映画にも使用している。「『漁火』（みくに〔座〕）題が第一詩的で嬉しい、天然背景も、俳優の都合上余り遠出は出来ぬので、近所で済ませたと思えぬ位凝っていて結構、それにユックリした撮り方も賛成／『金色蝶』（金春〔座〕）は現代式の気分を帯びた筋の上にユックリした撮り方が気に入って、捨てられぬ趣味がある」[34]。「ユックリした撮り方」はドイツ映画やロシア映画に特徴的な形式を意味し、ヨーロッパ映画的な撮影法をしている日本映画を吉山は歓迎したのである。
このように日本映画は、草創期から一九一〇年代半ばまで、伝統に依拠するヨーロッパ映画から影響を受けていた。その後、次第にアメリカから入ってきた新しい映画言語に同調していき、伝統的なものを断ち切ってアメリカ的な新しい映画芸術を育成する方向に転換していくことになる。そこに議論を進める前に、ヨーロッパ映画と日本映画の蜜月時代はどのように築かれていったのか、具体的に検証していこう。

2 ヨーロッパ映画からの影響——第一次世界大戦前

一九一〇年代日本における輸入映画の状況は、他国と同様に、大戦前はヨーロッパ映画、大戦後はアメリカ映画が多くを占めていた。外国映画の輸入本数をまとめたのが、次の表になる。(35) フランス映画やイタリア映画、ドイツ映画などヨーロッパ映画はみるみるうちに減少し、代わりにアメリカ映画の伸張が甚だしい。

表5-1 大正期における外国映画の輸入本数

製作国	一九一三年	一九一四年	一九一五年	一九一六年	一九一七年
フランス	六七本	二〇四本	一三六本	四六本	二六本
イタリア	一一三本	二五六本	一〇五本	一〇〇本	三八本
アメリカ	七〇本	一七五本	二〇五本	四六五本	七五二本
ドイツ	四五本	一二〇本	四四本	六本	三本
イギリス	三一本	八八本	八七本	三七本	三七本
デンマーク	五本	二九本	一二本	三四本	一二本

アメリカ映画全盛時代の一九一六年に、昔を顧みてそれまでの日本における外国映画を次のように図式化した記事もある。[36]

初期　仏蘭西（一九〇八年前後）　初期　パテ、フレール
中期　伊太利（一九一二年前後）　中期　アムブロジオ
現期　亜米利加　　　　　　　　　現期　ユニヴアーサル

パテ社の人気は名実共に世界第一の地位を占めていたので納得できるが、意外なのはアンブロージオ社とユニヴァーサル社の人気である。たしかにアンブロージオ社はイタリア屈指の大会社であるが、なぜイタラ社やチネス社、パスクアリ社ではなくアンブロージオ社なのか。またアメリカ時代ではなぜユニヴァーサル社なのか。ここには日本独自の嗜好が読み取れるだろう。これに加えて、ドイツのドイッチェ・ビオスコープ社からの影響も考慮に入れるべきである。ユニヴァーサル社からの影響は山本喜久男の研究で詳述されているので[37]ここでは、ヨーロッパ各国映画の日本における受容について分析する。

フランス・日本

まず、フランスのパテ社から見ていこう。東虹子は尾上松之助主演の旧劇映画にパテ社の手法を見出し、松之助映画の将来をスカグル社やフィルム・ダール社のようになると期待をかけている。

撮影が完くパテー式な事、殊に古い Charlotte Corday や In the Days of Oliver Cromwell 時代のパテーの史劇

其儘なことも僕が松之助が大好きな原因の一つをなしている。〔……〕美しく小さくまとまった景色を背景とし、パテーの器械でとつているため、其特徴はますます著しくなつて来る様に思われる。此儘進んで行ったなら間もくパテーのSociete Cinematographique des Auteurs et des Gens de Lettre時代やSerie Art Pathe Freresを其儘見る様なものが出来まいものでもない。(38)

この記事にあるスカグル社はパテ社の系列会社で、映画に古典的芸術の性格を持たせようと一九〇八年に設立されたフィルム・ダール社に対抗して発足した（第3章第1節参照）。日本でもスカグル社を代表する監督アルベール・カペラニによる文学作品の翻案映画や、パテ社製作の『オセロ』*Othello*（一九一〇年、ジェローラモ・ロ・サヴィオ監督）、スカグル社製作の『祖父のヴァイオリン』*Le violon de grand-père*（一九一一年、ミシェル・カレ監督）など古典の映画化作品が高い評価を得ていた。一見すると何の共通点もないように見える松之助映画とパテ社映画だが、古典を上演するコメディー・フランセーズの役者陣の出演と歌舞伎出身俳優の映画出演や、舞台の第四の壁をスクリーンに見立てた画面構成は、双方に見出せる特徴である。現在の認識のように、演劇的な映画形式が「後退」現象としてみなされるのではなく、当時は一つの美学的な基準として機能していたことが分かる。それは、フランスの映画作品を模範とした形式上の美学的規範だったのである。少なくともパテ社製映画が大量に受容されていた一九〇〇年代末から一九一〇年代初頭までは、この規範が通用していたと考えられる。日活向島の『人の妻』（一九一三年）が「華麗なパテー」と「意気なゴーモン」を合わせたようなものと形容されていたことからも分かるように、(39)この規範は旧劇映画だけでなく、新派映画でも機能していたのである。

イタリア・日本

イタリアのアンブロージオ社の日本への影響はどうだろうか。アンブロージオ社製映画の人気は高く、「名古屋アムブロ生」などと名乗る熱狂的なファンも登場するほどであった。観客は「ア、美しのアンブロの畫」や「チャーミング、アクターの揃へるアムブロのイリユーシヨン」といって褒め称え、アンブロージオというイタリア語の響きは、華麗で美しいという形容詞として機能するようになっていった。[40]

アンブロージオ社をはじめとするイタリア映画は、「色彩」と「ステージング」という二つの美学的規範を日本にもたらした。天活の『塔上の秘密』(一九一五年、井上正夫/吉野二郎監督)は、井上が天活と契約して最初に手がけた作品であり、本作に使われたセピアの調色や薄紫色の染色にアンブロージオ社やイタラ社の映画からの影響を見る批評家もいた。[41] みくに座の新派『義理くらべ』(一九一四年)は、「道具の配置、光線の工合共に従来の天活新派の欠点を脱し、小ヂンマリしたアムブロジオ式撮影法の成功は、監督の苦心が認められる」[42]と評された。実写映画についても、弥満登音影製作の『冬の日光』は「アムブロ式」に撮影されたと評されている。天活の新派映画では、逆光線の使用とともに、舞台では味わえない華やかな色彩美が映画の固有性として表現されはじめた。

イタリア映画のもう一つの美学的規範であるステージングとは、第二章で詳述したように、奥行きを利用して絵画的構図やセノグラフィーを生み出す、ヨーロッパ映画に特徴的な演出形式である。日本におけるステージングは、『カチューシャ』シリーズに見られる。一九一四年に大好評を博した日活向島の『カチューシャ』は、翌年に続編『後のカチューシャ』(細山喜代松監督)が製作され、シベリアの別れからカチューシャの最期までを扱っている。「写真としては前編より遥に上出来、大詰の葬式の場などはアムブロジオ社其儘、関根のネフリウドフじゃ西洋表情本位の優だけに適り、立派な押出しだ、立花のカチウシヤもよい[43]」とあるように、西洋文学の翻案映画はその形式もヨーロッパ的なものを目指していた。さらなる続編『カチューシャ第三篇』(細山喜代松監督)については、「大詰の「大夜会」の場は戦国活動写真撮影以来類なき大場面で高さ三間奥行十二間と云うのであるからよく観て貰いたい[44]」とあり、高さ約五・五メートル、奥行き約二二メートルという深い舞台演出が可能なセットが用いられた。ステージングはもともと演劇に由来する演出法であるが、これほど大きな空間は映画でのみ実現可能であり、大演出を呼び物としていたと考えられる。

このように大正期の観客の関心は、カッティングを重視するアメリカ映画だけではなく、ステージングや色彩による絵画的要素を重視するヨーロッパ映画的な演出にも向いていた。ステージングや染調色など、ヨーロッパ映画の美的な構造の素地である伝統的な絵画の特性が、イタリア映画を通じて日本映画の芸術的な側面の一つを形成していたのである。

ドイツ・日本

日本映画に影響をもたらした国としては、もちろんドイツも忘れてはならない。日本で人気を得たドイツ映画には、『憲兵モエビウス』や『プラーグの大学生』をはじめ、アスタ・ニールセン主演映画や探偵映画も含まれる。とくに、映画製作にあたって著名な作家に脚本を書かせ、名高い俳優を起用し、映画のステータスを高めようとしたドイッチェ・ビオスコープ社の作家映画は、吉山の言う「ユックリ」とした撮影と相まって、意味深く重苦しい芸術の香り高い映画として歓迎された。純映画劇運動に関わっていた滋野幸慶が、『深山の乙女』の題材をビオスコープ社の『ゴーレム』*Der Golem*(一九一五年、ヘンリク・ガレーン/パウル・ウェゲナー監督)から着想を得たと述べているように、作家映画の日本への影響は一九一〇年代後半にまで及んでいる[45]。最も早い時期の作家映画であるビオスコープ社の『プラーグの大学生』や『人か影か』は、二重露光技術を日本映画にもたらした点で重要である。[46]『プラーグの大学生』を中心にとり上げた二重露光の紹介欄は、三回にわたって日本語や英語、ローマ字で『キネマ・レコード』に掲載されている（図5-1）。日本映画で使用された二重露光の例としては、『プラーグの大学生』が輸入されたのと同じ年に製作された旧劇『豊川利生記』（一九一三年、小松商会）がある。この作品については、ヌケやピント合わせは悪いが「白狐の二枚焼は良く出来て居た」[47]という記載があり、早い時期の二重露光であることが確認できる。天活東京派の『二人お絹』（一九一四年）は「ダブルロールを上手に使つたら善い物に成る」[48]と評されており、この技法を演出に取り入れることが提案されている。

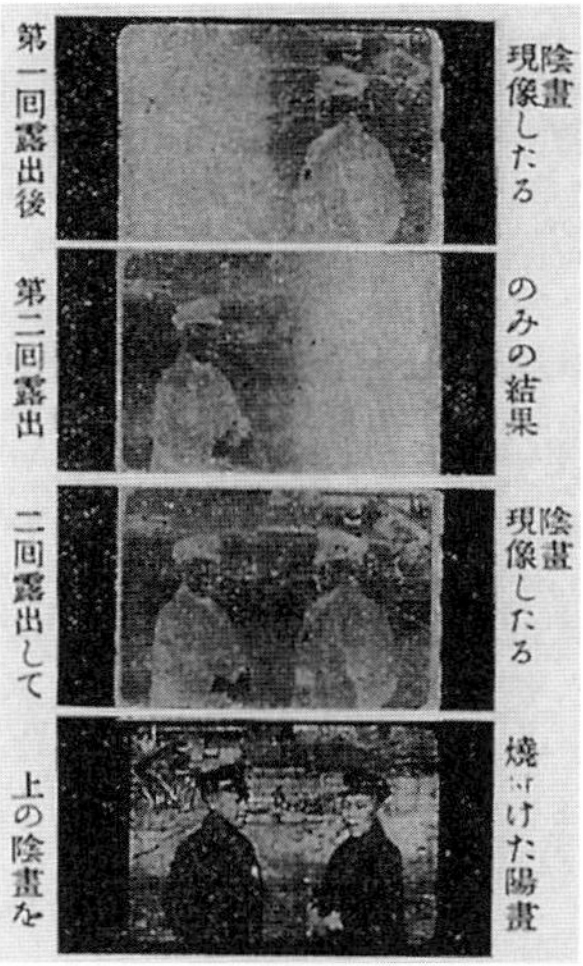

図5-1　東京シネマ商会の撮影した二重写真『キネマ・レコード』No. 36、1916年6月10日

　二重露光はほかにも『四谷怪談』（一九一五年、天活）や『犬上刑部』（一九一六年）、『梵字小万』（一九一六年、日活京都）といった旧劇のトリックとしても使われることが多かった。ドイツの作家映画を通じてもたらされた二重露光技法の見せ物性は、演劇では不可能なトリック技法として活用され、新派映画以上に大規模な演出を施せる旧劇映画で開花していった。

　当時の資料から読み取れるように、パテ社やアンブロージオ社の文芸映画や史劇映画、ドイツの作家映画のような、隣接芸術を取り込むことで映画のステータスを高める同時代のヨーロッパ映画が理想とされ、日本映画にその類似性を見出すことで批評家も観客も満足しようとしていたのである。

　ここまで、映画の色彩美やステージング、二重露光など、ヨーロッパ映画から日本映画が摂取した形式の受容状況を確認した。いずれも演劇にはない映画固有の表現であり、既存芸術を換骨奪胎する傾向が強い。とはいえ、一九一〇年代のヨーロッパ映画は、映画固有の物語叙述の習得という点で、決してアメリカ映画に劣っていたわけではなかった。ヨーロッパ映画はアメリカ映画に比べて、ショット連鎖よりもショット内部の演出に重きを置くが、クロース・アップやカット＝バックといった技法も使用していた。むしろ、ナラティヴの構築を目的とせずにそのような映画技法を使用するのがヨーロッパ映画の特徴とも言える。

つづいて見ていくのは、多様なショット・サイズ、クロース・アップ、カット＝バックの日本映画への導入である。既存芸術をよりどころとせず、映画を基点に新たに創り出されたこれらの叙述技法が日本映画で開花した過程を確認していきたい。従来の研究では、これら新たな映画言語は大戦中および大戦後のアメリカ映画から取り入れられたと解釈されてきた。だが実際は、ヨーロッパ映画からも影響を受けていたのである。

ヨーロッパからアメリカへの移行期——ショット・サイズの変化、クロース・アップ、カット＝バックの使用

明治期の日本映画はまだクロース・アップを習得できずにいた。たとえば『菅原の車曳』（一九〇七年）では、「此の撮影の際、人物を大きく撮りたい為に、カメラを近く寄せ過ぎ、御所車の上に立つ時平の上半身がレンズから切れて入らなかつたので、「時平の胴切」と笑はれた一挿話がある」(49)とあるように、寄りのショットを撮ろうとする努力は見られるものの、失敗に終わっている。ショット・サイズの変化が見られるようになったのは、ヨーロッパ映画を大量に輸入し始めた時期からである。パテ社の影響が見られる初期のミディアム・ショット（あるいはクロース・アップ）の事例として、二時間二三分という当時としてはかなりの長編であった小松商会の新派悲劇『もつれ縁』（一九一三年）が挙げられる。撮影技術の不備や芝居臭さは残るが、「パテー式に主脳人物をレンズの手前で活動させる事は良い事だ」(50)とあるように、従来の全景ショットのみの映画に近写が挿入された。

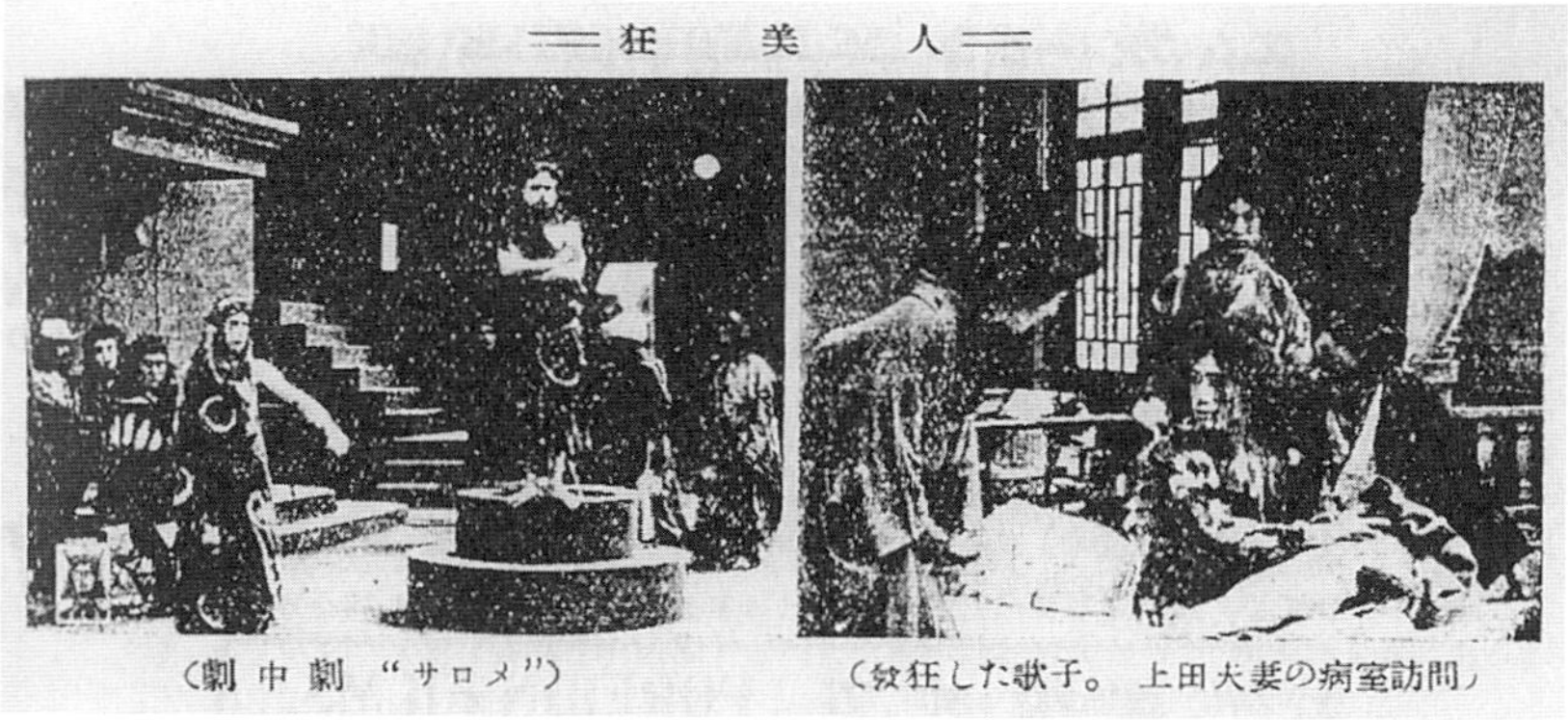

図 5-2　『狂美人』

批評家の本多碧浪は、クロース・アップを綿密に記録している。『サロメ』の劇中劇で知られる日活の『狂美人』（一九一五年、細山喜代松監督、図5-2）の最後のシーンには、客席を見て驚く表情の「大写」が用いられている。『太田道灌』（一九一六年、小林弥六監督）では、「いつになく鮮明な映画の出来は気持がよい、松之助の道灌はよく役柄に嵌っている、先に人物を大写したのも一進境と認め様[51]」とある。みくに座の『花咲く家』（一九一六年、天活）についても「筋は有りふれたものだが撮影法はなかなか進歩して来た。急所急所の大写しも賛成だ[52]」と述べているほか、同じくみくに座『真の輝き』にたいしても「急所々々に用ふる大写しもだんだん応用されて来たのは喜ばしい[53]」と評している。

フラッシュバックの技法もカット＝バックに入るとすれば、この試みはすでに明治期から見られた。フラッシュバックのことを「切返し」と呼んだ吉山旭光によると、日本で最初にこの技法を試みたのはMパテーである。一九一〇年頃の『意気地』、『人か魔か』、『不如帰逗子物語』などで、過去の物語を提示する際にカット＝バックが用いられていた[54]。ショット連鎖によるナラティヴ構成を意味するカット＝バックは「場面の変化」と表記され、日活京都派の『大名三郎丸』（一九一四年、牧野省三監督）は「活気を帯びて場面の変化が面白く[55]」加わっていた作品だと評されている。

以上のことからクロース・アップや多彩なショット・サイズ、カット＝バックといった新しい映画言語は、純映画劇の特権でも、それ以前に使用されたときのような散発的な試みでもなく、日本映画の撮影技法の一つとして徐々に広まっていったことが明らかとなった。しかもこれらは、アメリカ映画が日本映画界を席捲する以前に、ヨーロッパ映画からも映画文法として摂取されたのである。[56]この時期は、技術の改良と芸術的な進化が幸福に結びついた時代であった。

3　アメリカ映画への覇権の移行——第一次世界大戦中・戦後

第一次世界大戦が勃発すると、その影響はすぐに映画界にも及んだ。ドイツ、イタリア、フランスではフィルムが欠乏して製作が滞り、反対にイギリス市場ではアメリカ製映画が勢力を伸ばしていった（図5-3）。日本の映画館で封切られる作品もヨーロッパ映画は減り、アメリカ製の探偵・活劇・連続映画が増えていく。一九一六年末には『キネマ・レコード』アメリカ特集号が刊行され、愛読者から非常に期待されたこの号には予約が殺到した。大戦の結果としてヨーロッパ映画の製作本数が減少し、アメリカ映画の独り舞台となった状況が、映画雑誌や新聞で何度も報じられた。[57]「全般の映画の内容傾向は亦米国斯界のそれに従って行くと云っても過言ではあるまい」[58]と述べられ、市場を制するアメリカ映画の流行や内容に倣おうとする姿勢が見てとれる。大量にアメリカ活劇映画が上映されたことをうけて、[59]『西遊記』（一九一七年、吉野二郎監督）をはじめとする連続映画の製作も日本国内で試みられるほどであった。

「映画の内容傾向」だけでなく、映画形式の価値基準もアメリカ化された。前年まで礼賛されていたヨーロッパ映画は、その短所を指摘されはじめる。カペラニの『レ・ミゼラブル』やパストローネの『カビリア』とは異なり、アメリカの連続映画は「活動写真の性質に合したもの」であり、映画は「常に場面が変かを以て常に動作を以て言語の如く適切に脳に響いて来ねばならない[60]」ものとされる。ヨーロッパ映画の特徴であるカッティングよりもステージングを用いてナラティヴを紡ぎ出していく「長い場面」（ロング・テイク）は「不適当」であり、「場面の変化」（カッティング）を増やすことで、観客の興味も一層獲得できると考えられるようになった。

さらに、グリフィス作品とその編集技法が本格的に日本で紹介された一九一七年には、次のような批評まで現れた。「仏蘭西の作品は近頃知る由もありませんが、伊太利の映画は活動写真の新生命に対し米国に比べて見ると変化は多くありません」。イタリアのディーヴァ映画にたいしては、「只美しい作品と云うのみで活動写真作品としての真価の点に至っては新気分はあまりあらわれてない様であります[61]」。いまやヨーロッパ映画の美的な側面は時代遅れとみなされるようになり、アメリカ映画が確立した規範文法こそが映画の本質に根ざすものと評価されるようになった。こうしてヨーロッパ映画形式の美学的基準は、わずか数年でアメリカ映画形式にとって代わられた。第一次世界大戦勃発後のアメリカ映画の全盛期に、受容する作品も模範とする作品も「米国式」となった結果として、純映画劇運動が起こる。純映画劇運動は、この戦争に付随して登場した現象であったとも言える。

図 5-3　「世界のフィルム界を一手に引きうけたアンクル・サム爺の喜び顔。日本も一寸首を出している。（飛仙畫）」『キネマ・レコード（アメリカ号）』No. 41、1916年11月10日

新鮮なアメリカ映画を歓迎すると共に、芸術的なヨーロッパ映画の減少を悲嘆する声もあった。ドイツやフランス、イタリアの文芸・悲劇・史劇映画を好んでいた観客の心を郷愁の念が襲い、「有名な羅馬時代の歴史を有した古典劇、独逸名優の演じた芸術的写真等今更ながら思い出となります[62]」と大戦前のヨーロッパ映画が主流だった時代を懐古する意見もたしかにあった。芸術的価値のある高級な作品を見たいが、「此頃の様に米国物許りでは一寸評が出来兼ねる[63]」とか、「『名金』『拳骨』『黒い箱』『金剛星』のような我々の眼にはこんな活劇物では満足せず従って芸術を味う事が出来ぬ、何んたる悲しい事だろう[64]」という読者もいた。

だが、ヨーロッパ映画を愛する観客と溌剌としたアメリカ映画を歓迎する批評家たちの共通項には「ブルーバード映画」があった。ユニヴァーサル社傘下のブルーバード映画は、「ユニヴァーサルハリマ」という映画会社を通じて、日本に特権的に輸入された。文芸映画を主として配給する東京倶楽部は、毎回ブルーバード映画と喜劇映画を提供することを広告した[65]。ブルーバード映画がこれほど大流行した国は、日本をおいて他にはない。

一九一六年に発行されたブルーバード映画の販売ガイドブックを参考に、その特徴をまとめておこう。この映画会社は有名スターの起用や配給網の獲得に資金を投入するのではなく、著名な作家による脚本を重視した。映画完成後、一二人から一五人の選抜された映画館主に審査され、可能な限りあらゆる角度から検討する厳しい批評を経て、承認を得られなかった作品はブルーバードのプログラムとして公開することが認められなかった。誰か一人でも反対票を入れると、その作品はブルーバードではなく、通常のユニヴァーサルのプログラムに戻された[66]。「一〇〇パーセントパーフェクト」な映画製作をめざすブルーバード映画は、スターに多額の出費をするのは愚かな無駄遣いであり、映画の九割は脚本の出来映えにかかっていると主張する。

徹底した品質管理を実施するブルーバード映画と、映画の規範文法の完成を目指すグリフィス以降のアメリカ映画は対立している。むしろ、脚本を重視するブルーバード社の姿勢は、フィルム・ダール社やスカグル社を輩出したフランス映画や作家映画によって映画を「高尚な」芸術に仲間入りさせようとしたドイツ映画の動向と類似しているとも言えよう。[67] 日本の観客がブルーバード映画に価値を見出していたのは、アメリカ映画の一派であるからだけではなく、そこにヨーロッパ映画との類似点をも見ていたからではないか。これらブルーバード映画は、かつてスクリーンを占拠していた懐かしのヨーロッパ映画を受け継いでいるとみなされたからこそ、日本で幅広く、なおかつ熱狂的に受容されたのだと考えられる。

小林商会の欧米化

先行研究において一律に語られてきた大正期の日本映画は、実は会社ごとの製作方針にしたがって異なる形式を備えていた。従来の映画史記述は、天活や日活といった大会社を中心に展開されてきたが、小林商会や小松商会といった中堅会社らが試みた外国映画形式の導入も注目に値する。大正期の映画界では、「パテ式」、「エクレール式」、「アムブロ式」、「イタラ式」などと、監督よりも会社名を重視する傾向があった。このように各会社の形式上の特徴を的確に捉えようとする姿勢は、日本の会社にたいしても同様であった。アメリカ映画全盛期には、日活はヨーロッパ・スタイル、天活と小林商会はアメリカ・スタイルに向かっていると指摘された。[68] そこで本節では、映画会社ごとの形式を考察する一例として、小林商会の映画製作を概観していきたい。

小林商会は一九一六年末に天活から独立した小林喜三郎が京橋に設立した映画会社で、連鎖劇の興行で躍進した。小林はすでに天活時代から小林興行部を設置し、所属するみくに座を中心に連鎖劇流行の礎を固めていた。独立後もみくに座との共同製作は続き、なかでも新劇出身の井上正夫の功績は大きかった。『憲兵モエビウス』の翻案映画『大尉の娘』では、井上が監督と主演を務め、クロース・アップや二重露光、移動撮影やカット＝バックといった最新の技法を外国映画からとりいれている。それに加えて、川面の反射を利用した詩的な演出など、独自の表現をも創作した。映画界の注目の的となった、日活、天活、小林の三社競作の『毒草』（一九一七年）においても、井上正夫監督・主演版の『毒草』では、技法と脚色の調和や字幕の使用という点で新たな映画表現が積極的に導入されていた。

しかし、井上正夫が関わった作品だけが小林商会の欧米化を代表していたわけではない。『大尉の娘』や『毒草』と同年に製作された『二人妻』と『檜山騒動』は、新派と旧劇の双方において「純活動劇」という新語を生み出した映画である。映画革新や欧米化の意図を前面に押し出したわけではない監督未詳のこの二作品、しかも、西欧文学の翻案ではなく日本映画の特徴が色濃い新派と旧劇のなかから、純映画劇運動に準ずる映画が現われたのである。まず、『二人妻』にたいする批評から見ていこう。

劈頭園遊会場入口の Scene に用ひた二重焼式近写或は随所に出た手紙、指輪、新聞記事の大写等の手際は既に〝生さぬ仲〟〝纏の花〟〝大尉の娘〟で見たが、殊に筋を運ぶ上に出来る丈自然的効果を出さんが為の注意の行届いているのが嬉しかった。例えば手紙を持って来た配達夫を撮し、人物の家への出入には門なり玄関なりを必ず撮す事で、之等は新派劇が〝劇場の窮屈な舞台を脱して純活動劇に進む〟一段階として見なければならぬ。余が進歩遅々たる我日本物界に於て兎も角も小林商会の作品を最優なりと推賞するのは唯斯様な微細の点に注意が払われているからである。(69)

この映画では、二重露光、クロース・アップ、カット＝バックといったこれまで試みられた外国映画の技法がすべて用いられている。しかも、「筋を運ぶ上に出来る丈自然的効果を出さんが為の注意」が施されており、プロットが滑らかに進行するようこれらの技法が組み込まれている。登場人物が小さい、クロース・アップが少ない、省略によるプロットの不自然な突飛さなど、短所もたしかに挙げられている。だが、このわずか数年前まで、外国映画の技法は、従来の型を維持する日本映画に突如として現れた異質な要素だったのである。しかしそれが今や、そうした違和感が薄れるほどにその技法が巧みに使いこなされるようになったのである。上記の引用に続けて、「電話の場と云えば必ず双方を交互に二三回見せる程の米国式で無くとも、人物各個の動静や劇の進展に些の遺漏なき伊国式は之から是非やって欲しい」と述べ、カット＝バックについてはプロットの進行を助ける程度の最低限の使用頻出が良いとされていることからも、こうした技法が積極的に活用されていたことが分かる。もう一つの『檜山騒動』は、活劇、人情劇、喜劇、悲劇と当時の主要なジャンルで構成され、連続映画に類するものとされた。

前の〝慶安太平記〟程の好印象を得られなかったが、変化は如何にも激烈で大作の英雄的気分が溌剌として画面に張つていた。啻に復讐や召捕の場のみならず、全体の passage が殆ど外国物に遜色なき迄にナチュラルに（対話も短く）移つて行つた。旧劇というと兎角新派以上に舞台的臭味が抜けない為場面の転移が満足に言つてるものは中々ないのである。此の点から云うと小林映画は慭に立派なスタヂオを持った他会社のより遙か純活動劇に近付いている。(70)

この映画では鮮明さは粗く、染色も不統一であり、主人公の夢のシーンをのぞいてトリックもほとんど使用されていなかったようだが、『檜山騒動』は旧劇における欧米化が本格的に始まった初期の一例と言える。だが、日本映画の欧米化は同時代性を描く新派映画においてこそ、はるかに進展していた。大正期後半、日本映画はどのように変化を遂げていったのか、日活向島の新派映画を中心に考察していきたい。

4　新派的類型からの脱皮——日活向島の革新者たち

「眠れる獅子」日活向島

「新時代の社会的圧策に依りてか、一足遅れに日活も新派悲劇製作の旧套を脱して、真面的な映画劇を製作している」。これは、一九二三年八月の『活動画報』に寄せられた一般読者からの投書「革新せる向島映画の為に」の一節である。この一文からは、「新派」が否定的な意味合いを持つ言葉として認識されていたこと、「新派映画」と「映画劇」という二つの映画形式があること、日活が時代の要求に応じて新派映画から映画劇へと革新的な製作転換を行っていること、以上の三点が読み取れる。当時の日活は、第一次大戦後の好景気のなか向島撮影所を改築し、女形俳優の代わりに女優を大々的に起用し、蔭台詞から映画説明主体を目指すなど、大きな転換点を迎えていた。それに伴い映画作品も、従来の演劇的で、いわゆるお涙頂戴物の新派悲劇から、より映画固有の表現を目指すものへと変わっていった。

先の引用に「一足遅れに」とあるように、日活は他社、とりわけ松竹蒲田が新傾向へ邁進していたのに比べて遅れをとっていた。アメリカ映画的な表現をふんだんに取り込み、栗島すみ子というスター女優を抱え、変革を続ける進歩的な松竹蒲田と、旧来の新派映画の製作を続ける保守的な日活向島。両者の対立はしばらく続いていた。だが旧弊な立場を維持していた日活向島にも一九一〇年代末以降、欧米化の波が襲ってくる。純映画劇運動の傾向を引き継いだ松竹蒲田は、アメリカ帰りの映画人を抱えるなどして純映画劇を立て続けに製作した。大活や国活も純映画劇の製作を始めた。ここに、従来の「新派」と「旧劇」に加えて、「純映画劇」もしくは単に

「映画劇」という、より映画固有の表現をめざす新しい類型が生じた。一九二三年頃には、旧来の新派型を抜け出した形式を持つ映画はすべて「純映画劇」と呼ばれ、映画会社の別なく名付けられる類型となった。松竹と日活の対立は、「映画劇」と「新派映画」という日本映画界全体の対立ともなっていったのだ。

『朝日さす前』（一九二〇年、田中栄三監督）や『白百合のかほり』（一九二一年、田中栄三監督）など、革新的な映画は散発的に見られたものの、日活はあくまで保守的だった。従来の新派式の需要はいまだに根強かったからである。とはいえ、時代は映画劇を求め、映画常設館には純映画劇が横溢していた。「眠れる獅子」と呼ばれた日活も、時代の波に押され、いよいよ目覚めようとするところであった。その革新の速度はきわめて速く、松竹蒲田の人気に勝るとも劣らないほどまで迫っていくのである。

近代の渇望と女形俳優の最期

日活向島における最も大きな変化は、女形を廃し、女優路線へ変更したことだった。中村歌扇や木下八百子などの女役者や、いまだ映画の演技に慣れず、舞台的な演技をする女優ではなく、真の「映画女優」とも言うべき人物が誕生したのは、『虞美人草』（一九二一年、小谷ヘンリー監督）で人気を博した栗島すみ子（一九〇二―一九八七）の登場によってである。女形は、写実性という映画の本質に大いなる矛盾を生み、形式だけでなくプロットも自然なものとなったため、ますます不自然な存在となっていた。それでも女形が消えなかったのは、人気俳優として興行的価値があったためであり、女優にはできない芸術的意義を認める人もいたからである。しかしながら、いかに高い芸術性を持っていようとも、映画が要求する写実性を満たすことはできなかった。鬘や化粧、衣装などの粉飾はクロース・アップのもとでは赤裸裸となり、「型」はグロテスクなものとなった（第4章第3節参照）。「「女形」はまさに「近代の生んだ渇望」に悩まされて行」き[71]、とくに映画では、そのメディアの特殊性

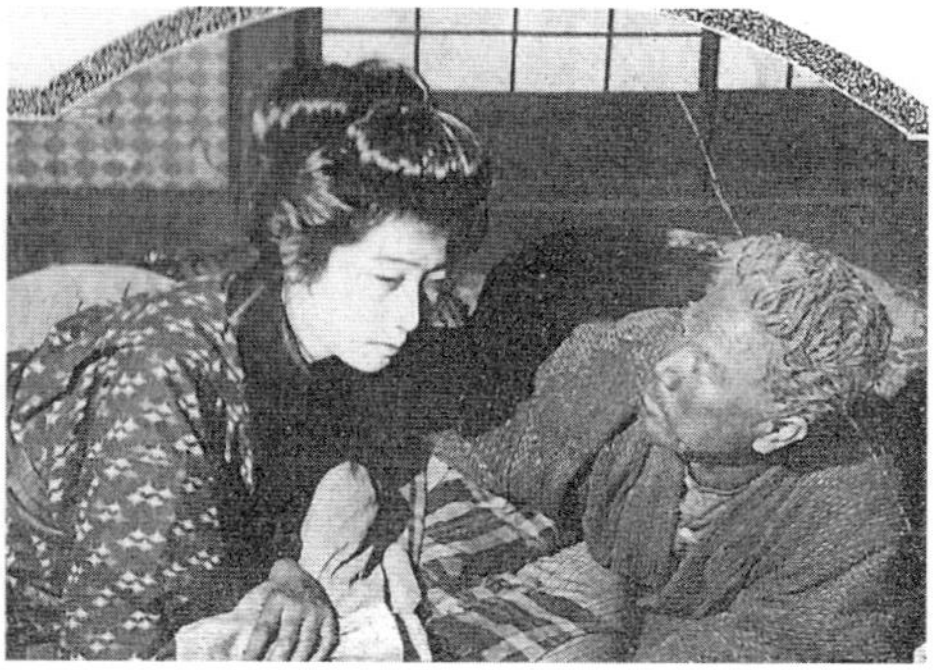

図5-4　女形の川島柳峰（左、『恋を賭くる男』）と女優の澤村春子（右、『敗惨の唄は悲し』）

と女形の存在との間の齟齬が看過できないものとなった。女形が依然として地位を保ち続けた舞台芸能と違い、映画ではわずか数年の間に女優全盛の時代が到来する（図5-4）。

松竹や大活、さらに国活を加えた三社がみな女優を起用していたのにたいし、女形の起用をやめなかった日活は、批評家の非難を受けるようになった。そこで向島でも女優を採用することになり、中山歌子や酒井米子を入社させた。それでも女形は存続し、第一部に山本嘉一と東猛夫、第二部に衣笠貞之助と藤野秀夫、第三部に女優を配属し、三つのグループに分けて撮影することにした。この三部制は一九二二年秋頃に解消され、監督は自分のキャストに女優を使うようになったため、女形はいよいよ影が薄くなった。その後も日活は女優を増やし、岡田嘉子や夏川静江、松竹から日活に移籍した澤村春子らが向島作品に現われた。『路上の霊魂』に出演した澤村春子は、松竹時代よりもはるかに高く評価され、松竹の栗島すみ子に並ぶ人気を得た。舞台臭がなく、誇張のない自然な演技が認められ、当時の映画雑誌に特集記事も組まれた。

衣笠貞之助や東猛夫が女形の最後の花となり、映画から女形は消えていった。一九二二年一一月、その衣笠や東たちも国活に引き抜かれた。国活に移籍後の彼らにめぼしい活躍は見られない。日活会社側はこの事態を革新後の「一大断行」と宣言した。

田中栄三監督による純映画劇

田中栄三監督による革新後の大作『京屋襟店』（一九二二年）は、日活が抱える女形俳優を総動員したにもかかわらず、「純然たる映画劇の型式」[72]と評された。「春の雨」「夏の夜」「時雨の秋」「雪の朝」と銀座の四季の移ろいとともに物語が展開していく本作は、女性の配役が女形俳優のみという点で、当時かなり時代遅れのものに見えただろう。実際、衣笠にたいして不自然で不調和、女形俳優の登場は不愉快といった批判もあった。だが形式的には京屋襟店一軒を組み立てた大仕掛けのなかで繰り広げられる「純映画劇」であった。当時の批評では、「純江戸情調の粋をぬいて、進歩した監督術と撮影術によつて巧みに組み立てられたもの」、「第一に美しいと感じるのは、画面の構成である浮世絵に見るようなコンポジシヨンに、江戸時代の名残りをとどめた職業によつて作られた世界、大店の旦那、芸者、町娘、鳶の者、流し、火の番、それに雨や雪や火事や四季の風物の中から、江戸の流れをくんだ物語を集めて一つの筋に通したと云ふ形が巧みである」[73]とあり、古風なお家騒動を新しい手法で描き出し、日本的情緒あふれる映画であった。『京屋襟店』は、新派的類型から純映画劇へと脱皮していく過渡期にある作品、革新性と旧弊性が入り混じった移行期の作品と言えよう。最後の女形映画でありながら、最初の革新映画でもあったのである。

つづいて田中栄三は舞台協会との共作『髑髏の舞』（一九二三年）を撮る。田中栄三自身が連日連夜寝食を削って脚本を書き上げた。『髑髏の舞』は東京会館で大々的に披露試写会が行われ、新聞雑誌記者や数千人の観客が招待され、前評判はかなり大きかった。エキストラ三百余名に莫大な製作費をかけた豪華なセットは、当時公開された『愚かなる妻』*Foolish Wives*（一九二二年、エリッヒ・フォン・シュトロハイム監督）のモンテカルロの賭博場とすら比べられ、田中栄三は向島のシュトロハイムとも呼ばれた。全体的に冗長であり、とくに葬式の場面は短縮すべきとの厳しい評もあるが、二〇日間かけた雪中の撮影は良好で、クロース・アップや二重露光も巧みに使われていた。「物深い、静み切つた凄惨さは、そして其の性描写は、とても蒲田の監督氏達には表現し得るもので無い[74]」と、その演出は高く評価され、場面転換に拙い箇所はあったものの、田中栄三独自の芸術が「悩ましい香気を放って[75]」満ちていた。「洋臭の全く皆無なこの純日本映画」は、「テーマの近代的な真に本邦に限られて握持する処の情緒的粋美性[76]」を保持していた。今回は女形を一切使わず、岡田嘉子ら舞台協会の女優を起用した本作は、形式上も内容上も、より純映画劇にふさわしいものとなった。

『髑髏の舞』以降も、田中は従来の新派的類型を脱した純映画劇を次々と製作する。『三人妻』（一九二三年）完成後、田中栄三は一九二三年五月末に撮影所を辞め、『日活画報』の同人として発行に貢献することになる。田中は日活のなかでも、習作時代には旧弊で単調な新派的類型の作品を撮り、その後向島撮影所での革新を経て純映画劇への移行期にも活躍した唯一の人物であった。

リアリズムの追求——鈴木謙作の『人間苦』

日活向島の純映画劇は、ときに「バタ臭い」と揶揄される松竹蒲田作品のようなアメリカニズムを強化する方向へは向かわなかった。田中栄三の純日本的な内容のほか、「蒲田映画のヤンキー式な臭と較べて、向島映画の深刻な手法は独逸物と云ふ感銘を与へる[77]」といった批評や、溝口健二の『敗惨の唄は悲し』（一九二三年）に関して「松竹の映画に飽きて此の写真を見ると、丁度千変一律の米国映画の後で荘重味のある欧州映画を見るやうな気がする[78]」とあるように、陰鬱なドイツ映画の色合いを帯びていった。ドイツ映画のような深刻さとリアリズムを追求した監督として鈴木謙作が挙げられる。

鈴木謙作は、小松商会で監督をしていたが、田中栄三に呼ばれて日活に入社した。鈴木は、日本的な美を映像化した田中栄三とは異なり、風刺劇、社会劇、喜劇とさまざまなジャンルを手がけた。鈴木謙作の映画には、「普通の映画には見られぬ思索力が動いている。洞察がある。感受性がある。題材も、決して有りふれた物ではない。氏の全生命をかけた芸術の殿堂を建てんとするのである」(79)。

『旅の女芸人』(一九二三年)では写実主義に徹した。『愛欲の悩み』(一九二三年)では、夫婦間の愛情の虚偽を諷刺して、赤裸々な人間性の裏面を解剖し、性に関わるリアリズムを見せた。その後、鈴木は階級対立を基軸とした社会劇へと目線を向ける。それまでの日本映画にはない、非商業的な犠牲的作品とまで言われた社会風刺劇『人間苦』(一九二三年)である。

『人間苦』は、ある男、主人、妻の三人を主人公に、夜の一〇時頃から二時頃までの出来事を描いた作品である。夜間撮影で撮られた雨の場面から始まる。道路工事の跡、流れ出す泥水、軒下に雨を避ける老人、浮浪者の群れが眠る汚い小屋、哀れに垂れた柳、壊れた時計が映される。河岸では喧嘩が起こり、荷車の下で夜を明かそうとする者、不良青年や娼婦もいる。ここまでが前半で、貧者の惨めさが描かれている。それとは対照的に、後半の舞台は資産家の華やかな舞踏会に移る。貧しい男は盗みに入る。主人は男に自分を殺してほしいと頼む。主人は取引に失敗して財産を失った顛末を男に話し、妻と心中しようとし、まず妻を殺したと話す。男に妻の安らかな死に顔を見せ、男が去ろうとしたとき、主人は自らも命を絶つ。男の表情のクロース・アップと説明字幕で幕は閉じる。

舞踏会の場面では俳優の表情を写す場面が長すぎたり、前後のショットとの脈絡が欠けていたりと粗が見られたようである。その後は、鋭い描写と、微細に観察するロング・テイクとが交互に映し出される。主人が首を垂れる様をクロース・アップで示し、貧しい男が主人にピストルを突きつける場面や、主人の自殺場面、妻の死骸の覆いを取る場面でカット=バックが巧みに使用された。田中栄三は『人間苦』の試写後、「考へさせる写真」、映画界の刺激剤として必要な「不愉快な写真」と評し、ゴーリキーの『どん底』やドストエフスキーの『虐げられし人々』を想起させると語った[80]。一般の観客は「字幕が極端に少なく殆ど無字幕映画に近い〔……〕前半の二巻は貧民のどん底生活の浅ましい小事件の断片スケッチを構成し、後半二巻はブルジョアとプロレタリアの階級こそ違えど、其の人間苦の心理状態の同一な圧閑さを皮肉に描写〔……〕其の鋭い深刻味は忘れもしない独逸の表現派映画「カリガリ博士」其時の陶酔気分其儘であつた[81]」と述べている。「字幕が極端に少なく殆ど無字幕映画に近い」という指摘があるように、『人間苦』は、ルプ・ピック監督の『除夜の悲劇』*Sylvester*（一九二四年）や『破片』*Scherben*（一九二一年）など、ある決まった時間と場所で起きる悲劇を字幕に頼らず映像のみで語るヴァイマル期ドイツの無字幕映画に近いものであった。

鈴木謙作は「メガホンで」という記事のなかで、「深みと云ふと誤へイがあるかも知れないがつまり外面描写よりも人間の内面描写を表現する映画[82]」を作りたいと述べている。外面的なリアリズムとして女形から女優への変化が達成されただけでは満足せず、さらに鈴木謙作は内容面でもリアリズムを求めていたのである。

一九二〇年代に入り、日活向島では新進気鋭の監督たちが、純映画劇運動を引き継ぎ、独自の映像世界を展開していった。日活向島の革新を支えた中心人物は、田中栄三と鈴木謙作であった。田中は新派的型式を脱しながらも日本的情緒あふれる純映画劇を製作し、鈴木は従来の日本映画にはなかった深刻なリアリズムを映画に導入した。田中栄三は途中で向島撮影所を去り、鈴木謙作は病気のために一九二〇年代半ばには映画界から姿を消した。今後の活躍が期待された日活向島の才能が次々に去っていったのである。だが日活向島にはその後の日本映画を代表する監督となった人物の一人に溝口健二がいた。監督としては当時まだ新米であったが、アメリカ映画的な探偵活劇映画『８１３』（一九二三年）や、日本で最初の表現主義映画『血と霊』（一九二三年）を撮るなど、進取の気風に満ちていた。この時期の日活作品が一つも現存していないのは惜しいことであるが、当時の言説を読み解くだけでも、めくるめく映像美が花開くことだろう。

映画形式に着目すると、大正期の日本映画は映画の固有性を映画の芸術性と同一視していた。だが、その芸術性の意味するところは第一次世界大戦を機に変わっていく。フランスやイタリア、ドイツを中心とするヨーロッパ映画が日本で高い評価を得ていた大戦以前、映画の芸術性は既存芸術との関わりのなかに求められた。土台とする芸術を持たないアメリカ映画は、芸術の香り高いヨーロッパ映画と比して日本では軽んじられていたのである。ところが大戦勃発によりヨーロッパ映画の輸入が途絶えると、日本は大量のアメリカ映画を否が応でも受容することになった。既存芸術に依拠しない新しい映画言語を目にして、日本映画は芸術性を、他の芸術の伝統を切り離した自律性のなかに見出そうとしていった。ヨーロッパ映画からアメリカ映画への参照基準の変化は、隣接する他芸術を映画形式に換骨奪胎した「映画の芸術性」から、既存の芸術形式に由来しないまったく新たな独自の基盤に立脚した映画言語を獲得する「映画の自律性」への変化をも生み出した。

映画の本質、すなわち映画固有の芸術性のこのような変化は、日本映画形式の変化とも連鎖していた。大戦前、日本映画は既存の大衆芸能の延長線上にあった。「高尚な」芸術と「大衆的な」芸能という違いはあるが、既存文化を基盤にするという意味で、日本映画とヨーロッパ映画は共通点を持っていた。ただしヨーロッパ映画とは異なり、日本の場合は、映画と既存文化の関係性は切り離せないものであった。ヨーロッパ映画の代わりにアメリカ映画が抬頭してくると、映画の固有性をめぐる価値観はアメリカ化され、既存文化を断ち切って映画の自律性を追求することが評価されるようになった。だがアメリカ映画形式の自律性に依存した結果、こうした価値観の典型例たる純映画劇運動は失敗に終わった。

大正初期の日本映画は「舞台引き写し」としばしば揶揄されるが、一九一〇年代末にはそれが「アメリカ映画の引き写し」にすり替わっただけであった。純映画劇運動は、日本固有のリアリティを欠いた表面的なものにとどまり、固有性を獲得する方向から逸脱してしまった。むしろ既存の大衆芸能に依存しながらもヨーロッパ映画から独自の映画言語を吸収していった大正初期の日本映画や、アメリカ映画の技法を無理に盛り込もうとせず従来の形式を素地として純映画形式をめざしていった大正後期の作品の方が、観客が馴れ親しんだ日本文化の伝統をとどめて人気を博すことに成功していた分、外国映画と独特の仕方で拮抗していたといえるのではないだろうか。

（1）一九一〇年代後半に映画青年や文人といったインテリ層から起こった映画刷新運動。声色や弁士、女形を廃し、字幕と女優を起用すること、映画固有の表現技法をとりいれることなど、演劇の実写的な日本映画を変革し、欧米化を試みた。運動の推進者の一人、帰山教正が設立した映画芸術協会で、『生の輝き』、『深山の乙女』といった純映画形式の作品が撮られた。人材や作品は以下の記事を参照のこと。「純映画劇の人々」、「日本に於ける純映画劇記録」『活動之世界』第七巻第二号、一九二二年二月、五二―五九頁。

（2）純映画劇運動についてはJoanne Bernardi, *Writing in Light: The Silent Scenario and the Japanese Pure Film Movement*（Detloit: Wayne State University Press, 2001）のほか、Aaron Gerow, *Visions of Japanese Modernity: Articulations of Cinema, Nation, and Spectatorship*, 1895-1925（Berkeley: University of California Press, 2010）を参照のこと。

（3）吉山による初期日本映画の再評価については次の解説が詳しい。板倉史明「吉山旭光『日本映画史年表』（映画報国社、一九四〇年）解説」牧野守（監修）『日本映画論言説大系　二九』ゆまに書房、二〇〇六年、七一九―七三二頁。

（4）この他にも、イギリス映画やデンマークやスウェーデンといった北欧の映画も比較的多数日本に輸入されている。

（5）小川誠耳「先年度の活動写真界雑感」『キネマ・レコード』Vol. II. No. 6、一九一四年一月一日、一〇頁。

（6）滋野幸慶「日本写真の現状を評する事」『キネマ・レコード』Vol. III. No. 14、一九一四年八月三日、二頁。

（7）帰山教正「思い出」『キネマ旬報別冊　日本映画シナリオ古典全集』第一巻、キネマ旬報社、一九六五年一二月号、一四頁。実際、日本で受容されるグリフィス作品の数が少なかったり、本邦公開が遅れたりした状況に照らしてみると、「グリフィス以降のアメリカ映画」と一括りにしている帰山の言葉は幾分奇妙に響く。『活動写真劇の創作と撮影法』においても、事例として挙げられているのはユニヴァーサル社の作品が多い。このような矛盾が生まれた原因は、一つには、

『国民の創生』が日本で初めて公開されたのが一九二〇年代以降であるにもかかわらず、『イントレランス』と並んでグリフィスの代名詞とも呼べるこの作品が日本にもたらしたインパクトがあまりにも大きかったために、それ以前のアメリカ映画の記憶が若干薄れてしまったことにあると考えられる。ユニヴァーサル社製映画、とりわけブルーバード映画が「グリフィス以降のアメリカ映画」とは質的に異なるものであったことも理由として指摘できよう。「ユニヴァーサル社傘下ブルーバード映画」対「グリフィス以降のアメリカ映画」というもう一つの対立軸もここに浮かびあがってくる。

（8） 京橋俊美「「深山の乙女」酷評記」『キネマ旬報』第一〇号、一九一九年一〇月一一日、七頁。「青鳥」とはユニヴァーサル社のブルーバード映画を指す。他にもレッドフェザー映画を「赤羽」とするなど、外国の映画会社を漢字で表記することが日本映画言説ではしばしば見られる。

（9） 「「深山の乙女」を見て」『キネマ旬報』第八号、一九一九年九月二一日、二頁。

（10） 石田「読者感想記 日本物に対する不平」『キネマ・レコード』Ann. IV. No. 31、一九一六年一月一〇日、二六頁。

（11） N「読者之声 日本の映画を見て」『キネマ・レコード』Ann. IV. No. 33、一九一六年三月一〇日、一二八頁。

（12） 敏郎「愚人の愚語か或は日本映画の欠点か」『キネマ・レコード』Ann. IV. No. 39、一九一六年九月一〇日、三七九頁。

（13） 反対に無表情による演技が称賛される場合もある。たとえば、ルイ・ドゥリュックらフランスの前衛映画作家たちは、早川雪洲やチャップリンの無表情を高く評価した。ドゥリュックが中心となった映画批評誌『シネア』における、早川雪洲主演の『チート』*The Cheat*（一九一五年、セシル・B・デミル監督）をめぐる論考はよく知られている。また言説だけでなく『シネア』には雪洲やチャップリンの無表情を描いた挿絵やスティル写真も多数載せられ、彼らの無表情のイメージは広く定着していた。日本でも早川雪洲の活動はよく知られており、たとえば一九二一年五月号の『活動画報』の表紙は硬直した無表情の早川雪洲が飾っている。したがって、一概に無表情すなわち乏しい演技と決めつけることはできない。だが日本の場合、フランスとは異なり、無表情の演技を得意とする雪洲ではなく、アメリカで活躍しているスターとしての雪洲を見ており、そこにはアメリカ映画へのコンプレックスや憧れを読み取ることができよう。批評家たちは、日本映画を欧米化して外国へ輸出したいという願望を、早川雪洲のアメリカでの活躍によってある程度満たそうとしていたのである。

（14） 「吉澤商店の機関雑誌「活動写真界」此年の春頃より次第に我田引水、無理由な他派誹謗に努力し始め、識者の反感と顰蹙を招いた」。吉山『日本映画史年表』一二六頁：「要するに今年の我国の活動界は、追々真面目になりつつあるのだが、見物がこれを要求して居るに較べて批評がまだまだ不真面目に非ずんば偏狭な道徳観念に囚れて、公平無私に斯界の誤解を正し、其冤罪を雪ごうとする者は乏しいのは遺憾なわけだ」。「今年の活動写真界」『都新聞』、一九一五年一二月二〇日。

（15） 中村歌扇の父。

(16) 小川「先年度の活動写真界雑感」八頁。

(17) 吉山旭光「去年の活動写真追想録」『文芸倶楽部』一九一四年一月号、二〇七頁。続く文章には、その具体例が挙げられている。「西洋写真の撮影法を参考したり、或は研究したりした結果、去年七月の後半、浅草の金龍館に映写された新派悲劇「みだれ焼」には、剣工が暗い巌窟中で刀を鍛える所と、それに同情している老樵夫が月光に透して鍛え上げた刀を検する所とはアーク燈の光線を応用して、暗中に人物を七分身位にハッキリと見せると云う、我邦に於ては未だ試みなかったやり方で撮影をして成功した」。

(18) 「活動写真 興行方針 時代の推移と観客の頭脳 社説」『キネマ・レコード』Vol. III. No. 16、一九一四年一〇月一五日、二頁。

(19) 「本年度の我が活動界 大正二年度と大正三年度との比較 社説」『キネマ・レコード』Vol. III. No. 18、一九一四年一二月一〇日、二頁。

(20) 同右。

(21) 「自己を知れりや？ 我が活動界に対して新年冒頭の第一筆 キネマ・レコード社説」『キネマ・レコード』Vol. IV. No. 19、一九一五年一月一〇日、二頁。

(22) ゆたか「読者欄 日本映画の撮影術と其の進歩」『キネマ・レコード』Vol. V. No. 26、一九一五年八月一〇日、二〇頁。

(23) 滋野幸慶「何うしたら日本製映画を外国に売り出す事が出来る？」『キネマ・レコード』Vol. IV. No. 21、一九一五年三月一〇日、一〇頁。

(24) ゆたか「読者欄 日本映画の撮影術と其の進歩」二〇頁。

(25) 「（我作品の向上に就て）二、日本映画に対する吾人の使命及責務」『キネマ・レコード』Ann. V. No. 45、一九一七年三月一〇日、一〇九頁。

(26) 初期の映画雑誌については次の論考に詳しい。岩本憲児『サイレントからトーキーへ』森話社、二〇〇七年、一八三―二八二頁。

(27) 日活京都製作の増補改訂が繰り返されたいずれかのバージョンであることは確かだが、現時点で作品を特定することはできない。

(28) "Chushingura," *Motion Picture News*, 9 September 1916, p. 1567. その翻訳は『キネマ・レコード』にも掲載されている。「日本映画輸出の好機に際して（米国活動写真批評家の見たる『忠臣蔵』に依り我製造者への注意）」『キネマ・レコード』Ann. IV. No. 40、一九一六年一〇月一〇日、四二八頁。

(29) イタリア史劇映画で最も日本映画界に衝撃を与えた作品は『カビリア』である。一九一六年第七号の『活動之世界』は

「カビリア記念号」と題され、『カビリア』をめぐる記事やスティル写真が多数掲載されている。他にも『クオ・ヴァディス』や『ポンペイ最後の日』などが人気を博した。磯萍水「力量ある映画 クオー、ヴデイース」『演芸倶楽部』一九一三年一一月号、一五六―一六三頁。

(30) ヨーロッパの文芸映画については吉山旭光が、『活動写真雑誌』(一九一八年五月号―一一月号)に「活動写真化された る泰西の文芸品」という記事を連載し、『歌舞伎』に定期的に文芸映画の批評を載せている。

(31) 佐々木「読者感想記 僕の意見」『キネマ・レコード』Am. IV. No. 32、一九一六年二月一〇日、六九頁。

(32) 吉山旭光「近頃の舶来活動写真」『娯楽世界』第七号、一九一五年七月、二〇一頁。

(33) 同右、二〇二頁。ロシア映画は一九一五年以前から日本に入ってきているが、ロシア・パテ社製作によるものが主だった。

(34) 吉山旭光『都新聞』一九一五年五月一七日。

(35) 『キネマ旬報別冊 日本映画作品大鑑』第一集(キネマ旬報社、一九六〇年)を参照した。記述に誤りが多く、正確な本数が把握できないため、ここでは大まかな状況を示すにとどまっている。なおこの数値は劇映画および時事映画を含み、連続映画は分割している。

(36) 「思ひ出す五年前 其当時 アムブロジオの幹部俳優」『キネマ・レコード』Am. IV. No. 34、一九一六年四月一〇日、一五三頁。

(37) 次の論考も参照のこと。Yamamoto Naoki, "Where Did the Bluebird of Happiness Fly? Bluebird Photoplays and the Reception of American Films in 1910s Japan," *ICONiCS International Studies of the Modern Image*, 2010. pp. 143-166.

(38) 東虹子「活動写真十講」『キネマ・レコード』Vol. II. No. 6、一九一四年一月一日、一六頁。後に、ほぼ同じ内容の記事が見られる。上林ゆかり「六号論壇 再び日活京都派へ!」『活動画報』第二巻第一一号、一九一八年一一月。

(39) 同右。

(40) 「思ひ出す五年前」一五三頁。

(41) 「フィルム、レコード 搭上の秘密」『キネマ・レコード』Vol. V. No. 28、一九一五年一〇月一〇日、三四―三五頁。日本の無声映画における色彩については次の論考に詳しい。板倉史明「黎明期から無声映画期における色彩の役割――彩色・染色・調色」岩本憲児(編)『日本映画の誕生』森話社、二〇一一年。

(42) 吉山旭光「新いフイルム」『都新聞』一九一五年二月八日。

(43) 吉山旭光「新いフイルム」『都新聞』一九一五年一月一一日。

(44) 森田「日活の〝カチューシャ〟第三篇 失敗か、成功か、駄作か、傑作か、但し是等は観客の頭脳にあり」『キネマ・レコード』Vol. V. No. 29、一九一五年一一月一〇日、一三頁。
(45) 滋野幸慶「フィルム十講 第一講 独逸映画の全盛期 其二」『活動倶楽部』第三巻第二号、一九二〇年二月、三一頁。
(46) 二重露光は以前にも用いられていたが、本章で主張したいのは、『プラーグの大学生』がこの技法を最も効果的で巧みに利用した最初の作品として日本で認識されていたということだ。公開当時、二重露光をめぐる技術的な記事には必ずと言ってよいほどこの作品が模範例として引き合いに出された。日本における二重露光やトリックに関する詳細な記事は、『活動之世界』所収の以下も参照されたい。「トリックの沿革と発達」、「トリックに対する観客の観念」、「トリックの撮影法並に其の発達」、「トリック技巧上の一人二役撮影法」、「トリックの種々な応用法」、「日本写真に現われたトリック」（第三巻第三号（新トリック号）、一九一八年三月、六一―三三頁）。
(47) 淑夫「フィルム・レコード 豊川利生記」『キネマ・レコード』Vol. I. No. 5、一九一三年一二月一日、二六頁。
(48) 秋帆「フィルム、レコード 二人お絹」『キネマ・レコード』Vol. IV. No. 19、一九一五年一月一〇日、三二頁。
(49) 吉山『日本映画史年表』、一一二頁。
(50) 淑夫「フィルム・レコード もつれ縁」『キネマ・レコード』Vol. I. No. 3、一九一三年一一月一日、一二頁。
(51) 本多碧浪「八月中の映画短評」『キネマ・レコード』Ann. IV. No. 39、一九一六年九月一〇日、四〇五頁。
(52) 本多碧浪「六月中の映画短評」『キネマ・レコード』Ann. IV. No. 37、一九一六年七月一〇日、三三二頁。
(53) 本多「八月中の映画短評」四〇五頁。
(54) 吉山旭光「活動写真『何年経過』と『切返し』」『人情倶楽部』第二巻第九号、一九一九年七月、一九三頁。
(55) 横井「フィルム、レコード 大名三郎丸」『キネマ・レコード』Vol. III. No. 15、一九一四年九月一〇日、二八―二九頁。
(56) 一般的に、カット＝バックの手法はD・W・グリフィスにより日本に導入されたと考えられている。グリフィスの巧みなカット＝バックが映画の第一の特色であると捉えられ、カット＝バックを充分に使いこなすことが日本映画の進むべき道と考えられるようになったからである。「活動写真劇の一転機」『活動画報』第二巻第二号、一九一八年二月、七八―七九頁。
(57) 「渦乱中の活動写真界」『キネマ・レコード』Vol. IV. No. 19、一九一五年一月一〇日、四頁。
(58) 「最近に於ける映画傾向より 我が製造家へ 社説」『キネマ・レコード』Ann. IV. No. 38、一九一六年八月一〇日、三三五―三三六頁。
(59) 『活動之世界』の編集局による「大正五年回顧録」（『活動之世界』第二巻第一号、一九一七年一月、一六―一九頁）では、この年を連続映画万能時代とし、公開された連続映画をリスト化している。同じく編集局による「日本に於ける連続写真の沿革」（『活動之世界』第二巻第三号、一九一七年三月、一二―一四頁）も参照されたい。

(60) 同右。
(61) 水澤武彦「良い写真とは如何? 活動写真映画批評の要決」『キネマ・レコード』Ann. V. No. 50、一九一七年一〇月一日、三二頁。
(62) 加野「読者乃声 芸術的フィルムの新しい研究」『キネマ・レコード』Ann. IV. No. 40、一九一六年一〇月一〇日、四六三頁。
(63) 敏郎「愚人の愚語か或は日本映画の欠点か」(前注12参照)、三七九頁。
(64) 三吉榎内「空論」『活動画報』第二巻第一二号、一九一八年一二月、一七三頁。
(65) 「フィルム界の新事 東京倶楽部青鳥印専門」『キネマ・レコード』Ann. IV. No. 40、一九一六年一〇月一〇日、四三一頁。
(66) *Bluebird Salesmanship*, 1916, p. 31.
(67) 同時代の記事でも両者に類似点を見出している。「ユ社〔ユニヴァーサル社〕のブルー・バード映画が盛に封切される様になってから屢々見せられているうちに、人情物などは一寸パテー張りの所があって好いと思った」。紅島「『ブル・バード』の最近映画に就て」『活動画報』第一巻第九号、一九一七年九月、一八四頁:「比較的真面目に取扱われる(云わばパテーの昔のS、C、A、G、Lの様な意味で)性質のものはブルーバード映画とか、レッドフェザー、乃至はバターフライである」。梓川邦朝「芸術眼より視たる米国製映画」『活動画報』第一巻第一一号、一九一七年一一月、三一四頁。
(68) 「伊太利式に背景の選択に苦心する日活新派には各場面々々に於ける多変化を、又米国式に撮影上の変化に熱心な小林技術部には今一歩踏込んだ人物の大写を、又日活旧派には濫作廃止と写真の鮮明とを、天活旧派には講談種以外の広き取材を各々希望して置く」。凉二「大正五年度日本物の鑑賞」『キネマ・レコード』Ann. V. No. 43、一九一七年一月一〇日、一七頁。
(69) 凉二「二月の日本写真より」『キネマ・レコード』Ann. V. No. 45、一九一七年三月一〇日、一五〇頁。
(70) 凉二「檜山騒動」『キネマ・レコード』Ann. V. No. 47、一九一七年五月一五日、二三九頁。
(71) 村田実「映画俳優としての女形の研究 純理的には不適当」『活動画報』第七巻第五号、一九二三年五月、三七頁。
(72) 「本邦製作映画界 日活向島撮影所から」『キネマ旬報』第一一八号、一九二二年一一月二一日、八頁。
(73) 「最近上映主要映画厳正批評及解説 京屋ゑり店」『活動之世界』第七巻第二号、一九二三年二月、八一頁。
(74) 「日本映画界の現状」『活動画報』第七巻第七号、一九二三年七月、八八頁。
(75) 「日本映画欄 主要映画批評 髑髏の舞」『キネマ旬報』第一二九号、一九二三年四月一日、四頁。
(76) 藤澤紫粋「俺の見た『髑髏の舞』」『活動画報』第七巻第六号、一九二三年六月、一二一頁。

(77) 藤澤紫粋「活動評論 革新せる向島映画の為に」『活動画報』第七巻第八号、一九二三年八月。
(78) 揚原狩水の発言。「『敗惨の唄は悲し』合評」『活動画報』第七巻第七号、一九二三年七月、八五頁。
(79) 内田岐三雄「「人間苦」と「八一三」批判」『向島』第一巻七月号、一九二三年七月、二四頁。
(80) 田中栄三「『人間苦』の試写を観て」『日活画報』一九二三年七月、六―七頁。
(81) 藤澤紫粋「「人間苦」愚感録」『活動画報』第七巻第九号、一九二三年九月、一二四頁。
(82) 次のインタビュー記事による。若葉馨「メガホンで」『向島』第一巻五月号、一九二三年五月、三六頁。

終章

「芸術」としての映画の終焉

ここまで、一九一〇年代に特徴的な、古典に収斂されえない多様な映画形式の複層性を、隣接する芸術ジャンルとの交叉に注目し、体系的かつ地域横断的に再検討してきた。「映画」というジャンルの境界が曖昧であった一九一〇年代は、映画固有の技法と、他の表象芸術の演出を基盤とした技法、およびそれらに備わる機能が双方向的に変化する、ダイナミズムの時代であった。この双方向的な変化は、一九世紀の芸術・伝統芸能と映画との関わりが濃厚であったヨーロッパおよび日本映画で起きていた。演劇や美術、文学といった既存芸術を映画という新たな形式に順応させることで、一九一〇年代の映画形式は形成されていったのである。従来の研究では映画のアイデンティティの追求を重視しがちであったが、そもそも誕生したばかりの映画はジャンルとしていまだ定まっていないがゆえに、他の芸術に即座に回収されてしまいそうな不安定さを常に抱えていた。明確に定義できないことこそが一九一〇年代映画のアイデンティティであった。

本書では、アメリカ映画形式とヨーロッパ映画形式の二項対立を基本軸に据えて各国の映画形式の議論を進めてきた。もちろん、形式はさらに細分化可能である。映画会社別に見れば、フランスにおいてはパテ社映画形式、ゴーモン社映画形式、エクレール社映画形式がありうるだろう。地域別には、イタリアにおいてはトリノに拠点をおく映画会社の形式、ミラノの映画会社形式が考えられる。作家別に関しては、ロシアにおけるバウエルの映画形式だけでなく、ヤーコヴ・プロタザーノフの映画形式や職人監督によるバウエルを模倣した映画形式を見る必要もあろう。アメリカについては、グリフィスの映画形式、ヨーロッパからの亡命監督たちのアメリカにおける映画形式、ブルーバード映画形式など検討すべき点は多々ある。

だが、専門分化の進む近代社会に抗するかのように未分化のまま成長を遂げたという映画の性質を明確にすべく、本書ではナショナルな映画形式の生成のみに議論をとどめた。一九一〇年代に入り、映画が産業・娯楽・芸術として広がりを見せ、イタリア史劇映画がアメリカで高く評価されたり、日本の映画館のスクリーンがヨーロッパ映画で満たされたりといった国際化現象が本格化した。それに呼応してナショナルな映画形式という概念が形成されていく。映画技術や技法、ジャンル、長編映画の規格といった技術・外形面が国際化する一方、映画史的背景、技術の使途、主題、ナラティヴの構成といった内容面では、各国独自の映画形式が立ち現れてきた。画一的であった初期映画形式から脱皮するなかで、各国が特定の芸術潮流に関連づけられたナショナルな映画を産み出していったのである。

ディーヴァ女優の豊満な身体は南方ヨーロッパを示し、アスタ・ニールセンの角張った細身の神経質な身振りが北方ヨーロッパを体現しているように、あるいはヨーロッパ映画における室内のインテリアと新派映画における日本の洋間の間取りとが異なるように、ナショナルな映画形式の存在はまず見た目から明らかである。さらに、ナショナルな要素は内容にも反映されていく。悲劇を好むロシア人には最後は必ずアンハッピー・エンディングで終わるロシアン・エンディングが製作され、二重露光を得意としたドイツでは、ドイツ・ロマン派の伝統に即して分身の主題が繰り返し描かれた。映画のノベライゼーションや連載小説が流行したフランスでは連続映画が盛んに製作され、日本においては旧劇と新派という二つの類型が存続した。映画技術という客観的な物差しで見ても、カメラの移動一つですら、カペラニはナラティヴの経済性に、バウエルは心理的演出と視覚的構図に、パストローネは雄大な舞台装置と優美なディーヴァの身振りの提示に、その機能を見いだした。たとえ映画技術がインターナショナルなものであろうと、形態や形式、主題、技法の機能、俳優の身体、舞台装置、図像、リズムなど、映画を構成するあらゆる要素にナショナルな形式が介在せざるを得なかったのである。

こうして初期映画以降、映画は、インターナショナルなものとナショナルなものを兼ね備えていった。初期映画と古典的映画に挟まれたこの一〇年は、映画というメディアの使途がいまだ定まらず、それゆえにいかようにも模索できる領域が広がっていた。芸術としての映画と娯楽としての映画が明確に区分されていなかったために、映画人はさまざまな演出上の実践を試みることが可能であり、映画作品の美学的なイニシアティヴは監督だけでなく、作家でも女優や俳優でも持ち得ることができたのだ。

課題は多く残っている。本書ではとり上げなかった北欧映画においても、アウグスト・ブロムやマウリッツ・スティルレル、ヴィクトル・シェーストレームといった、一九一〇年代の映画を語る上で看過すべきではない映画監督がおり、北欧最大手の映画会社ノーディスクの製作・興行上の戦略や有能なプロデューサーの存在などの考察も十分に深めるべきだったろう。ナショナル／インターナショナルの対立や、アメリカ映画形式とヨーロッパ映画形式の対立の輻輳した輪郭を明らかにするためには、アメリカにおけるヨーロッパ映画の受容をめぐる議論も必要だろう。アメリカ映画の価値観とヨーロッパ映画の価値観の差異を見ていくには、映画史の文脈を越えた文化史的背景を押さえる必要もある。さらに言えば、アメリカ対ヨーロッパという図式のみならず、アメリカ映画史においても、古典／反古典／脱古典のせめぎ合いがあったという仮説を立てることも可能である。ロイス・ウェバーやモーリス・トゥルヌールなどメインストリームでは語られる機会の少ない監督たちの映画形式を見ると、古典的形式に収斂されえないものが数多くあった。古典的形式の代表格たるグリフィス本人の映画をたどってみても、その形式から徐々に逸れていくようにも見える。とりわけ『サタンの嘆き』*The Sorrows of Satan*（一九二六年）や『愛の太鼓』*The Drums of Love*（一九二八年）など、一九二〇年代後半になると、グリフィスはあたかも古典的形式に抗するかのようなロング・テイクやロング・ショットを多用していき、舞踏会や大邸宅の場面ではバウエルの映画と見紛う瞬間もある。そこではヨーロッパ映画形式の特徴である、ナラティヴ生成に寄与しないショットが多用されているのだ。こうして見ると、古典的映画形式のオルタナティヴとしてヨーロッパ映画形式が対置されるのではなく、ヨーロッパ映画形式のオルタナティヴが古典的映画形式であると、みなすこともできるのではないか。

およそ一二〇年近い映画史の展開は、常に新旧の形式と内容の入れ替えによって形成されてきたと言える。初期映画からグリフィスへ、無声からトーキーへ、フランス印象主義からヌーヴェルヴァーグへ、娯楽映画から国策映画へ、スタンダード・サイズからワイドスクリーンへ、二次元から３Ｄへ、技術的にも内容的にもその新旧は数多くの様相を呈してきた。そのもっとも光の当らない時代が、本書で論じたヨーロッパおよび日本の一九一〇年代の映画である。この時代は、新しい形式を模索していたにもかかわらず、古くて後退した形式と誤解されてきた年代であった。近年徐々に再評価されてきたとはいえ、いまだその全体像はぼやけたままであり、正当で明確な位置付けを与えられているとは言い難い。その原因は、既存の芸術を礎にしているがゆえに映画という新しいメディアの固有性が見出しにくく、形式と内容の新しさが他の年代と比べて分かりにくいということにある。映画の父と称せられるグリフィスがあまりに強い脚光を浴びてしまったこともその一因だ。さらに大きな要因は、ゆっくりと醸造されていった一九一〇年代映画が第一次世界大戦という歴史的な大波に瞬く間に飲まれてしまったことである。そこでこの終章では、ベル・エポック期の映画に決定的な終止符を打ったこの大戦という歴史的出来事が一九一〇年代の映画史に組み込まれたとき、どのような新しい地平が見えてくるのか、その後映画はどのような道をたどっていったのか見ていきたい。

1　映画史と第一次世界大戦

映画史のベル・エポックは長続きすることはなかった。大戦勃発により、映画産業の先陣を切ってきたヨーロッパ映画は衰退し、それとともに映画のなかに色濃くその残滓をとどめていた一九世紀芸術や世紀末芸術の要素も消えていったからである。大戦の結果、「芸術」としての映画は終焉を迎え、その代わりに達成されたのは、芸術ジャンルとしての「映画」の自律であった。

パリを舞台にした芸術の「ベル・エポック」が、大戦の勃発と同時に終わりを迎えたのにたいし、映画史のベル・エポックは大戦中に頂点を迎えていた。映画産業が整備されていたこと、長編映画というフォーマットが定着したこと、作品のイニシアティヴを担う監督の位置づけが確立されたこと、映画スターがシステムとして認知されていったこと、これら映画界を活性化させる諸条件が大戦直前に出そろったためである。その背景には、戦争という目を背けたい現実を前にして、人々が娯楽を渇望し、映画の需要が高まっていったこともあるだろう(1)。実際、大戦期には苦しむ銃後の現実逃避への欲求と精神的な戦争としてのプロパガンダ映画への需要の高まりゆえに、最も安価でかつ手軽にアクセス可能な大衆娯楽である映画はその市場を拡大していった。結果として大戦は、大衆娯楽を先導する第一線のメディアとしての映画を確立させることとなったのである(2)。

大戦が「芸術」としての映画に大きな地殻変動をもたらすのは、戦争が終結してからのことである。それは、世界を震撼させた史上初の総力戦が、ヨーロッパの貴族文化を潰えさせる大きな要因となったことと連動していた。そのような契機を作った大戦は、一九世紀芸術の「終わりの始まり」と位置付けられている(3)。貴族文化の代わりに世界を席捲していったのは、ラジオやレコード、ジャズそして映画といった二〇世紀の新たな大衆娯楽文化であった。いずれも大戦中および大戦後にアメリカで発展した娯楽産業であり、これは言い換えれば、文化的中心がヨーロッパからアメリカへと転換したことを意味する。

大戦の影響により、映画界の世界地図もヨーロッパ中心からアメリカ中心へと塗り替えられた。総力戦体制のもと、人も物も空間も戦争に駆り出され、ヨーロッパでは映画製作に十分な資源が投入されなくなったからである。ヨーロッパからのユダヤ系亡命映画人が作り上げた「夢の工場」ハリウッドが成立したのはまさしく大戦後のことだ。このハリウッドが見る間に世界の映画市場を支配し、映画界の産業的・美学的ヘゲモニーはヨーロッパ映画からアメリカ映画へと移行していった。

だが、大戦後に発展した大衆娯楽文化としての映画は、それ以前の映画とははるかに性質を異にするものであった。あらためて確認すると一九一〇年代のヨーロッパ映画は、既存の芸術に対立するものではなく、むしろ一九世紀的な芸術観の延長線上に位置するものであった。それまで貴族文化を土台としていた映画が大衆のものとなっていったのは、新たに独自の文化的シンボルを探していたアメリカにおいてである。ヨーロッパ映画は大戦後の文化の大衆化・民主化に立ち遅れたが、他方で、文化の大衆化の波に乗ったアメリカは明確に旧世界ヨーロッパとの違いを打ち出し、映画産業において文化的覇権を獲得することができたのである。今日理解されている「映画」の起源は、この時代のアメリカ映画、すなわちハリウッドにさかのぼることができよう。既存文化との境界を曖昧にしてきた映画は、ハリウッド映画という明確な輪郭を得て、名実ともに大衆娯楽の王座にのぼりつめていくことになったのである。

大衆娯楽の頂点に立ったハリウッド映画は、いまや新興国アメリカそれ自体を体現するものとして大戦で疲弊した他国の観客の目に燦然と輝くこととなった。世界中のスクリーンを占拠していくハリウッド映画の形式は、国際的なスタンダードとなり、各国の映画形式がアメリカ化、いわゆる古典的ハリウッド映画形式へと統合されていったのである。このアメリカ映画の語法とは、クロス＝カッティング、ショット＝リヴァース・ショットといった新しい編集技法の導入により、アクションの映画的ダイナミズムや出来事の劇的展開を示す、説話のための外的な記号のことを指していた。戦前・戦中のヨーロッパ映画はそうした外的記号の不在が特徴だったのであり、いかに編集を用いずに画面内演出で処理するかという点に重きが置かれていた。古典的ハリウッド形式を目にした多くのヨーロッパや日本の映画人は驚愕し、それまでの自国の映画形式を批判し、アメリカ映画に倣って新たな映画の自律性をめざすべく理論および実作で試行錯誤を重ねていくことになる。新たな価値基準のもと産業構造の変化と映画形式の規格化が進んだことで、映画は古典的ハリウッド映画形式にもとづく自律した芸術ジャンルとして脱皮を遂げていくこととなった。過去の芸術の延長線上にあった映画史のベル・エポックはここに幕を降ろしていく。

大戦後はこのハリウッドの登場という次元とは別に、プロパガンダ、アヴァンギャルド、モダニズムという三つの映画史の支流が流れていくこととなる。

2　プロパガンダ映画の発生

映画は、その誕生時から帝国主義のイデオロギーを帯びていた。リュミエールの植民地を捉えた映像には、作り手の側に意図はなかったにしても、フランスの植民地主義のまなざしが否応なく埋め込まれている。第三章で見たように一九一〇年代のイタリア映画は作り手と受け手の双方が植民地政策のイデオロギーを共有するようになっていた。

戦争を主題にした映画は、ボーア戦争、米西戦争、日露戦争、バルカン戦争へと系譜をたどっていったが、いずれも散発的なものであった。国家や政府が製作と配給に介入するシステムが整備されていったのは第一次大戦中のことである。各国政府は、総力戦による「精神」の動員の道具として映画を利用するべく、次々と撮影班を組織していった。大戦を契機としてプロパガンダとしての映画の機能が明示され、それまで中立的な記録映像であったアクチュアリティーというジャンルは、プロパガンダという制度に飲み込まれていくことになる。(4)

大戦記録映画のうち、最も知られているイギリス映画『ソンムの戦い』*The Battle of the Somme*（一九一六年）を見てみよう。イギリス・ドキュメンタリー運動の旗手であるジョン・グリアソンは、ドキュメンタリーの定義を「創造的処置を施したアクチュアリティー」と定義したが、この映画は、現実の記録映像が「プロパガンダ」へと変容していく分岐点を示している。この大作には、実写映像のなかにいわゆる「やらせ」の場面（塹壕から突撃に出る様子を兵士がわざわざ演じている）が挿入されている。撮影後まもなく、彼らのほとんど全員が死亡した。本作は、フェイクであろうがなかろうが、映像に真実を見いだしたい観客の欲望と、プロパガンダ・イデオロギーを植えつけたい製作者の欲望とを合致させると同時に、フィクションとノンフィクションの境界を激しく揺さぶり、物語と現実の葛藤が意識化されていった。

劇映画でもプロパガンダ映画は製作されていた。フランスで製作された反戦プロパガンダ映画と好戦プロパガンダ映画の二本をとり上げてみたい。まずは、大戦映画として名高いアベル・ガンスの『戦争と平和』*J'accuse*（一九一九年）を見よう。この反戦映画は、原題の *J'accuse*（我弾劾す）という「言葉」がいたる場面に散りばめられ、平和なフランスの農村が戦火によって蹂躙され、ヒロインは敵兵に貞操を奪われ、彼女を恋する一人は戦死し、もう一人も戦争を呪い続けるという戦争の悲惨さを強烈に描き出す。もう一つは『ローズ＝フランス』*Rose-France*（一九一八年）という、後にフランス印象派の代表的監督となるマルセル・レルビエが手がけた長編第一作である。療養中のアメリカ青年がフランス女性に愛を捧げ、ついにはフランスという国家のために運命を委ねるという、いたって単純なプロットだ。プロパガンダ映画にもかかわらず、『ローズ＝フランス』には戦意や愛国主義を高揚させるような情動性は完全に欠如している。プロパガンダとは思えないほどこの作品においては、詩的な映像と装飾的な字幕が連なり、全編を通じて薔薇の花が恋人への愛、芸術への愛、フランスへの愛を象徴する。この二作品において、一方ではJ'accuseという「言葉」を軸に物語を紡ぎ出し、他方では、物語性が稀薄で薔薇という視覚的なシンボルが作品を貫く。この対照的な構図は、大戦後のフランス映画が、メロドラマの増殖と視覚主義にもとづく物語の否定、すなわち大衆娯楽と前衛の両極に分岐していく道筋を暗示しているように見える。

3　アヴァンギャルドとモダニズム

大戦末期に撮られたこの二本のフランス映画は、ある意味で戦後のアヴァンギャルドとモダニズムの傾向を象徴している。プロパガンダと並ぶこれらもう二つの支流を追っていくと、大戦がもたらした以下三つの大きな波紋が見られる。

① 大戦前の「芸術」としての映画から大戦後の「伝統を廃棄する芸術」としての映画へ
② 空間芸術（奥行きを利用した縦の構図）から時間芸術（編集／モンタージュ）へ
③ 物語の否定（前衛映画）とメロドラマの増殖（ハリウッド映画）の双方向へ

これら三つはいずれも映画の物語性を共通項に持っており、映画は、「いかに見せるか」というよりも、「いかに語るか」に重きが置かれるようになるのである。以下、順に見ていきたい。

「芸術」としての映画から「伝統を廃棄する芸術」としての映画へ

大戦後、映画を自律した芸術とみなす意識が芽生え、フランスおよびドイツで前衛映画の理論と実作が開花し、革命後のソヴィエト映画は前衛映画理論に左翼思想を結合させた。

こうした大戦後の前衛映画理論家・作家たちがめざした「芸術を志向する映画」と、大戦前の「芸術映画」との間には大きな断絶がある。彼らは過去との断絶を主張し、既存の芸術を基盤としない、もしくは伝統を乗り越える自律した映画、総合芸術としての映画への志向を高めていた。隣接する既存の諸芸術をよりどころにして映画の自律性を模索していた時代から、前衛の時代へと映画は突入していく。

一九世紀末に誕生した映画をめぐって最初に提起された理論的な問いは、「映画は芸術か」であった。この問いに答える形で、西洋では一九一〇年代から理論的著作が散発的に刊行されはじめる。最初の映画理論家として名高いリッチョット・カニュードは、映画は既存の律動的芸術（舞踊、詩、音楽）と造形的芸術（建築、彫刻、絵画）を総合させた第七芸術であると主張した。[5] カニュードが他方で打ち出したのが、機械芸術という新しい映画芸術観である。彼はマニフェストのなかで、映画は機械と芸術の新生児であると主張し、科学と芸術が総合することで、新たな世界の創造がなされると言う。

カニュードの議論を引き継いで、一九二〇年代フランスでは映画のリズム論やフォトジェニー論など、感覚の異化作用に注目した前衛映画理論が勃興した。なかでも、アメリカ映画を礼賛し、[6] フランス映画を批判したルイ・ドゥリュックは、「伝統を廃棄する芸術」としての映画に注目した。ドゥリュックは、映画における美の本質を「フォトジェニー」という概念で説明する。「フォトジェニー」とは、「写真（photo）」と「精霊（génie）」の合成語で、瞬間的なスナップショットを出発点とし、日常のなかに美を発見しようとする精神である。現在と過去、現実と回想との対比を示すフラッシュバックや、焦点のぼかし、逆行の効果、二重露光など内的情緒を視覚によって表現するこれらの技法がその具体的な映画表現である。それにより人工的に造られた美ではなく、生命それ自体の美、束の間の、永遠の美の印象を映画は日常生活のなかで捉えることができる。それゆえ、映画がもたらす瞬間的で深遠なる美を前にしては、人為的に美をこしらえ、美を体現してきた既存の芸術はもはや無益なものとなり、映画は生そのものをめざして芸術の廃棄へと向かう(7)。

ドイツにおいても、一九二〇年代から三〇年代にかけての映画理論の黄金時代には、映画の芸術性をめぐるさまざまな議論が展開された。空間と時間の連続性の欠如や色彩の欠如という映画固有の諸制約が、どのようにして映画を芸術として成り立たせるかといったルドルフ・アルンハイムの議論(8)や、印刷術の発明以来、映画は言葉ではなく視覚による交信を復活させたといったベラ・バラージュの議論など(9)、名高い理論家たちによる古典が世に出されていく。いずれも自律した芸術としての映画を理論的に考察しているものである。たとえばバラージュの議論によると、洞窟壁画に見られるように太古は可視的なものだった人間の魂は、グーテンベルクの印刷術によって読まれるべき精神へと、つまり視覚の文化は概念の文化へと変化した。それが映画の発明によって再び魂は可視的となった。身振りや表情による万国共通語の表現であるがゆえに、映画は既存のいかなる芸術よりも広範な民衆に訴えかけることができるのである。

空間芸術から時間芸術へ

初期から大戦前・大戦中の映画は、固定されたカメラによるロング・テイクを中心に構成されていた。その際に使用されたディープ・フォーカス、すなわち奥行きを利用した縦の構図は、ルネサンス以降、視覚芸術を支配してきた遠近法の末裔であり、映画は三次元の平面に新たな空間表現を提示した。だが、大戦後の映画は遠近法の系譜から離れ、ロング・テイクは否定されて急速な編集やクロース・アップが増加し、ショットとショットの継起によって映像に何らかの意味付けを生起させることを重んじるようになった。それは、ときに生理的もしくは「情緒的なショック」作用をもたらすものであり、ときに物理的切断による「リズム」や「運動」の表現であり、ときに強力な物語を構築することであった。ショック作用はソヴィエト・モンタージュ派の映画が、リズム論はフランス映画が、物語性の強化はハリウッド映画がそれぞれ追迫していく。

ロング・テイクの緩慢なリズムは、一九世紀ヨーロッパ芸術の中心的な形式であったロマン（長編小説）のテンポに属するものである。大戦という史上初の総力戦は、それを経験した後の日常のレベルでの人々の生活リズムに歪みを来した。一九世紀のテンポであったロング・テイクから、編集やモンタージュによる短いショットへと映画形式が移行したのは、戦争により日常生活のテンポとロング・テイクのテンポが合わなくなってきたために、人々の時間感覚が変化せざるを得なくなった結果なのかもしれない[10]。物語を映画が担っていったために、一九世紀のロマンは衰退していったとも考えられよう。

ソヴィエト・モンタージュ派を代表するセルゲイ・エイゼンシテインは「アトラクションのモンタージュ」（一九二三年）において、「アトラクション」を次のように説明している[11]。「知覚する側に一定の情緒的なショックを与えるよう綿密に計算され、経験的に選りすぐられた、感覚的ないし心理的作用を観客に及ぼす要素のことである。そしてこの情緒的なショックが集積して、提示されるものの思想的側面、つまり究極のイデオロギー上の結論が受容できるようになるのである」。映像の継起によりもたらされるこのような情緒的・生理的ショック作用は戦争神経症の延長線上にあるとも捉えられる。

エイゼンシテインのモンタージュ映画が生み出すのは、物語ではなく観念や思想であった。『資本論』まで映画化しようとしたエイゼンシテインの考える知的映画とは、観客に相当の知識、あるいは強い感受性を要求する。エイゼンシテインは、見る者のパトスを煽り立て、情動を引き出し、その琴線に触れるようなアジテーションをする映画、革命と同様に芸術においても転覆を起こさせるような映画を作る。このときショットのつなぎは可視化されるのであり、これは物語映画のイリュージョニズムをめざしたハリウッドの古典的システムとは対立するものとなった。

物語の否定――時間芸術、リズム、運動への志向

大戦後のフランスではシネロマン社が超大作のメロドラマ映画を製作する一方で、進歩史観への不信感が高まるのと並行して、映画における物語を否定する言論が増えてくる。リズムと運動、物質性が重視されることで映像は何らかの物語を語ることへと収斂されず、自律した視覚言語へと向かい、あくまでイメージの組み合わせが人間の感覚を創り出すようになった。この点は、大戦中に発表されたアインシュタインの相対性理論の影響があり[12]、機械を礼賛し速度の美を謳うイタリア未来派のマニフェストと共鳴しているとも言える。映画の記述的側面よりも詩的側面を、空間表現より時間表現を、ショット内の内的リズムよりショット間の外的リズムをめざし、「内」から「外」へと拡大していく動きが大戦後に多発した。

時間の断片化をめぐってジャン・エプステインは「スロー・モーションに魂を」（一九二八年）のなかで、映画の高速度撮影や微速度撮影に注目した。光学的カメラは、極端に言えば数秒が数時間続くことを可能にし、時間の相対性を出現させた。このときドラマは時間の外に置かれ、心理的なパースペクティヴがもたらされる。エプステインはアインシュタインから影響を受け、空間のパースペクティヴから時間のパースペクティヴへと重心を移行させていった。

リズム論の先駆者であるレオン・ムーシナック[13]は、その著書『映画の誕生』（一九二五年）のなかで「リズムか死か」というエッセイを載せている。ムーシナックによると、映画には叙述的な通俗形式と詩的な形式とがあり、

前者をシネ・ロマン、後者をシネ・ポエムとした。シネ・ロマンでは、舞台装置、照明、ショット・サイズ、アングルといった演出と呼ばれる要素全て、つまりショット内の「内的リズム」が関与する。他方、シネ・ポエムでは、時間に応じて映像と映像が継起する順序、つまりショット間の「外的リズム」が関与する。内的リズムは、空間芸術とかかわり、記述的側面を持つのにたいして、外的リズムは時間芸術とかかわり、詩的側面を持つとされる。ムーシナックは、映画的表現は内的リズムを犠牲にしても外的リズムを重要視すべきであり、それを実現することが映画の本質であるとした。タイトルにあるように、リズムがなければ映画は死んだも同然とみなされる。

さらに、ドゥリュックの視覚主義を極限にまで押し進め、ムーシナックのリズム論を体現した映画を製作したのがジュルメーヌ・デュラックである。デュラックが編み出した純粋映画は、具象映像を用い、同一映像内で色々なリズムによって結合される視覚的交響楽の形式をとる。感覚や抽象的概念、リズムによってのみ展開するため、既存芸術への依拠やあらゆるストーリー、俳優の演技がなくても純粋映画は存在する。[14]

メロドラマの増殖——古典的ハリウッド映画の世界制覇

とはいえ、ショットの継起による時間の分断がもたらした最大の産物は、やはり「物語」であった。前衛映画理論とその実作において映画技法を物語へ回収することの不信や否定がなされる一方、娯楽映画の物語性は強大なものとなっていった。[15]なかでもハリウッド製の娯楽映画では、物語叙述を洗練させることと物語を欲望することが一致を見たのである。

アヴァンギャルド映画が勃興する時代、娯楽映画に見られた新たな傾向がモダニズムである。表現主義映画以降に登場したヴァイマル期ドイツ映画がその闇に当たるとすれば、[16]モダニズムの光はハリウッド映画が牽引し、メロドラマが大量に生産・消費されたのである。ヨーロッパという媒介項が消えた今、前衛と共産主義を結びつけたソヴィエトにたいして、アメリカはメロドラマと資本主義のつなぎ目を強固にしていった。大戦映画に関して言えば、『つばさ』*Wings*（一九二七年、ウィリアム・A・ウェルマン監督）のように娯楽スペクタクル映画として馴致されながら増えていき、大戦という生々しい経験は、体のよい物語へと収まっていくことになる。このように大戦後の映画は、物語化を阻止する力と物語化を強化する力とが同時並行で進んでいくのが特徴である。

そもそもベル・エポック期の映画は必ずしも「物語るもの」をめざしていたわけではなかった。初期映画における物語映画形式の萌芽として引き合いに出されるエドウィン・S・ポーターの『アメリカ消防夫の生活』*Life of an American Fireman*（一九〇三年）や『大列車強盗』*The Great Train Robbery*（一九〇三年）などに見られる複数のショットにより構成された編集技法が、映画を物語叙述の軌道へのせる大きな契機となったのは事実だとしても、同時期のヨーロッパ映画は「物語ること」を第一義においてはいなかった。視覚的要素に重きが置かれ、画面内演出に力点が置かれていたことはこれまでの本書の議論で明らかにしてきたとおりである。映画はストーリーを紡ぐためにナラティヴの技法を深化させていったという映画史の常識は、あくまでアメリカ映画中心の歴史観に立脚している。「物語性」優位の映画史は、アメリカ映画の文化的・経済的なヘゲモニーによってもたらされたものにすぎない。

従来の映画史は草創期の物語叙述に関わるさまざまな新奇の試みと大戦中に伸張したアメリカ映画とをつなぎ、そこに起点を置いてきた。大戦終結と時を同じくして過ぎ去った映画史のベル・エポック時代は、今日的な意味における「映画」の領域におさまらないものとして、意図的にもしくは意図せざる結果として映画史記述から等閑視されてきたのである。

アメリカ映画中心史観を自明視させた要因は、大戦後の古典的ハリウッド映画が最大かつ完璧な物語世界の構築に成功したことにあった。改めて確認すると、古典的ハリウッド映画のシステムとは、因果関係を明確にし、時空間配列に秩序をもたらすことで、観客の物語世界への没入を速やかにするものである。観客に物語を円滑に読解してもらうため、映画の画面は可能な限り効率的に、要領良く情報を整理して作られる。

これを支える技法として、映画の物語世界を破壊しないさまざまなルールが整備された。照明も洗練化され、三点照明（キーライト、補助光、逆光）により、物語の理解に不要なノイズは闇のなかへ消えていき、観客が視線を注ぐべき対象のみに光が当てられた。主張したい一点に焦点を合わせるカメラが作られ、ソフト・フォーカス・レンズの使用も広まり、被写界深度が浅く、映像内部の狭い空間領域にピントが合う撮影技法であるシャロウ・フォーカスが主流となる。どこに焦点を合わせるかによって、映画の作り手は観客が見るべきものをより明確に暗示できるようになった。一九二〇年代後半から使われるフィルム・ストックは、あらゆる色に感光するパンクロマティック・フィルムとなり、被写界深度は失われた。深い空間の焦点は重視されなくなり、それまでのディープ・フォーカスによる映像の多義性は排除されていった。

このようにして作られたショット群が流れてシーンができ、シーンが順々に接続されてシークェンスとなり、それらが連なって一本の映画が完成する。つなぎが見えない洗練された編集がなされているため、連なっていくショットの群れを観客の目が追っていくだけで、物語は一方向の線上に自然に流れていく。読解能力はいらず、意識的に編集がなされていることを観客に気付かせず、違和感を持たせることはない。むしろ登場人物と観客の同一化を強化し、コントロールする。イリュージョンを壊すものを全て取りはらうこのハリウッドの物語形式は、映画言語の「平板化」を「過不足なく」達成した。[18]こうした操作を観客に気付かせることなく、それがあたかも自然に起こっているように見せるのが、物語映画形式の透明性、すなわち編集の縫い目の不可視化である。[17]古典的ハリウッド映画は、その透明性と破綻を来さないエンディングにより、物語の筋を自然に、当然に、そしてリアルに見せる形式を伝播させることに成功した。映像によって世界を様式的に構築していく基礎が大戦後に固まることになったのである。

御しがたいものであった大戦という経験を経て、人々は現実を受け止めるための型として現実を映すフィクションを欲した。作り手と観客の欲望を投影するスクリーンは、型を提供するのに便利な道具であり、そのなかでもメロドラマが伝播させたイデオロギーという錯覚の型は人々に熱狂的に受け入れられた。観客の欲望が投影されるイデオロギーに、人々は今生きている社会的コンテクストを落とし込みたいと願ったのである。D・W・グリフィスがロイド・ジョージの依頼で製作した大戦メロドラマ映画『世界の心』*Hearts of the World*（一九一八年）において、悲惨な戦争の物語が最終的に男女が結ばれるハッピー・エンドを迎えるように、「世界」の悲劇は「個人」の幸福に、[19]「公」の物語は「私」の物語に回収されていく。「個」と「世界」をつなぐことで「社会」が埋没し、「個」と「社会」の溝は気づかないうちに深まっていくのである。作り手が吹き込みたいイデオロギーを意識化させ、観客に目覚めを要求するモンタージュ映画とは異なり、ハリウッド製メロドラマは日常レベルでは目覚めないで良いことを受け手に巧妙に植えつけ、個の生活のドラマや経験とすり替えていくのである。

＊

以上見てきたように、大戦前・戦中と戦後で映画形式は一変した。フランスは文芸大作や連続映画からアヴァンギャルド映画へ、ロシアは、サロン・メロドラマからモンタージュ志向へ、イタリアはディーヴァ映画の彫塑的な身体からマニエリスムと陥った形式と生身の身体へ、ドイツ映画は表現主義に始まるグロテスクで誇大妄想狂の国民国家の大作映画へと変化を遂げる。芸術映画が同時に大衆にも受ける映画として両立できた時代が、戦後、自律した芸術をめざす方向と、大衆娯楽を先導する方向とに分岐した。その後、映画はトーキーの時代に入り、より透明な伝達可能なメディアへと変わっていく。

大戦前・戦中は単一ショット内で時間と空間が折り重なって重層化していくのにたいして、編集あるいはモンタージュは時空間を倍増させて見る者にその効果を押しつける。大戦後、前衛の非物語映画（歪み・二重露光など映画の物理的側面の強調、高速モンタージュによる断片の強調、物語に回収されないショット群）と、ハリウッド形式の物語映画（ショット間のつなぎを消去した滑らかさ、誰が見ても分かる物語に回収されるショット群）の極端な二傾向が現れた。

初期映画およびこうした一九二〇年代から三〇年代を主な起点として従来の映画史・映画理論は構築されてきた。しかし、一九一〇年代の映画はこれらの時代のものとは大きく異なっていた。ここまで明らかにしてきたように、映画が新奇な見せ物から物語を語るものへと移行していく萌芽期と、映画産業が開花し、世界一の娯楽メディアとして躍り出る一九二〇年代にはさまれた時代は、「映画史のベル・エポック期」であった。これまでまとまった形で議論されてこなかったこの時代の映画を見ていくと、映画製作にかかわるスタッフは、それ以前に美術や舞台演出に関わった監督や舞台経験を持つ映画スターがほとんどを占めていた。世紀末から一九一〇年代にかけての、過去の芸術の威信に則って製作された作品をとり上げることにより本書が明らかにしたのは、演劇やオペラ、美術、文学、演芸など、他の芸術および芸能ジャンルと映画との豊かな交叉の実態であり、説話機能のみに収斂されえない映画の混沌とした可能性である。一九世紀および同時代の美意識のなかで発展しつつ独自の美学的な形式を獲得していった映画作品は、今後の芸術史研究における領域横断的な分野のさらなる開拓を喚起するものとなりえよう。その点で本書は、より大きな枠組みにおいて、従来看過されていた映画揺籃期における芸術ジャンル形成をめぐる重要な一面の再評価と新たな観点からの映画史・映画理論の構築につながるだろう。

（1）ほぼ全ての国で映画観客数は急増する。例えばイギリスでは毎週一八〇〇万枚のチケットが売れた。つまり当時の人口の約半数が毎週映画を観に行っていたということになる。さらに、兵士に映画を見せるために数百を越える臨時映画館が設立された。

（2）第一次世界大戦と映画に関する主要な先行研究は下記である。Karel Dibbets and Bert Hogenkamp (eds.), *Film and the First World War* (Amsterdam: Amsterdam University Press, 1995); Leslie Midkiff DeBauche, *Reel Patriotism: The Movies and World War I* (Madison: University of Wisconsin Press, 1997); Laurent Véray, "Cinema," in Jay Winter (ed.), *The Cambridge History of the First World War Volume 3: Civil Society* (New York: Cambridge University Press, 2014).

（3）第一次世界大戦と文化史（音楽・文学・美術）に関しては次の文献を参考にされたい。岡田暁生『「クラシック音楽」はいつ終わったのか？——音楽史における第一次世界大戦の前後』人文書院、二〇一〇年；久保昭博『表象の傷——第一次世界大戦からみるフランス文学史』人文書院、二〇一一年；河本真理『葛藤する形態——第一次世界大戦と美術』人文書院、二〇一一年。

（4）Wolfgang Mühl-Benninghaus, "Newsreel Images of the Military and War, 1914-1918," in Elsaesser (ed.), *A Second Life*,（序注14参照）pp. 175-184; Rainer Rother, "Learning from the Enemy: German Film Propaganda in World War I," in Ibid., pp. 185-191.

（5）Ricciotto Canudo, "La naissance d'un sixième art: Essai sur le cinématographe," *Les Entretiens idéalistes*, Paris, 6e année, t. X, n° 61, 1911.

（6）早川雪洲、チャップリン、ダグラス・フェアバンクスを賞賛している。

（7）フランス前衛映画理論については次の文献を参考にした。飯島正『前衛映画理論と前衛芸術——フランスを中心に』白水社、一九七〇年。

（8）ルドルフ・アルンハイム（志賀信夫訳）『芸術としての映画』みすず書房、一九六〇年。

（9）ベラ・バラージュ（佐々木基一・高村宏訳）『視覚的人間』創樹社、一九七五年。

（10）ポール・ヴィリリオ（石井直志・千葉文夫訳）『戦争と映画——知覚の兵站術』平凡社、一九九九年；ポール・ヴィリリオ（市田良彦訳）『速度と政治——地政学から時政学へ』平凡社、二〇〇一年。

（11）演劇のための論文で映画に向けて書かれたものではないが、映画におけるモンタージュ論の出発点である。エイゼンシュテインについては次の文献を参考にした。岩本憲児（編）『エイゼンシュテイン解読』フィルムアート社、一九八六年。

（12）マンデリシタームは「ロマンの危機、つまり時間で飽和した筋立ての危機は、アインシュタインによる相対性原理の提唱と時を同じくしている」と述べている。マンデリシターム（斉藤毅訳）『言葉と文化——ポエジーをめぐって』水声社、一九九九年、一三一頁。

（13）『戦艦ポチョムキン』をフランスに紹介し、リズムと同様、映画の社会的機能も重視していた。

（14）純粋映画はさらに、ドイツにおいて絶対映画という形で、ハンス・リヒターらにより抽象的な映像でリズムや運動を表現するものが追求された。

(15) この対立は、その後、アヴァンギャルド運動と社会主義リアリズムにおいて物語的なものをどのように処理するかという拮抗に接続されていくであろう。

(16) ドイツは敗戦国であるにもかかわらず、ヨーロッパにおいて大戦後に映画産業を大きく発展させた唯一の国である。大戦プロパガンダ映画を製作する目的で設立されたウーファは、ハリウッドを脅かすほどまでに成長した。その要因の一つには、ドイツが背負った巨額の戦争賠償金を返済するために、映画を国外へ輸出して外貨を稼ごうとしたことにある。

(17) たとえば、俳優が直接カメラに向かって、つまり観客に向かって話しかけたり、視線やアクションの方向性が合わないミス・マッチのショットはイリュージョニズムを壊す。

(18) 北野圭介『ハリウッド映画史講義』平凡社新書、二〇〇一年。その点で、ショットのつなぎが視覚的に意識化される、ソヴィエト・モンタージュ派はアメリカ映画のアンチ・テーゼである。編集よりも組み立て(モンタージュ)を重視したソヴィエト映画は反スター・システムの立場をとった。

(19) 他方でロベルト・ライネルト監督の『神経』*Nerven*(一九一九年)は、ヴィルヘルム末期の混乱に乗じて検閲を一時的に免れた、病的な表現主義映画であり、冒頭から主人公の戦争体験が裸体にまみれて映し出され、戦争神経症に罹った彼の幻覚が多重露光で示されるなど、精神の検閲も解除されてしまったかのような歪んだ映像が続く。個の神経が世界の神経を支配する、世界全体が麻痺していく様相をスクリーンは如実に反映していた。また、中立国であったデンマークの監督アウグスト・ブロムの『世界の終わり』*Verdens Undergang*(一九一六年)は、H・G・ウェルズの原作にもとづき、彗星の落下によって北西ヨーロッパが壊滅し、残された無垢な少女と牧師が新たな世界を再創造していくという物語である。

あとがき

大学入学時に上京するまで田舎に住んでいた私が観る機会のあった映画といえば、小さな市立図書館で閲覧できる名作映画選や中高の道徳の授業での鑑賞会くらいであった。はじめて観た無声映画はバスター・キートンの喜劇や『戦艦ポチョムキン』、『イントレランス』等の教科書的なタイトルだったと記憶している。上京後、大学のそばにあった今はなきレンタルビデオ店「名画座」で、一〇本千円のビデオを毎週のように借り、暇さえあれば映画館に通いつめていた。大学院入学後は海外の無声映画祭の常連となって、一年に数百タイトルの無声映画を観てはノートを積み重ねるようになった。それがついには一冊の研究書としてまとめることになろうとは、「あとがき」を書いている今においても俄かに信じがたいことである。

無声映画研究の最大の魅力は、ひとつの作品が突然に映画史の文脈を飛び越える点にある。伝説的な舞台女優の十八番の場面を映画で見ることができたり、見覚えのあるルネサンス絵画が動く絵として再現されていたり、古典文芸の物語を時代考証の練られた紙芝居のように追うことができたり、大道芸人のショーは映画館という空間をまるで寄席にいるかのように変えたりした。しかも種々雑多なこれらの映画が同じ一つのプログラムに盛り込まれていたのも驚きだった。この時代の映画はいまだ芸術／娯楽ジャンルとしてマージナルな存在であったがゆえに、演劇や美術、文学、大衆芸能など映画をとりまくあらゆる隣接領域との関係を切り離して考えることは不可能だったのである。

だが、この特徴は無声映画への関心を高めるとともに、見れば見るほどに摂取しなければならない先行研究や映画史以外の研究分野の知見、そして膨大な一次資料の渉猟が必要となり、私の首を締めることにもなった。芸術史の観点からヨーロッパと日本の無声映画を研究する意義を明らかにするためには、その映画史上の位置づけや作品分析だけを詳細に検討しても十分とは言えなかったからである。身の丈に合わない研究テーマを選択してしまったことを反省しつつ、映画のこうした多重人格性を拙いながらも描き出そうと試みた成果が本書である。

本書でもう一つ追究しようとしたことは比較映画史の可能性である。初期から古典の時代へと映画ジャンルが生成していく移行期の一〇年間に時代を絞ったものの、この時代の映画史全体の様相を捉えるためには特定の国や地域にとどまらず主要な映画産業国を対象とした越境的な視点を持つ必要があった。見覚えのあるデンマークの俳優がロシアのブロマイド写真ではロシア名に変えられて人気を博していたり、フランス映画がオランダ語字幕やスペイン語字幕、ドイツ語字幕つきで現存していたり、当時の映画雑誌の半分以上は外国映画の宣伝や批評記事で埋め尽くされていた。そうした実態を目の当たりにして、一国映画史の記述では、映画の本質である偏在性や国際性を明らかに見過ごすことになると痛感した。研究の沃野でありながら未踏の土地も多い無声映画を幅広い視野から総合的に分析するため、さまざまな領域の成果を可能な限り取り込もうと試みたつもりである。甚だ未熟な点は多岐にわたるとは思うが、映画史に関心がある方のみならず、映画と芸術・芸能をめぐる試論として他の芸術学や文化史、表象文化論の研究者の方々にもお手にとっていただければ幸甚である。

そもそもこの時期の映画作品自体の現存が少なく（日本映画に関してはほとんど残っていない）、もしくは復元が終わっておらず、ＤＶＤ等で容易に観ることは困難であった。そのためヨーロッパ各国の映画アーカイヴ調査を重ね、映画復元事業の最新の成果を披露する場でもある海外の映画祭へも毎年欠かさず参加するようにした。大学院に入学した年から通い始めたため今年で実に九年目となる。無声映画を網羅的に観て、一世紀前の映像世界を世界一知る人間になろうと心に決め、それを強みにして映画史を新たな観点から捉え直すことに無謀にも挑戦したのである。山ほどの映画と資料と先行研究を前にして研究に行き詰まることも幾度となくあったが、そのようなときは母校の會津八一の「実学論」を思い出し、作品に立ち戻ってそこに答えがあることを信じて地道に研究を続けた。本書が妄想の域を出ないものなのか、そうでなくとも当初の構想を言葉で尽くすことができたのか判断は読者のみなさまに委ねるほかはない。本書の試みをつうじて、一九一〇年代に他の芸術領域から養分を吸収し、自律したものとして形を成していく映画のさまざまな可能性が蠢く胎動を感じていただければ幸いである。

今後も領域横断的な芸術史としての映画史および比較映画史のアプローチを重視する方針を堅持しながら、これまで敬して遠ざけてきたアメリカ映画や、映画と演劇の人的交流および形式の変遷について、実証研究と理論研究を架橋するような研究を続けていきたい。ひいては、昨今も『アーティスト』のような無声映画が製作されているように、歴史研究を踏まえて無声映画の現代的な意義を考察することにも挑戦してみたい。本書執筆を支えてくれた素朴な確信と無謀な探究心を大事にしながら、今後も初心を忘れず研究に精進していく所存である。

本書はこうした問題関心から執筆した博士学位論文「一九一〇年代の比較映画史研究——初期映画から古典的映画への移行期における映画形式の形成と展開」を再構成し、大幅に加筆・修正を施したものである。書き下ろしおよび既発表の論考は以下のとおりである。

序章　書き下ろし
第一章　書き下ろし
第二章　「映画と視覚芸術——帝政期ロシア映画における空間の画家エヴゲーニイ・バウエル」［『人文学報』（京都大学人文科学研究所）第一〇七号、二〇一五年］

第三章　「救いのないサスペンス――フランス時代のアルベール・カペラニ監督」［『演劇映像学』（早稲田大学演劇博物館）第一集、二〇一二年］（第一節）、書き下ろし（第二節）、「一九〇九年の映画史――第一回ミラノ世界映画コンクールに見られる国際的な動向」［『演劇映像学』（早稲田大学演劇博物館）第一集、二〇一〇年］（第三節）、「第一次世界大戦とイタリア映画」［村松真理子編『ダンヌンツィオに夢中だった頃』（東京大学教養学部イタリア地中海研究コース）、二〇一五年］（第四節）

第四章　「講談から旧劇映画へ――題材の普及という観点から」［『映画学』（早稲田大学映画学研究会）第二二号、二〇〇九年］（第一節）、書き下ろし（第二節）、「一九一〇年代の日本映画における演技形式――女形俳優と初期女優をめぐって」［『早稲田大学大学院文学研究科紀要』第五六輯第三分冊、二〇一一年］（第三節）

第五章　「外国映画との対峙――大正初期日本映画のダイナミズム」［黒沢清他編『日本映画は生きている　映画史を読み直す』（岩波書店）第二巻、二〇一〇年］、「新派的類型からの脱皮――日活向島の革新者たち」［『日活向島と新派映画の時代展』（早稲田大学演劇博物館）、二〇一一年］（第四節）

終章　「第一次世界大戦と映画」［『第一次世界大戦を考える』（共和国）、近刊］

この初出一覧から明らかなように構成を大胆に組み替えて内容も深化させたが、核となる分析の手法と視角は学部と大学院を過ごした早稲田大学で学んだものが基盤となっている。本書になにがしか学術的貢献と呼べるものがあるとしたら、それはすべて私をこれまで教導し支援してくださった方々のおかげである。衷心からの感謝の言葉を最初にお伝えしたいのは、早稲田大学文学研究科に入学して以来ご指導いただいている小松弘先生である。そもそも私が映画研究を志すこととなったのも、興味本位で聴講していた先生の授業で釘付けになった無声映画がきっかけであった。学部時代は美術史専修に所属し、静止した芸術作品を目を凝らして観ていた私は、このとき観た音のない動く映像に衝撃を覚えた。年度が変わると同じ講義を二度としない土曜早朝の先生の講義では、ヴィルヘルム期ドイツ映画や帝政ロシア映画の議論が展開され、なかにはルイ・フイヤードだけを一年間かけて扱うということすらあった。ここで一生観る機会のないかもしれない映画を自分の目と心にたくさん吸収することができたことが本研究の礎となっている。専門分野の細分化が進むなか、浅いながらも広く色々な作品を研究対象としたいと願う私にとって、先生の授業で出会った映画史研究という学問領域は非常に魅力的に映ったのである。

宏遠な視座と透徹した映画観にもとづく、映画理論に関する幅広い知見を持つ武田潔先生には博士論文の副査を務めていただいた。映画に半生を捧げた正真正銘の「シネフィル」でおられる先生が、パリに留学中、偶然フランソワ・トリュフォーに出会ったときに「石に齧りついても研究を続ける」意を決したと熱を込めて話してくださったご様子は今でも目に焼きついている。難解な映画理論を理路整然と講義され、緻密な議論を繰り広げる先生の力量には常に蒙を啓かれた思いとなり、物事を丹念に論証することと理論的思考の愉悦をご教示いただいた。「映画とその分身」と題した大学院の授業では映画と絵画をめぐる最新の理論的考察を縦横無尽に惜しげもなく披瀝してくださり、本書につながる手がかりを多々得ることができた。言葉選びのセンスに欠けた私が本書のタイトルで頭を悩ませていたとき快く相談に応じてくださったことにも感謝申し上げたい。

修士論文および博士論文のもう一人の副査を務めてくださったのは、藤井仁子先生である。歴史・理論・批評の枠を超えて古今東西の映画を語り倒す先生の文体と語り口には吸い込まれるような引力があり、その根底にある映画への深い愛と該博な知識には畏怖の念すら感じている。先生から受けた「映画が止まっているようだ」というご指摘は、私の論文の最大の弱点をついたものであり、私の弱みを最もよく知る有難い存在は藤井先生をおいて他にいないであろう。研究対象の映画にまだ偏りがある私にとって先生は斥力を感じる存在であり、時宜をとらえて感謝の意を素直に伝えられていない非礼をお詫びするとともに、酒席で熱弁される映画談義の時間を共にできたかけがえのない経験と、いつしかの酒宴でいただいた「一九一〇年代の映画を世界一知る人間になりなさい」という薫陶のお言葉に改めて御礼を申し上げたい。

ほかにも数多くの先生方や諸先輩、畏友の高誼に恵まれ、絶えず支えられてきた。学部時代に東洋美術史研究の肥田路美先生と西洋近代美術史研究の坂上桂子先生に出会ったことで、私は研究者への憧憬を抱くこととなった。岩切信一郎先生（新渡戸文化短期大学）は作品をより深く理解できるよう浮世絵巡見を頻繁に開いてくださった。修士論文の副査を務めていただいたロシア文学研究の貝澤哉先生、博士論文の構想に多くの示唆をくださったロシア文学理論研究の八木君人先生、公開研究会と上映会の機会を提供してくださった中村秀之先生（立教大学）にも御礼を申し上げたい。日本演劇研究の古井戸秀夫先生（東京大学）には、日本学術振興会特別研究員の受入教員を引き受けていただき、演劇学の領域から日本映画を勉強する重要性を学ばせていただいた。森脇清隆（京都文化博物館）、入江良郎（東京国立近代美術館フィルムセンター）、大澤浄（東京国立近代美術館フィルムセンター）および大矢敦子（京都文化博物館）の諸氏には、無声映画上映会の企画を実現してくださったことに改めて深謝を申し上げたい。映画都市京都の魅力を余すところなくご教示いただいた冨田美香先生（東京国立近代美術館フィルムセンター）にも、これまでのご厚誼とお心遣いに心から感謝の意を伝えたい。

大学院生時代には、川島京子（早稲田大学）、志村三代子（都留文科大学）、間瀬幸江（宮城学院女子大学）、佐藤洋（共立女子大学）の諸先輩方にお世話になってきた。国内外の学会や共同研究を共にしてきた若手映画研究者の谷口紀枝（早稲田大学）、大傍正規（東京国立近代美術館フィルムセンター）、上田学（早稲田大学）、石田聖子（九州大学）、大久保遼（東京芸術大学）、仁井田千絵（明治学院大学）の諸氏、学部の美術史専修の同期であり、院生時代も共に研究に励んだ勝谷祐子（ストラスブール大学）、石井香絵（早稲田大学）、東海林洋（ポーラ美術館）、桝田倫広（東京国立近代美術館）、田中麻帆（早稲田大学）の諸氏、大学院同期の北原まり子（早稲田大学）、清水彰子（元早稲田大学）の諸氏にも深謝の気持ちを伝えたい。初期映画研究という共通項を持つ先輩や同期、隣接する領域の仲間たちと切磋琢磨する時間は、何にも勝る研究の活力源となっている。

大学院入学以降のさまざまなプロジェクトでは、海外の研究者の方々とも交流する機会に恵まれた。シンポジウム等で自身の研究成果を発表する機会を与えてくださったマルティン・ロイペルディンガー（Martin Loiperdinger）先生（トリアー大学）、ローランド・ドメーニグ（Roland Domenig）先生（明治学院大学）、ヤン・シュミット（Jan Schmidt）先生（ルーヴェン大学）、日本で開催した国際集会にご参加いただき、貴重なご講演とご意見をいただいたユーリ・ツィヴィアン（Yuri Tsivian）先生（シカゴ大学）、カスパー・チューベア（Casper Tybjerg）先生（コペンハーゲン大学）、シェリー・スタンプ（Shelley Stamp）先生（カリフォルニア大学）にも御礼の言葉を述べたい。スイス留学時代のヨルグ・シュヴァイニツ（Jörg Schweinitz）先生（チューリヒ大学）および在外研究中のイナ・ハイン（Ina Hein）先生（ウィーン大学）には、突然の受け入れ依頼に快く応じていただいた。充実した留学生活を送ることができたのも偏にそのお力添えの御蔭である。

二〇一三年から務めている現在の職場、京都大学人文科学研究所では、「第一次世界大戦の総合的研究」、「日本の文学理論・芸術理論」、「現代／世界とは何か？――人文学の視点から」、「環世界の人文学」の共同研究班に参加させていただき、事務局の運営業務に携わり共同研究の楽しさと難しさを味わっている。事務仕事や学生の対応および授業に忙殺されて研究に割く時間を捻出できないのが若手助教の昨今の常であるにもかかわらず、研究することが仕事であるこの職場においてはほぼ全ての時間を個人研究に当てることができている。このような格別のご配慮をしていただいた、班長、主任および世話人の、大浦康介さん、山室信一さん、高木博志さん、岡田暁生さん、小関隆さん、岩城卓二さん、高階絵里加さん、立木康介さん、菊地暁さん、王寺賢太さん、伊藤順二さん、久保昭博さん（現・関西学院大学）、田中祐理子さん、石井美保さん、瀬戸口明久さん、藤原辰史さん、藤井俊之さん、小野容照さん、そして事務職員の皆さんに心より感謝を申し上げる（本職場では助教も教授も同じ土俵にいるという自覚を持つために「さん」で呼ぶことが強制されている）。

なかでも岡田さんと小関さんには本書の序章を読んでいただき、藤原さんにはほぼ全ての章に目を通していただいた。美文体の岡田さんは剛腕プロデューサーのごとく若手を鍛え上げることに熱い方で、文章の書き方から叩き込まれるとともに「〜論」ではなく「〜学」まで水準を上げるようその鋭い眼光によってご教示頂いた。常に締切の数ヶ月前に原稿を仕上げていらっしゃるという、堅実さでは右に出る者のいない小関さんには、文章を寝かせることと八割の出来で良いから本を出すことの大切さを教わった。兄貴分の藤原さんは「何より自分が楽しく書くことが一番」だと助言をくださり、硬直しがちな私をいつも爽やかな笑顔で励ましてくださった。博士論文刊行など非現実的で遠い話だと思っていたが、このお三方から猛烈な勢いで、たとえ積み残しがあろうとも本の形で世に問うことが研究者の義務であることを教え込まれた。すぐに易きに流れ、弱気になりがちな私はその叱咤激励がなかったならば、怯むばかりでとても出版までたどりつかなかったことだろう。厳格ななかにも温かさと諧謔味の溢れる人文研の先生方の薫陶を受け、とことん甘えさせていただけたことはこの上ない財産である。本書の刊行を出発点に今後も地道に勉学を重ねていくことで、人文研の皆様から賜った学恩にいくばくかのお返しをしていきたい。それに加えて、ここに全てのお名前を挙げることは叶わないが、共同研究班に参加されている数多くの班員の皆様からも毎回の研究会で刺激を頂いている。映画史研究という狭い領域で井の中の蛙になっていた私にとり、さまざまな学問の個人商店が軒を連ね、国内外から学問の第一級の業者が集う人文研という特殊な場は、日々出会いと発見のある夢のような商店街である。

この他にも私がその恩義にたいしてお礼の言葉を述べるべき方々が数多くいらっしゃる。二〇一二年から一三年にかけて半年間のチューリヒ大学留学に際し、ご自宅を下宿として提供してくださったマリアン・レヴィンスキー（Mariann Lewinsky）氏もその一人である。彼女はチューリヒ大学で教壇に立った後、映画キュレーターの道に進まれた。彼女ほど自分と映画の趣味が合う人はこの世界にはいない。映画以外の関心も共通していた私はその半年の間に、実に多くの映画アーカイヴ調査（モスクワ、プラハ、ベルリン、ウィーン、パリ等）に同行させていただき、調査の合間も劇場行脚を共にした。研究対象として映画を解釈する立場から「もの」としての映画作品に接近していった彼女の自由で決断力のある生き方は、優柔不断な若輩者の私にはまばゆいばかりであり、彼女とその相棒の賢猫トトと一緒にチューリヒで過ごした日々は何ものにも代えがたい時間として心に残っている。

本書刊行にあたっては、人文書院編集部の井上裕美さんに博士論文の段階から目を通していただき、より多くの読者に門戸を開くよう、専門家以外には通じない表現や議論など改良すべき点を的確に指摘していただいた。滅多に見る機会のない映画群を研究対象としているため、「見なくても読者が理解できるように書きなさい」との助言は強く印象に残っている。私の力量では至らなかった箇所も多いと思われるが、今後も映画の研究を続けていく上で常に心に留めておきたい一言であった。ここに改めて深く感謝を申し上げる。

本書のもとになった勉学および研究活動は、日本学術振興会特別研究員制度（二〇〇九〜一一年）、早稲田大学グローバルCOE制度（二〇〇九〜一一年）、早稲田大学演劇映像学連携研究拠点公募研究（二〇一三年度）、科学研究費補助金（若手研究B）「比較映画史研究――無声映画期における反古典的形式の形成と展開」（二〇一四年度〜現在に至る）など、研究分担者や研究協力者として参画したものを含む、数多くの団体および事業からのご支援を受けて行われた。また本書は、京都大学教育研究振興財団および京都大学総長裁量経費の若手研究者出版助成事業を受けて刊行の運びとなった。ここに記して感謝の念を表したい。

現在、私はオーストリア政府給費留学生としてウィーンで所外研修を行っている。このような機会を与えてくださった職場の皆様の鷹揚なお気持ちに感謝するとともに、一九世紀の面影が色濃く残るこの地の空気を感じながら、本書につづく研究をより立体的に深めていきたいと考えている。

末尾となったが、ウィーンの文化をこよなく愛し、私を文化研究の道へと導いてくれた最初の人物である亡き祖父に本書を捧げる。

二〇一五年九月　秋の深まるウィーンにて

小川佐和子

光石亜由美「女形・自然主義・性欲学――《視覚》とジェンダーをめぐっての一考察」『名古屋近代文学研究』20号、2003年。

モラン、エドガー（渡辺淳・山崎正巳訳）『スター』りぶらりあ選書、1976年。

諸川春樹（解説）『ティントレット画集――ピナコテーカ・トレヴィル・シリーズ5』トレヴィル、1996年。

山本喜久男『日本映画における外国映画の影響』早稲田大学出版部、1983年。

横田洋「山崎長之輔の連鎖劇――池田文庫所蔵番付から」『演劇学論集』44号、日本演劇学会、2006年。

――――「歌舞伎様式の摂取――大正十五年の井上正夫」『待兼山論叢　美学篇』40号、大阪大学大学院文学研究科、2006年。

――――「連鎖劇の興行とその取り締まり――東京における事例をめぐって」『フィロカリア』25号、大阪大学大学院文学研究科芸術学・芸術史講座、2008年。

吉沢英明（編）『講談大正編年史』私家版、昭和堂、1981年。

――――（編）『講談・落語等掲載所蔵雑誌目次集覧――大正期』私家版、カサイ印刷株式会社、1994年。

――――（編）『講談明治期速記本集覧』私家版、リプロ、1995年。

――――（編）『講談明治期速記本集覧二輯』私家版、2000年。

――――（編）『演芸界面白噺』私家版、眠牛舎版、2001年。

――――（編）『続講談明治期速記本集覧』私家版、眠牛舎版、2004年。

吉田喜重・山口昌男・木下直之（編）『映画伝来――シネマトグラフと〈明治の日本〉』岩波書店、1995年。

吉山旭光『日本映画界事物起源』シネマと演芸社、1933年（牧野守監修『日本映画論言説大系 29』、ゆまに書房、2006年）。

――――『日本映画史年表』映画報国社、1940年（牧野守監修『日本映画論言説大系 29』、ゆまに書房、2006年）。

ルナチヤルスキー（吉井虹二訳）『ロシア革命映画』白鳳社、1930年。


『大正の文庫王――立川熊次郎と「立川文庫」』姫路文学館、2004年。

『イタリア映画大回顧――日本におけるイタリア年』朝日新聞社、2001年。

『貸本文化』通巻第1-11号、貸本文化研究会会誌、1977-1983年。

『キネマ旬報別冊　日本映画作品大鑑』第1集・第2集、キネマ旬報社、1960年。

『キネマ旬報別冊　日本映画シナリオ古典全集』第1巻、キネマ旬報社、1965年。

関根黙庵『講談落語考』雄山閣、1960年。

ゾールカヤ、ネーヤ（扇千恵訳）『ソヴェート映画史――七つの時代』ロシア映画社、2001年。

多木浩二『ベンヤミン「複製技術時代の芸術作品」精読』岩波現代文庫、2000年。

田中純一郎『日本映画発達史Ｉ――活動写真時代』中央公論社、1957年。

――――――『日本映画史発掘』冬樹社、1980年。

田邉南鶴（編）『講談研究』1965年。

ダヌンツィオ、ガブリエーレ（野上素一訳）『死の勝利』（上・下）、岩波文庫、1991年。

ツィシュラー、ハンス（瀬川裕司訳）『カフカ、映画に行く』みすず書房、1998年。

塚田嘉信『明治―大正初期の映画雑誌について』私家版、1983年。

――――――『雑誌『活動之友』総目次』私家版、1983年。

中込重明『明治文芸と薔薇――話芸への通路』右文書院、2004年。

新島広一郎『講談博物志』私家版、昭和資料館、1992年。

日本映画史研究会（編）『日本映画人名辞典――スタッフ篇』科学書院、2005年。

ハーケ、ザビーネ（山本佳樹訳）『ドイツ映画』鳥影社、2010年。

バザン、アンドレ（野崎歓・大原宣久・谷本道昭訳）『映画とは何か』（上）（下）、岩波文庫、2015年。

ハーニッシュ、ミヒャエル（平井正監訳、瀬川裕司・飯田道子訳）『ドイツ映画の誕生』高科書店、1995年。

バラージュ、ベラ（佐々木基一・高村宏訳）『視覚的人間』創樹社、1975年。

――――――（佐々木基一訳）『映画の理論』学芸書林、1992年。

バルザック、レオン（山崎剛太郎訳）『映画セットの歴史と技術』晶文社、1982年。

ハンセン、ミリアム・ブラトゥ（滝浪佑紀訳）「感覚の大量生産――ヴァナキュラー・モダニズムとしての古典的映画」『SITE ZERO/ZERO SITE』No. 3、2010年。

平沢信康「初期文化学院における舞踊教育実践について――山田耕筰による「舞踊詩」の試み」『鹿屋体育大学学術研究紀要』34号、2006年。

袋一平『ソヴェート・ロシア映画の旅』往来社、1931年。

藤木秀朗『増殖するペルソナ――映画スターダムの成立と日本近代』名古屋大学出版会、2007年。

藤澤房俊『「イタリア」誕生の物語』講談社選書メチエ、2012年。

プドフキン、ヴェ・イ、イェ・エム・スミルノワ（馬上義太郎訳）『ソヴェトの映画』岩崎書店、1953年。

ブルネッタ、ジャン・ピエロ（川本英明訳）『イタリア映画史入門――1905-2003』鳥影社、2008年。

ペドロッコ、フィリッポ（池田亨訳）『イタリア・ルネサンスの巨匠たち 24 ティツィアーノ』東京書籍、1995年。

ボードウェル、デイヴィッド（小町真之訳）『映画の様式』鼎書房、2003年。

前田愛『近代読者の成立』岩波書店、2001年。

馬上義太郎『ソヴェト映画』京王書房、1947年。

正岡容『東京恋慕帖』ちくま学芸文庫、2004年。

マンデリシターム、オーシプ・エミリエヴィチ（斉藤毅訳）『言葉と文化――ポエジーをめぐって』水声社、1999年。

社、2005年。

クラカウアー、ジークフリート（丸尾定訳）『カリガリからヒトラーへ――ドイツ映画1918-33における集団心理の構造分析』みすず書房、1995年。

――――――（船戸満之・野村美紀子訳）『大衆の装飾』法政大学出版局、1996年。

倉田喜弘（編）『明治の演芸（八）』〈演芸資料選書・１〉、国立劇場芸能調査室、1987年。

グロシェフ、ア、ヴェ・ジダン（高田爾郎訳）『ソヴェト映画史――1917-1967年』三一書房、1971年。

芸能史研究会（編）『日本の古典芸能９　寄席　話芸の集成』平凡社、1971年。

河本真理『葛藤する形態――第一次世界大戦と美術』人文書院、2011年。

児玉竜一「歌舞伎研究と映画――「歌舞伎と映画」その前提として」『歌舞伎　研究と批評』31号、2003年８月。

――――――「歌舞伎から映画へ」岩本憲児（編）『時代劇伝説　チャンバラ映画の輝き』森話社、2005年。

小松弘「エフゲーニ・バウエル、帝政ロシア映画のマニエリスト」（前篇・後篇）『イメージフォーラム』1985年10月号、11月号。

――――――『起源の映画』青土社、1991年。

――――――「ヨーロッパ映画1908年-1915年――ある歴史的視点」『FC』89号、1991年。

――――――「マニエリスムは映画に存在したか――帝政ロシアの状況を中心として」『ユリイカ』第27巻２号、1995年。

――――――「旧劇革新の歴史的意義」『演劇研究センター紀要Ⅰ』早稲田大学21世紀 COE プログラム〈演劇の総合的研究と演劇学の確立〉、2003年。

――――――「新派映画の形態学――震災前の日本映画が語るもの」黒沢清・吉見俊哉・四方田犬彦・李鳳宇（編）『日本映画は生きている　第２巻　映画史を読み直す』岩波書店、2010年。

小山清男『遠近法――絵画の奥行きを読む』朝日選書、1998年。

コラリーツィ、シモーナ（村上信一郎・橋本勝雄訳）『イタリア20世紀史――熱狂と恐怖と希望の100年』名古屋大学出版会、2010年。

権田保之助『権田保之助著作集』第一巻、第二巻、文和書房、1974年。

ゴンブリッチ、エルンスト（八重樫春樹訳）『西洋美術――その空間表現の流れ』国立西洋美術館、1987年。

笹川慶子「小唄映画に関する基礎調査――明治末期から昭和初期を中心に」『演劇研究センター紀要Ⅰ』早稲田大学21世紀 COE プログラム〈演劇の総合的研究と演劇学の確立〉、2003年。

佐々木良昭「リビアのイタリア闘争小史」『海外事情』6・7月合併号、拓殖大学海外事情研究所、1980年。

佐藤忠男『日本映画史１――1896-1940』岩波書店、2006年。

サドゥール、ジョルジュ（丸尾定・村山匡一郎・出口丈人・小松弘訳）『世界映画全史』全12巻、国書刊行会、1992-2000年。

佐野孝『講談五百年』鶴書房、1943年。

柴田勝『実演と映画――連鎖劇の記録』私家版、1982年。

白田由樹『サラ・ベルナール――メディアと虚構のミューズ』大阪公立大学共同出版会、2009年。

上田学『日本映画草創期の興行と観客――東京と京都を中心に』早稲田大学出版部、2012年。

うらわ美術館（編）『創刊号のパノラマ――近代日本の雑誌・岩波書店コレクションより』岩波書店、2004年。

大矢敦子「連鎖劇における映画場面の批評をめぐって」『アート・リサーチ』10号、2010年。

岡倉登志「アドゥアの戦い――イタリア－エチオピア関係史研究序説（Ⅰ）」『立命館大学人文科学研究所紀要』37号、1984年。

岡田暁生『「クラシック音楽」はいつ終わったのか？――音楽史における第一次世界大戦の前後』人文書院、2010年。

岡村紫峰『活動俳優銘々伝　一の巻』活動写真雑誌社、1916年。

小川菊松『出版興亡五十年』誠文堂新光社、1953年。

小川佐和子「講談から旧劇映画へ――題材の普及という観点から」『映画学』第22号、2009年。

――――「エヴゲーニイ・バウエルのスタイルの変遷――現存作品（1913年～1917年）を中心に」『演劇映像』第50号、2009年。

――――「救いのないサスペンス――フランス時代のアルベール・カペラニ監督」『演劇映像学』2011第1集、2012年。

小田原淋「歴史の否認――植民地主義史研究に見るイタリア歴史修正主義の現在」『Quadrante――クァドランテ』12号、2011年。

オーモン、ジャック、A. ベルガラ、M. マリー、M. ヴェルネ（武田潔訳）『映画理論講義』勁草書房、2004年。

帰山教正『活動写真劇の創作と撮影法』飛行社、1917年。

ガセット、オルテガ・イ（神吉敬三訳）『オルテガ著作集3――芸術論』白水社、1970年。

――――（神吉敬三訳）『大衆の反逆』ちくま学芸文庫、2013年。

神山彰・児玉竜一（編）『映画のなかの古典芸能』森話社、2010年。

亀井文夫・土方敬太『ソヴェト映画史』白水社、1952年。

河竹登志夫『演劇概論』東京大学出版会、1978年。

菊池真一「大正期京阪の講談――京都日出・大阪毎日両新聞に見る」『甲南女子大学研究紀要』第33号、1997年。

北野圭介『ハリウッド映画史講義』平凡社新書、2001年。

北村暁夫・伊藤武（編）『近代イタリアの歴史――16世紀から現代まで』ミネルヴァ書房、2012年。

金海南『水戸黄門「漫遊」考』新人物往来社、1999年。

久野康彦「実証主義の悲願――И. С. ツルゲーネフの中編「クララ・ミリッチ（死後）」における写真のテーマ」『スラヴ研究』54号、2007年。

京都映画祭実行委員会（編）『時代劇映画とはなにか』人文書院、1997年。

旭堂小南陵『明治期大阪の演芸速記本基礎研究　付録・東京速記本目録』たる出版株式会社、1994年。

旭堂小南陵『続・明治期大阪の演芸速記本基礎研究』たる出版株式会社、2000年
旭堂南陵『上方講談三代記――明治・大正の巻』夏の書房、1982年。

久保昭博『表象の傷――第一次世界大戦からみるフランス文学史』人文書院、2011年。

クライマイヤー、クラウス（平田達治他訳）『ウーファ物語――ある映画コンツェルンの歴史』鳥影

Wedel, Michael (Hg.), *Max Mack: Showman im Glashaus*, Kinemathek 88, Berlin: Freunde der deutschen Kinemathek, 1996.

Weisberg, Gabriel P., "The Early Naturalist Cinema: Mass Media and Painting Traditions," in Gabriel P. Weisberg et al., *Illusions of Reality Naturalist Painting, Photography, Theatre and Cinema, 1875-1918*, Brussels: Mercatorfonds, 2010.

Yamamoto, Naoki, "Where Did the Bluebird of Happiness Fly? Bluebird Photoplays and the Reception of American Films in 1910s Japan," *ICONiCS International Studies of the Modern Image*, 2010.

Youngblood, Denise J., *The Magic Mirror: Moviemaking in Russia 1908-1918*, Madison, Wis.: The University of Wisconsin Press, 1999.

Yumibe, Joshua, *Moving Color: Early Film, Mass Culture, Modernism*, New Brunswick, N. J.: Rutgers University Press, 2012.

邦訳・邦語文献

秋庭太郎『明治の演劇』中西書房、1937年。

足立巻一『大衆芸術の伏流』理論社、1967年。

アリスタルコ、グイド（吉村信次郎・松尾朗訳）『映画理論史』みすず書房、1962年。

有竹修二『講談・伝統の話芸』朝日新聞社、1973年。

アルベルティ、レオン・バッティスタ（三輪福松訳）『絵画論』中央公論美術出版、2011年。

アルンハイム、ルドルフ（志賀信夫訳）『芸術としての映画』みすず書房、1960年。

飯島正『前衛映画理論と前衛芸術——フランスを中心に』白水社、1970年。

石田美紀「ファシスト政権期イタリア映画における「白」の視覚——「白い電話」と白い砂漠」『美学』第56巻２号（222号）、2005年。

板倉史明「黎明期から無声映画期における色彩の役割——彩色・染色・調色」岩本憲児（編）『日本映画の誕生』森話社、2011年。

井上正夫『化け損ねた狸』井上正夫生誕百年祭実行委員会、1980年。

今村昌平・佐藤忠男・新藤兼人・鶴見俊輔・山田洋次（編）『講座日本映画１——日本映画の誕生』岩波書店、1985年。

岩倉具忠・清水純一・西本晃二・米川良夫『イタリア文学史』東京大学出版会、1985年。

岩本憲児「連鎖劇からキノドラマへ」『演劇学』31号、早稲田大学文学部演劇研究室、1990年。

————『日本映画とモダニズム——1920-1930』リブロポート、1991年。

————『サイレントからトーキーへ』森話社、2007年。

岩本憲児（編）『エイゼンシュテイン解読』フィルムアート社、1986年。

ヴァッレ、ヴァレリア・デッラ、ジュゼッペ・パトータ（草皆伸子訳）『イタリア語の歴史——俗ラテン語から現代まで』白水社、2008年。

ウィトルーウィウス（森田慶一訳註）『ウィトルーウィウス建築書』東海大学出版会、1969年。

ヴィリリオ、ポール（石井直志・千葉文夫訳）『戦争と映画——知覚の兵站術』平凡社、1999年。

ヴィリリオ、ポール（市田良彦訳）『速度と政治——地政学から時政学へ』平凡社、2001年。

ウィレット、ジョン（片岡啓治訳）『表現主義』平凡社、1972年

Torre, Michele Leigh, *Dangerous Beauty: Representation and Reception of Women in the Films of Evgenii Bauer, 1913-1917*, Dissertation, University of Southern California, 2008.

Trimbach, Pierre, *Le cinéma il y a 60 ans: Quand on tournait la manivelle...ou les mémoires d'un opérateur de la Belle Époque,* Paris: CEFAG, 1970.

Tsivian, Yuri, *Early Cinema in Russia and Its Cultural Reception*, Chicago: University of Chicago, 1998.

――――――, "Cutting and Framing in Bauer's and Kuleshov's Films," *Kintop* no. 1, 1992.

――――――, "Early Russian Cinema: Some Observation," in Richard Taylor and Ian Christie (eds.), *Inside the Film Factory: New Approaches to Russian and Soviet Cinema*, London; New York: Routledge, 1991.

――――――, "Le style russe," in *Le cinéma russe avant la révolution,* Paris: éditions de la réunion des musées nationaux, éditions Ramsay, 1989.

――――――, "Portraits, Mirrors, Death: On Some Decadent Clichés in Early Russian Films," *Iris*, No. 14-15 Autumn, 1992.

――――――, "The Invisible Novelty: Film Adaptations in the 1910s," in Robert Stam and Alessandra Raengo (eds.), *A Companion to Literature and Film,* Malden: Blackwell, 2004.

――――――, "Two 'Stylists' of the Teens: Franz Hofer and Yevgenii Bauer," in Thomas Elsaesser (ed.), *A Second Life: German Cinema's First Decades,* Amsterdam: Amsterdam University Press, 1996.

――――――, "What Can We Do in Films that They Cannot on Stage? Film Style and Medium Specificity in the Cinema of the 1910s,"『演劇博物館グローバルCOE紀要 演劇映像学2007 報告集1』、2009年（小川佐和子訳「何が映画において出来、ステージにおいて出来ないか？ 1910年代の映画における映画様式とメディアの特性」）。

Tsivian, Yuri and Paolo Cherchi Usai (eds.), *Silent Witnesses: Russian Films, 1908-1919,* London: BFI, 1989.

Usai, Paolo Cherchi and Lorenzo Codelli (eds.), *Before Caligari: German Cinema, 1895-1920*, Prodemone: Edizioni Biblioteca dell'Immagine, 1990.

Vacche, Angela Dalle, *Diva: Defiance and Passion in Early Italian Cinema*, Austin: University of Texas Press, 2008.

Vacche, Angela Dalle and Gian Luca Farinelli, *Passion and Defiance Silent Divas of Italian Cinema*, Milano: Olivares, 2000.

Vardac, A. N., *Stage to Screen: Theatrical Method from Garrick to Griffith,* Cambridge, Mass.: Harvard University Press, 1949.

Véray, Laurent, "Cinema," in Jay Winter (ed.), *The Cambridge History of the First World War Volume 3: Civil Society*, New York: Cambridge University Press, 2014.

Verdone, Mario, "Gabriele D'Annunzio nel cinema italiano," *Bianco e Nero* 7/8, 1963.

Vishnevskii, Veniamin, *Khudozhestvennye fil'my dorevoliutsionnoi Rossii*, Moscow: Goskinoizdat, 1945.

University Press, 1996.
Salt, Barry, "Early German Film: The Stylistics in Comparative Context," in Thomas Elsaesser (ed.), *A Second Life: German Cinema's First Decades,* Amsterdam: Amsterdam University Press, 1996.
————, "The Physician of the Castle," *Sight and Sound* 54: 4 Autumn, 1985.
————, *Film Style and Technology: History and Analysis,* 2nd expanded ed., London: Starword, 1992.
Schaudig, Michael, *Positionen deutscher Filmgeschichte: 100 Jahre Kinematographie: Strukturen, Diskurse, Kontext,* München: Diskurse Film Verlag Schaudig und Ledig, 1996.
Schefer, Jean Louis, *Scénographie d'un tableau,* Paris: Éditions du Seuil, 1969.
Schlüpmann, Heide, *The Uncanny Gaze: The Drama of Early German Cinema,* translated by Inga Pollmann, Urbama, Ill: University of Illinois Press, 2010 (original: Heide Schlupmann, *Unheimlichkeit des Blicks: Das Drama des fruhen deutschen Kinos,* Stroemfeld/Roter Stern, 1990).
————, "Asta Nielsen and Female Narration: The Early Films," in Thomas Elsaesser (ed.), *A Second Life: German Cinema's First Decades,* Amsterdam: Amsterdam University Press, 1996.
————, "Geschichte Spielen," in Heide Schlüpmann, Eric de Kuyper, Karola Gramann, Sabine Nessel and Michael Wedel (eds.), *Asta Nielsen vol. 1: Unmögliche Liebe: Asta Nielsen, ihr Kino,* Vienna: Filmarchiv Austria, 2009.
Schlüpmann, Heide and Karola Gramann (eds.), *Asta Nielsen vol. 2: Nachtfalter. Asta Nielsen, ihre Filme,* Vienna: Filmarchiv Austria, 2010.
Servaes, Franz, "Das Kino und der Schauspieler," *Der Tag,* no. 47, 25 February, 1913.
Seydel, Renate, Allan Hagedorff and Bernd Meier, *Asta Nielsen: eine Bildbiographie: Ihr Leben in Fotodokumenten, Selbstzeugnissen und zeitgenössischen Betrachtungen,* Berlin: Henschelverlag, Universitas Verlag München, 1981.
Sheehy, Helen, *Eleonora Duse: A Biography,* New York: Alfred A. Knopf, 2003.
Silverman, Gabriel P., "The Early Naturalist Cinema: Mass Media and Painting Traditions," in *Illusions of Reality: Naturalist Painting, Photography, Theatre and Cinema, 1875–1918,* Brussels: Mercatorfonds, 2010.
Slide, Anthony, *Nitrate Won't Wait: A History of Film Preservation in the United States,* Jefferson, N. C.: McFarland & Company, 2000.
Taylor, Richard and Ian Christie (eds.), *The Film Factory: Russian and Soviet Cinema in Documents 1896–1939*, Cambridge: Harvard University Press, 1988.
Thompson, Kristin, *Exporting Entertainment: America in the World Film Market 1907–1934,* London: BFI, 1985.
————, "The International Exploration of Cinematic Expressivity," in Karel Dibbets and Bert Hogenkamp (eds.), *Film and the First World War,* Amsterdam: Amsterdam University Press, 1995.
————, "Capellani ritrovato,": http: //www. davidbordwell. net/blog/2010/07/11/capellani-ritrovato/ (2015年 3 月16日閲覧)

Marie, Michel, "Place de *Germinal* dans l'histoire du cinéma français," *1895: L'Année 1913 en France*, numéro hors série, October, 1993.

Marie, Michel and Laurent Le Forestier, *La Firme Pathé Frères 1896–1914*, Paris: Afrhc, 2004.

Martinelli, Vittorio, "Il cinema italiano nel 1913", *Griffithiana: La rivista della Cinetica del Friuli: Il Cinema nel 1913*, 50 March, 1994.

———, *Le dive del silenzio*, Bologna: Cineteca del Comune di Bologna, 2001.

———, *Pina Menichelli: Le sfumature del fascino*, Rome: Bulzoni, 2002.

Mayer, David, "Acting in Silent Film: Which Legacy of the Theatre?," in Alan Lovell and Peter Krämer (eds.), *Screen Acting*, London; New York: Routledge, 1999.

———, *Stagestruck Filmmaker: D. W. Griffith and the American Theatre*, Iowa City: University of Iowa Press, 2009.

Menefee, David W., *Sarah Bernhardt in the Theatre of Films and Sound Recordings*, North Carolina: McFarland & Company, 2003.

Mingozzi, Gianfranco, *Francesca Bertini*, Bologna: Cineteca Bologna, 2003.

Mitry, Jean, *Histoire du cinéma: art et industrie 1. 1895–1915*, Paris: Éditions universitaires, 1967.

Morley, Rachel, "A Life for a Life," in Birgit Beumers (ed.), *The Cinema of Russia and the Former Soviet Union*, London; New York: Wallflower press, 2007.

Mühl-Benninghaus, Wolfgang, "Newsreel Images of the Military and War, 1914–1918," in Thomas Elsaesser (ed.), *A Second Life: German Cinema's First Decades*, Amsterdam: Amsterdam University Press, 1996.

Musée Gaumont (ed.), *Alice Guy, Léon Gaumont et les débuts du film sonore*, London: John Libbey Publishing, 2012.

Patte, Caroline, "La restauration des films d'Albert Capellani détenus par les archives françaises du film (CNC)," *1895 revue d'histoire du cinéma*, no. 68 winter, 2012.

Pearson, Roberta, *Eloquent Gestures: The Transformation of Performance Style in the Griffith Biograph Films*, Berkeley; Los Angeles: University of California Press, 1992.

Quaresima, Leonardo, "Dichter, heraus! The Autorenfilm and German Cinema of the 1910's," *Griffithiana* 38/39, 1990.

Radzinsky, Edvard, *The Rasputin File*, New York: Doubleday, 2000.

Redi, Riccardo, *Cinema muto italiano (1896–1930)*, Torino: Fondazione Scuola Nazionale di Cinema, 1999.

———, "Le cinéma italien 1909–1920: l'expasion et le reflux," in Roland Cosandey and François Albera (eds.), *Cinéma sans frontières 1896–1918: aspects de l'internationalité dans le cinéma mondial: représentations, marchés, influences et réception*, Québec: Nuit Blanche Editeur, 1995.

Rentschler, Eric (ed.), *German Film & Literature*, London; New York: Routledge, 1986.

Robinson, David, "Evgenii Bauer and the Cinema of Nikolai II," *Sight and Sound*, Winter, 1989/90.

Rother, Rainer, "Learning from the Enemy: German Film Propaganda in World War I," in Thomas Elsaesser (ed.), *A Second Life: German Cinema's First Decades*, Amsterdam: Amsterdam

Ivanova, V. and V. Myl'nikova (eds.), *Velikii kinemo: katalog sokhranivshikhsia igrovykh fil'mov Rossii (1908-1919)*, Moscow: Novoe literaturnoe obozrenie, 2002.

Jandelli, Cristina, *Le dive italiane del cinema muto*, Palermo: L'EPOS Società Editrice, 2006.

Keil, Charlie and Ben Singer (eds.), *American Cinema of the 1910s: Themes and Variations*, New Brunswick, N. J.: Rutgers University Press, 2009.

Kessler, Frank and Sabine Lenk, "The French Connection: Franco-German Film Relations before World War I," in Thomas Elsaesser (ed.), *A Second Life: German Cinema's First Decades*, Amsterdam: Amsterdam University Press, 1996.

Komatsu, Hiroshi, "Some Characteristics of Japanese Cinema before World War I," in Arthur Noletti and David Desser (eds.), *Reframing Japanese Cinema: Authorship, Genre, History*, Bloomington: Indiana University Press, 1992.

Korotkii, Viktor, "A. E. Bliumental': Tamarin i E. F. Bauer: Materialy k istorii russkogo svetotvorchestva," *Kinovedcheskie zapiski*, no. 56, 2006.

———, "Evgenii Bauer: predystoriia kinorezhissera," *Kinovedcheskie zapiski*, no. 10, 1991.

———, "Vozvrashchaias' k publikatsii o Bauere, ili metodologiia odnoi oshibki," *Kinovedcheskie zapiski*, no. 12, 1991.

Kuleschow, Lew, "Die Jahre des Schöpferischen Suchens," in *Lew Kuleschow: filmwissenschaftliche Materialien*, Berlin: Hochschule für Film und Fernsehen, 1978.

Lefebvre, Thierry, "Essai d'analyse du marché cinématographique français durant l'année 1913," *1895: L'Année 1913 en France*, numéro hors série, October, 1993.

Leteux, Christine, *Albert Capellani: cinéaste du romanesque*, Grandvilliers: la tour verte, 2013.

Lewinsky, Mariann, "La place de l'actrice dans le cinéma japonais," in Gian Luca Farinelli and Jean Loup Passek (eds.), *Stars au Féminin: Naissance, Apogée et Décadence du Star System*, Paris: Centre Pompidou, 2000.

———, "Capellani ritrovato: La programmation des films de Capellani au Cinema ritrovato de Bologne, recherche des copies et retauration," *1895 revue d'histoire du cinéma*, no. 68 winter, 2012.

Leyda, Jay, *Kino: a History of the Russian and Soviet Film (Third ed.)*, Princeton, N. J.: Princeton University Press, 1983.

Lindau, Paul, *Der Andere, Schauspiel in vier Aufzügen*, Dresden: B. G. Teubner, 1893.

Loiperdinger, Martin and Uli Jung (eds.), *Importing Asta Nielsen: The International Film Star in the Making 1910-1914*, KINtop Studies in Early Cinema 2, New Barnet, Herts: John Libbey Publishing, 2013.

Mack, Max, *Die zappelnde Leinwand*, Berlin: Verlag Max Eysler & Co., 1916.

———, *Wie komme ich zum Film? Film und Bühne*, Berlin: Verlag Reinhold Kühn, 1919.

———, *With a Sigh and a Smile: A Showman Looks Back*, London: Alliance Press Limited, 1943.

———, "Die Eroberung der dritten Dimension," *B.Z. am Mittag*, no. 131, 8 June, 1914.

———, "Interview mit mir," *Deutsche Montags Zeitung*, 27 March, 1916.

DeBlasio, Alyssa, "Choreographing Space, Time, and Dikovinki in the Films of Evgenii Bauer," *The Russian Review* 66, October, 2007.
Deutelbaum, Marshall, "Structural Patterning in the Lumière Films, " *Wide Angle*, 3. 1, 1979.
Dibbets, Karel and Bert Hogenkamp (eds.), *Film and the First World War*, Amsterdam: Amsterdam University Press, 1995.
Eisner, Lotte H., *L'Écran démoniaque: Influence de Max Reinhardt et de L'expressionnisme*, Paris: éditions André Bonne, 1952.
Farinelli, Gian Luca and Jean Loup Passek (eds.), *Stars au Féminin: Naissance Apogée et Décadence du Star System*, Paris: Centre Pompidou, 2000.
Fullerton, John, "Spatial and Temporal Articulation in Pre-Classical Swedish Film," in Thomas Elsaesser (ed.), *Early Cinema Space Frame Narrative,* London: BFI, 1990.
Gerow, Aaron, *Visions of Japanese Modernity: Articulations of Cinema, Nation, and Spectatorship, 1895-1925,* Berkeley: University of California Press, 2010.
Gianetto, Claudia, "The Giant Ambrosio, or Italy's Most Prolific Silent Film Company," *Film History*, vol. 12, no. 3, 2000.
Ginzburg, Semen, *Kinematografiia dorevoliutsionnoi rossii,* Moscow: Iskusstvo, 2007.
Greve, Ludwig, Margot Pehle and Heidi Westoff (eds.), *Hätte ich das Kino! Die Schriftsteller und der Stummfilm*, München: Kösel Verlag, 1976.
Grieveson, Lee and Peter Krämer (eds.), *The Silent Cinema Reader,* London; New York: Routledge, 2004.
Gunning, Tom, *D. W. Griffith & the Origins of American Narrative Film,* Urbana: University of Illinois Press, 1991.
——————, "Introduction: The Diva, the Tiger, and the Three-legged Spider," in Luigi Pirandello (ed.), *Shoot!: The Notebooks of Serafino Gubbio, Cinematograph Operator*, Chicago : University of Chicago Press, 2005.
——————, "Notes and Queries about the Year 1913 and Film Style: National Styles and Deep Staging," *1895: L'Année 1913 en France*, numéro hors série, October, 1993.
Hansen, Miriam, "Deadly Scenarios: Narrative Perspective and Sexual Politics in Pre-Revolutionary Russian Film," *Cinefocus* 12, no. 2, 1992.
Harden, Sylvia von, "Er 'erfand' die Großaufnahme: Plauderei mit dem Filmpionier Max Mack," *Berliner Telegraf*, no. 100/10, 5 April, 1958.
——————, "Erinnern Sie sich noch? Max Mack: einer der Wegbereiter des Films," *Film-Revue*, 26 November, 1957.
Hofmannsthal, Hugo von, "The Substitute for Dreams (1921)," in Richard W. McCormick and Alison Guenther-Pal (eds.), *German Essays on Film*, New York: Continuum, 2004.
Hunt, Leon, "The Student of Prague: Division and Condification of Space," in Thomas Elsaesser (ed.), *Early Cinema Space Frame Narrative,* London: BFI, 1990.
Il'in, Mikhail, *Ivan Aleksandrovich Fomin,* Moscow: Izdatel'stvo akademii arkhitektury SSSR, 1946.

Bock, Hans-Michael (ed.), *Cinegraph: Lexikon zum deutschsprachigen Film,* München: Edition text + kritik, 1984.

Bordwell, David, *Figures Traced in Light: On Cinematic Staging*, Berkeley: University of California Press, 2005.

————, "Capellani trionfante": http: //www. davidbordwell. net/blog/2011/07/14/capellani-trionfante/ (2015年 3 月16日閲覧)

————, "Lucky' 13": http://www.davidbordwell.net/blog/2008/08/29/lucky-13/ (2015年 3 月16日閲覧)

Bordwell, David, Janet Staiger and Kristin Thompson, *The Classical Hollywood Cinema: Film Style & Mode of Production to 1960*, New York: Columbia University Press, 1985.

Bordwell, David and Kristin Thompson, *Film History: An Introduction*, New York: McGraw-Hill, 1994.

Bousquet, Henri, "L'année 1913 chez Pathé Frères," *1895: L'Année 1913 en France*, numéro hors série, October, 1993.

Brewster, Ben, "Deep Staging in French Films 1900-1914," in Thomas Elsaesser (ed.), *Early Cinema Space Frame Narrative*, London: BFI, 1990.

————, "Germinal and film acting": http: //uwfilmies. pbworks. com/w/page/4660024/ Germinal-1913 (2015年 3 月16日閲覧)

Brewster, Ben and Lea Jacobs, *Theatre to Cinema: Stage Pictorialism and the Early Feature Film*, Oxford; New York: Oxford University Press, 1997.

Brumfield, William Craft, *The Origins of Modernism in Russian Architecture*, Barkley: University of California, 1991.

Burch, Noel, "Germinal: *Avant le sujet ubiquitaire*," *1895: L'Année 1913 en France*, numéro hors série, October, 1993.

Canudo, Ricciotto, "La naissance d'un sixième art: Essai sur le cinématographe," *Les Entretiens idéalistes*, Paris, 6e année, t. X, n° 61, 1911.

Carou, Alain, *Le cinéma français et les écrivains: Histoire d'une rencontre, 1906-1914*, Paris: Afrhc, 2002.

Chiesi, Roberto, Guy Borlée and Chiara Caranti (eds.), *Il Cinema Ritrovato 2009*, Bologna: Cineteca Bologna, 2009.

Colturato, Annarita (ed.), *Film Music Practices, Theoretical and Methodological Perspectives, Studies around* Cabiria *Research Project*, Torino: Kaplan, 2014.

Couty, Daniel and Alain Rey (eds.), *Le Théatre,* Paris : Bordas, 1980.

Dall'Asta, Monica, "Il singolare multiplo: Francesca Bertini, attrice e regista," in *Non solo dive: pioniere del cinema italiano*, Bolonga: Cineteca del Comune di Bologna, 2008.

Dandré, V., *Anna Pavlova in Art and Life*, London: Cassel and Company Limited, 1932.

DeBauche, Leslie Midkiff, *Reel Patriotism: The Movies and World War I*, Madison: University of Wisconsin Press, 1997.

公刊一次資料（復刻版）

『キネマ旬報』雄松堂出版、1993-1996年。

『日本映画初期資料集成』1-14、三一書房、1990-1992年。

『復刻版 活動写真界』全3冊、牧野守（監修）、岩本憲児・小松弘・牧野守（解説）、国書刊行会、1999年。

『復刻版 キネマ・レコード』（『フィルム・レコード』含）第Ⅰ期・第Ⅱ期、牧野守（監修）、岩本憲児・小松弘・牧野守（解説）、国書刊行会、1999-2000年。

『都新聞 復刻版』（明治・大正期）柏書房、1997-2009年。

外国語二次文献

Abel, Richard, *The Ciné Goes to Town: French Cinema, 1896-1914*, Berkeley: University of California Press, 1998.

Abel, Richard (ed.), *Encyclopedia of Early Cinema*, Oxon; New York: Routledge, 2005.

Abel, Richard, Giorgio Bertellini and Rob King (eds.), *Early Cinema and the "National"*, New Barnet, Herts: John Libbey Publishing Ltd, 2008.

Alekseev, A. et al. (red.), *Russkaia khudozhestvennaia kul'tura kontsa XIX: nachala XX veka (1908-1917)*, Moscow: Nauka, 1977.

Allen, Robert, Douglas Gomery, *Film History: Theory and Practice*, New York: McGraw-Hill, 1993.

Alovisio, Silvio, "The 'Pastrone System': Itala Film from the Origins to World War I," *Film History*, vol. 12, no. 3, 2000.

Altenloh, Emilie, *Zur Soziologie des Kino: Die Kino-Unternehmung und die sozialen Schichten ihrer Besucher*, Jena: Diederichs, 1914.

Bajons, Ena, *Film und Tagespresse*, Dissertation, Wien, 1951.

Balboni, Anna Lisa, *La donna fatale nel cinema muto italiano e nella cultura tra l'ottocento e il novecento: iconografie e simbolismi*, Castrocaro terme: Vespignani, 2006.

Bassermann, Albert, "Berlin für den Film entdeckt. Ein Leinwandpionier erzählt," *Düsseldorfer Allgemeine*, no. XXII/51, 15 March, 1968.

Belling, Curt, "Abgeschminkt. Eine Reihe ehrlicher garantiert unbezahlter Interviews I : Max Mack," *Neue Film-Hölle/Film-Tribüne*, no. 2, 16 November, 1928.

Bernardi, Joanne, *Writing in Light: The Silent Scenario and the Japanese Pure Film Movement*, Detloit: Wayne State University Press, 2001.

Bernardini, Aldo, "La società di produzione torinesi: temi di una ricerca," in Paolo Bertetto and Gianni Rondolino (eds.), *Cabiria e il suo tempo*, Torino: Museo nazionale del cinema; Milano: Il castoro, 1998.

Berthold, Margot, *Max Reinhardts: Theater im Film*, München: Münchner Filmzentrum, 1984.

Beumers, Birgit (ed.), *The Cinema of Russia and the Former Soviet Union*. London; New York: Wallflower Press, 2007.

Blom, Ivo, "Das gestische Repertoire zur Körpersprache von Lyda Borelli," *Kintop* no. 7, 1998.

参考文献

公刊一次資料（外国語映画雑誌）

Cinéa
Ciné = Journal
Pour vous
La Cine-Fono
La Cinematografia Italiana
La vita cinematografica
Berliner Bösen-Courier
Der Kinematograph
Die Lichtbild-Bühne
Erste Internationale Film-Zeitung
Film-Kurier
Motion Picture News
The Moving Picture World
Вестник Кинематографии

公刊一次資料（邦語映画雑誌）

『演芸画報』
『演芸倶楽部』
『活動画報』
『活動倶楽部』
『活動雑誌』
『活動写真雑誌』
『活動之世界』
『活動評論』
『歌舞伎』
『娯楽世界』
『日活画報』
『人情倶楽部』
『文芸倶楽部』
『向島』

üma　127
『プラーグの大学生』*Der Student von Prag*　39,55,151,281,282,303
『フランスの母たち』*Mères françaises*　46,47
『フランチェスカ・ダ・リミニ』*Francesca da Rimini*　176
『プリンセス・ニコティン』*La princesse Nicotine*　163,188
『古きパリ』*Le vieux Paris*　11
『浮浪者』*Le chemineau*　144,185
『プロテア』*Protéa*　26
『他の男の記憶』*La memoria dell'altro*　87
『不如帰』　249
『不如帰逗子物語』　284
『ボリシェヴィキの国におけるウェスト氏の異常な冒険』*Необычайные приключения мистера Веста в стране Большевиков*　127
『ポリシネルの伝説』*La legend de Polichinelle*　139
『ポルチシの唖娘』*The Dumb Girl of Portici*　51,52,183
『堀部安兵衛』　199,200,214,219
『ボワローの見習い』*Les apprentissages de Boireau*　141
『梵字小万』　282
『ポンペイ最後の日』*Gli ultimi giorni di Pompei*　12,177,302

マ　行

『マダム・タリアン』*Madame Tallien*　87
『マチステ・アルピノ』*Maciste alpino*　193
『マチステの休暇』*Maciste in vacanza*　193
『マチステの地獄巡り』*Maciste all'inferno*　193
『マノン・レスコー』*Manon Lescaut*　186
『丸橋忠弥』　200
『マロンブラ』*Malombra*　87
『みだれ焼』　301
『水戸黄門』　257
『深山の乙女』　251,263,269,270,281,299
『宮本武蔵』　199,200
『名金』*The Broken Coin*　237,287
『め組の喧嘩』　14,38
『もつれ縁』　283

ヤ　行

『梁川庄八』　200
『ユーリー・ナゴルニー』*Юрий Нагорный*　99,131
『許しの法』*La loi du pardon*　141-143
『夜明けから夕暮れまで』*Dall' alba al tramonto*　162
『陽気なカナリア』*Веселая канарейка*　131
『四谷怪談』　282
『夜』*Notte*　162

ラ　行

『ラ・シオタ駅への到着の列車』*L'arrivée d'un train en gare de la Ciotat*　32
『リガダンのバルコニーで』*Sur le balcon de Rigadin*　12
『レオン・ドレイ』*Леон Дрей*　98,122
『レ・ミゼラブル』*Les Misérables*　137,144-147,151-155,184,186,188,285
『恋愛三昧』*Elskovsleg*　131,186
『レンツォは足が不自由になる』*Renzo lo sciancato*　162
『牢獄の門にて』*Ved fængslets port*　130
『老人の災難』*Gli infortuni di un invalid*　162
『路上の霊魂』　248,251,252,253,293
『ローズ＝フランス』*Rose-France*　313
『ロマノフ王朝統治三百年記念祭』*Трехсотлетие царствования Дома Романовых*　95
『ロロットを回復させるには』*Pour guérir Lolotte*　12

『椿姫』*La dame aux camélias*　44-46, 82
『つばさ』*Wings*　320
『罪の影』*Тени греха*　116, 117
『テオドラ』*Théodora*　146
『天井桟敷の人々』*Les enfants du Paradis*　51
『電話でのドラマ』*Драма у телефона*　95
『塔上の秘密』　280
『凍氷運搬の壮観』　14
『徳川天一坊』　199, 200
『毒草』　267, 288, 289
『髑髏の舞』　294, 295, 304
『豊川利生記』　282
『奴隷の愛』*Amour d'esclave*　139
『ドレフュス事件』*L'affaire Dreyfus*　32
『トロイ陥落』*La caduta di Troia*　166

ナ　行

『殴られる彼奴』*He Who Gets Slapped*　83
『嘆きの天使』*Der blaue Engel*　83
『情の光』　232, 234, 235
『生さぬ仲』　239, 289
『七色指環』　240, 261
『ナポレオンとハッツフェルトの王女』*Napoleone e la principessa di Hatzfeld*　162
『奈落』*Afgrunden*　66, 94
『楠公』　223
『ニック・カーター』*Nick Carter*　26
『二度生きて』*Zweimal gelebt*　55
『人間苦』　295-297, 305
『人情美の極致』　242, 260, 261
『ネロ』*Nerone*　133, 162, 163, 167-174, 177
『野狐三次（観音利生記）』　200
『後のカチューシャ』　280
『ノートルダム・ド・パリ』*Notre-Dame de Paris*　147

ハ　行

『灰』*Cenere*　47, 48, 67
『敗惨の唄は悲し』　293, 295, 305
『売春婦』*La falena*　87
『破戒』　273
『白日夢』*Грезы*　77, 99, 105, 106, 109, 122
『裸の女』*La donna nuda*　87
『813』　297
『パトリツィアと奴隷』*Patrizia e schiava*　162, 163, 164
『花咲く家』　284
『花春遠山桜』　211, 212
『母の心』　15, 38
『母の眼』*Der Mutter Augen*　85
『破片』*Scherben*　297
『ハムレットの決闘場面』*Le duel d'Hamlet*　44
『パリジーナ』*Parisina*　162, 164
『パリの王様』*Король парижа*　100, 105, 106, 127, 131
『パリの秘密』*Les mystères de Paris*　147
『バレエの踊り子』*Balletdanserinden*　62
『播州皿屋敷』　200
『幡随院長兵衛』　200
『火』*Il Fuoco*　68, 69
『ピエロの悪夢』*Le cauchemar de pierrot*　50
『引き裂かれた鎖』*Разорванные цепи*　115, 116
『羊の片足』*Le pied de mouton*　16, 139, 140
『人か影か』　282
『人か魔か』　284
『人の妻』　279
『百万長者の死』*La mort du milliardaire*　12
『檜山騒動』　238, 267, 289, 290, 304
『豹狩り』*Caccia al leopard*　163
『瀕死の白鳥』*Умирающий лебедь*　90, 119, 120, 123
『ファントマ』*Fantômas*　128
『二人お絹』　282
『二人片輪』　223
『二人妻』　267, 289
『二人の姉妹』*Les deux sœurs*　141, 144
『船』*La nave*　176
『冬の日光』　280
『プライト技師の計画』*Проект инженера Пра*

『されどわが愛は死なず』*Ma l'amor mio non muore*　45, 71–76, 87
『サロメ』*Salome*　86
『三人妻』　295
『シヴィリゼーション』*Civilization*　183
『ジェルミナール』*Germinal*　137, 147, 184, 185
『塩原多助』　200
『色彩の研究』　14
『死後』*После смерти*　123, 124
『ジゴマ』*Zigomar*　26, 237, 266
『死者の生命』*Жизнь в смерти*　124
『時代の子供たち』*Дети века*　99
『渋川伴五郎』　210, 211
『清水次郎長』　212, 213
『市民ケーン』*Citizen Kane*　31
『ジャンヌ・ドレ』*Jeanne Doré*　46, 47
『一三の物語』*La storia dei tredici*　87
『十字架への道』*La via della Croce*　162, 163
『ジョヴァンニ・エピスコポ』*Giovanni Episcopo*　176
『ジョコンダ』*La Gioconda*　176
『除夜の悲劇』*Sylvester*　297
『白百合のかほり』　292
『白手袋の男』 *L'homme aux gants blancs*　140
『新桂川』　223
『真鍮の十字架』*Il Crocefisso di ottone*　162
『人生には人生を』*Жизнь за жизнь*　101, 114, 115, 117, 118, 123, 126
『真の輝き』　284
『菅原の車曳』　283
『スース』*Sousse*　162
『スパルタコ』*Spartaco*　133, 162, 177
『清濁』　261, 273
『生の輝き』　251, 263, 269, 270, 299
『絶叫』　261
『一九〇〇年』*Novecento*　86
『戦争と平和』*J'accuse*　313
『先代萩』　218, 249, 260
『遭遇』*Попалась*　118
『そうでもあり、そうでもなく』*Forse che si forse che no*　176
『狙撃隊』*I Bersaglieri*　163
『祖父のヴァイオリン』*Le violon de grand-père*　279
『戦艦ポチョムキン』*Броненосец Потемкин*　324
『ソンムの戦い』*The Battle of the Somme*　313

タ 行
『太閤記』　257
『大尉の娘』　267, 288, 289
『大都会の子供』*Дитя большого города*　99, 105, 122, 125, 132
『大変な義務』*Terribile dovere*　162
『大名三郎丸』　284
『大列車強盗』*The Great Train Robbery*　320
『他者』*Der Andere*　54–56, 60, 83, 151
『伊達騒動』　200, 214, 218
『谷底』　273
『狸退治』　273
『旅の女芸人』　296
『ダンテの詩の賢者』*Saggi del poema Dantesco*　162, 164
『小さなガリバルディ』*Il piccolo Garibaldino*　179
『血染めの軍旗』　179
『地中海からトゥーロンまでの艦隊』*La squadra del Mediterraneo a Tolone*　162
『チート』*The Cheat*　300
『血と霊』　297
『忠臣蔵』　257, 267, 274, 275, 301
『チュニジアでの一週間』*Una settimana a Tunisi*　162
『著名な女優サラ・ベルナールの島での実生活』*Das Leben der weit berühmten Schauspielerin Sarah Bernhardt auf der Insel Belle-Isle*　82
『散りゆく名花』　232, 236, 237
『沈黙の目撃者たち』*Немые свидетели*　98, 122
『塚原卜伝』　200

『女ざむらい』　223
『女の魂のたそがれ』*Сумерки женской души*　103
『女ハムレット』*Hamlet*　262

カ　行

『カイテクレー』　14
『快楽』*Il piacere*　176
『カスパール・ロッテ』*Kasperl-Lotte*　130
『片われ月』　238
『カチューシャ』　222, 273, 280
『カチューシャ第三篇』　281
『カード遊び』*Partie d'écarté*　32
『カドーレの材木産業』*Industria del legno nel Cadore*　162
『カーニバル』*Carnevalesca*　87
『鐘つき男の娘』*La fille du sonneur*　141, 144
『カビリア』*Cabiria*　40, 121, 122, 133, 169, 176, 177, 180, 182–184, 192, 285, 301, 302
『カリガリ博士』*Das Cabinet des Dr. Caligari*　39, 60
『カルメン』*Carmen*　52
『寒椿』　248, 251, 252, 263
『奇人の絶望』*La disperazione di un pazzo*　162
『偽証者』*Spergiura*　164, 165, 167
『ギーズ公の暗殺』*L'assassinat du duc de Guise*　38, 136, 164
『行商人』*Коробейники*　102
『恐怖』*L'épouvante*　141
『狂美人』　260, 284
『京屋襟店』　261, 294
『義理くらべ』　280
『義理と愛』*Л' Хаим*　102
『金婚式』*Nozze d'oro*　179
『クオ・ヴァディス』*Quo vadis?*　133, 146, 151, 187, 302
『国定忠次』　200
『虞美人草』　292
『雲間の月』　232
『クラウディオの妻』*La moglie di Claudio*　79
『クレティネッティの婚約者』*La fidanzata di Cretinetti*　162
『クレティネッティはどうやって借りを返すか』*Come Cretinetti paga i debiti*　166
『黒い箱』　287
『軍事大活劇　倫敦危し』*If England were Invaded/Britain Prepared*　15
『警鐘』*Набат*　122
『月世界旅行』*Le voyage dans la lune*　32
『結婚行進曲』*La marcia nuziale*　87
『拳骨』*The New Exploits of Elaine*　237, 287
『憲兵モエビウス』*Gendarm Möbius*　272, 281, 288
『恋するマチステ』*Maciste innamorato*　193
『恋の力』　261, 273
『恋を賭くる男』　293
『幸福の島』*Die Insel der Seligen*　186
『幸福のために』*За счастьем*　98, 131
『国民の創生』*The Birth of a Nation*　51, 183, 300
『子供の親権』*Possession de l'enfant*　142
『小鳥たちのパン』*Le pain des petits oiseaux*　143
『コレッティはどこに？』*Wo ist Colletti?*　55, 56
『ゴーレム』*Der Golem*　281
『金剛星』*A Diamond from the Sky*　237, 287
『コンゴからの贈呈品』*Un regalo dal Congo*　162
『金色蝶』　276

サ　行

『最後のディーヴァ』*L'ultima diva: Francesca Bertini*　86
『西遊記』　285
『佐倉宗五郎』　200
『サタン狂想曲』*Rapsodia Satanica*　38, 62, 71, 73, 79
『殺人光線』*Луч сьерти*　131
『淋しき別荘』*The Lonely Villa*　95

映画索引

ア　行

『愛欲の悩み』　296
『青い血』*Sangue bleu*　66
『赤垣源蔵』　200
『秋の夕暮れの夢』*Il sogno di un tramonto d'autunno*　176
『朝から夜中まで』*Von morgens bis mitternachts*　60
『朝日さす前』　292
『アッシリアの遠征』*Judith of Bethulia*　183
『アッスンタ・スピーナ』*Assunta Spina*　67, 68, 85, 86
『アトランチス』*Atlantis*　186
『アマチュア倶楽部』　251
『アメリカ消防夫の生活』*Life of an American Fireman*　320
『荒木又右衛門』　199, 200, 214, 216, 217
『アラブの町と墓地』*Citta e cimiteri Arabi*　162, 163
『ある女の物語』*La storia di una donna*　78, 80
『あるピエロの物語』*L'histoire d'un pierrot*　50, 262
『ある牧師の一生』*Evangeliemandens liv*　94, 130
『アルルの女』*L'Arlésienne*　137, 139, 140
『哀れな母』*Pauvre mère*　141
『アンジアン公爵の死』*La mort du duc d'Enghien*　140
『アントニイとクレオパトラ』*Marc'antonio e Cleopatra*　133, 177
『アンドレイ・タバリツェフ』*Андрей Тобольцев*　119, 120
『いいなづけ』*I promessi sposi*　179, 180
『イオリオの娘』*La figlia di Jorio*　86, 176
『漁火』　276
『居酒屋』*L'Assommoir*　137, 140, 147
『意気地』　284
『一心太助』　200
『犬上刑部』　282
『イノセント』*L'innocente*　175
『イル・トロヴァトーレ』*Il Trovatore*　86
『岩見重太郎』　199, 200, 214, 219, 220
『インサーロフ教授の肖像画の秘密』*Тайна портрета профессора Инсарова*　130
『イントレランス』*Intolerance*　52, 183, 300
『ヴァリエテ』*Varieté*　83
『ヴェネツィアの一夜』*Eine venezianische Nacht*　186
『うき世』　239, 243-245, 260, 262
『潮』　260
『海の主たち』*Les hôtes de la mer*　12
『海の女神』*La dea del mare*　85
『裏階段』*Hintertreppe*　60
『ウラルの鬼』　273, 276
『永遠の夜の幸福』*Счастье вечной ночи*　105, 125
『英雄たちの学校』*Scuola d'eroi*　86
『エセリア女皇』*Athalie*　139
『エリザベス女王』*Les amours de la reine Elisabeth*　45, 55, 146
『エリトリアでの豹狩り』*Caccia al leopardo in Eritrea*　162
『エルネスト団』*Les Ernesto*　12
『黄金の薔薇』*Rose d'or*　50
『王家の虎』*Tigre reale*　69, 70, 121
『大久保彦左衛門』　200, 214, 217, 218
『太田道灌』　284
『お金で買える夢』*Dreams That Money Can Buy*　37
『オセロ』*Othello*　279
『己が罪』　261
『思ひ出のランプ』*La lampada della nonna*　179
『愚かなる妻』*Foolish Wives*　294

ヤ　行

ラ　行

ワ　行

サ　行

タ　行

ナ　行

人名索引

マ　行

ヤ　行

ラ・ワ行

タ　行

ナ　行

ハ　行

サ　行

事項索引

《著者紹介》
小川佐和子（おがわ・さわこ）
1985年　山梨生まれ。
2007年　早稲田大学第一文学部美術史学専修卒業。
2012年　早稲田大学文学研究科演劇映像学コース博士課程単位取得満期退学。博士（文学）学位取得。
現　在　京都大学人文科学研究所助教。
主　著　「外国映画との対峙——大正初期日本映画のダイナミズム」黒沢清他編『日本映画は生きている　第2巻　映画史を読み直す』岩波書店、2010年。
「映画と視覚芸術——帝政期ロシア映画における空間の画家エヴゲーニイ・バウエル」『人文学報』第107号、京都大学人文科学研究所、2015年。

映画の胎動——一九一〇年代の比較映画史

2016年２月10日　初版第１刷印刷
2016年２月20日　初版第１刷発行

著　者　小川佐和子
発行者　渡辺博史
発行所　人文書院
〒612-8447　京都市伏見区竹田西内畑町９
電話　075-603-1344　振替　01000-8-1103
装幀者　田端恵　(株)META
印刷所　創栄図書印刷株式会社
製本所　坂井製本所

落丁・乱丁本は小社送料負担にてお取り替えいたします

ISBN978-4-409-10035-6　C3074

落丁・乱丁本は小社送料負担にてお取り替えいたします